普通高等教育铁道部规划教材

铁路供电继电保护与自动化

陈小川　主编
李　焱　主审

中国铁道出版社

2018年·北京

内 容 简 介

本书是普通高等教育铁道部规划教材，主要内容包括继电保护原理、牵引供电系统保护、铁路电力供电系统保护、微机保护、变电所自动化系统等内容。本书利用传统继电保护与自动装置和铁路现场实践相结合，吸收了作者多年来的科研成果。

本书可作为高等学校电气工程及其自动化专业铁道供电方向本科教材或高等职业学校相关专业教学用书，也可作为铁路供电工程技术人员参考。

图书在版编目(CIP)数据

铁路供电继电保护与自动化/陈小川主编. —北京：中国铁道出版社，2010.8（2018.8重印）

ISBN 978-7-113-11670-5

Ⅰ.①铁… Ⅱ.①陈… Ⅲ.①电气化铁道—供电装置—继电保护—高等学校—教材②电气化铁道—自动化技术—高等学校—教材 Ⅳ.①U223.6

中国版本图书馆 CIP 数据核字(2010)第 135617 号

书　　名：铁路供电继电保护与自动化

作　　者：陈小川　主编

责任编辑：阚济存　　**电话**：010-51873133　　**电子信箱**：td51873133@163.com

封面设计：崔丽芳

责任校对：张玉华

责任印制：陆　宁

出版发行：中国铁道出版社（100054，北京市西城区右安门西街8号）

网　　址：http://www.tdpress.com

印　　刷：三河市宏盛印务有限公司

版　　次：2010年8月第1版　　2018年8月第4次印刷

开　　本：787mm×1092mm　1/16　印张：16.25　字数：397千

书　　号：ISBN 978-7-113-11670-5

定　　价：42.00元

前　言

本书是普通高等教育铁道部规划教材，是由铁道部教材开发领导小组组织编写，并经铁道部相关业务部门审定，适用于高等院校铁路特色专业教学以及铁路专业技术人员使用。本书为铁路牵引供电系列教材之一。

目前，我国正在大规模进行客运专线建设，已开通约3 000 km，均采用电力牵引方式，相应对铁路供电系统继电保护可靠性和自动化水平都提出了更高要求。在铁道部"引进、消化吸收、再创新"技术路线指导下，铁路供电保护专业科研、设计、施工、运营、制造各单位密切合作，在保护原理、保护配置与整定原则、功能设计与回路优化、调试方法与运营维护等方面都取得长足进步，完全实现了国产化并将对国外输出技术和产品。在此背景下，编者主要考虑两个方面问题以求突出本书特色。

一、国内已出版多种电力系统继电保护原理的优秀教材，但对铁路供电专业而言针对性不够。铁路供电系统与通常的电力系统相比，其变压器结线形式、供电方式、负荷特性都有较大差别，所以保护原理、故障测距方法等也不相同。本书在保护基本原理方面只介绍与铁路供电系统相关的一部分，对区别于电力系统保护的内容给予深入讲解。

二、铁路供电保护专业人员在近几年的工作中积累了丰富的技术成果和工程实践经验，尚未进行系统性整理总结，比如客运专线全并联AT供电方式的保护配置和故障测距。本书大量吸收了西南交通大学电气工程学院近年的相关研究成果，特别注意教材内容紧密跟随客运专线运营现场的技术实践，可以说基本反映了我国铁路供电保护专业的最新技术状态。

本书分为六章。第一章对铁路电力供电系统和牵引供电系统作了描述，简要介绍了继电保护的基本任务、基本原理、基本构成和基本要求，简述了继电保护发展历史。第二章选取与铁路供电系统关系较紧密的几种保护—电流保护、距离保护、差动保护，就其原理和整定计算原则进行讲解，并对牵引供电系统自动重合闸和故障测距方面的近期技术进展作了重点介绍。第三章内容涉及牵引供电系统主变保护、馈线保护和并联补偿保护的原理及整定计算方法，示例来自我国2009

年投入运营的高速客运专线。第四章介绍铁路电力供电系统保护配置与整定，对电缆供电引起的中性点接地方式变化进行了讨论。第五章内容包括微机保护的常用算法原理和硬件构成，并给出了一个装置示例。第六章对目前已普遍应用的变电所自动化系统，从系统结构、功能设置到间隔单元、通信网络、后台监控都作了全面讲述。

本书由西南交通大学电气工程学院陈小川主编、铁道部运输局李焱主审。其中第一章由陈小川编写，第二章第一节由童晓阳编写，第二章第二、四节由林国松编写，第二章第三节和第三章第三节由韩正庆编写，第三章（不含第三节）由熊列彬编写，第四章由范红疆编写，第五章由王牣编写，第六章由陈德明编写。

本书在编写过程中得到了西南交通大学电气工程学院多位教师的帮助，同时多位行业专家提出大量有益的修改意见，在此一并表示感谢。

由于时间仓促加之编者水平有限，书中错漏之处在所难免，恳请广大读者指正。

编者

2010 年 8 月

目　　录

第一章　绪　论

第一节　电力系统与铁路供电系统

电力系统是发电、输电、变电、配电到用电的一个有机整体，其动力源可以是水能、热能等传统能源，也可以是太阳能、风能、核能等新能源，而铁路供电系统是电力系统中具有特殊负荷特性的一个子系统，如图 1.1 所示。

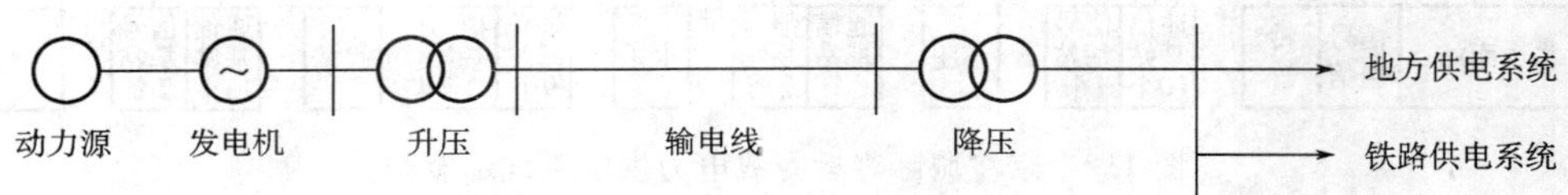

图 1.1　电力系统简示图

铁路供电系统划分为电力供电系统和牵引供电系统两个部分。电力供电系统为调度指挥、通信信号、旅客服务等业务提供可靠的电力保障，而牵引供电系统为电气化铁路的电力机车(动车组)提供电能。

一、电力供电系统

铁路电力供电线路采用双电源供电，一般由沿铁路全线设置的一条一级负荷电力贯通线和一条综合电力贯通线供电。电力贯通线电压等级通常为 10 kV，供电距离 30～50 km，特殊情况下如青藏铁路采用 35 kV 电压等级，供电距离超过 100 km。沿线与行车有关的通信、信号、综调系统等由一级负荷电力贯通线主供，综合电力贯通线备供。其他用电负荷及各牵引变电所所用电源由综合电力贯通线提供电源，在区间各用电点设置 10 kV 箱式变电站。

对于普速铁路，电力贯通线通常中性点不接地，架空敷设，发生单相接地故障概率大，但多数故障为瞬时性故障，能够自行恢复。发生单相接地故障时允许继续运行两小时，运行维护人员应尽快查找到故障点，进行维修作业。但这种单相接地故障短路电流不大，甚至仅有几安培，要快速确定故障点并不容易。

对于客运专线，为提高供电可靠性，电力贯通线多采用电缆线路并埋入专门的电缆沟，中性点可通过消弧线圈接地或直接接地，但直接接地可以更有效抑制过电压水平。同时单相接地故障电流大，利于准确判定故障点位置。

变配电所两路相互独立的进线电源由公共电网提供，进线电压等级有 10 kV、35 kV、110 kV、220 kV 等。

电力负荷分为车站负荷和区间负荷两大类。车站负荷主要为通信、信号、综合调度、防灾报警、自动检售票、客服、电力监控、消防系统、各类水泵、各类通风机、空调、自动扶梯、电梯、电热设备和各类生产生活照明及站区照明负荷；区间负荷主要为通信、信号中继站、光纤直放站、牵引变电所操作电源、隧道照明、防灾通风及监控设备等。各用电负荷根据对供电可靠性的要求即中断供电在政治、经济上所造成的损失或影响程度，分为一级负荷、二级负荷及三级负荷。其中一级负荷包括：通信、信号、综合调度、电力监控、隧道应急照明、防灾通风及监控设备，应急照明及特大型站防灾报警、自动检售票、客服、消防设备、公共区照明等，如图 1.2 为京津城际客运专线供电系统示意图。

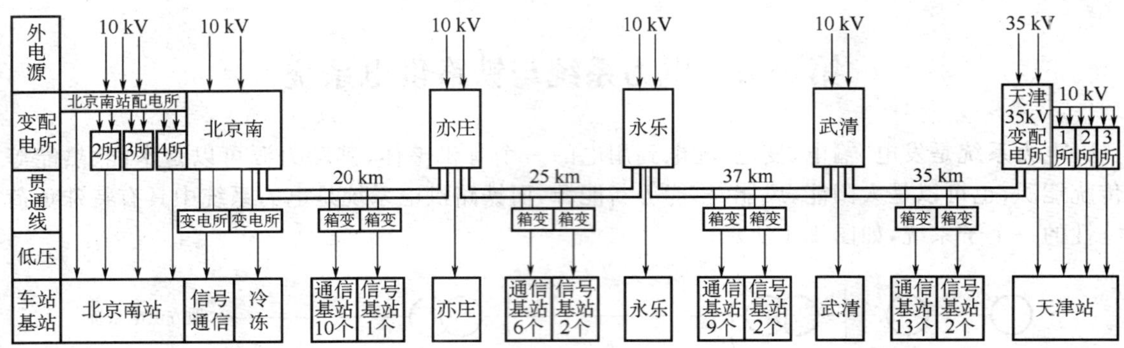

图 1.2　京津城际客运专线电力供电系统示意图

二、牵引供电系统

电力系统提供两路独立电源进线，由牵引变电所进行电能变换后送上牵引网，供电力机车接受电能实现电力牵引，如图 1.3 所示。

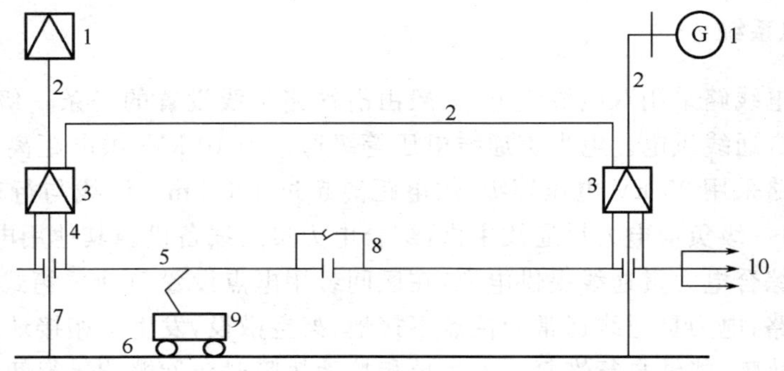

图 1.3　牵引供电系统示意图

1—区域变电所或发电厂；2—高压输电线；3—牵引变电所；4—馈电线；5—接触网；6—钢轨；7—回流线；8—分区所；9—电力机车；10—开闭所

电力牵引的电流制先后出现了直流制、低频单相交流制$\left(16\dfrac{2}{3}\text{ Hz、}25\text{ Hz}\right)$，现在大都采用工频单相交流制，常用牵引供电方式有直接供电、BT(吸流变压器)供电和 AT(自耦变压器)供电方式，其中 AT 供电方式供电能力最强。

1. 牵引负荷的特点

(1) 移动性:电力机车通过受电弓从接触网滑动取流,受电弓/接触网相互强烈作用,牵引网工况极为严酷,故障几率比普通输电线路高得多,对继电保护的可靠性要求很高。

(2) 冲击性:牵引负荷剧烈变化。如果采用再生制动,电力机车还可能向系统反送电能。

(3) 三相不对称:电力系统的负荷基本是三相对称的,而牵引负荷是单相负荷,将在电力系统引起负序电流,可能影响电力系统的正常运行。

(4) 功率因数低:整流型机车正常牵引状态下功率因数在 0.8 左右,电力部门通常要求铁路采取无功补偿措施以提高功率因数,否则将面临经济处罚。交—直—交动车组功率因数可达 0.99,无需进行无功补偿。

(5) 谐波含量高:整流型机车负荷中含有大量奇次谐波,其中三次谐波含量可达 20%~30%,对电力系统电能质量造成污染。图 1.4、图 1.5 是我国正在开行的 CRH5 型交—直—交动车组电压、电流波形图,可以看到其谐波成分是很丰富的,但相对整流型机车要低得多。

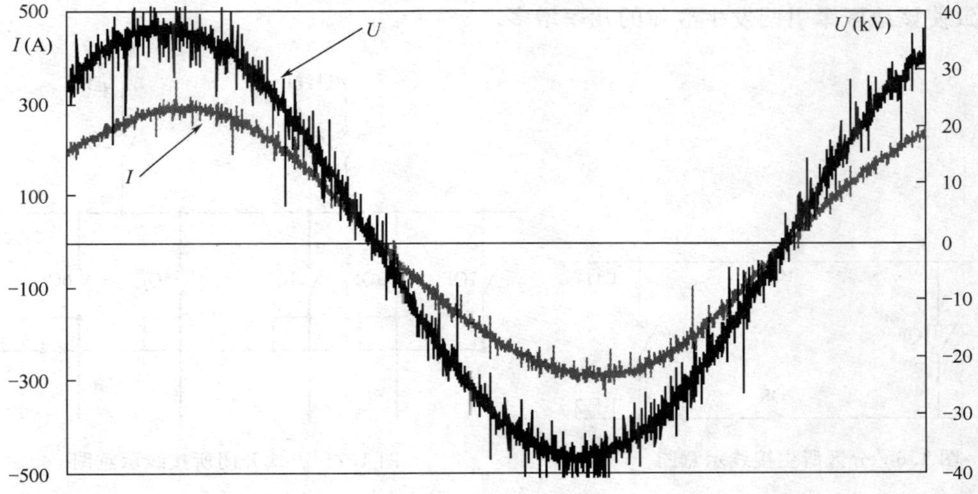

图 1.4 CRH5 001 动车组电压、电流典型波形图

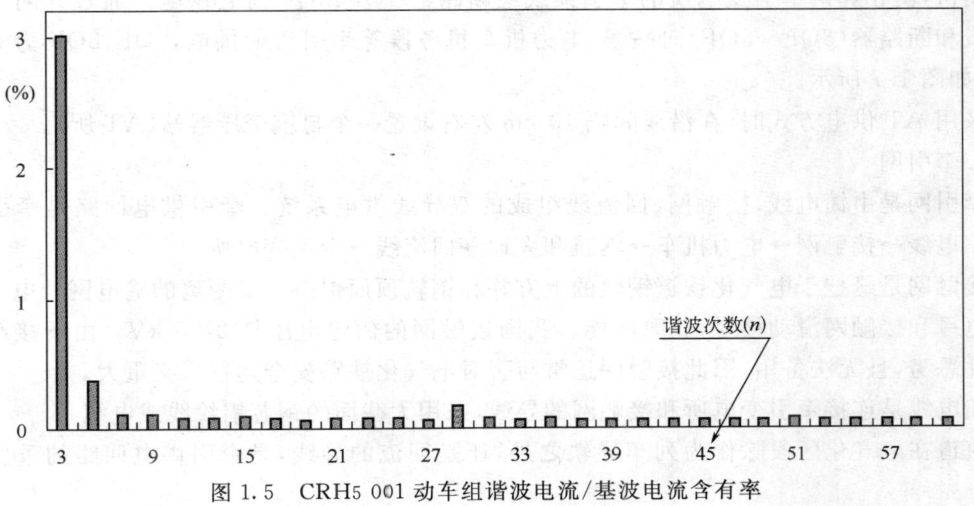

图 1.5 CRH5 001 动车组谐波电流/基波电流含有率

2. 牵引变电所、分区所、AT 所、开闭所

牵引变电所的作用是将电力系统引入的 110 kV、220 kV 或其他电压等级三相交流电变换成 27.5 kV 的单相交流电，通过牵引网的馈电线送至铁路沿线的接触网，为电力机车供电。有少数牵引变电所还承担向铁路地区工农业用户的 10 kV 动力负荷供电。牵引变压器除了采用电力系统常规的普通三相变压器外，为满足牵引负荷的特殊需求还常采用特殊结线变压器，如单相结线、V/V 结线、斯科特结线、阻抗匹配平衡结线等变压器。

为了增加供电的灵活性，在两个牵引变电所的供电区中间常增设分区所。分区所如图 1.6 所示，断路器 1QF、2QF 正常工作时闭合，实现上、下行牵引网并联运行。隔离开关 1QS、2QS 在正常运行时断开，当相邻牵引变电所发生故障而不能继续供电时，可以闭合 1QS、2QS 由非故障牵引变电所实现越区供电，使行车不至中断。

在电气化铁路枢纽地区，客运站、编组站和电力机车机务段等铁路设施较集中的地方，由于站线延续长且股道数量多，接触网结构和配置复杂，客货运交会、编组和电力机车整备作业繁忙，致使该地区牵引网发生故障的几率增多。

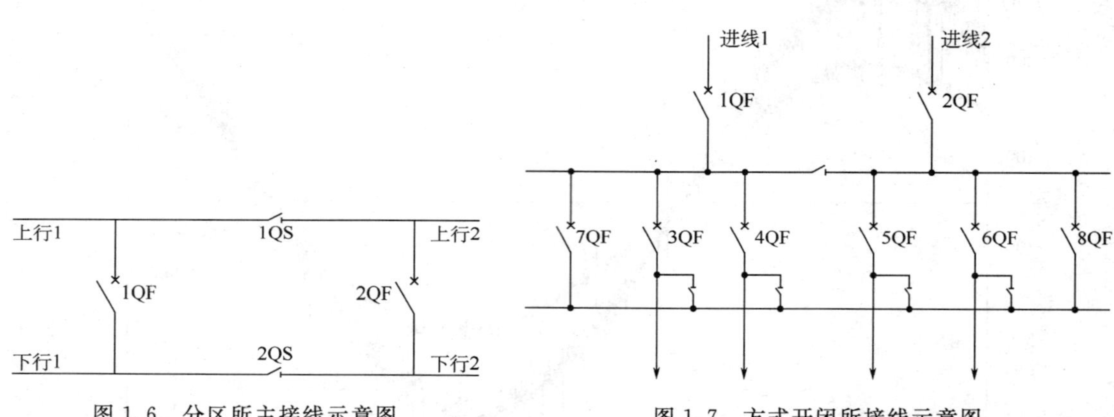

图 1.6　分区所主接线示意图　　图 1.7　方式开闭所接线示意图

为了保证枢纽供电的可靠性，缩小事故范围，一般将接触网横向分组及分区供电。因此设置开闭所，由相邻两牵引变电所的牵引馈线经断路器 1QF、2QF 向它供电。通过开闭所的多路馈线和断路器(3QF～6QF)向站场、电力机车机务段等牵引负荷供电，7QF、8QF 为旁路断路器，如图 1.7 所示。

采用 AT 供电方式时，在沿线间隔 10 km 左右设置一个自耦变压器站(AT 所)。

3. 牵引网

牵引网是由馈电线、接触网、回流线组成的双导线供电系统。牵引供电回路是牵引变电所→馈电线→接触网→电力机车→钢轨和大地→回流线→牵引变电所。

接触网是悬挂于电气化铁道钢轨的上方并和钢轨顶面保持一定距离的输电网。电力机车的受电弓和接触网滑动接触，获取电能。我国接触网的额定电压是 27.5 kV。由于接触网运行条件恶劣，且无法备用，因此接触网正常与否对电气化铁路安全运行意义重大。

馈电线是连接牵引变电所和接触网的导线，采用大截面的钢芯铝绞线或电缆。

轨道在电气化区段除作为列车导轨之外，还是回流的导线，是牵引供电回路的重要组成部分。

回流线是连接钢轨和牵引变电所中牵引变压器接地相之间的导线。它的作用是将轨道中的回流引入牵引变电所。

三、铁路供电系统的三种状态

（一）正常工作状态

1.从电力系统输入的有功功率和无功功率与铁路供电系统负荷功率（包括传输损耗）相等。

2.变压器或用电设备的功率不超过其上限值。

3.系统电压在规定的上、下限值之间。

4.电力贯通线、接触网中的电流不超过其上限值。

5.系统频率在规定的上、下限值之间。

（二）不正常工作状态及其危害

系统有功功率、无功功率基本保持平衡，但系统电压、线路电流、设备功率、系统频率这几项指标中部分条件不能满足，称为不正常运行状态。

例如，牵引变压器过负荷，接触网末端网压过低，中性点不接地系统和非有效接地系统中的单相接地引起的非接地相对地电压的升高，都属于不正常运行状态。

电流超过额定值引起的过负荷，使电力设备的载流部分和绝缘材料的温度超过散热条件的允许值而不断升高，造成载流导体的熔断或加速绝缘材料的老化和损坏，可能发展成故障。电压的升高有可能超过绝缘介质的耐压水平，造成绝缘击穿，酿成短路；变压器和电动机由于铁芯饱和，损耗和温升都将增加。电压过低时，电力机车主断路器会自动跳闸无法运行，对于占负荷比重最大的异步电动机转差增大，转速降低，绕组中电流增大，温升增加，寿命缩短；用户的电热设备，将因电压的降低而减少发热量，使产品产量和质量下降。电力设备都是按照额定频率设计和制造的，如果系统频率出现偏移将使设备无法发挥最大功效。面对不正常工作状态需采取自动和人工的方式予以消除，使系统尽快恢复到正常运行状态。

由于不正常工作状态对供电系统和电力设备造成的经济损失与运行时间的长短有关，加之引起不正常工作状态的原因复杂，一般由继电保护装置检测到不正常状态后发出信号或延时切除不正常工作的元件。

（三）故障状态及其危害

供电系统的所有一次设备在运行过程中由于外力、绝缘老化、过电压、误操作、设计制造缺陷等原因会发生例如短路、断线等故障。最常见同时也是最危险的故障是发生各种类型的短路。在发生短路时可能产生以下后果：

1.通过短路点的很大短路电流和所燃起的电弧，使故障元件损坏。

2.短路电流通过非故障元件，由于发热和电动力的作用，引起它们的损坏或缩短使用寿命。

3.供电系统中部分地区的电压大大降低，使大量的电力用户的正常工作遭到破坏。

4.破坏电力系统中各发电厂之间并列运行的稳定性，引起系统振荡，甚至使系统崩溃。

各种类型的短路包括三相短路、两相短路、两相短路接地和单相接地短路。不同类型短路发生的概率是不同的，不同类型短路电流的大小也不同，一般为额定电流的几倍到几十倍。铁路供电系统中发生最频繁的故障是接触网短路，在浓雾等恶劣天气情况下，甚至一个供电区间一天短路几十次。

故障和不正常运行状态都可能在供电系统中引起事故。事故，是指系统或其中一部分的正常工作遭到破坏，并造成对用户少送电或电能质量变坏到不能允许的地步，甚至造成人身伤亡和电气设备损坏的事件。事故的发生，除了由于自然的因素（如遭受雷击、地质灾害导致倒杆等）以外，可能由于设备制造上的缺陷、设计和安装的错误、检修质量不高或运行维护不当而引起，还可能由于故障切除迟缓或设备被错误地切除，致使故障发展成为事故甚至引起事故的扩大。

第二节　继电保护的任务与故障检测方法

一、继电保护的基本任务

供电系统中的变压器、输电线路、母线以及用电设备，一旦发生故障，迅速而有选择性地切除故障设备，是保证供电系统及其设备安全运行最有效的方法之一。切除故障的时间通常要求小到几十毫秒到几百毫秒，实践证明，只有装设在供电系统上的继电保护装置，才有可能完成这个任务。继电保护装置，就是指能反映供电系统中电气设备发生故障或不正常运行状态，并动作于断路器跳闸或发出信号的一种自动装置。

继电保护的基本任务是：

1. 自动、迅速、有选择性地将故障电路和设备从供电系统中切除，使故障电路和设备免于继续遭到损坏，保证其他无故障部分迅速恢复正常运行。

2. 反映电力设备的不正常运行状态，并根据运行维护条件，发出信号或延时跳闸。此时一般不要求迅速动作，而是根据对供电系统及其元件的危害程度规定一定的延时，以免短暂的运行波动造成不必要的动作和干扰引起的误动。

二、故障检测方法

要完成继电保护的基本任务，首先必须“区分”供电系统的正常、不正常工作和故障三种运行状态，“甄别”出发生故障和出现异常的元件。而要进行“区分和甄别”，必须寻找电力元件在这三种运行状态下的可测参量（继电保护主要检测电气量）的“差异”，提取和利用这些可测参量的“差异”，实现对正常、不正常工作和故障元件的快速“区分”。依据可测电气量的不同差异，可以构成不同原理的继电保护。目前已经发现不同运行状态下具有明显差异的电气量有：流过电力元件的相电流、序电流、功率及其方向；元件的运行相电压幅值、序电压幅值；元件的电压与电流的比值即“测量阻抗”等。发现并正确利用能可靠区分三种运行状态的可测参量或参量的新差异，就可以形成新的继电保护原理。

对于图 1.8 (a)所示我国常用的 110 kV 及以下单侧电源供电网络，在正常运行时，每条线路上都流过由它供电的负荷电流 $\dot{I}_L$，越靠近电源端，负荷电流越大。假定在线路 V-W 上发生三相短路，如图 1.8(b)所示，从电源到短路点之间将流过很大的短路电流 $\dot{I}_k$。利用流过被保护元件中电流幅值的增大，可以构成过电流保护。

正常运行时，各变电所母线上的电压一般都在额定电压±(5～10)%范围内变化，且靠近电源端母线上的电压略高。短路后，各变电所母线电压有不同程度的降低，离短路点越近，电压降得越低，短路点的相间或对地电压降低到零。利用短路时电压幅值的降低，可以构成低电

压保护和接地保护。

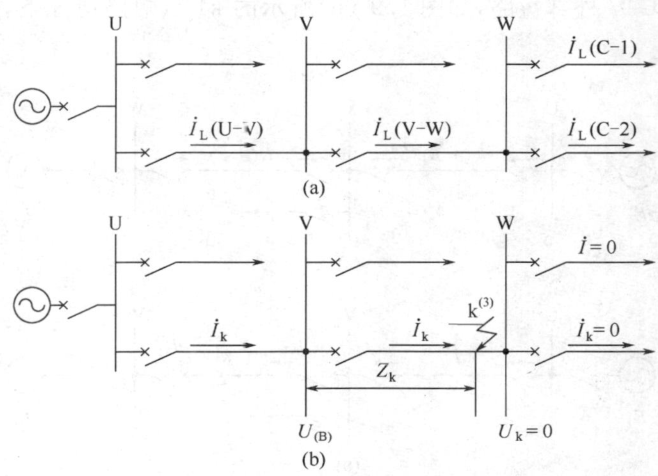

图 1.8 单侧电源网络接线

(a)正常运行情况；(b)三相短路情况

同样，在正常运行时，线路始端的电压与电流之比反映的是该线路与供电负荷的等值阻抗及负荷阻抗角(功率因数角)，其数值一般较大，阻抗角较小。短路后，线路始端的电压与电流之比反映的是该测量点到短路点之间线路段的阻抗，其值较小，如不考虑分布电容时一般正比于该线路段的距离(长度)，阻抗角为线路阻抗角，较大。利用测量阻抗幅值的降低和阻抗角的变大，可以构成距离(低阻抗)保护。

如果发生的不是三相对称短路，而是不对称短路，则在供电网络中会出现某些不对称分量，如负序或零序电流和电压等，并且其幅值较大。而在正常运行时系统对称，负序和零序分量不会出现。利用这些序分量构成的保护，一般都具有良好的选择性和灵敏性，获得了广泛的应用。

短路点到电源之间的所有元件中诸如以上的电气量，在正常运行与短路时都有相同规律的差异。利用这些差异构成的保护装置，短路时都有可能作出反应，但还需要甄别出哪一个是发生短路的元件。若是发生短路的元件，则保护动作跳开该元件，切除故障；若是短路点到电源之间的非故障元件，则保护可靠不动作。常用的方法是预先给定各电力元件保护的保护范围，求出保护范围末端发生短路时的电气量，考虑适当的可靠性裕度后作为保护装置的动作整定值，短路时测得的电气量与之进行比较，作出是否本元件短路的判别。但当故障发生在本线路末端与下级线路的首端出口处时，在本线路首端测得的电气量差别不大，为了保证本线路短路被快速切除而下级线路短路时不动作，快速动作的保护只能保护本线路的一部分。对末端部分的短路，则采用慢速的保护，当下级线路快速保护不动作时才切除本级线路。这种利用单端电气量的保护，需要上、下级保护(离电源的近、远)动作整定值和动作时间的配合，才能完成切除任意点短路的保护任务，被称为阶段式保护特性。

对于 220 kV 及以上多侧电源的输电网络中的任一电力元件，如图 1.9 中的线路 U-V，在正常运行的任一瞬间，负荷电流总是从一侧流入而从另一侧流出，如图 1.9(a)所示。如果规定电流的正方向是从母线流向线路，那么 U-V 两侧电流的大小相等，相位相差 180°，两侧电流的相量和为零。并且只要被保护的线路 U-V 内部没有短路(电流没有其他的流通回路),即使发生被保护的线路 U-V 外部短路,如图 1.9 (b)所示的 k1 点短路情况下,这种关系始终保持成立。

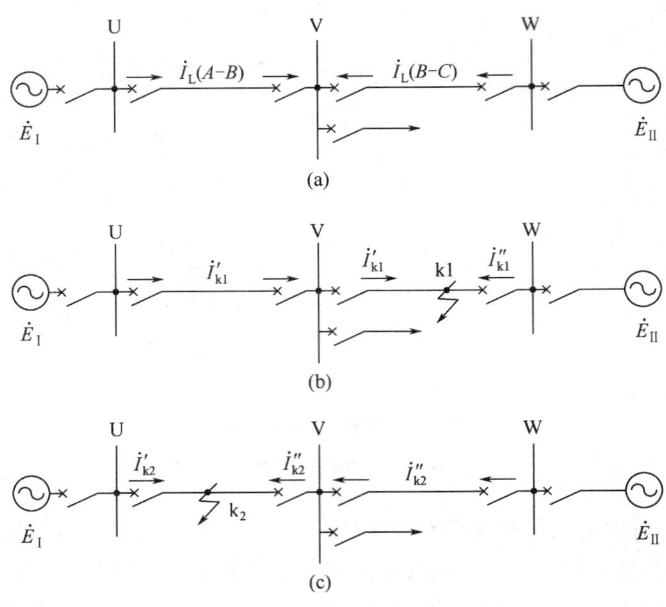

图 1.9 双侧电源网络接线

(a)正常运行;(b)k_1 点短路;(c)k_2 点短路

但是,当发生被保护的线路 U-V 内部 k2 点短路时,如图 1.9 (c)所示,两侧电源分别向短路点供给短路电流 I'_{k2} 和 I''_{k2},线路 U-V 两侧的电流都是由母线流向线路,此时两个电流一般不相等,在理想条件(两侧电动势同相位且全系统的阻抗角相等)下,两个电流同相位,两个电流的相量和等于短路点的总电流,其值较大。

利用每个电力元件在内部与外部短路时两侧电流相量的差别可以构成电流差动保护,利用两侧电流相位的差别可以构成电流相位差动保护,利用两侧功率方向的差别可以构成方向比较式纵联保护,利用两侧测量阻抗的大小和方向等还可以构成其他原理的纵联保护。利用某种通信通道同时比较被保护元件两侧正常运行与故障时电气量差异的保护,称为纵联保护。它们只在被保护元件内部故障时动作,可以快速切除被保护元件内部任意点的故障,被认为具有绝对的选择性,常被用作 220 kV 及以上输电网络和较大容量变压器、电动机等电力元件的主保护。

除反映上述各种电气量变化特征的保护外,还可以根据电力元件的特点实现反映非电量特征的保护。例如,当变压器油箱内部的绕组短路时,反应于变压器油受热分解所产生的气体,构成瓦斯保护;反应于电动机绕组温度的升高而构成的过热保护等。

三、继电保护装置的基本构成

(一) 保护装置的基本构成

一般继电保护装置由测量比较元件、逻辑判断元件和执行输出元件三部分组成,如图

1.10 所示。现分述如下：

图 1.10 继电保护装置的组成方框图

1. 测量比较元件

测量比较元件通过测量被保护的电力元件的物理参量，并与给定的值进行比较，根据比较的结果，给出“是”、“非”、“0”或“1”性质的一组逻辑信号，从而判断保护装置是否应该启动。根据需要，继电保护装置往往有一个或多个测量比较元件。常用的测量比较元件有：被测电气量超过给定值动作的过量继电器，如过电流继电器、过电压继电器等；被测电气量低于给定值动作的欠量继电器，如低电压继电器、阻抗继电器等；被测电压、电流之间相位角满足一定值而动作的功率方向继电器等。

2. 逻辑判断元件

逻辑判断元件根据测量比较元件输出逻辑信号的性质、先后顺序、持续时间等，使保护装置按一定的逻辑关系判定故障的类型和范围，最后确定是否应该使断路器跳闸、发出信号或不动作，并将对应的指令传给执行输出部分。

3. 执行输出元件

执行输出元件根据逻辑判断部分传来的指令，发出跳开断路器的跳闸脉冲及相应的动作信息、发出警报或不动作。

（二）继电保护的工作回路

要完成继电保护的任务，除需要继电保护装置外，必须通过可靠的继电保护工作回路的正确工作，才能最后完成跳开故障元件的断路器、对系统或电力元件的不正常运行状态发出警报、正常运行时不动作的任务。

在继电保护的工作回路中一般包括将通过一次电力设备的电流、电压线性地传变为适合继电保护等二次设备使用的电流、电压，并使一次设备与二次设备隔离的设备，如电流、电压互感器及其与保护装置连接的电缆等；断路器跳闸线圈及与保护装置出口间的连接电缆，指示保护装置动作情况的信号设备；保护装置及跳闸、信号回路设备的工作电源等。图 1.11 以过电流保护为例，展示了一个简单的保护工作回路的原理接线。

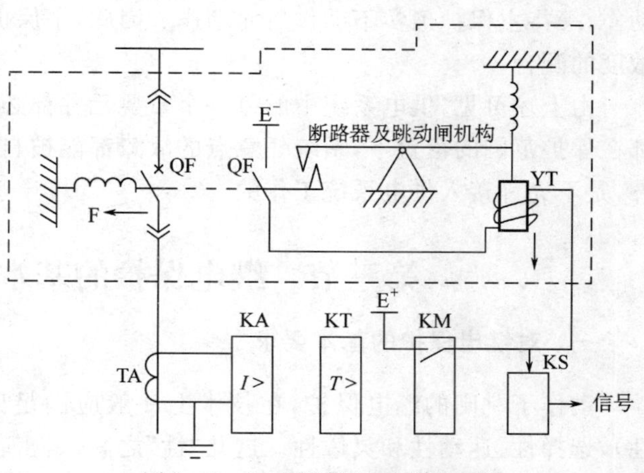

图 1.11 过电流保护工作原理图

电流互感器 TA 将一次额定电流变换为二次额定电流 5 A 或 1 A，送入电流继电器 KA（测量比较元件），当流过电流继电器的电流大于其预定的动作值（整定值，可调整）时其输出启动时间继电器 KT（逻辑部分），经预定（可调整）的延时（逻辑运算）后，时间继电器的输出启动中间继电器 KM(执行输出)并使其接点闭合,接通断路器的跳闸回路,同时使信号继电器 KS 发出动作信号。在正常运行时,由于负荷电流小于电流继电器的整定电流,电流继电器不动作,整套保护不动作。当被保护的线路发生短路后,线路中流过的短路电流一般是额定负荷电流的数倍至数十倍,电流互感器二次侧输出的电流线性增大,流过电流继电器的电流大于整定电流而动作,启动时间继电器,经预定的延时后,时间继电器的触点闭合启动中间继电器,中间继电器的触点瞬时闭合,当断路器 QF 处于合闸位置时,其位置触点 QF 是闭合的,使断路器的跳闸线圈 YT 带电,在电磁力的作用下使脱扣机构释放,断路器在跳闸弹簧力 F 的作用下跳开,故障设备被切除,短路电流消失,电流继电器返回,整套保护装置复归,做好下次动作的准备。

可见,为安全可靠地完成继电保护的工作任务,继电保护回路中的任一个元件及其连线都必须时时刻刻正确工作。

(三) 继电保护的工作配合

每一套保护都有预先严格划定的保护范围(有时也称保护区),只有在保护范围内发生故障,该保护才动作。保护范围划分的基本原则是任一个元件的故障都能可靠地被切除并且造成的停电范围最小或对系统正常运行的影响最小。一般借助于断路器实现保护范围的划分。

为了确保故障元件能够从供电系统中被切除,一般每个重要的电力元件配备两套保护,一套称为主保护,一套称为后备保护。实践证明,保护装置拒动、保护回路中的其他环节损坏、断路器拒动、工作电源不正常乃至消失等时有发生,造成主保护不能快速切除故障,这时需要后备保护来切除故障。

一般下级电力元件的后备保护安装在上级(近电源侧)元件的断路器处,称为远后备保护。当多个电源向该电力元件供电时,需要在所有电源侧的上级元件的断路器处配置远后备保护。远后备保护动作将切除所有上级电源侧的断路器,造成停电范围扩大。同时,远后备保护的保护范围覆盖所有下级电力元件的主保护范围,它能解决远后备保护范围内所有故障元件任何原因造成的不能切除问题。近后备保护与主保护安装在同一断路器处,当主保护拒动时,由后备保护启动断路器跳闸。

由后备保护动作切除故障,一般会扩大故障造成的影响。为了最大限度的缩小故障对供电系统正常运行产生的影响,应保证由主保护快速切除任何类型的故障,一般后备保护都延时动作,等待主保护确实不动作后才动作。因此,主保护与后备保护之间存在动作时间和动作灵敏度的配合。

由上述可见,供电系统中的每一个重要元件都必须配备至少两套保护,供电系统的每一处都在保护范围的覆盖下,系统任意点的故障都能被自动发现并切除。没有安装保护的电力元件,是不允许接入供电系统工作的。

第三节 继电保护的基本要求和发展简史

一、对继电保护的基本要求

动作于跳闸的继电保护,在技术上一般应满足四个基本要求,即可靠性(安全性和信赖性)、选择性、速动性和灵敏性。这几"性"之间,紧密联系,既矛盾又统一,必须根据具体供电系统运行的主要矛盾和矛盾的主要方面,配置、配合、整定每个电力元件的继电保护。充分发挥和利用继电保护的科学性、工程技术性,使继电保护为提高供电系统运行的安全性、稳定性和

经济性发挥最大效能。

（一）可 靠 性

可靠性包括安全性和信赖性，是对继电保护性能的最根本要求。所谓安全性，是要求继电保护在不需要它动作时可靠不动作，即不发生误动作。所谓信赖性，是要求继电保护在规定的保护范围内发生了应该动作的故障时可靠动作，即不发生拒绝动作。

安全性和信赖性主要取决于保护装置本身的制造质量、保护回路的连接和运行维护的水平。一般而言，保护装置的组成元件质量越高、回路接线越简单，保护的工作就越可靠。同时，正确地调试、整定，良好地运行维护以及丰富的运行经验，对于提高保护的可靠性具有重要的作用。

继电保护的误动作和拒绝动作都会给供电系统造成严重危害。然而，提高不误动作的安全性措施与提高不拒动的信赖性措施往往是矛盾的。由于电力元件在供电系统中的位置不同，误动和拒动的危害程度不同，因而提高保护安全性和信赖性的侧重点在不同情况下有所不同。

（二）选 择 性

继电保护的选择性是指保护装置动作时，在可能最小的区间内将故障从供电系统中断开，最大限度地保证系统中无故障部分仍能继续安全运行。它包含两种含义：其一是只应由装在故障元件上的保护装置动作切除故障，其二是要力争相邻元件的保护装置对它起后备保护的作用。

这种选择性的保证，除利用一定的延时使本线路的后备保护与主保护正确配合外，还必须注意相邻元件后备保护之间的正确配合。其一是上级元件后备保护的灵敏度要低于下级元件后备保护的灵敏度，其二是上级元件后备保护的动作时间要大于下级元件后备保护的动作时间。在短路电流水平较低、保护处于动作边缘情况下，此两条件缺一不可。

（三）速 动 性

继电保护的速动性是指尽可能快地切除故障，以减少设备及用户在大短路电流、低电压下运行的时间，降低设备的损坏程度。动作迅速而又能满足选择性要求的保护装置，一般结构都比较复杂，价格比较昂贵。因此，对保护速动性的要求应根据被保护元件的具体情况，经技术经济比较后确定。

故障切除时间等于保护装置和断路器动作时间的总和，一般的快速保护的动作时间为0.06～0.12 s，最快的可达0.01～0.04 s，一般的断路器的动作时间为0.06～0.15 s，最快的可达0.02～0.06 s。

（四）灵 敏 性

继电保护的灵敏性，是指对于其保护范围内发生故障或不正常运行状态的反应能力。满足灵敏性要求的保护装置应该是在规定的保护范围内部故障时，在系统任意的运行条件下，无论短路点的位置、短路的类型如何，以及短路点是否有过渡电阻，当发生短路时都能敏锐感觉、正确反应。灵敏性通常用灵敏系数或灵敏度来衡量，增大灵敏度，增加了保护动作的信赖性，但有时与安全性相矛盾，一般要求灵敏系数在1.2～2之间。

以上四个基本要求是评价和研究继电保护性能的基础，在它们之间，既有矛盾的一面，又要根据被保护元件在供电系统中的作用，使以上四个基本要求在所配置的保护中得到统一。

二、继电保护发展简史

继电保护科学和技术是随电力系统的发展而发展起来的。电力系统发生短路是不可避免的，伴随着短路，电流增大。为避免发电机被烧坏，最早采用熔断器串联于供电线路中，当发生短路时，短路电流首先熔断熔断器，断开短路的设备，保护发电机。这种保护方式，由于简单，时至今日仍广泛应用于10 kV及以下中低压线路和用电设备。由于电力系统的发展，用电设备的功率、发电机的容量增大，电力网的接线日益复杂，熔断器已不能满足供电容量的要求，于1890年后出现了直接装于断路器上反应一次电流的电磁型过电流继电器。20世纪初，继电器才广泛用于电力系统的保护，被认为是继电保护技术发展的开端。

1901年出现了感应型过电流继电器。1908年提出了比较被保护元件两端电流的电流差动保护原理。1910年方向性电流保护开始应用，并出现了将电流与电压相比较的保护原理，导致了1920年后距离保护装置的出现。随着电力线载波技术的发展，在1927年前后，出现了利用高压输电线载波传送输电线两端功率方向或电流相位的高频保护装置。在1950年稍后，就提出了利用故障点产生的行波实现快速保护的设想，在1975年前后诞生了行波保护装置。1980年左右反应工频故障分量(或称工频突变量)原理的保护被大量研究，1990年后该原理的保护装置被广泛应用。

与此同时，随着材料、器件、制造技术等相关学科的发展，继电保护装置的结构、形式和制造工艺也发生着巨大的变化，经历了机电式保护装置、静态继电保护装置和数字式继电保护装置三个发展阶段。

机电式保护装置由具有机械转动部件带动触点开、合的机电式继电器如电磁型、感应型和电动型继电器所组成，由于其工作比较可靠不需要外加工作电源，抗干扰性能好，使用了相当长的时间，特别是单个继电器目前仍在电力系统中广泛使用。但这种保护装置体积大、动作速度慢、触点易磨损和粘连，难于满足超高压、大容量电力系统的需要。

20世纪50年代，随着晶体管的发展，出现了晶体管式继电保护装置。这种保护装置体积小、动作速度快、无机械转动部分、无触点。经过20余年的研究与实践，晶体管式保护装置的抗干扰问题从理论和实践上得到满意的解决。20世纪70年代，晶体管式保护在我国被大量采用。集成电路技术的发展，可以将众多的晶体管集成在一块芯片上，从而出现了体积更小、工作更可靠的集成电路保护。20世纪80年代后期，静态继电保护装置由晶体管式向集成电路式过渡，成为静态继电保护的主要形式。

20世纪60年代末，已有了用小型计算机实现继电保护的设想，但由于小型计算机当时价格昂贵，难以实际采用。随微处理器技术的快速发展和价格的急剧下降，在20世纪70年代后期，出现了性能比较完善的微机保护样机并投入系统试运行。80年代微机保护在硬件结构和软件技术方面已趋成熟，进入90年代，微机保护已在我国大量应用，这种由计算机技术构成的继电保护称为数字式继电保护。这种保护可用相同的硬件实现不同原理的保护，使制造大为简化，生产标准化、批量化，硬件可靠性高；具有强大的存储、记忆和运算能力，可以实现复杂原理的保护，为新原理保护的发展提供了实现条件；除了实现保护功能外，还可兼有故障录波、故障测距、事件顺序记录和保护管理中心计算机以及调度自动化系统通信等功能，这对于保护的运行管理、电网事故分析以及事故后的处理等有重要意义。另外，它可以不断地对本身的硬件和软件自检，发现装置的异常情况并通知运行维护中心，工作的可靠性很高。

20世纪90年代后半期，在数字式继电保护技术和调度自动化技术的支撑下，变电所自动化技术和无人值守运行模式得到迅速发展，融测量、控制、保护和数据通信为一体的变电所综合自动化装备，已成为目前我国绝大部分新建变电所的二次装备。

我国铁路供电系统继电保护的技术发展也走过了一段相似的道路。20世纪60年代我国开通了第一条电气化铁路—宝成铁路宝凤段，采用电磁型保护；70、80年代晶体管保护成为主流产品；90年代初西南交通大学、铁道科学研究院等研究机构与国内继电保护主要企业合作，研制成功铁路微机系列保护并开始推广应用；2002年西南交通大学与相关设计、运行、制造单位开发第一套牵引变电所安全监控及综合自动化系统，从秦沈客运专线起步，推动我国铁路供电系统保护进入了无人值班的变电所自动化时代。

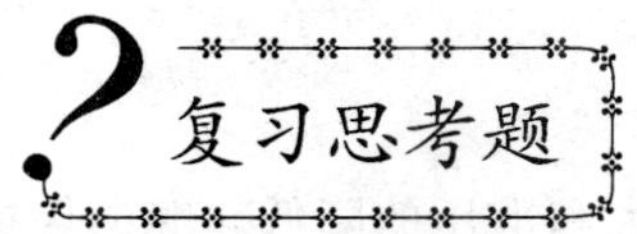

1. 短路故障对电力系统和铁路供电系统有什么危害？
2. 继电保护的基本任务是什么？
3. 对继电保护的四项基本要求是什么？
4. 牵引负荷的主要特点是什么？
5. 继电保护检测故障的常用方法有哪些？

第二章 继电保护原理

第一节 电流保护

一、线路相间短路的电流保护

当输电线路上发生各种相间短路时，造成故障相电流的增大和电压的降低。继电保护的作用就是在故障线路的电流大于某个"规定值"时，就跳开故障线路上的断路器以使故障线路断电。该规定值就是电流的动作值（或整定值），它是能使电流保护动作的最小电流，用 I_{op} 表示。

输电线路通常配置电流速断保护、限时电流速断保护、定时限过电流保护、方向性电流保护等。以下首先讲单侧电源网络相间短路的电流保护。

（一）电流速断保护

继电保护速动性要求，保护装置动作切除故障的时间必须满足系统稳定和保证重要用户供电可靠性。在各种电气元件上，应力求装设快速动作的继电保护。对于仅反应于电流增大而瞬时动作的电流保护，称为电流速断保护。

为了反映全线路的故障电流，假定在每条线路上均装有电流速断保护，以图 2.1 所示的网络为例。

对于保护 2，当 k_1 点和 k_2 点短路时，从保护 2 安装处所流过短路电流的数值几乎一样，保护 2 无法区别 k_1 和 k_2 的短路。同样，保护 1 也无法区别 k_3 和 k_4 的短路。

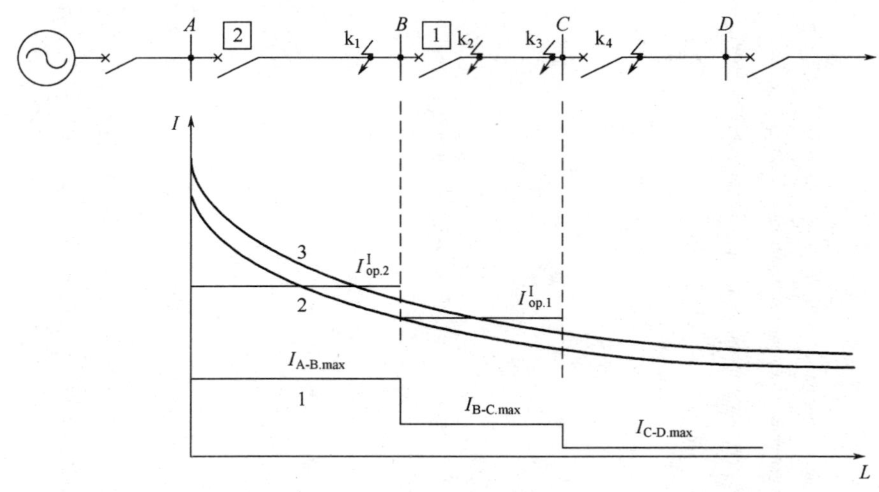

图 2.1 电流速断保护动作特性的分析

为优先保证动作的选择性，可从上一级保护装置启动参数的整定上保证下一条线路出口处短路时不启动，这称为按躲开下一条线路出口处短路的条件整定，即需要有选择性的电流速断保护。对于反应于电流升高而动作的电流速断保护，使该保护启动的最小电流值称为保护的启动电流，以 I_{op}^{I} 表示，显然必须当实际的短路电流 $I_k \geqslant I_{op}^{I}$ 时，保护才能启动。保护的启动值 I_{op}^{I}，用电力系统一次侧的电流参数表示，它表示当被保护线路的一次侧电流达到该数值时，安装在该处的这套保护能够启动。

当电源电势一定时，短路电流的大小决定于短路点和电源之间的总阻抗 Z_{Σ}，三相短路电流可表示为

$$I_k = \frac{E_{\phi}}{Z_{\Sigma}} = \frac{E_{\phi}}{Z_s + Z_k} \tag{2.1}$$

式中 E_{ϕ}——系统电源的相电势；

Z_s——保护安装处到系统电源之间的阻抗；

Z_k——短路点至保护安装处之间的阻抗。

在一定的系统运行方式下，E_{ϕ} 和 Z_s 等于常数，此时 I_k 将随 Z_k 的增大而减小，$I_k = f(L)$ 的变化曲线如图 2.1 所示。当系统运行方式及故障类型改变时，I_k 都将随之变化。系统阻抗 Z_s 取决于系统的运行方式。对于每套保护，通过该保护的短路电流为最大方式（取 Z_s 最小值），则称为系统最大运行方式，而短路电流为最小的方式，则称为系统最小运行方式。对不同安装地点的保护装置，应根据网络接线的实际情况选取其最大和最小运行方式。

在最大运行方式下三相短路时，保护的短路电流为最大，而在最小运行方式下两相短路时，则短路电流为最小，这两种情况下短路电流的变化如图 2.1 的曲线 2 和 3 所示。任何其他运行方式的短路曲线都在曲线 2 和 3 之间。

为了保证电流速断保护动作的选择性，对保护 1 来讲，其启动电流 I_{op}^{I} 必须整定得大于 k_4 点短路时，可能出现的最大短路电流，即在最大运行方式下变电所 C 母线上三相短路时的电流 $I_{k.C.max}$，亦即

$$I_{op}^{I} > I_{k.C.max} \tag{2.2}$$

引入可靠系数，则上式即可写为

$$I_{op}^{I} = K_{rel}^{I} I_{k.C.max} \tag{2.3}$$

式中 K_{rel}^{I}——可靠系数，$K_{rel}^{I}=1.2 \sim 1.3$；

$I_{k.C.max}$——母线 C 处在系统最大运行方式下发生三相短路时的短路电流。

保护启动电流与 Z_k 无关，所以在图 2.1 上是直线，它与曲线 2 和 3 各有一个交点。在交点以前短路时，由于短路电流大于启动电流，保护装置都能动作。在交点以后短路时，由于短路电流小于启动电流，保护将不能启动，由此可见，有选择性的电流速断保护不可能保护线路全长。

按照式(2.3)整定电流保护，装于母线 A 处的保护 2 就有选择性。如果不计保护装置本身和断路器的动作时间，则保护能无延时动作，因此也称为无时限电流速断保护。如果考虑继电器本身固有的动作时间，一般小于 10 ms。它的动作值取值按躲过本线路末端发生短路时的最大短路电流整定。

电流速断保护的灵敏性表示对被保护线路内部故障的反应能力，只能用保护范围的大小来衡量，此保护范围通常用线路全长的百分数来表示。当系统为最大运行方式时，电流速断保

护的保护范围为最大。当出现系统最小运行方式下的两相短路时，电流速断的保护范围为最小。

对反应于数值上升而动作的电流保护，其灵敏系数的含义是

$$K_s=\frac{\text{保护范围内发生金属性短路时故障参数的计算值}}{\text{保护装置的动作参数值}} \tag{2.4}$$

电流速断保护的灵敏度要求在常见运行方式下，被保护线路末端三相短路时的灵敏度系数不小于1，即

$$K_s^{\mathrm{I}}=\frac{I_B}{I_{op.1}^{\mathrm{I}}}\geqslant 1 \tag{2.5}$$

式中　I_B 为常见运行方式下母线 B 处发生三相短路时的短路电流。

当系统运行方式变化很大，或被保护线路的长度很短时，速断保护就可能没有保护范围，例如：

(1)如图2.2所示为系统运行方式变化很大的情况，当保护2电流速断按最大运行方式下保护选择性的条件整定以后，在最小运行方式下就没有保护范围。

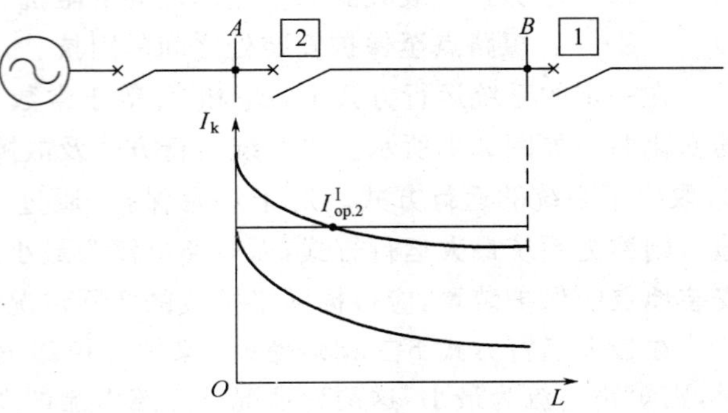

图2.2　系统运行方式变化对电流速断保护的影响

(2)如图2.3所示为被保护线路长短不同的情况，当线路较长时，其始端和末端短路电流的差别较大，因而短路电流变化曲线比较陡，保护范围比较大，如图2.3(a)所示。当线路短时，由于短路电流曲线变化平缓，速断保护的整定值在考虑了可靠系数以后，其保护范围将很小甚至等于零，如图2.3(b)所示。

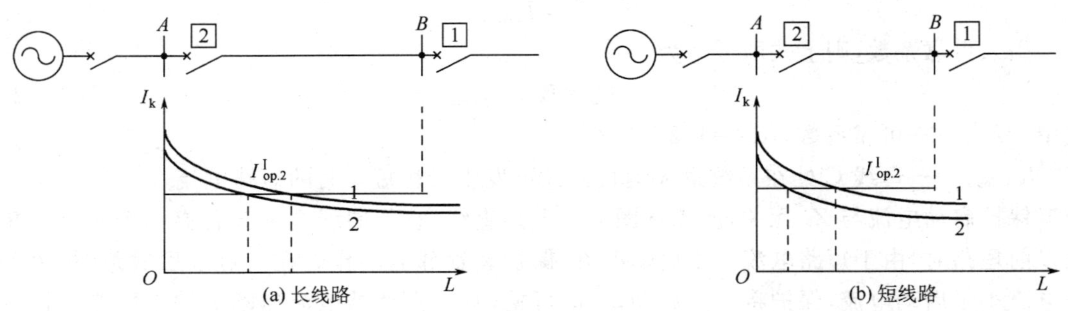

图2.3　被保护线路长短不同时，对电流速断保护的影响

电流速断保护的单相原理如图2.4所示，保护接收电流互感器TA的二次侧电流信号，当电流超过动作电流后，比较环节KA(电流速断保护)动作产生输出1，在保护不需要闭锁时(闭锁环节输出为1)，与门&有输出1，发出跳闸命令，同时启动信号回路KS。

电流速断保护的主要优点是简单可靠、动作迅速，因而获得了广泛的应用。它的缺点是不可能保护线路的全长，并且其保护范围受系统运行方式变化的影响较大。

（二）限时电流速断保护

为了克服电流速断不能保护本线路全长的缺陷，增加一个新保护，即限时电流速断保护，用来切除本线路上速断保护范围以外的故障（保护本线路的全长），同时能作为速断的后备。当下一条相邻线路始端发生短路故障时，限时电流速断保护可能会动作，失去了选择性。为了保证选择性，就要使该保护的动作带有一定的时限。

对于限时电流速断保护的要求，首先是在任何情况下都能保护本线路的全长，并具有足够的灵敏性，其次是在满足上述要求的前提下，力求具有最小的动作时限。此时限的大小与其延伸的范围有关。为了使这一时限尽量缩短，考虑使它的保护范围不超出下一条线路速断保护的范围，动作时限则比下一条线路的速断保护高出一个时间阶段，此时间阶段以 Δt 表示。通过上下级保护之间保护定值与动作时间的配合，使得全线路的故障在一个 Δt 内切除。

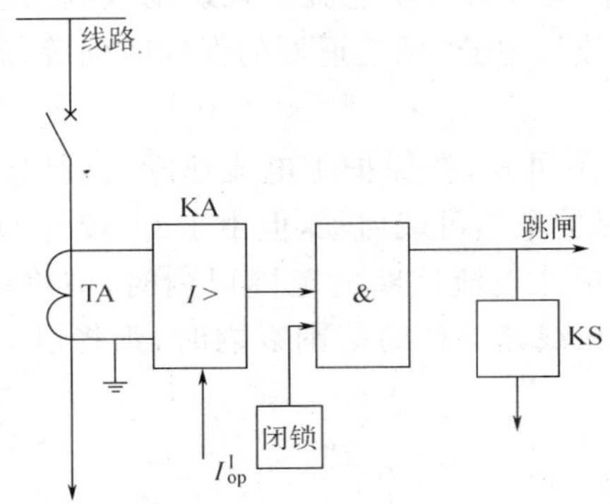

图 2.4　电流速断保护的单相原理图

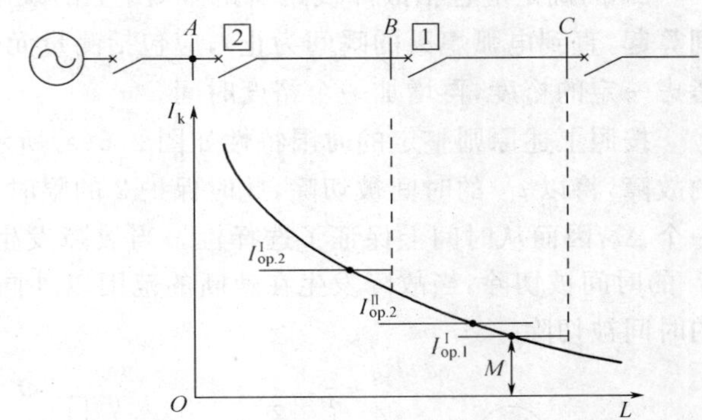

图 2.5　限时电流速断动作特性的分析

1. 限时电流速断保护的整定计算

现以图 2.5 的保护 2 为例，来说明限时电流速断保护的整定方法。

设保护 1 电流速断的启动电流按式（2.3）计算为 $I_{op.1}^{I}$，它与短路电流变化曲线的交点 M 即为保护 1 电流速断的保护范围。在此点发生短路时的短路电流为 $I_{k.1}^{I}$，速断保护刚好能动作。根据以上分析，保护 2 的限时电流速断不应超出保护 1 电流速断的范围，因此在单侧电源供电的情况下，限时电流速断的启动电流应该整定为

$$I_{op.2}^{II} \geqslant I_{op.1}^{I} \tag{2.6}$$

式中　$I_{op.2}^{II}$——装于断路器 2 处的电流Ⅱ段保护的动作值；

$I_{op.1}^{I}$——装于断路器 1 处的电流Ⅰ段保护的动作值。

由于保护 2 和保护 1 安装在不同的地点，使用的是不同的电流互感器和继电器，因此它们之间的特性很难完全一样，如果正好遇到保护 1 的电流速断出现负误差，其保护范围比计算值缩小，而保护 2 的限时速断是正误差，其保护范围比计算值增大，那么当计算的保护范围末端短路时，就会出现保护 1 的电流速断已不能动作，而保护 2 的限时速断仍然会启动的情况。由于故障位于线路 BC 的范围以内，当其电流速断不动作时，本应由保护 1 的限时速断切除故障，但保护 2 的限时速断也启动了，其结果就是两个保护的限时速断同时动作进行跳闸，因而保护 2 失去了选择性。为了避免这种情况的发生，就不能采用两个电流相等的整定方法，必须采用

$$I_{op.2}^{\text{II}} > I_{op.1}^{\text{I}} \tag{2.7}$$

需要引入可靠系数 K_k^{II}，则得

$$I_{op.2}^{\text{II}} = K_{rel}^{\text{II}} I_{op.1}^{\text{I}} \tag{2.8}$$

对 K_{rel}^{II} 考虑到短路电流中的非周期分量已经衰减，故可选取得比速断保护的 K_{rel}^{I} 小一些，一般取为 1.1～1.2。

限时速断的动作时限 t_2^{II}，应选择比下一条线路速断保护的动作时限 t_1^{I} 高出一个时间阶段 Δt，即

$$t_2^{\text{II}} = t_1^{\text{I}} + \Delta t \tag{2.9}$$

从尽快切除故障的观点来看，Δt 应越小越好，但是为了保证两个保护之间动作的选择性、其值又不能选择得太小，取 0.35～0.6 s，通常取 0.5 s。

Δt 的确定应包括故障线路断路器 QF 上的跳闸时间 $t_{QF.t}$（从操作电流送入跳闸线圈的瞬间算起，直到电弧熄灭的瞬间为止），应包括测量元件（电流继电器）延迟返回的惯性时间等，并考虑一定的裕度，再增加一个裕度时间。

按照上述原则整定的时限特性如图 2.6(a)所示。由图可知，在保护 1 电流速断范围以内的故障，将以 t_1^{I} 的时间被切除，此时保护 2 的限时速断保护虽然可能启动，但由于 t_2^{II} 较 t_1^{I} 大一个 Δt，因而从时间上保证了选择性。当故障发生在保护 2 电流速断的范围以内时，则将以 t_2^{I} 的时间被切除，当故障发生在速断的范围以外同时又在线路 AB 的范围以内时，则将以 t_2^{II} 的时间被切除。

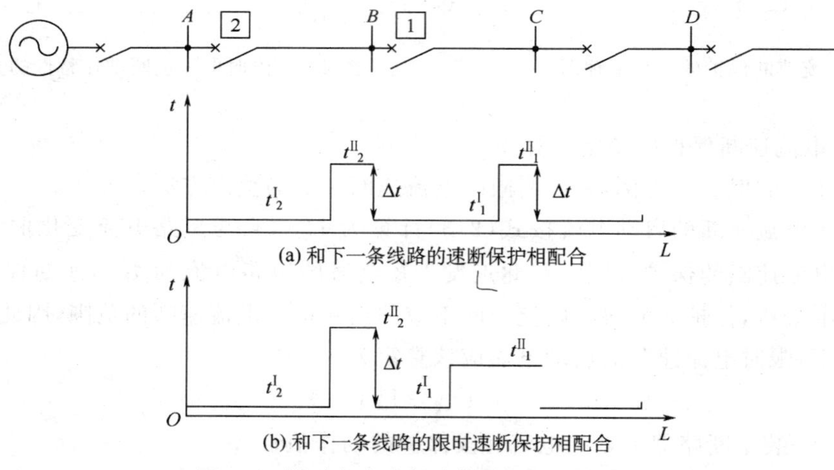

图 2.6　限时电流速断动作时间的配合关系

当线路上装设了电流速断和限时电流速断保护以后，它们的联合工作就可以保证全线路范围内的故障都能够在 0.5 s 的时间以内予以切除。因此将电流Ⅰ段保护和电流Ⅱ段保护称为线路的“主保护”。

2. 保护装置灵敏度的校验

对保护 2 的限时电流速断而言，即应采用系统最小运行方式下线路 AB 末端发生两相短路时的短路电流作为故障参数的计算值。设此电流为 $I_{k.B.min}$，代入式(2.4)中则灵敏系数为

$$K_s^{\text{II}} = \frac{I_{k.B.min}}{I_{op.2}^{\text{II}}} \tag{2.10}$$

为了保证在线路末端短路时，保护装置一定能够动作，对限时电流速断保护，应要求 $K_s^{\mathrm{II}} \geqslant 1.3 \sim 1.5$。

对于 50 km 以上的线路，K_s^{II} 不小于 1.3；

对于 20～50 km 的线路，K_s^{II} 不小于 1.4；

对于 20 km 以下的线路，K_s^{II} 不小于 1.5。

到当线路末端短路时，可能会出现一些不利于保护启动的因素，当存在这些因素时，为使保护仍然能够动作，显然就必须留一定的裕度。

当校验灵敏系数不能满足要求时，当真正发生内部故障时，由于一些不利因素的影响保护可能启动不了，达不到保护线路全长的目的，这是不允许的。为了解决这个问题，通常考虑进一步延伸限时电流速断的保护范围，使之与下一条线路的限时电流速断相配合，这样其动作时限就应该选择得比下一条线路限时速断的时限再高一个 Δt，一般取为 1～1.2 s，按照这个原则整定的时限特性如图 2.6(b)所示，此时

$$t_2^{\mathrm{II}} = t_1^{\mathrm{II}} + \Delta t \tag{2.11}$$

保护 2 的限时速断的时限就比下一条线路保护 1 的限时速断的时限再高一个 Δt。保护范围的伸长会导致动作时限的升高。

3. 限时电流速断保护的单相原理

限时电流速断保护的单相原理如图 2.7 所示，它比电流速断保护增加了一个时间继电器 KT 表示 Δt，当电流继电器 KA 动作后，还需经过时间继电器 KT 的延时 t_2^{II} 后才能动作于跳闸。如果在 t_2^{II} 以前故障已经切除，则电流继电器 KA 立即返回，整个保护复归原状，不会形成误动作。

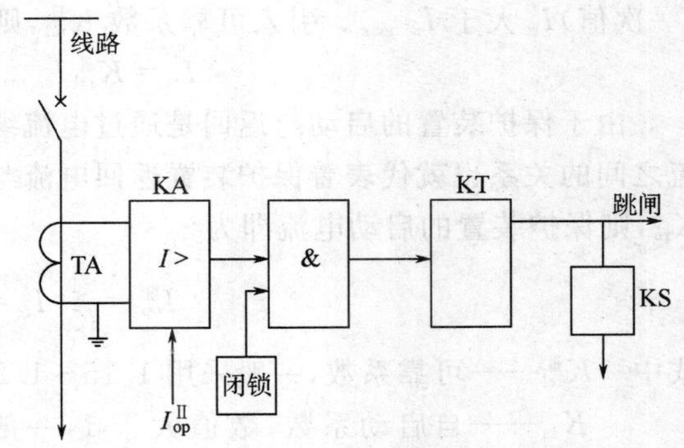

图 2.7　限时电流速断保护的单相原理图

（三）定时限过电流保护

定时限过电流保护是其启动电流按照躲开最大负荷电流来整定的一种保护，而在电网发生故障时，则能反应于电流的增大，当电流的幅值超过最大负荷电流值时启动。在一般情况下，它不仅能够保护本线路的全长，而且也能保护相邻线路的全长。定时限过电流保护在下级线路主保护拒动和断路器拒动时作为远后备保护，同时作为本线路主保护拒动时的近后备保护，也是过负荷时的保护。定时限过电流保护启动后的出口动作时限要与其他保护配合，经整定计算确定，其与短路电流大小无关，因此称为定时限过电流保护。

1. 定时限过电流保护的整定计算

定时限过电流保护的整定要考虑两方面的问题，一是按躲过本线路正常运行时的最大负荷电流来整定，二是与下一级线路的过电流保护动作值配合。

为保证在正常运行情况下过电流保护绝不动作，显然保护装置的启动电流必须整定得大于该线路上可能出现的最大负荷电流 $I_{\mathrm{L.max}}$。在实际上确定保护装置的启动电流时，还必须考虑外部故障切除后，保护装置是否能够返回的问题。例如在图 2.8 所示的网络接线中，当 k_2 点短路时，短路电流将通过保护 5、4、3、2，这些保护都要启动，但是按照选择性的要求应由保

护 2 动作切除故障，然后保护 3、4、5 由于电流已经减小而立即返回。

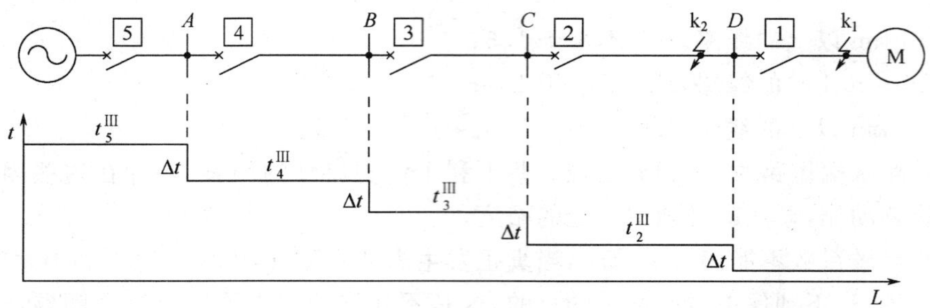

图 2.8　单侧电源网络中过电流保护的动作时限

当外部故障切除后，流经保护 4 的电流是仍然在继续运行中的负荷电流。此时还必须考虑到，由于短路时电压降低，保护 5 处母线上所接负荷的电动机被制动，因此，在故障切除后电压恢复时，电动机要有一个自启动的过程。电动机的自启动电流要大于它正常工作的电流。引入一个自启动系数 K_{ss} 来表示自启动时最大电流 $I_{ss.max}$ 与正常运行时最大负荷电流 $I_{L.max}$ 之比，即

$$I_{ss.max}=K_{ss}I_{L.max} \tag{2.12}$$

保护 3、4、5 在各自自启动电流的作用下必须立即返回。为此应使保护装置的返回电流(一次值)I'_{re} 大于 $I_{ss.max}$。引入可靠系数 $K_{rel}^{Ⅲ}$，则

$$I'_{re}=K_{rel}^{Ⅲ}I_{ss.max}=K_{rel}^{Ⅲ}K_{ss}I_{L.max} \tag{2.13}$$

由于保护装置的启动与返回是通过电流继电器来实现的，因此，继电器返回电流与启动电流之间的关系也就代表着保护装置返回电流与启动电流之间的关系。引入继电器的返回系数 K_{re}，则保护装置的启动电流即为

$$I_{op}^{Ⅲ}=\frac{1}{K_{re}}I'_{re}=\frac{K_{rel}^{Ⅲ}K_{ss}}{K_{re}}I_{L.max} \tag{2.14}$$

式中　$K_{rel}^{Ⅲ}$——可靠系数，一般采用 1.15～1.25；

K_{ss}——自启动系数，数值大于 1，一般取为 1.5～3，应由网络具体接线和负荷性质确定；

K_{re}——电流继电器的返回系数，一般采用 0.85～0.95。

保护的电流Ⅲ段动作值取式(2.13)和式(2.14)中的较大值。

可知，当电流继电器的返回系数越小时，则保护装置的启动电流越大，因而其灵敏性就越差，这是不利的。

2.定时限过电流保护动作时限的整定

假设每个电气元件上均装有过电流保护，各保护装置的启动电流均按照躲开被保护元件上各自的最大负荷电流来整定。在图 2.8 中，保护 1 位于电网的最末端，这样当 k_1 点短路时，保护 1～5 在短路电流的作用下都可能启动，但要满足选择性的要求，应该只有保护 1 动作切除故障，而保护 2～5 在故障切除之后应立即返回。这个要求只有依靠使各保护装置带有不同的时限来满足。

只要电动机内部故障，保护 1 就可以瞬时动作予以切除，$t_1^{Ⅲ}$ 即为保护装置本身的固有动作时间。保护 2 来讲，为了保证 k_1 点短路时动作的选择性，则应整定其动作时限 $t_2^{Ⅲ}>t_1^{Ⅲ}$，引

入时间阶段 Δt,则保护 2 动作时限为

$$t_2^{\mathrm{III}} = t_1^{\mathrm{III}} + \Delta t \tag{2.15}$$

保护 3、4、5 的动作时限依此类推。

3. 定时限过电流保护灵敏系数的校验

当过电流保护作为本线路的主保护时,应采用最小运行方式下本线路末端两相短路时的电流进行校验,其灵敏系数的校验仍采用式(2.4),要求是 $K_s > 1.3$。当作为相邻线路的后备保护时,则应采用最小运行方式下相邻线路末端两相短路时的电流进行校验,此时的要求是 $K_s > 1.2$。

在各个过电流保护之间必须要求灵敏系数相互配合,要求越靠近故障点的保护应具有越高的灵敏系数。如在图 2.8 的网络中,当 k_1 点短路时,应要求各保护的灵敏系数之间具有下列关系

$$K_{s.1} > K_{s.2} > K_{s.3} > K_{s.4} > \cdots \tag{2.16}$$

在单侧电源的网络接线中,由于越靠近电源端时,保护的定值越大,而发生故障后,各保护装置均流过同一个短路电流,上述灵敏系数应互相配合的要求能够满足。在后备保护之间,只有当灵敏系数和动作时限都互相配合时,才能切实保证动作的选择性,这一点在复杂网络的保护中,尤其应该注意。

4. 定时限过电流保护的单相原理

具有电流速断、限时电流速断和定时限过电流保护的单相原理如图 2.9 所示,电流速断部分由电流元件和信号元件组成,限时和定时电流速断部分分别由电流元件、时间元件和信号元件组成。由于三段的启动电流和动作时间整定得均不相同,因此必须分别使用三个电流继电器和两个时限的时间继电器,信号继电器用来发出Ⅰ、Ⅱ、Ⅲ段的动作信号。

在三段式电流保护中,靠近电源侧的保护必须使用多个速断保护和过电流保护,短路点越靠近电源,过电流保护段动作时间越长。

为克服此缺点,可采用动作时间与流过保护中电流大小成反比的保护,称为反时限过电流保护。当电流大时,反时限过电流保护的动作时限短,而电流小时动作时限长。

反时限过电流保护的时限特性如图 2.10 所示。

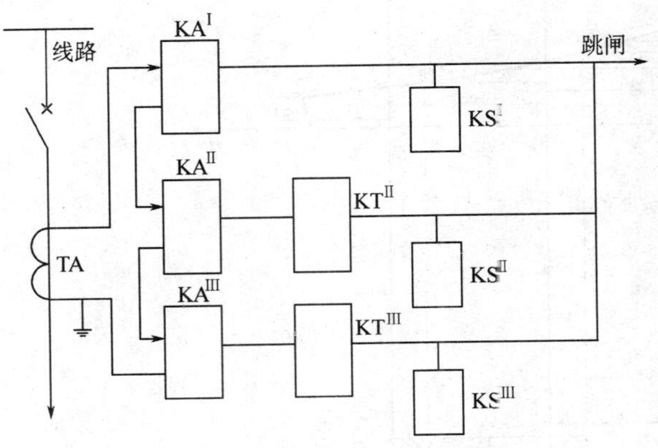

图 2.9　具有电流速断、限时电流速断和过电流保护的单相原理图

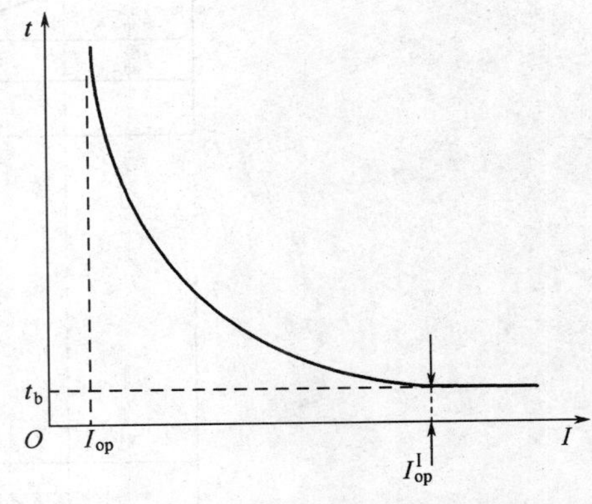

图 2.10　反时限过电流保护的时限特性

为了获得这一特性，在保护装置中电流元件和时间元件的职能由同一个反时限继电器来完成，在一定程度上它具有三段式电流保护的功能，即近处故障时动作时限短，稍远处故障时动作时限较短，远处故障时动作时限自动加长，可同时满足速动性和选择性的要求。

反时限过电流保护装置的启动电流仍应按电流整定原则进行整定。同时为了保证各保护之间动作的选择性，其动作时限也应按照阶梯形的原则来确定。但是由于保护的动作时间与电流有关，因此其时限特件的整定和配合要比定时限保护复杂。

对比定时限和反时限两种保护的时限特性可见，其基本整定原则相同，但反时限保护可使靠近于电源端的故障具有较小的排除时间。对比阶段式电流保护和反时限过电流保护的时限特性可见，实际切除各点故障的时间均较短，但反时限保护可以只用一个继电器来实现。反时限保护的缺点是整定配合比较复杂，当系统最小运行方式下短路时，其动作时限可能较长。因此它主要用于单侧电源供电的终端线路和较小容量的电动机上，作为主保护和后备保护使用，在 10 kV 以上的网络中一般不采用。

(四)三段式电流保护的应用

电流速断、限时电流速断和定时限过电流保护三者最大的区别是按照不同的原则选择启动电流。电流速断是按照躲开某一点的最大短路电流来整定，限时速断是按照躲开下级各相邻元件电流速断保护的动作电流整定，定时限过电流保护则是按照躲开最大负荷电流来整定。由于电流速断不能保护线路全长，限时电流速断又不能作为相邻元件的后备保护，因此，为保证迅速而有选择性地切除故障，通常将电流速断、限时电流速断和过电流保护组合在一起，构成阶段式电流保护。

现以图 2.11 所示的网络为例予以说明：在电网的最末端用户（电动机或其他受电设备）上，保护 1 采用瞬时动作的过电流保护即可满足要求，其启动电流按躲开电动机启动时的最大

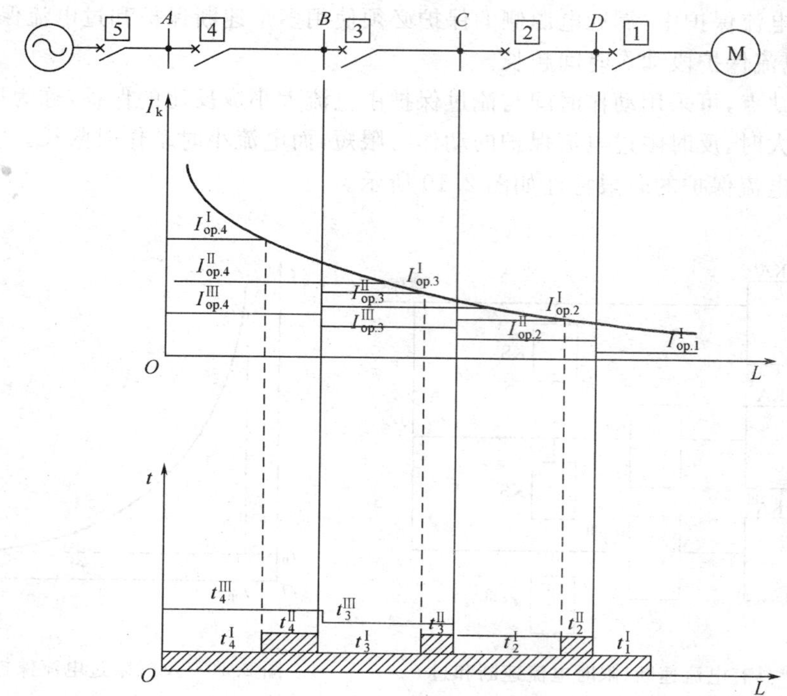

图 2.11 阶段式电流保护的配合和实际动作时间

电流整定，与电网中其他保护在定值和时限上都没有配合关系。在电网的线路 CD 上，保护 2 应首先考虑采用 0.5 s 的过电流保护，如果在电网中对线路 CD 上的故障没有要求瞬时切除，则保护 2 只装设一个 0.5 s 的过电流保护也是允许的，而如果要求线路 CD 的故障必须快速切除，则可增设一个电流速断，此时保护 2 就是一个速断加过电流的两段式保护。对于保护 3，其过电流保护由于要和保护 2 配合，因此动作时限要整定为 1～1.2 s，在这种情况下，就需要考虑增设电流速断或同时装设电流速断和限时速断。越靠近电源端，则过电流保护的动作时限就越长，因此，一般需要装设三段式的保护。

根据以上配置的各保护在各点短路时实际切除故障的时间也表示在图 2.11 上，当全网任何地点发生短路时，如果不发生保护或断路器拒绝动作的情况，则故障都可以在 0.5 s 以内的时间予以切除。

使用Ⅰ、Ⅱ、Ⅲ段组成的三段式电流保护的最主要的优点是简单、可靠，能够满足快速切除故障的要求，因此在电网中特别是在 35 kV 及以下中压电力网络中获得了广泛的应用。其缺点是它直接受电网的接线以及电力系统运行方式变化的影响，整定值必须按系统最大运行方式来选择，而灵敏性则必须用系统最小运行方式来校验，这使它往往不能满足灵敏系数或保护范围的要求。

(五)方向性电流保护

1. 方向性电流保护的必要性和工作原理

三段式电流保护是针对单侧电源网络的，各段保护都安装在被保护线路靠近电源的一侧，当线路发生故障时，流过保护的电流都是从电流保护安装处流向被保护线路情况下。该保护是按照选择性的条件来协调配合工作的。但在实际应用中，电力系统实际上都是由很多电源组成的复杂网络。

如在图 2.12 所示的双侧电源网络接线中，由于两侧都有电源，因此，在每条线路的两侧均需装设断路器和保护装置。假设电源 E_2 不存在，当发生短路时，保护 1、2、3、4 的动作情况和由电源 E_1 单独供电时一样，它们之间的选择性是能够保证的。同理，如果电源 E_1 不存在，则保护 5、6、7、8 由电源 E_2 单独供电，此时它们之间也同样能够保证动作的选择性。如果两个电源同时存在，如图 2.12(a)所示，当 k_1 点短路时，按照选择性的要求，应该由距故障点最近的保护 2 和 6 动作切除故障。然而，由电源 E_2 供给的短路电流 $I''_{k.1}$ 也将通过保护 1，如果保护 1 采用电流速断大于保护的启动电流，则保护 1 的电流速断就要误动作；如果保护 1 采用过电流保护且其动作时限 $t_1 < t_6$，则保护 1 的过电流保护也将误动作。同理，当图 2.12(b)中 k_2 点短路时，本应由保护 1 和 7 动作切除故障，但是由电源 E_1 供给的短路电流 $I'_{k.2}$ 通过保护 6。如果 $I'_{k2} > I^{\mathrm{I}}_{op.6}$，则保护 6 电流速断要误动作；如果过电流保护的动作时限 $t_6 < t_1$. 则保护 6 的过电流保护也要误动作。

通过分析可知，误动作的保护都是在自己所保护的线路反方向发生故障时，由反方向侧电源供给的短路电流所引起的。对误动作的保护而言，实际短路功率的方向都是由线路流向母线。显然与其所对应保护的线路故障时的短路功率方向(母线流向线路)相反。为了消除这种无选择的动作，需要在可能误动作的保护上增设一个功率方向闭锁元件，该元件只有在短路功率方向由母线流向线路时动作，而在短路功率方向由线路流向母线时不动作，从而使得继电保护动作具有一定的方向性。按照这个要求配置的功率方向元件及其规定的动作方向如图 2.12(c)所示。

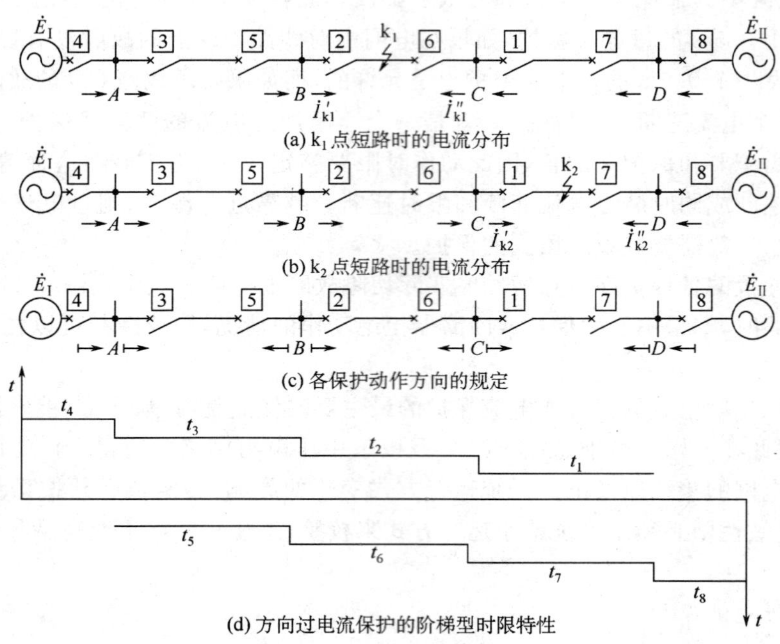

图 2.12　双侧电源网络接线及保护动作方向的规定

方向性继电保护的主要特点就是在原有保护的基础上增加一个功率方向判别元件，以保证在反方向故障时把保护闭锁使其不致误动作。当出现故障时，只有功率方向元件和过电流元件都动作后，才能去启动时间元件，再经过预定的延时后动作于跳闸。

2. 功率方向元件的工作原理

在图 2.13(a)所示的网络接线中，对于保护 1，当正方向 k_1 点三相短路时，如果短路电流 $\dot{I}_{k1}$ 的给定正方向是从保护安装处母线流向线路，则它滞后于该母线电压 $\dot{U}$ 一个相角 φ_{k1}（φ_{k1} 为从母线至 k_1 点之间的线路阻抗角），其值为 $0° < \varphi_{k1} < 90°$，如图 2.13(b)所示。

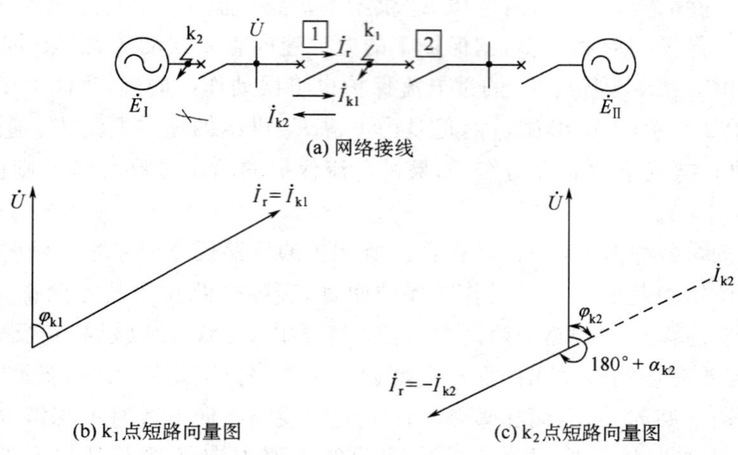

图 2.13　方向继电器工作原理的分析

当反方向 k_2 点短路时，通过保护 1 的短路电流是由电源 $\dot{E}_1$ 供给的。此时按规定的电流正方向观察，则 $\dot{I}_{k2}$ 滞后于母线电压 $\dot{U}$ 的相角是 $180°+\varphi_{k2}$（φ_{k2} 为从该母线至 k_2 点之间的线路阻抗角），其值为 $180°<(180°+\varphi_{k2})<270°$，如图 2.13(c)所示。如以母线电压 $\dot{U}$ 作为参考向量，并设 $\varphi_k=\varphi_{k1}=\varphi_{k2}$，则 $\dot{I}_{k1}$ 和 $\dot{I}_{k2}$ 的相位相差 180°。

因此，利用判别短路功率的方向或电流、电压之间的相位关系，就可判别发生故障的方向。用来判别功率方向或测定电流、电压间相位角的继电器称为功率方向继电器。由于它主要反应于继电器中电流和电压之间的相位，可采用简单的相位比较方式来实现。

3. 功率方向元件的动作方程

对 U 相的功率方向继电器，加入电压 $\dot{U}_k(=\dot{U}_A)$ 和电流 $\dot{I}_k(=\dot{I}_A)$，当正方向短路时，如图 2.13(b)所示，继电器中电压、电流之间的相角为

$$\varphi_{kA}=\arg\frac{\dot{U}_A}{\dot{I}_{k1A}}=\varphi_{k1} \tag{2.17}$$

反方向短路时，如图 2.13(c)所示，为

$$\varphi_{kA}=\arg\frac{\dot{U}_A}{-\dot{I}_{k2A}}=180°+\varphi_{k1} \tag{2.18}$$

式中符号 arg 表示幅角，亦即分子的向量超前于分母向量的角度，如取 $\varphi_k=60°$，功率方向继电器当输入电压和电流的幅值不变时，其输出（转矩或电压）值随两者间相位差的大小而改变，输出为最大时的相位差称为继电器的最大灵敏角。为了使继电器动作在最常见的短路情况下最灵敏，一般取功率方向继电器最大灵敏角 $\varphi_s=\varphi_k=60°$，同时为了保证正方向故障，而 φ_k 在 0°～90°范围内变化时，继电器都能可靠动作。此动作特性在复平面上是一条直线，如图 2.14(a)所示，阴影部分为动作区。其动作方程可表示

$$90°\geqslant\arg\frac{\dot{U}_k e^{-j\varphi_s}}{\dot{I}_k}\geqslant-90° \tag{2.19}$$

或

$$\varphi_s+90°\geqslant\arg\frac{\dot{U}_k}{\dot{I}_k}\geqslant\varphi_s-90° \tag{2.20}$$

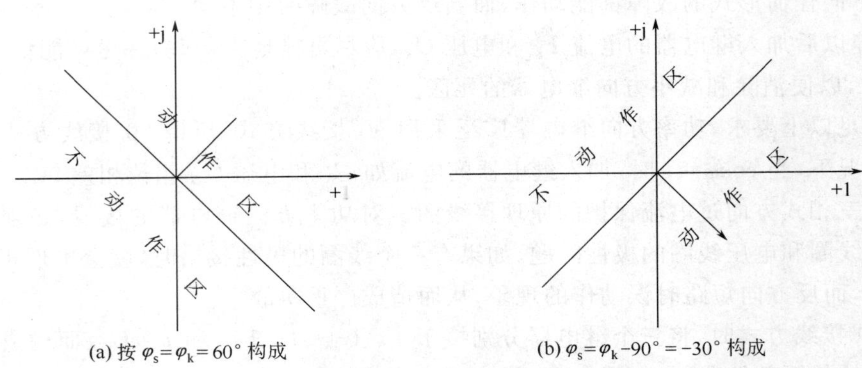

图 2.14　功率方向继电器的动作特性

当选取 $\varphi_s=\varphi_k=60°$时，以 $\dot{U}_k$ 为参考向量，在 $\dot{I}_k$ 超前其 30°至滞后其 150°的范围内，继电器均能动作。如用 φ_k 表示 $\dot{U}_k$ 超前于 $\dot{I}_k$ 的角度，用功率形式表示，则式(2.19)可写为

$$U_k I_k \cos(\varphi_k - \varphi_s) > 0 \tag{2.21}$$

当余弦项和 U_k、I_k 越大时，其值也越大，继电器动作的灵敏度越高，而任一项等于零或余弦项为负时，继电器将不能动作。采用这种特性的继电器，在其正方向出口附近发生三相短路、UV 或 WU 两相接地短路及 U 相接地短路时，由于 $U_A \approx 0$ 或数值很小，使继电器不能动作，称为继电器的"电压死区"，此时上述故障发生，整套保护将要拒动，是其很大的缺点，因此很少采用它。

为了克服死区，实际广泛采用非故障的相间电压作为参考量来判别电流的相位。对 U 相的方向继电器加入电压 $\dot{U}_k$ 和电流 $\dot{I}_k$，这时 $\varphi = \arg\dot{U}_{BC}/\dot{I}_A$，当正方向短路时，$\varphi = \varphi_k - 90° = -30°$，反方向短路时，$\varphi = 150°$。继电器应最大灵敏角设计为 $\varphi_s = \varphi_k - 90° = -30°$，动作特性如图 2.14(b)所示，其动作方程可表示为

$$90° \geqslant \arg \frac{\dot{U}_k e^{j(90° - \varphi_k)}}{\dot{I}_k} \geqslant -90° \tag{2.22}$$

采用 $90° - \varphi_k = \alpha$，α 称为功率方向继电器的内角，则上式变为

$$90° - \alpha \geqslant \arg \frac{\dot{U}_k}{\dot{I}_k} \geqslant -90° - \alpha \tag{2.23}$$

功率的形式表示，则为

$$U_k I_k \cos(\varphi_k + \alpha) > 0 \tag{2.24}$$

对于 U 相的功率方向继电器，具体表示为

$$U_{BC} I_A \cos(\varphi_k + \alpha) > 0 \tag{2.25}$$

除了在正方向出口附近发生三相短路时，$U_{BC} \approx 0$，继电器具有很小的电压死区外，在其他任何包含 U 相的不对称短路时，I_A 的电流很大，U_{BC} 的电压很高，继电器没有死区，并且动作灵敏度很高。

4. 功率方向继电器的接线方式及故障分析

功率方向继电器的主要任务是判断短路功率的方向，因此，对其接线方式应提出如下要求：

(1)正方向任何形式的故障都能动作，而当反方向故障时则不动作。

(2)故障以后加入继电器的电流 $\dot{I}_k$ 和电压 $\dot{U}_k$，应尽可能地大一些，并尽可能使 φ_k 接近于最灵敏角 φ_s，以便消除和减小方向继电器的死区。

为了满足以上要求，功率方向继电器广泛采用 90°接线方式，所谓 90°接线方式是指在三相对称的情况下，当 $\cos\varphi = 1$ 时，加入继电器的电流如 $\dot{I}_A$ 和电压 $\dot{U}_{BC}$ 相位相差 90°。

构成的三相式方向过电流保护的原理接线图。对功率方向继电器的接线，必须十分注意继电器电流线圈和电压线圈的极性问题，如果有一个线圈的极性接错时，就会出现正方向短路时拒绝动作，而反方向短路时误动作的现象，从而造成严重事故。

采用 90°接线方式时，将三个继电器分别接于 $\dot{I}_A$、$\dot{U}_{BC}$、$\dot{I}_B$、$\dot{U}_{AB}$ 和 $\dot{I}_C$、$\dot{U}_{CA}$ 而构成三相式方向过电流保护的原理接线图，如图 2.15 所示。

对 90°接线方式下，以正方向发生两相短路的情况为例进行讨论。

如图 2.16 所示，设 V、W 两相短路，有两种极限情况。

(1)短路点位于保护安装地点附近，短路阻抗 $Z_k \ll Z_S$(保护安装处到电源间的系统阻抗)，

在极限情况下取 $Z_k=0$，此时的向量图如图 2.17 所示，短路电流 $\dot{I}_B$ 由电势 $\dot{E}_{BC}$ 产生，$\dot{I}_B$ 滞后 $\dot{E}_{BC}$ 的角度为 φ_k，电流 $\dot{I}_C=-\dot{I}_B$，短路点的电压为

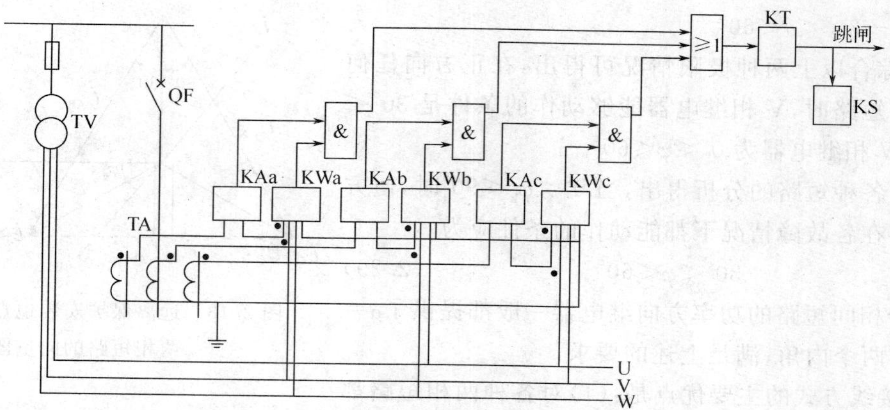

图 2.15　功率方向继电器采用 90°接线时，三相式方向过电流保护的原理图

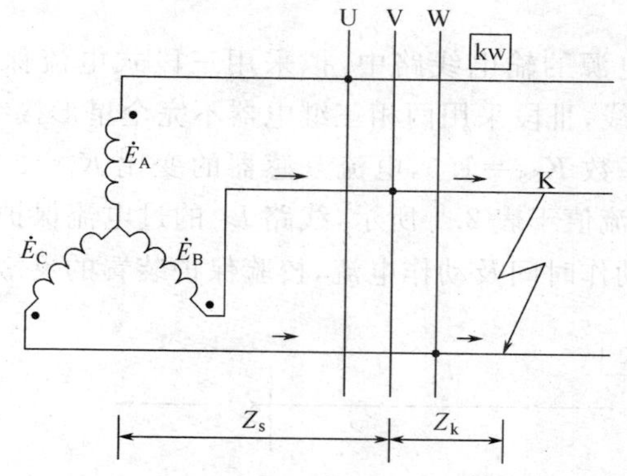

图 2.16　V、W 两相短路的系统接线图

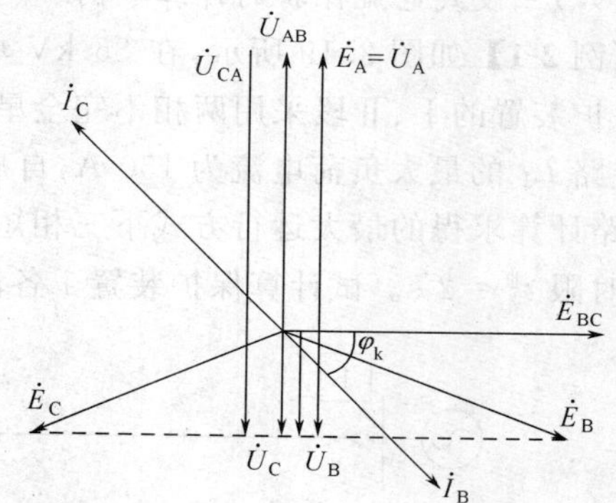

图 2.17　保护安装地点出口处 V、W 两相短路的向量图

$$\begin{cases}\dot{U}_A=\dot{U}_{dA}=\dot{E}_A\\ \dot{U}_B=\dot{U}_{dB}=-\dfrac{1}{2}\dot{E}_A\\ \dot{U}_C=\dot{U}_{dC}=-\dfrac{1}{2}\dot{E}_A\end{cases} \tag{2.26}$$

此时，对 U 相继电器而言，忽略负荷电流，$I_A\approx 0$，因此继电器不动作。

V 相继电器，$\dot{I}_{kB}=I_B$，$\dot{U}_{kB}=\dot{U}_{CA}$，$\varphi_{kB}=\varphi_k-90°$，则动作条件应为

$$U_{CA}I_B\cos(\varphi_k-90°+\alpha)>0 \tag{2.27}$$

W 相继电器，则动作条件应为

$$U_{AB}I_C\cos(\varphi_k-90°+\alpha)>0 \tag{2.28}$$

为了在 $0<\varphi_k<90°$ 的范围内，使继电器均能动作，也需选择内角 α 满足 $0<\alpha<90°$。

(2)设短路点远离保护安装地点，系统容量很大，这时 $Z_k\gg Z_s$，极限时取后者为零，向量如

图 2.18 所示。

V 相继电器，当 $0°<\varphi_k<90°$时，继电器能够动作的条件是 $30°<\alpha<120°$。

W 相继电器，当 $0°<\varphi_k<90°$时，继电器能够动作的条件是 $-30°<\alpha<60°$。

(3)综合以上两种极限情况可得出，在正方向任何地点两相短路时，V 相继电器能够动作的条件是 $30°<\varphi<90°$，W 相继电器为 $0°<\varphi<60°$。

综合各种短路的分析得出，当 $0°<\varphi_k<90°$时，使方向继电器在各故障情况下都能动作的条件应为

$$30°<\varphi<60° \tag{2.29}$$

用于相间短路的功率方向继电器一般都提供了$\alpha=30°$和 45°两个内角，满足上述的要求。

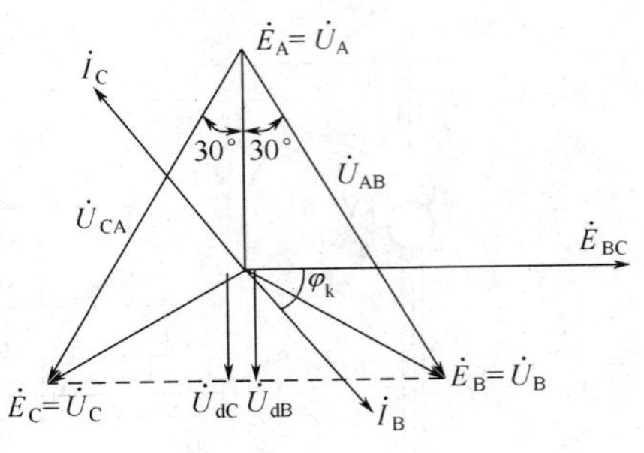

图 2.18　远离保护安装地点 V-W 两相短路的向量图

90°接线方式的主要优点是：(1)对各种两相短路都没有死区，加入继电器的是非故障的相间电压，其数值很高；(2)适当地选择继电器的内角，都能保证动作的方向性适用于线路上发生的各种故障。90°接线的应用较为广泛。

(六)三段式电流保护的计算举例

【例 2-1】 如图 2.19 所示，在 35 kV 单侧电源的输电线路中，拟采用三段式电流保护装置，保护装置的Ⅰ、Ⅱ段采用两相不完全星形接线，Ⅲ段采用两相三继电器不完全星形接线，已知：线路 L_1 的最大负荷电流为 150 A，自启动系数 $K_{SS}=1.5$，电流互感器的变比 $K_i=200/5$，由短路计算求得的最大运行方式下三相短路电流值于表 2.1 所示，线路 L_2 的过电流保护装置动作时限 $t_2^{Ⅲ}=2$ s。试计算保护装置 1 各段的动作时间及动作电流，校验保护装置的灵敏度。

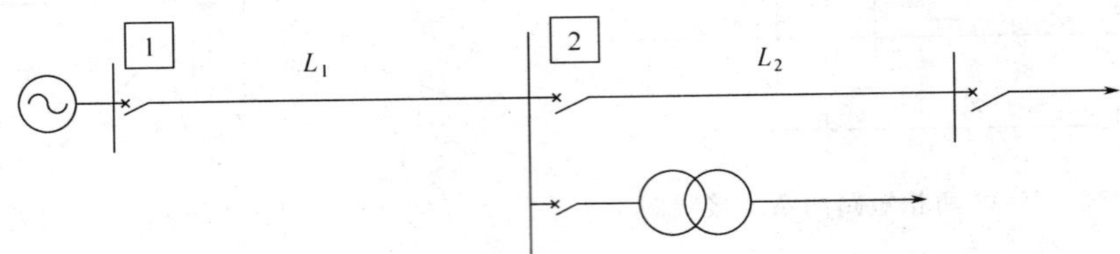

图 2.19　三段电流保护计算实例

【解】(1) 保护 1 的Ⅰ段

由保护 1 的Ⅰ段的动作电流可得：

$$I_{op.1}^{Ⅰ}=K_{rel}^{Ⅰ}K_{k1.max}^{(3)}=1.2\times 1\,310=1\,572\text{ (A)}$$

因为采用两相不完全星形接线方式，其接线系数 $K_\omega=1$，故继电器的动作电流为

表 2.1　三相短路电流计算表

短　路　点	L_1 末端	L_2 末端
最大运行方式下三相短路电流(A)	1 310	500
最小运行方式下三相短路电流(A)	1 070	485

$$I_{op.1}^{Ⅰ}=\frac{I_{op.1}^{Ⅰ}}{K_i}=\frac{1\,572}{200/5}\approx 39.3\text{ (A)}$$

(2) 保护 1 的Ⅱ段

首先计算相邻线路 L_2 的保护装置Ⅰ段的动作电流 $I_{op.2}^{Ⅰ}$，即：

$$I_{op.2}^{Ⅰ}=K_{rel}^{Ⅰ}\times I_{k2.max}^{(3)}=1.2\times 500=600\text{ (A)}$$

故线路 L_1 保护装置Ⅱ段的动作电流为

$$I_{op.1}^{II}=K_{rel}^{II}\times I_{op.2}^{I}=1.1\times 600=660\ (A)$$

继电器的动作电流为

$$I_{op.1}^{II}=\frac{I_{op.1}^{II}}{K_i}=\frac{660}{200/5}=16.5\ (A)$$

保护1的灵敏系数，按线路 L_1 末端的最小两相短路电流进行校验，这个最小两相短路电流为

$$I_{k1.min}^{(2)}=\frac{\sqrt{3}}{2}I_{k1.min}^{(3)}=\frac{\sqrt{3}}{2}\times 1\ 070\approx 927\ (A)$$

故灵敏系数为

$$K_s=\frac{I_{k1.min}^{(2)}}{I_{op.1}^{II}}=\frac{927}{660}\approx 1.4>12.5$$

故其灵敏系数得到满足。

(3) 保护1的Ⅲ段

保护1的Ⅲ段动作电流为

$$I_{op.1}^{III}=\frac{K_{rel}^{III}\times K_{ss}}{K_{rel}}\times I_{L.max}=\frac{1.2\times 1.5}{0.85}\times 150\approx 318\ (A)$$

继电器的动作电流为

$$I_{op.1}^{III}=\frac{I_{op.1}^{III}}{K_i}=\frac{318}{200/5}\approx 8\ (A)$$

保护1的Ⅲ段的灵敏系数按下述两种情况校验，即

$$K_{s.k1}=\frac{I_{k1.min}^{(2)}}{I_{op.1}^{III}}=\frac{927}{318}\approx 2.9>1.5$$

$$K_{s.k2}=\frac{I_{k1.min}^{(2)}}{I_{op.1}^{III}}=\frac{\sqrt{3}}{2}\times\frac{I_{k2.min}^{(3)}}{I_{op.1}^{III}}=\frac{\sqrt{3}}{2}\times\frac{485}{318}\approx 1.32>1.2$$

均满足保护的要求。

二、中性点有效接地系统的电流保护

(一)中性点有效接地和非有效接地系统的定义

电力系统中性点与大地间电气连接的方式，称为电力系统中性点接地方式(又称为中性点运行方式)。它将对电力系统的绝缘水平、过电压保护的选择、继电保护方式等产生不同的影响。反过来，针对一个具体的系统，选择何种接地方式，要综合考虑多种因素，进行安全、技术及经济比较后确定。

由于接地电流值与零序电抗的大小密切相关，因此人们将零序电抗与正序电抗比值作为接地方式划分的依据。如果一个系统的零序电抗与正序电抗之比不大于3，且零序电阻对正序电抗之比大于1时，则认为该系统中性点采用了有效接地方式，否则，则称为非有效接地方式。中性点采用有效接地方式和非有效接地方式的系统，分别称为中性点有效接地系统和中性点非有效接地系统。

中性点直接接地和中性点经小电阻接地属于有效接地系统，中性点不接地和中性点经消弧线圈接地属于非有效接地系统。

(二)中性点有效接地系统的电流保护

正常运行的电力系统是三相对称的，其零序、负序电流和电压理论上为零。当发生故障

时，多数的短路故障是不对称的，其零序、负序电流和电压会很大。因此，利用故障的不对称性就可找到正常与故障线路之间的差别，并且这种差别非常明显。因此利用三相对称性的变化特征，就可构成反映零序分量原理的各种保护。零序电流保护和零序方向电流保护就是根据接地时会产生零序电流和零序电压这一特点构成的。在中性点有效接地系统中，大多数故障是接地短路故障，其中单相接地故障最多，约占短路故障的 60%～70%。针对这种情况，目前广泛采用了零序电流保护和零序方向电流保护的方式。该保护和相间电流保护、方向电流保护相比，具有结构简单、灵敏度高、动作迅速和保护范围稳定等优点。因此，它不仅作为电网接地故障的主保护或后备保护，而且在变压器等元件保护中被广泛采用。

本节主要讨论中性点有效接地系统发生接地故障时零序分量的特征、利用零序分量构成的零序电流保护、方向零序电流保护的工作原理。

1. 中性点有效接地系统接地故障时零序分量的特征

(1)零序电流和零序电压的定义。由电工原理可知，当系统发生不对称短路故障时，短路点的零序分量(电流和电压)可用下式表达，即

$$\dot{I}_{k0}=\frac{1}{3}(\dot{I}_{kA}+\dot{I}_{kB}+\dot{I}_{kC}) \tag{2.30}$$

$$\dot{U}_{k0}=\frac{1}{3}(\dot{U}_{kA}+\dot{U}_{kB}+\dot{U}_{kC}) \tag{2.31}$$

式中 $\dot{I}_{kA}$、$\dot{I}_{kB}$、$\dot{I}_{kC}$——短路故障点的三相短路电流；

$\dot{U}_{kA}$、$\dot{U}_{kB}$、$\dot{U}_{kC}$——短路故障点的三相短路电压。

当中性点直接接地电网发生金属性接地故障，例如 U 相接地，其接地电流分布如图 2.20 所示，此时故障点的各相电流分别为 $\dot{I}_{kA}=\dot{I}_{k}$，$\dot{I}_{kB}=\dot{I}_{kC}=0$(忽略负荷电流)，带入式(2.30)得故障点的零序电流为

$$\dot{I}_{k0}^{(1)}=\frac{1}{3}\dot{I}_{kA}=\frac{1}{3}\dot{I}_{k} \tag{2.32}$$

故障点电压相量图如图 2.21 所示，此时 $U_{kA}\approx 0$，代入式(2.31)，则零序电压为

$$\dot{U}_{k0}^{(1)}=\frac{1}{3}(\dot{U}_{kB}+\dot{U}_{kC}) \tag{2.33}$$

由式(2.32)和式(2.33)可看出，当电网发生单相接地短路故障时，故障点的零序电流等于故障点电流的$\frac{1}{3}$，而且同相位；故障点的零序电压等于两个非故障相电压矢量和的$\frac{1}{3}$。

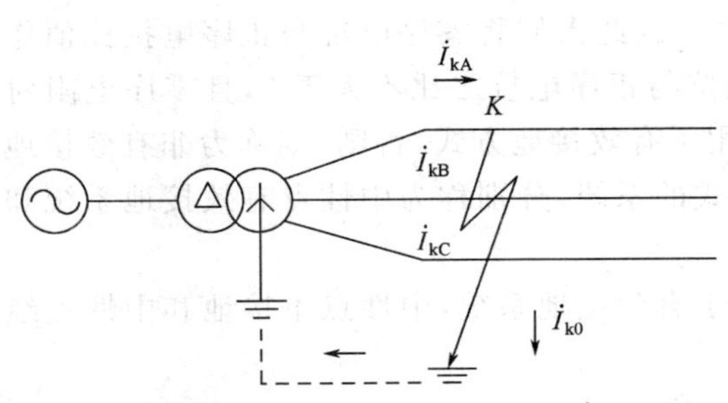

图 2.20 单相接地故障时的电流分布

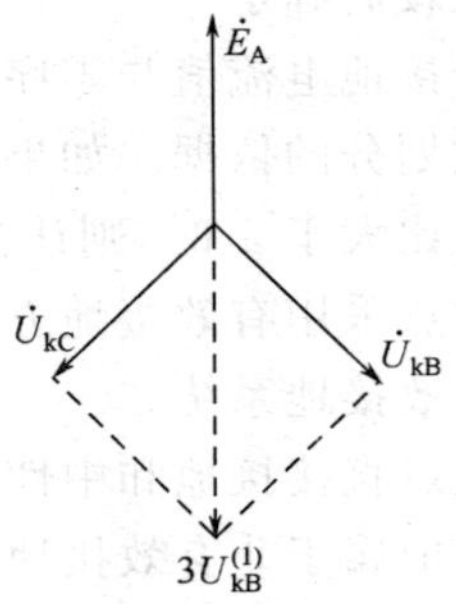

图 2.21 单相接地故障时电压相量图

利用上述方法，可证明当相间故障时系统没有零序电流和零序电压。根据这一特性，检测零序电流与零序电压的存在与否，是接地故障区别于相间故障、正常运行、过负载或系统震荡时的重要特点，据此可用来判断电网是否发生了接地故障，并由此可构成专门的接地保护。

(2)接地故障时的零序分量 当电力系统中发生接地短路时，如图 2.22(a)所示，可利用对称分量的方法将电流和电压分解为正序、负序、零序分量，并利用复合序网来表示它们之间的关系。短路计算的零序等效网络如图 2.22(b)所示，零序电流可看作由在故障点施加的零序电压 U_{k0} 产生，经由线路、接地变压器的接地支路(中性点接地)构成回路。零序电流的正方向，规定由母线流向线路故障点为正，对于零序电压的正方向，规定线路高于大地的电压为正。

① 零序电压。零序电压的分布如图 2.22(c)所示。故障点处的零序电压最高，系统中距离故障点越远的零序电压就越低，其取决于测量点到大地间阻抗值的大小。如果系统的运行方式发生变化，同时系统的送电线路和中性点接地变压器位置、数目不变，则零序阻抗和零序等效网络是不变的。但系统的正序阻抗和负序阻抗要随着运行方式而变化，正序、负序阻抗的变化将引起故障点处 U_{k1}、U_{k2}、U_{k0} 三序电压之间分配的改变，因而间接地影响零序分量的大小。

② 零序电流。零序电流是由零序电压 U_{k0} 产生的，因此零序电流的大小和相位由零序电压和电网中性点至接地故障点的零序阻亢决定的。零序电流由故障点经由线路流向大地。当忽略线路和变压器的电阻时，零序电流、电压的相量图如图 2.22(d)所示，经过故障点两侧线路保护的电流 $\dot{I}_0'$ 和 $\dot{I}_0''$ 将超前 $\dot{U}_{k0}$ 90°，当计及回路电阻时，如果取零序阻抗角 j_{k0} 为 80°，则 $\dot{I}_0'$ 和 $\dot{I}_0''$ 将超前 $\dot{U}_{k0}$ 100°。

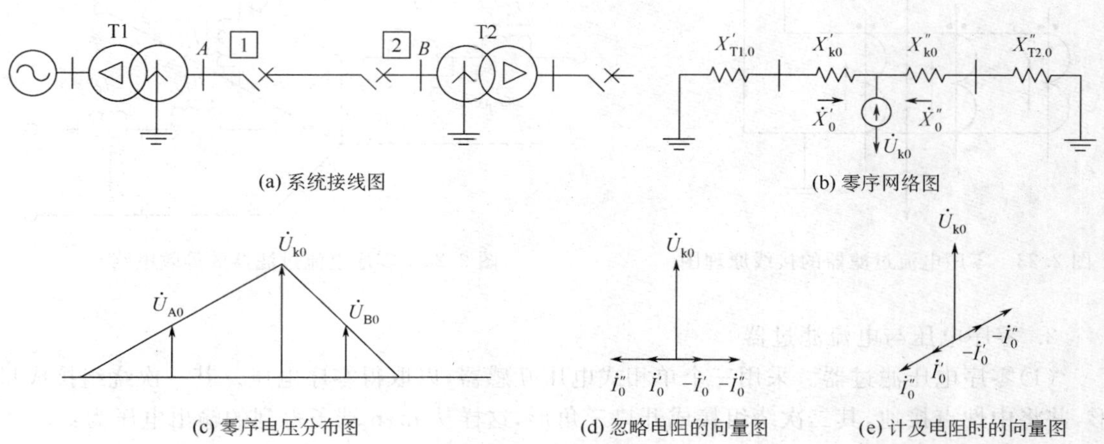

图 2.22　零序电流的分布

零序电流的分布，主要决定于送电线路的零序阻抗和中性点接地变压器的零序阻抗，而与电源的数目和位置无关。例如在图 2.22(a)中，当变压器 B_2 的中性点不接地时，则 $I_0''=0$。

零序电流过滤器接线原理图如图 2.23 所示，等效电器如图 2.24 所示。零序功率及电压、电流的相位关系。当线路中发生故障时，线路两端零序功率方向与正序功率方向刚好相反，零序功率方向实际上都是由线路流向母线的。

中性点直接接地方式的系统发生接地短路时，系统中出现零序电压，故障点的零序电压 U_0 最高、零序功率最大，变压器中性点的零序电压为 0。零序电流的大小和相位由零序电压

和零序网络中性点至故障点的零序阻抗所决定，因为

$$\dot{I}_0' = -\frac{\dot{U}_{k0}}{Z_{k0}' + Z_{T1\cdot 0}'} \tag{2.34}$$

$$\dot{I}_0'' = -\frac{\dot{U}_{k0}}{Z_{k0}'' + Z_{T2\cdot 0}''} \tag{2.35}$$

式中 Z_{k0}''、Z_{k0}'——分别表示故障点两侧两个零序网络中线路的零序阻抗；

$Z_{T1\cdot 0}''$、$Z_{T2\cdot 0}''$——分别表示故障点两侧变压器的零序阻抗；

I_0''、I_0'——分别表示故障点两侧的零序电流。

对于任一个保护安装处的零序电压和电流，保护安装处母线 A、B 的零序电压仅取决于变压器零序阻抗的大小，例如保护 1 的零序电压实际上是从该点到零序网络中性点之间零序阻抗上的电压降为 $\dot{U}_{A0}$

$$\dot{U}_{A0} = (-I_0')Z_{T1\cdot 0}' \tag{2.36}$$

该处零序电流和零序电压之间的相位差由阻抗角 $Z_{B1\cdot 0}'$ 决定，而与被保护线路的零序阻抗及故障点的位置无关。

通过以上分析，可得出以下结论：根据零序电流和零序电压的幅值以及它们的相位关系可实现接地短路的零序电流和方向保护。

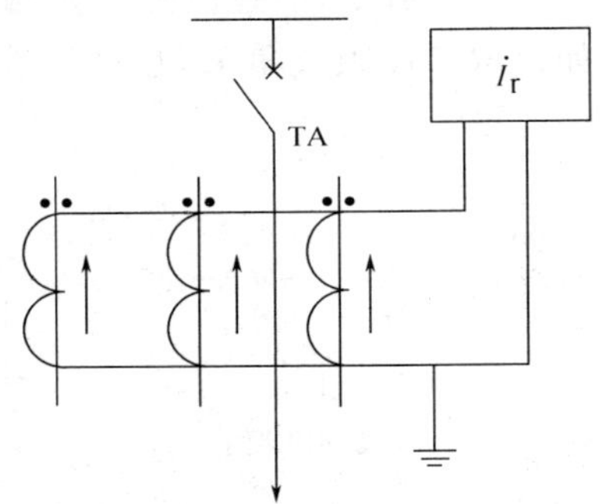

图 2.23 零序电流过滤器的接线原理图

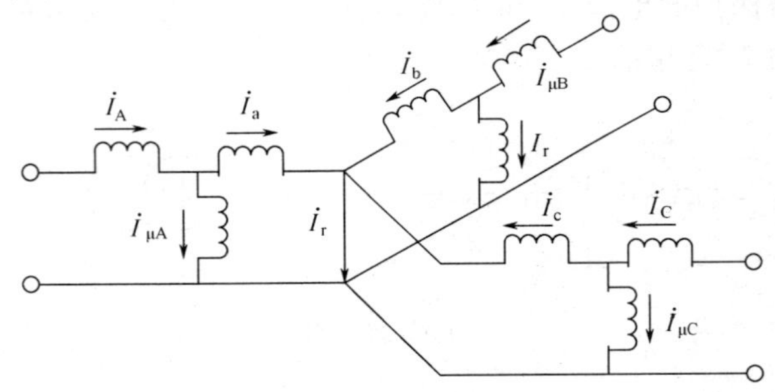

图 2.24 零序电流过滤器的等效电路

2. 零序电压与电流滤过器

(1)零序电压滤过器。采用三个单相式电压互感器，以取得零序电压。其一次绕组接成星形，并将中性点接地，其二次绕组接成开口三角形，这样从 m、n 端子得到的输出电压为：

$$\dot{U}_{mn} = \dot{U}_a + \dot{U}_b + \dot{U}_c = 3\dot{U}_0 \tag{2.37}$$

正序和负序分量的电压三相相加量为 0，无输出。取得零序电压有多种，一是从电压形成回路取得三个相电压后，利用加法器将三个相电压相加，二是从保护装置内部获得零序电压。当发电机的中性点经电压互感器(或消弧线圈)接地时，从它的二次绕组中也能获得零序电压。

实际上在正常运行和电网相间短路时，由于电压互感器的误差以及三相系统对地不完全平衡，在开口侧也可能有数值不大的电压输出，此电压成为不平衡电压。此外，当系统中存在三次谐波分量时，一般三相中三次谐波电压是同相位的，在零序电压过滤器的输出端也有三次谐波电压输出。对于反应于零序电压而动作的保护装置，应该考虑躲开这些影响。

(2)零序电流滤过器。为取得零序电流，通常采用三相电流互感器按图 2.23 接线，电流互

感器采用三相星形接线方式，在中性线上所流过的电流就是 $3\dot{I}_0$，正序和负序分量的电流三相相加量为 0，无输出。因此，在实际的使用中，零序电流过滤器不需要专门的一组电流互感器，而是接入相间保护所用的电流互感器的中线上。在数字式保护装置中，通过将三个相电流向量相加获得零序电流。

零序电流过滤器也会产生不平衡电流，考虑励磁电流 $\dot{I}_m$ 的影响后，二次电流和一次电流的相位关系为

$$\dot{I}_2=\frac{1}{n}(\dot{I}_1-\dot{I}_m) \tag{2.38}$$

因此，零序电流过滤器的等效电路可用图 2.24 来表示，此时流入继电器的电流为：

$$\begin{aligned} I_T &= \dot{I}_a+\dot{I}_b+\dot{I}_c=\frac{1}{n}[(\dot{I}_A-\dot{I}_{mA})+(\dot{I}_B-\dot{I}_{mB})+(\dot{I}_C-\dot{I}_{mC})] \\ &=\frac{1}{n}(\dot{I}_A+\dot{I}_B+\dot{I}_C)-\frac{1}{n}(\dot{I}_{mA}+\dot{I}_{mB}+\dot{I}_{mC}) \end{aligned} \tag{2.39}$$

在系统正常运行和所有不包含接地情况的相间短路时，三个电流互感器一次侧电流必然为零，因此流入继电器中的电流即为：

$$\dot{I}_r=\frac{1}{n}(\dot{I}_{mA}+\dot{I}_{mB}+\dot{I}_{mC})=\dot{I}_{dsq} \tag{2.40}$$

式中，$\dot{I}_{dsq}$ 称为零序电流过滤器的不平衡电流，由三个互感器的励磁电流不相等而产生。由于铁芯的磁化曲线不完全相同以及制造过程中的某些误差，易引起励磁电流的不相等，从而造成电流过滤器的稳态误差。当发生相间短路时，电流互感器一次侧流过的电流最大，并包含非周期分量，因此不平衡电流也达到最大值。另外，广泛采用零序电流互感器获得零序电流，它比零序电流过滤器优越的地方是没有不平衡电流，接线更简单。

3. 中性点直接接地系统接地故障的零序电流保护

对于 110 kV 及其以上的单侧电源网路，常采用无方向的三段式零序电流保护作为接地故障的主保护和后备保护。在保护原理上，它与三段式相间电流保护相类似，不同点在于零序电流保护的测量元件反映的是零序电流，而不是相间短路电流。

(1)零序速断电流保护。当发生单相或两相接地短路时，可先求出零序电流 $3\dot{I}_0$ 随线路长度变化的关系曲线，然后按照与相间短路电流保护相似的原则进行保护整定。零序电流Ⅰ段保护的整定方法如下：

① 躲过下一条线路出口处(本线路末端)单相或两相接地短路时可能出现的最大零序电流 $3I_{0.max}$，引入可靠系数 K_{rel}^{I}，即

$$I_{cp}^{I}=K_{rel}^{I}\times 3I_{0.max} \tag{2.41}$$

式中　$3I_{0.max}$——被保护线路末端单相或两相接地时的最大零序电流；

K_{rel}^{I}——零序Ⅰ段的可靠系数，一般取为 1.2～1.3。

② 躲过断路器三相触头不同期合闸时出现的最大零序电流 $3I_{0.unb}$，引入可靠系数 K_{rel}^{I}，即

$$I_{op}^{I}=K_{rel}^{I}\times 3I_{0.dsq} \tag{2.42}$$

③ 当线路上采用单相自动合闸时，按能躲开在非全相运行状态下又发生系统震荡时，所出现的最大零序电流整定。

按条件①或②整定的两者较大值对应的零序电流Ⅰ段保护，称为灵敏Ⅰ段，其特点是定值较小，保护范围较大，主要任务是对全相运行状态下的接地故障进行保护，当单相重合闸启动

时，为防止它误动，要将其闭锁。

按条件③整定的零序电流Ⅰ段保护称为不灵敏Ⅰ段，用于单相重合闸中，用于其他两相有发生接地故障时的保护。

零序电流Ⅰ段保护的最小保护范围要求不小于本保护线长度的15%，其整定的动作延时为0。

(2)零序限时电流保护。零序Ⅱ段保护的启动电流与下级线路的零序电流速断保护范围的末端相配合，并高出一个Δt时限，以保证动作的选择性。

当两个保护之间的变电所母线上有中性点接地的变压器时，如图2.25(a)所示，由于分支电路的存在，使零序电流的分布发生变化，其零序等效网络和零序电流的变化曲线如图2.25(b)、(c)所示。

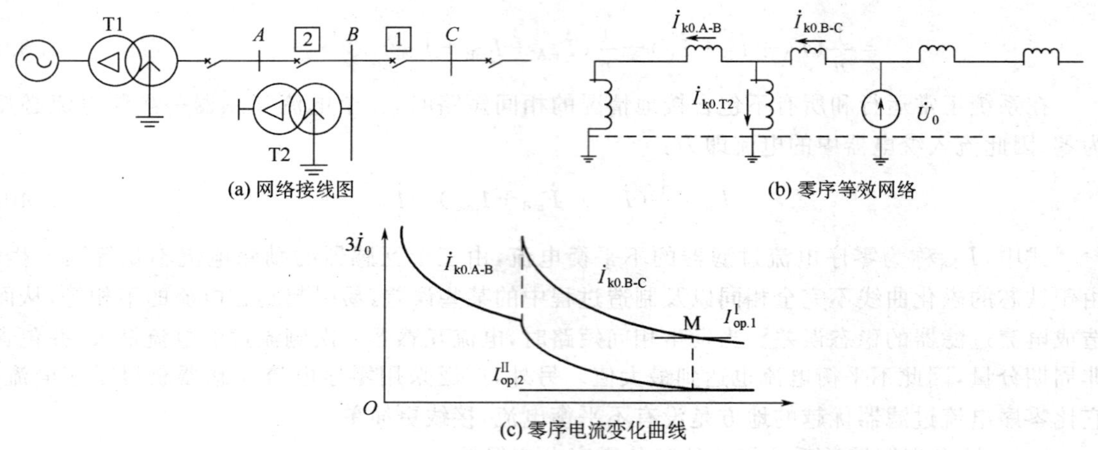

图2.25　有分支电路时，零序保护Ⅱ段保护动作特性的分析

当线路BC发生短路时，流过1、2的保护电流分别为$\dot{I}_{k0.B-C}$和$\dot{I}_{k0.A-B}$，两者之差是从变压器T_2的中性点流回的电流$I_{k0.B2}$。这个电流称为“分支电流”。在零序Ⅱ段整定中，必须考虑这个分支电流的影响，分支电流的影响可以引入一个分支系数的概念引入零序电流的分支系数$K_{0.b}$以后，即：

$$K_{0.b}=\frac{I_{0.BC}}{I_{0.AB}}$$

当变压器T_2中性点接地时，$K_{0.b}>1$，中性点不接地时，无此分支电路，则$K_{0.b}=1$。

则零序Ⅱ段保护的启动整定电流应为

$$I_{op}^{II}=\frac{K_{rel}^{II}}{K_{0.b}}I_{op.1}^{I} \tag{2.43}$$

式中，K_{rel}^{II}为零序Ⅱ段的可靠系数，一般取1.1～1.2。它也称为零序灵敏Ⅱ段。

零序Ⅱ段保护动作时间的整定方法是，它与下一条相邻线路的零序Ⅰ段配合时限$\Delta t=0.5$ s，与下一条相邻线路的零序Ⅱ段配合时限$\Delta t=1\sim1.2$ s。

零序Ⅱ段保护的灵敏系数，应按照本线路末端接地短路时的最小零序电流来检验，并应满足$K_{rel}\geqslant1.5$的要求。当由于下一条线路比较短或运行方式变化比较大，不能满足对灵敏系数的要求时，除考虑与下级线路的零序Ⅱ段保护配合外，还可考虑用下列方式解决：

① 保留与相邻线路零序Ⅰ段配合的0.5 s的零序Ⅱ段保护，同时增加与相邻线路零序Ⅱ段配合的Ⅱ段保护，以保证保护在各种运行方式下的灵敏度。这样有两个定值和时限基本不相同的零序Ⅱ段。

按与相邻下一条线路零序Ⅱ段配合进行整定时

$$I_{op.1}^{\mathrm{II}}=\frac{K_{rel}^{\mathrm{II}}}{K_{0.b}}I_{op.2}^{\mathrm{II}} \tag{2.44}$$

式中 K_{rel}^{II}——零序Ⅱ段的可靠系数，一般取值1.1～1.2；

$I_{op.2}^{\mathrm{II}}$——相邻下一线路零序Ⅱ段的动作值，它也称为不灵敏Ⅱ段。

② 改用接地距离保护。

(3)零序过电流保护。零序电流Ⅲ段属于过电流保护，一般情况下它主要作为接地短路的后备保护，在中性点直接接地系统的终端线路上作为主保护。

对于零序过电流保护的启动电流，原则上是按照躲开在下一条线路的出口处相间短路时所出现的最大不平衡电流 $\dot{I}_{dsq.max}$ 来整定，引入可靠系数 K_{rel}^{III}，为

$$I_{op}^{\mathrm{III}}=K_{rel}^{\mathrm{III}}I_{dsq.max} \tag{2.45}$$

同时，还要求各保护之间在灵敏系数上要相互配合。当满足灵敏系数配合的要求时，实际上对零序过电流保护的整定计算，必须按照逐级配合的原则来考虑，即本保护零序Ⅲ段的保护范围，不能超出相邻线路零序Ⅲ段的保护范围。当两个线路之间有分支线路时，参照图2.25的分析，保护装置的启动电流应整定为

$$I_{op.2}^{\mathrm{III}}=\frac{K_{rel}^{\mathrm{III}}}{K_{0.b}}I_{op.1}^{\mathrm{III}} \tag{2.46}$$

式中 K_{rel}^{III}——可靠性系数，一般取为1.1～1.2；

$K_{0.b}$——在相邻线路的零序Ⅲ段保护范围末端发生接地短路时，故障线路中零序电流与流过本保护装置的零序电流之比。

保护装置的灵敏系数，当作为相邻元件的后备保护时，应按照相邻元件末端接地短路时，流过本保护的最小零序电流来校验。

(4)零序电流Ⅳ段保护。零序电流保护还可设置有零序Ⅳ段保护。虽然三段式零序电流保护对于一般的电力系统可以满足要求，但是遇到电网的不同电压等级和各种重合闸方式时，就很难满足要求。另外对于旁路断路器上的保护，所要代替的线路保护较多，为了运行方便，一般也要多设几段保护，因此设置零序Ⅳ段保护。

零序Ⅳ段保护的整定原则是：

① 本线路经高电阻接地，有足够高的灵敏度：

$$I_{0.op}^{\mathrm{IV}}\leqslant 300\ \mathrm{A} \tag{2.47}$$

② 相邻线路零序Ⅲ段配合：

$$I_{0.op}^{\mathrm{IV}}=K_{rel}^{\mathrm{III}}I_{0.op}^{\mathrm{III}} \tag{2.48}$$

式中 $I_{0.op}^{\mathrm{III}}$——相邻线路零序Ⅲ段的动作值；

K_{rel}^{III}——零序Ⅳ段保护与相邻线路零序Ⅲ段保护配合的可靠系数。

③ 相邻线路零序Ⅳ段配合：

$$I_{0.op}^{\mathrm{IV}}=K_{rel}^{\mathrm{III}}I_{0.op}^{\mathrm{IV}} \tag{2.49}$$

式中 $I_{0.op}^{\mathrm{IV}}$——相邻线路零序Ⅳ段的动作值。

选择以上较大值作为零序Ⅳ段的动作值。

由于零序Ⅳ段的动作值较小，在非全相运行时零序电流可能超过它而引起保护动作，因此零序Ⅳ段时间元件的整定必须使保护躲过重合闸周期。零序Ⅳ段保护的动作值低、灵敏度高，常用它的动作值作为保护的零序辅助启动元件，与相电流差突变量元件一起承担启动的功能。

零序电流保护设置是这样的，系统全相运行时设置四个灵敏段，即Ⅰ段、Ⅱ段、Ⅲ段、Ⅳ段；系统非全相运行时还应设置两个灵敏段，即瞬时动作的不灵敏Ⅰ段和带延时的不灵敏Ⅱ段。

（三）方向性零序电流保护

1. 方向性零序电流保护的提出

在双侧或多侧电源网络中，电源处变压器的中性点一般至少有一台要接地，由于零序电流的实际流向是由故障点流向各个中性点接地的变压器，因此在变压器接地数目较多的复杂网络中，就需要考虑零序电流保护动作的方向性问题。在双侧或多侧电源网络中零序电流保护误动的情况类似于双侧电源网络相间电流保护的分析。

在复杂的环网中，为了简化整定计算及保护之间相互的配合，并保证保护的选择性，零序电流保护第Ⅰ、Ⅱ、Ⅲ各段均可分别经零序功率方向测量元件控制，构成多段式方向零序电流保护。利用正方向和反方向故障时零序功率方向的差别，锁闭可能误动作的保护，从而保证动作的选择性。

方向零序过电流保护原理如图 2.26 所示，多段方向零序电流保护的构成仅在保护中增加一个零序功率方向测量元件，并与零序电流测量元件构成与门，共同判别是否在保护线路正方向发生了接地短路。图 2.26 中 $3U_0$ 表示零序功率方向测量元件，3KS 为信号继电器，它的作用是在保护装置动作的同时，信号继电器本身的信号牌或灯光有显示，以便值班员确认何种保护装置动作，并接通“信号为复归”光牌。

当在被保护的线路上零序电流保护第Ⅰ段范围内发生接地故障时，该处方向零序电流保护的第Ⅰ、Ⅱ、Ⅲ段的电流测量元件和零序功率方向测量元件均启动。但因为方向零序电流保护第Ⅰ段无延时动作，跳开被保护线路的断路器，切除了接地故障，该段中的各个元件及第Ⅱ、Ⅲ段已启动的所有元件均将返回，方向零序电流保护第Ⅱ、Ⅲ段因延时元件无输出，不能跳闸。

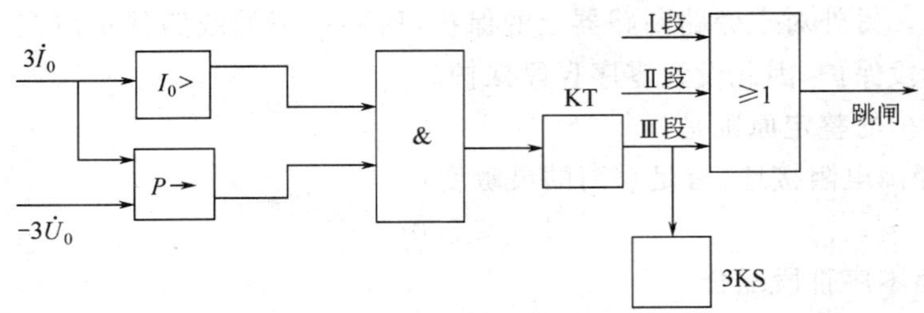

图 2.26　方向零序过电流保护原理图

2. 零序功率方向元件

零序功率方向元件接入零序电压 $3\dot{U}_0$ 和零序电流 $3\dot{I}_0$，反应于零序功率的方向而动作，其工作原理与实现方法同前述的功率方向元件。

当保护范围内部故障时，按照规定的电流、电压正方向看，$3\dot{I}_0$ 超前于 $3\dot{U}_0$ 约 95°～110°

（对应于保护安装地点背后的零序阻抗角为 85°～70°的情况），灵敏角 $j_{sen}=-95°\sim-110°$，继电器此时应正确动作，并工作在最灵敏的条件下。

由于越靠近故障点的零序电压越高，因此零序方向元件没有电压死区。相反，当故障点距离保护安装地点越远时，由于保护安装处的零序电压较低，零序电流较小，因此必须校验方向元件在这种情况下的灵敏系数。例如当零序保护作为相邻元件的后备保护时，即采用相邻元件末端短路时，在本保护安装处的最小零序电流、电压或者功率与功率方向继电器的最小启动电流、电压或启动功率之比来计算灵敏系数，并且要求 $K_s\geqslant 1.5$。只有方向元件和电流元件同时动作后，才能分别启动中间继电器或各自的继电器。

必须指出，只有在反方向接地短路对零序电流保护中依靠延时或动作电流不能保证选择性的情况下，才在保护中加装零序功率方向测量元件，以免零序电流保护复杂化。

（四）零序电流保护的应用特点

在中性点直接接到的高电压网中，由于零序电流保护简单、经济、可靠，作为辅助保护和后备保护获得广泛应用。它与相间电流保护相比具有以下优点：

（1）根据大接地电流系统接地短路零序电压的分布特征可知，故障点零序电压最高，故零序功率方向测量元件无保护出口的电压死区；

（2）零序功率方向测量元件不受系统全相振荡和过负荷的影响；

（3）零序功率方向测量元件在远离故障点时由于零序电压很小，可能拒动。

零序电流保护是动作几率很高的保护，作为测量元件之一的零序功率方向测量元件不应影响和限制保护的灵敏度，所以零序功率方向测量元件的灵敏度应满足规程的要求。

零序功率方向继电器应校验灵敏系数 K_s，即

$$K_s=\frac{1}{S_{op}}(3U_0'\,3I_0)_{min} \tag{2.50}$$

式中　$(3U_0'\,3I_0)_{min}$——保护区末端接地短路时，保护安装处的最小零序功率；

S_{op}——零序功率方向继电器的动作功率。

根据规程要求，用于远、后备保护中的零序功率方向继电器，在下一线路末端接地短路时，K_s 应不小于 1.5；在本线路末端接地短路时，K_s 应不小于 2。

（4）方向性零序保护没有死区，较后文提到的距离保护实现简单、可靠，在 110 kV 及以上的高压和超高压电网中，单相接地故障约占全部故障的 70%～90%，而其他故障也往往是由单相接地故障发展起来的，零序保护就为绝大部分的故障提供了保护，具有显著的优越性。

三、中性点非有效接地系统中单相接地故障的保护

在中性点非有效接地系统中发生单相接地时，由于故障点的电流很小，而且三相之间的线电压保持对称，对负荷没有供电影响，可再运行 1～2 h。但是在单相接地以后，其他两相的对地电压将会升高$\sqrt{3}$倍。为了防止故障进一步扩大成两点或者多点接地短路，还是应该对地跳闸。

（一）中性点非有效接地系统单相接地故障的特点

1．中性点不接地电网中单相接地故障的特点

在电网正常运行时，三相对地有相同的电容，在相电压的作用下，每相都有一超前于相电压 90°的电容电流流入地中，三相电流之和等于零。设 U 相发生单相接地，如图 2.27 所示。

U 相对地电压变为零，对地电容被短接，而其他两相的对地电压升高$\sqrt{3}$倍，对地电容电流也相应升高$\sqrt{3}$倍。向量关系如图 2.28 所示。在单相接地时，由于三相中的负荷电流和线电压仍然是对称的，因此只分析对地关系的变化。

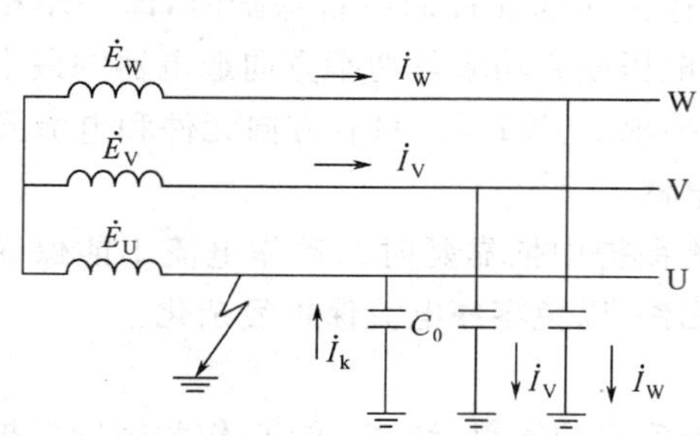

图 2.27　简单网络接线示意图

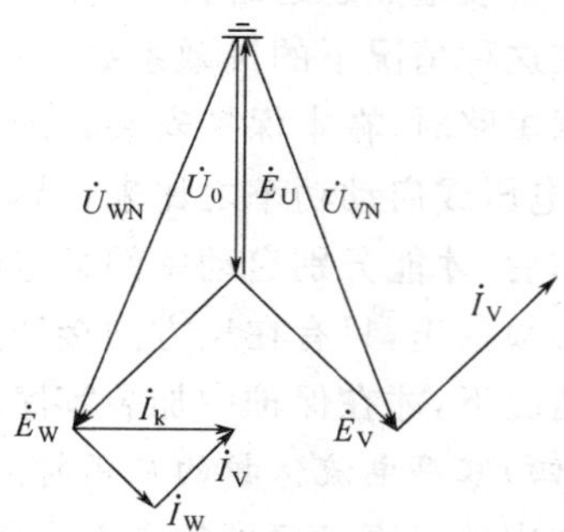

图 2.28　U 相接地时的向量图

在 U 相接地后，各相的对地电压为：

$$\begin{cases}\dot{U}_{UN}=0\\ \dot{U}_{VN}=\dot{E}_V-\dot{E}_U=\sqrt{3}\dot{E}_U e^{-j150^\circ}\\ \dot{U}_{WN}=\dot{E}_W-\dot{E}_U=\sqrt{3}\dot{E}_U e^{j150^\circ}\end{cases} \tag{2.51}$$

故障点的零序电压为

$$\dot{U}_{k0}=\frac{1}{3}(\dot{U}_{UN}+\dot{U}_{VN}+\dot{U}_{WN})=-\dot{E}_U \tag{2.52}$$

非故障相中流向故障点的电容电流为

$$\begin{cases}\dot{I}_V=\dot{U}_{VN}j\omega C_0\\ \dot{I}_W=\dot{U}_{WN}j\omega C_0\end{cases} \tag{2.53}$$

其有效值为 $I_V=I_W=\sqrt{3}U_\varphi\omega C_0$，式中 U_φ 为相电压的有效值。

此时，从接地点流回的电流为 $\dot{I}_k=\dot{I}_V+\dot{I}_W$，其有效值为 $I_k=\sqrt{3}U_\varphi wC_0$，是正常运行时三相对地电容电流的算术和。

对于存在发电机 G 和多条线路的网络，每台发电机和每条线路对地均有电容存在，分别以 C_{0g}、$C_{0\mathrm{I}}$、$C_{0\mathrm{II}}$ 等集中电容表示，当线路Ⅱ的 U 相接地后，如果忽略负荷电流和电容电流在线路阻抗上的电压降，则全系统 U 相对地的电压均等于零，各元件 U 相对地的电容电流也等于零，同时 V 相和 W 相的对地电压和电容电流都升高$\sqrt{3}$倍。这种情况下的电容电流分布和方向如图 2.29 所示。

图 2.29 中，非故障线路Ⅰ的 U 相电流为零，V 相和 W 相中流有本身的电容电流，线路始端反映的零序电流为

$$3\dot{I}_{0\mathrm{I}}=\dot{I}_{B\mathrm{I}}+\dot{I}_{C\mathrm{I}} \tag{2.54}$$

其有效值为

$$3I_{0\mathrm{I}}=3U_\varphi\omega C_{0\mathrm{I}} \tag{2.55}$$

零序电流为线路Ⅰ本身的电容电流，电容性无功功率的方向由母线流向线路。上述结论

可适用于其他非故障线路。

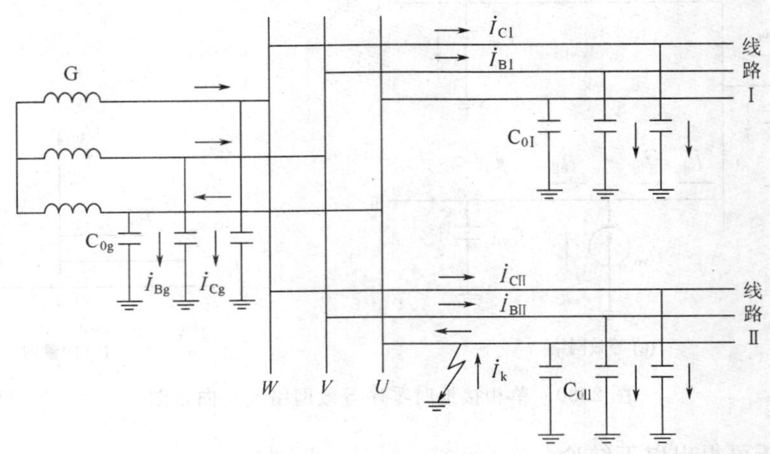

图 2.29 单相接地时,用三相系统表示的电容电流分布图

发电机 G 本身有 V 相和 W 相的对地电容电流,但由于它还是产生其他电容电流的电源,因此,从 U 相要流回从故障点流出来的全部电容电流,在 V 相和 W 相中又要分别流出各线路上同名相的对地电容电流,此时从发电机出线端的零序电流仍应为三相电流之和,各线路的电容电流由于从 U 相流入后又分别从 V 相和 W 相流出,因此,相加后相互抵消,而只剩下发电机本身的电容电流,故

$$3\dot{I}_{0g}=\dot{I}_{Bg}+\dot{I}_{Cg} \tag{2.56}$$

有效值为 $3I_{0g}=3U_{\varphi}\omega C_{0g}$,即零序电流为发电机本身的电容电流,其电容性无功功率的方向由母线流向发电机,与非故障线路是一样的。

对于故障线路Ⅱ的 V 相和 W 相,与非故障线路一样,有本身的电容电流,不同之处是在接地点要流回全系统 V 相和 W 相对地电容电流的总和,值为

$$\dot{I}_k=(\dot{I}_{B\text{I}}+\dot{I}_{C\text{I}})+(\dot{I}_{B\text{II}}+\dot{I}_{C\text{II}})+(\dot{I}_{Bg}+\dot{I}_{Cg}) \tag{2.57}$$

有效值为:

$$I_k=3U_{\varphi}\omega(C_{0\text{I}}+C_{0\text{II}}+C_{0g})=3U_{\varphi}\omega C_{0\Sigma} \tag{2.58}$$

式中 $C_{0\Sigma}$ 为全系统每相对地电容的总和。从 U 相流出的电流可表示为 $\dot{I}_{A\text{II}}=-\dot{I}_k$。

这样在线路Ⅱ始端所流过的零序电流则为

$$3\dot{I}_{0\text{II}}=\dot{I}_{A\text{II}}+\dot{I}_{B\text{II}}+\dot{I}_{C\text{II}}=-(\dot{I}_{B\text{I}}+\dot{I}_{C\text{I}}+\dot{I}_{Bg}+\dot{I}_{Cg}) \tag{2.59}$$

其有效值为

$$3I_{0\text{II}}=3U_{\varphi}\omega(C_{0\Sigma}-C_{0\text{II}}) \tag{2.60}$$

因此,由故障线路流向母线的零序电流,它等于全系统非故障元件对地电容电流之总和(不包括故障线路本身),其电容性无功功率的方向为由母线流向线路,与非故障线路的相反。

单相接地时的零序等效网络及其向量图如图 2.30(a)所示。在接地点有一个零序电压,而零序电流的回路由通过各个元件的对地电容构成。由于送电线路的零序阻抗远小于电容的阻抗,可忽略不计,在中性点不接地电网中,零序电流等于各元件的对地电容电流。这与直接接地电网完全不相同。

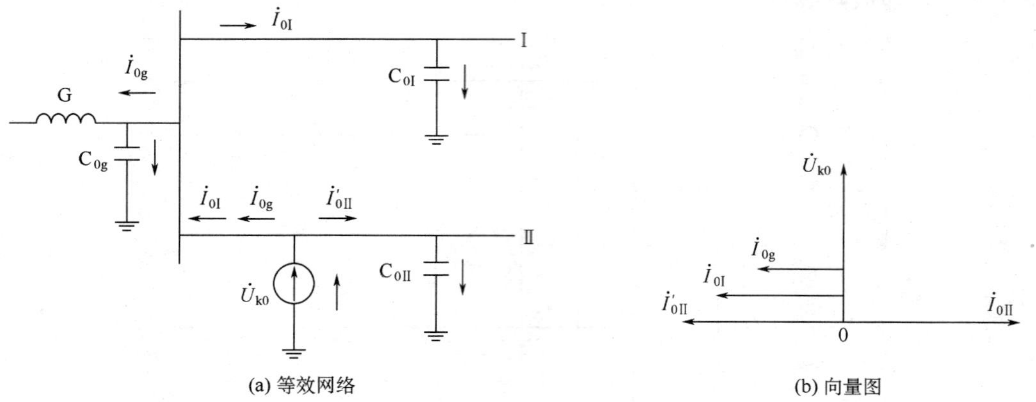

图 2.30 单相接地时零序等效网络及其向量图

由以上分析可得出以下结论：

(1)在发生单相接地时，全系统将出现零序电压。

(2)非故障元件有零序电流，其值等于本身的对地电容电流，电容性无功功率的方向是由母线流向线路。

(3)故障线路的零序电流为全系统非故障元件对地电容电流之总和，数值较大，电容性无功功率的方向时由线路流向母线。

2. 中性点经消弧线圈接地电网中单相接地故障的特点

当中性点非有效接地电网中发生单相接地时，在接地点要流过全系统的对地电容电流，如果此电流比较大，就会在接地点引起弧光过电压，使得非故障相的对地电压进一步升高，损坏绝缘，形成两点或多点的接地短路，造成停电事故。为了解决此问题，通常在中性点接一个电感线圈，称它为消弧线圈，如图 2.31 所示。当单相接地时，接地点就有一个电感分量的电流流过，此电流和原系统中的电容电流相抵消，减少流经故障点的电流。

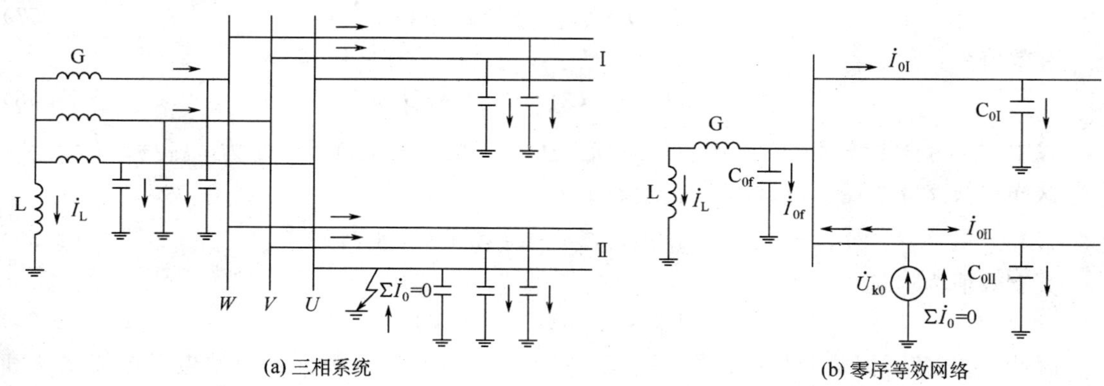

图 2.31 消弧线圈接地电网中单相接地时的电流分布

在各级电压中，当全系统的电容电流超过一定数值时，就应装设消弧线圈，3 kV、6 kV 电网：30 A；10 kV 电网：20 A；20 kV 电网：10 A。

采用消弧线圈的系统在单相接地时的电流分布发生重大变化。在电源的中性点接入消弧

线圈，如图 2.31(a)所示，当线路Ⅱ的 U 相接地以后，电容电流的大小和分布与不接消弧线圈时是一样的，不同之处是增加了一个电感分量的电流 $\dot{I}_L$，从接地点流回的总电流为

$$\dot{I}_k=\dot{I}_L+\dot{I}_{C\Sigma} \tag{2.61}$$

式中　$\dot{I}_{C\Sigma}$——全系统对地电容电流；

$\dot{I}_L$——消弧线圈的电流，用 L 表示它的电感，则 $\dot{I}_L=-\frac{\dot{E}_A}{j\omega L}$。

由于 $\dot{I}_{C\Sigma}$ 和 $\dot{I}_L$ 的相位大约相差 180°，因此 $\dot{I}_D$ 将因消弧线圈的补偿而减小。可做出它的零序等效网络，如图 2.31(b)所示。

根据电容补偿程度的不同，消弧线圈有完全补偿、欠补偿和过补偿三种补偿方式：

(1)完全补偿 $I_L=I_{C\Sigma}$

此时由于 $\dot{I}_k=\dot{I}_{C\Sigma}+\dot{I}_L=0$，接地点电流近似为 0，理论上补偿效果最好。但实质上构成了串联谐振条件，如果三相对地电容不相等，则在正常情况下系统中由于中性点电压偏移或者在断路器三相不同时合闸而出现零序电压 $\dot{U}_0$ 时，会在串联谐振回路中产生很大的电流以及异常电压，使电源中性点对地电压严重升高。这是不允许的。因此在实际上一般不采用这种方式。

(2)欠补偿 $I_L<I_{C\Sigma}$

补偿后的接地点电流仍然是电容性的。当系统运行发生变化时，例如某个原件被切除或因发生故障而跳闸，则电容电流就将减小，这时很可能又出现 I_L 和 $I_{C\Sigma}$ 两个电流相等的情况，从而引起过电压，因此，欠补偿的方式一般也不采用。

(3)过补偿 $I_L>I_{C\Sigma}$

补偿后的残余电流是电感性的。采用这种方法不可能发生串联谐振的过电压问题，因此获得广泛的应用。

I_L 大于 $I_{C\Sigma}$ 的程度用过补偿度 P 来表示，其关系为

$$P=\frac{I_L-I_{C\Sigma}}{I_{C\Sigma}}\times 100\% \tag{2.62}$$

一般选择过补偿度 $P=5\%\sim10\%$，而不大于 10%。

由于在经消弧线圈接地的系统中采用过补偿方式后，流经故障线路的零序电流将大于本身的电容电流，流经故障线路和非故障线路保护安装处的零序电流方向都是由母线流向线路，其大小差异也不大，因此，无法利用功率方向来判别故障线路，其次由于过补偿度不大，也很难像中性点不接地电网那样，利用零序电流的大小来找出故障线路。在这类系统中，主要依靠零序电压的监测接地。

当采用完全补偿方式时，流经故障线路和非故障线路的零序电流都是本身的电容电流，电容性无功功率的实际方向都是母线流经线路，因此利用稳态零序电流的大小和功率方向都无法判断哪条线路发生故障。

(二)中性点非有效接地电网单相接地故障的保护

1. 绝缘监视装置

发电厂和变电所的母线上一般装设网络单相接地的监视装置，它利用接地后出现的零序电压，带延时动作于信号继电器。用过电压继电器接于电压互感器二次开口三角形的一侧，如图 2.32 所示。

当本网络发生单相接地故障，在本网络中同一电压等级的所有发电厂和变电所的母线和线路上都将出现零序电压，使得给出的信号没有针对性。要想发现故障在哪条线路上，需要由运行人员依次短时断开每条线路，并加上自动重合闸，将断开线路投入，当断开某条线路时，零序电压信号消失，即表明故障是在该线路上。

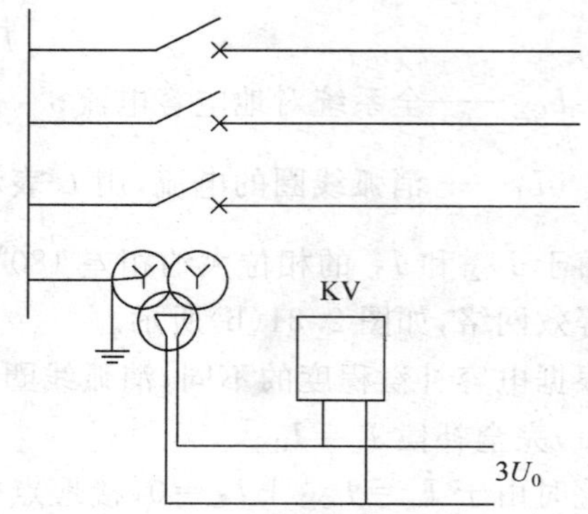

图 2.32　网络单相接地的信号装置原理接线图

2. 零序电流保护

利用故障线路零序电流较非故障线路大的特点，实现有针对性地发出信号或跳闸动作。

这种保护一般用于有条件安装零序电流互感器的线路上，当单相接地电流较大时，足以克服零序电流过滤器中不平衡电流的影响时，保护装置也可接于三个电流互感器构成的零序回路中。

当某一线路发生单相接地时，非故障线路上零序电流为本身的电容电流，因此，为了保证动作的选择性，保护装置的启动电流应大于本线路的电容电流。

$$I_{op}=K_k U_\varphi \omega C_0 \tag{2.63}$$

按上式整定后，还需要校验本线路发生单相接地故障时的灵敏系数，由于流经故障线路上的零序电流为全网络中非故障线路电容电流的总和，因此灵敏系数为：

$$K_s=\frac{3U_\varphi \omega(C_\Sigma - C_0)}{K_k 3U_\varphi \omega C_0}=\frac{C_\Sigma - C_0}{K_k C_0} \tag{2.64}$$

式中，C_0 为同一电压等级网络中各元件每相对地电容之和，校验时应采用系统最小运行方式的电容电流，也就是为最小的电容电流。

由此可见，当全网络的电容电流越大或被保护线路的电容电流越小时，零序电流保护的灵敏系数就容易满足要求。

3.零序功率方向保护

利用故障线路与非故障线路零序功率方向不同的特点来实现有选择的保护，动作于信号或跳闸。这种方式适用于零序电流保护不能满足灵敏系数的要求时和接线复杂的网络时。但是零序功率方向保护难于适用于中性点经消弧线圈接地且采用过补偿方式的情况。

（三）单相接地故障的选线原理

1. 几种单相接地故障选线保护原理的简介

(1)比幅法。当中性点非有效接地系统某一出线回路出现单相接地故障时，流过故障线路的零序电流等于所有非故障线路对地电容电流之和，即故障线路上的零序电流比其他线路的零序电流都大。所以只需比较各条线路上零序电流的幅值大小就可以找出故障线路。但是在实际系统运行中，受线路长短、系统运行方式和过渡电阻大小的影响，如经消弧线圈接地的系统中可能出现某条线路的电容电流比故障线路的零序电流还大的情况，装置易发生误动，因而不适合用于经消弧线圈接地的系统。因此，该原理出现了一种变形，在实际中得到了应用，即将各条线路上的零序电流与其他线路上的零序电流之和做一比较，相等的那一条线路就是故障线路，如果均不相等，则是母线故障。

(2)比相法。当中性点非有效接地系统某一出线回路出现单相接地故障时，故障线路的零序电流方向是从线路流向母线，而非故障线路的零序电流则是从母线流向线路，所以根据判断零序电流的方向即可判断出故障线路。但是，当故障线路很短时，零序电压和零序电流很小，会出现"时针效应"，装置容易误判，并且如果系统是经消弧线圈接地的话，这条原理就会失效。

(3)群体比幅比相法。该方法综合了比幅和比相两种方法的优点，它是首先通过比幅选出几个幅值较大的零序电流，然后用这几个零序电流和零序电压比相，最后出来的结果就是故障线路。这样在一定程度上解决了比相法因为"时针效应"所造成的误动。但是，与比相法相同，该法在中性点经过消弧线圈接地的系统中会失效。

(4)五次谐波法。在经消弧线圈接地的系统中，基波零序电流几乎被消弧线圈的电感电流抵消，而消弧线圈是针对基波设计的，与基波情况相比较，消弧线圈在五次谐波下感抗为基波下的5倍，可以认为消弧线圈对于五次谐波电流是近似于开路的，通过消弧线圈的电感电流减小到五分之一；而线路的容抗在五次谐波下也减小到五分之一，五次谐波容性电流就增大到5倍。

五次谐波电流在发生单相接地时在各线路上的分布和基波零序电流是相同的。除了基波零序分量以外，谐振接地系统中五次谐波电流最大，是非故障线路的总和，可以采用五次谐波电流大小、方向或功率方向来找出故障线路。五次谐波电流的产生是由于电源电动势中存在高次谐波分量：变压器、电压互感器等设备铁芯非线性的影响，电网中也必然包含一系列高次谐波分量，其中主要为5次谐波分量；负荷的非线性产生也会产生五次谐波分量。五次谐波电流的大小随着运行方式的变化而变化，而且故障电流中5次谐波含量较小(小于故障电流的10%)，受TA不平衡电流和过度电阻的影响，使得保护装置难于整定；而且，有些用户存在谐波，如用户的电弧炉、整流设备等谐波源，在故障时故障线路和非故障线路都向系统送出谐波电流，故障线路和非故障线路的五次谐波方向有可能是相同的，这样故障线路中5次谐波电流不一定总是最大，相位关系也不一定成立，就无法区分故障线路和非故障线路了。而且当线路较少或线路较短时，单相接地故障线路的五次谐波零序电流较小，其方向也难判别。此外，由于有的系统中5次谐波本身含量很小，加之TA、TV对5次谐波造成的附加相移，往往造成判断不准。

(5)零序功率法。当中性点不接地系统某一出线回路出现单相接地故障时，故障线路的零序无功功率方向为正，而非故障线路的零序无功功率则为负。依据这一原理可以判断中性点不接地系统的故障线路。当消弧线圈接地系统某一出线回路出现单相接地故障时，利用故障线路的零序无功分量无法判断出故障线路，但是，利用故障线路的零序有功分量小于零，而非故障线路的零序有功分量大于零就可以判断出故障线路。

2. 对几种选线方法的比较

从在RTDS(实时电力系统仿真装置)上的比较试验来看，对于中性点不接地系统，群体比幅比相原理和零序功率原理(采用无功分量)可以很好地区分出故障线路和非故障线路，比幅和比相法虽然也可以区分出故障线路，但是这两种方法受出线方式和线路长度的影响，容易误判。在经消弧线圈接地系统中，可以通过比幅、五次谐波分量法、零序功率法(利用有功分量)来区分故障线路和非故障线路。在这几种方法中，零序功率法的灵敏度最高，同时对中性点不接地系统和消弧线圈接地系统有效，是一个较好的用于小接地系统单相故障选线的方法。

3. 尚需解决的问题

目前，国内的选线装置多采用零序电流及其高次谐波原理实现故障选线，首半波法、有功分量法等其他方法也均有采用。但是中性点非有效接地系统的一个重要特征就是故障电流稳态分量幅值小，无论是谐波分量还是基波分量，都容易被干扰信号所淹没，二次侧的零序电流又容易受到 TA 中的不平衡电流的影响，因此有效地提取有用信号是下一步需要解决的问题。

第二节　距离保护

一、距离保护及其动作特性

（一）距离保护的基本概念

电流、电压保护的主要优点是简单、可靠、经济，但是，对于容量大、电压高或结构复杂的网络，它们难于满足电网对保护的要求。譬如，对于高压长距离重负荷线路，由于负荷电流大，线路末端短路时，短路电流的数值与负荷电流相差不大，故电流保护就往往不能满足灵敏度的要求；对于电流速断保护，其保护范围受电网运行方式的变化而变化，保护范围不稳定，某些情况下可能不在保护区内；对于多电源复杂网络，方向过电流保护的动作时限往往不能按选择性的要求整定，且动作时限长，难于满足电力系统对保护快速动作的要求。所以电流、电压保护一般只适用于 35 kV 及以下电压等级的配电网。对于 110 kV 及以上电压等级的电力网，线路保护采用距离保护。

距离保护是反应保护安装处至故障点的距离，并根据距离的远近而确定动作时限的一种保护装置。测量保护安装处至故障点的距离，实际上是测量保护安装处至故障点之间的阻抗大小，故有时又称之为阻抗保护。阻抗保护装置的主要元件是距离继电器，它根据其端子上所加的电压和电流测知保护安装处至短路点间的阻抗值，称为该继电器的测量阻抗。当短路点距保护安装处近时，其测量阻抗小，动作时间短；当短路点距保护安装处远时，其测量阻抗增大，动作时间增长。这样就保证了保护有选择性地切除故障线路。

与电流保护一样，距离保护也有一个保护范围，短路发生在这一范围内，保护动作，否则不动作，这个保护范围通常只用给定阻抗 Z_{set} 的大小来实现的。母线处的相电压 $\dot{U}_K$ 称为保护的测量电压，被保护线路的电流 $\dot{I}_K$ 称为保护的测量电流，二者的比值为 Z_K，即

$$Z_K=\frac{\dot{U}_K}{\dot{I}_K} \tag{2.65}$$

式中　$\dot{U}_K$——被保护线路母线的相电压，测量电压；

$\dot{I}_K$——被保护线路的电流，测量电流；

Z_K——测量电压与测量电流之比，测量阻抗。

正常运行时保护安装处测量到的线路阻抗为负荷阻抗 Z_L，即 $Z_K=Z_L$。在被保护线路任一点发生故障时，保护安装处的测量电压为母线的残压 $\dot{U}_k$，测量电流即为故障电流 $\dot{I}_k$，这时的测量阻抗为保护安装地点到短路点的短路阻抗 Z_k，即

$$Z_K=\frac{\dot{U}_K}{\dot{I}_K}=Z_k \tag{2.66}$$

在短路以后，母线电压下降，而流经保护安装地点的电流增大，这样短路阻抗 Z_k 比正常时测到的负载阻抗 Z_L 大大降低，所以距离保护反应的信息量在故障前后变化比电流变化量大，因而比反应单一物理量的电流保护灵敏度高。

距离保护的实质是用整定阻抗与被保护线路的测量阻抗 Z_K 比较。当短路点在保护范围以外时，即 $|Z_K|>|Z_{set}|$ 时继电器不动。当短路点在保护范围内，即 $|Z_K|<|Z_{set}|$ 时继电器动作。因此，距离保护又称为低阻抗保护。

（二）时限特性

距离保护的动作时间 t 与保护安装处到故障点之间的距离 l 的关系称为距离保护的时限特性，目前获得广泛应用的是阶梯式时限特性，如图 2.33 所示。这种时限特性与三段式电流保护的时限特性相同，一般也作成三阶梯式，即有与三个动作范围相应的三个动作时限：t'，t''，t'''。根据该时限特性构成的各段距离保护分别称为距离保护的Ⅰ、Ⅱ、Ⅲ段，与前述的电流速断、限时电流速断以及过电流保护相对应。

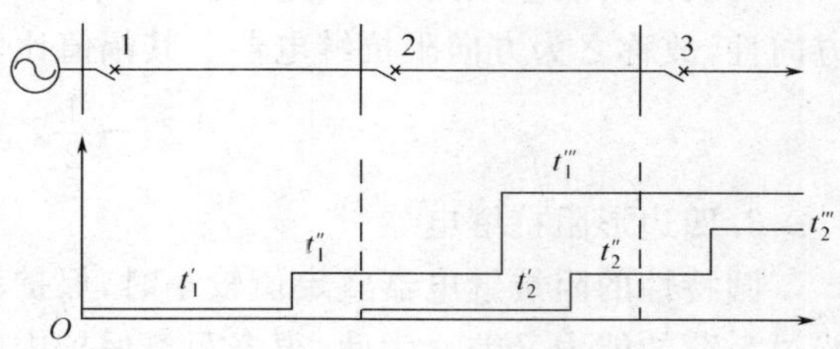

图 2.33　距离保护的作用原理

距离保护的第Ⅰ段是瞬时动作的．只能保护本段线路的 0.8～0.85 倍长度，t'是保护本身的固有动作时间。距离保护的第Ⅱ段相似与限时电流速断，即应使其不超出下一条线路距离Ⅰ段的保护范围，同时带有高出一个 Δt 的时限，以保证选择性。距离Ⅲ段整定值的考虑和过电流保护相似，其启动阻抗要躲开正常运行时的负荷阻抗来选择，其动作时限比除自身以外保护范围内其他保护的最大动作时限高出一个 Δt 的时限。

（三）距离保护的动作特性

阻抗继电器是距离保护装置的核心元件，其主要作用是测量短路点到保护安装地点之间的阻抗，并与整定阻抗进行比较，以确定保护是否应该动作。下面介绍常用的圆特性全阻抗继电器、方向阻抗继电器和四边形阻抗继电器的动作特性。

1. 圆特性全阻抗继电器

圆特性全阻抗继电器的特性是以整定阻抗 Z_{set} 为半径继电器安装点为圆心的一个圆，如图 2.34(a)所示。当测量阻抗 Z_K 位于圆内时继电器动作，即圆内为动作区，圆外为不动作区。当测量阻抗正好位于圆周上时，继电器刚好动作，对应此时的阻抗就是继电器的启动阻抗 $Z_{op\cdot k}$。由于这种特性是以原点为圆心而作的圆，因此，不论加入继电器的电压和电流之间的角度 φ_K 为多大，继电器的启动阻抗在数值上都等于整定阻抗，即 $|Z_{op\cdot k}|=|Z_{set}|$。具有这种动作特性的继电器称为圆特性全阻抗继电器，它没有方向性。

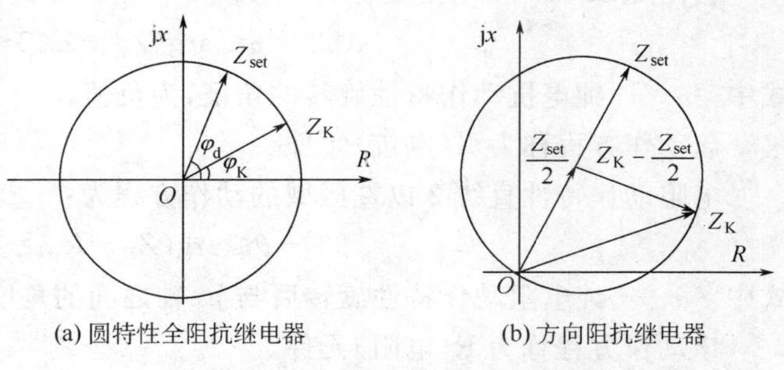

图 2.34　幅值比较式方向阻抗继电器动作特性

其幅值比较式动作特性方程如式(2.67)所示。

$$|Z_K|\leqslant|Z_{set}| \tag{2.67}$$

2. 方向阻抗继电器

方向阻抗继电器的特性是以整定阻抗 Z_{set} 为直径而通过坐标原点的一个圆，如图 2.34 所示幅值比较式方向阻抗继电器动作特性。圆内为动作区，圆外为不动作区。当加入继电器的 $\dot{U}_K$ 和 $\dot{I}_K$ 之间的相位差 φ_K 为不同数值时，此种继电器的启动阻抗也将随之改变。当 φ_K 等于 Z_{set} 的阻抗角时，继电器的启动阻抗达到最大，等于圆的直径，此时，阻抗继电器的保护范围最大，工作最灵敏，因此，这个角度称为继电器的最大灵敏角，用 φ_s 表示。当保护范围内部故障时，$\varphi_K=\varphi_k$（为被保护线路的阻抗角），因此应该调整继电器的最大灵敏角 $\varphi_s=\varphi_k$，以便继电器工作在最灵敏的条件下。

当反方向发生短路时，测量阻抗 Z_K 位于第三象限，继电器不能动作，因此它本身就具有方向性，故称之为方向阻抗继电器。其幅值比较式动作特性方程如式(2.68)所示。

$$\left|Z_K-\frac{1}{2}Z_{set}\right|\leqslant\left|\frac{1}{2}Z_{set}\right| \tag{2.68}$$

3. 四边形阻抗继电器

圆特性的阻抗继电器整定值较小时，保护范围受过渡电阻的影响大，而当整定值较大时，躲过负荷的能力又差。为此，很多距离保护中的阻抗测量元件均采用了具有四边形动作特性的阻抗元件。图 2.35 为微机型线路保护中常见的四边形阻抗动作特性。

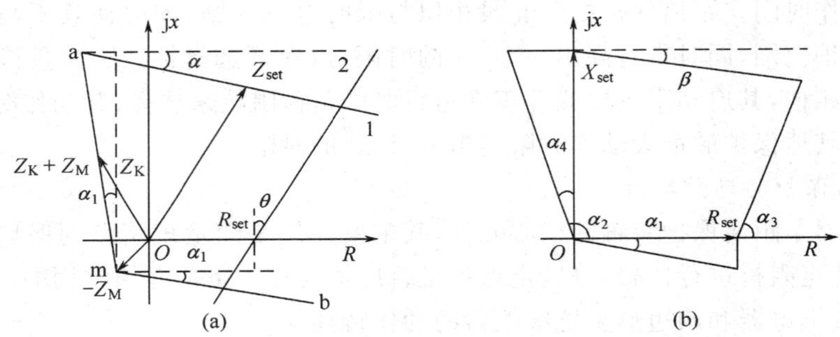

图 2.35　四边形阻抗动作特性

在图 2.35(a)中，电抗动作特性直线 1 以下区域的动作方程为：

$$180°+\alpha\leqslant\arg(Z_K-Z_{set})\leqslant 360°+\alpha \tag{2.69}$$

式中　α——纯电抗动作特性旋转的角度，为负值。

该动作方程称为 X(电抗)元件。

电阻动作特性直线 2 以左区域的动作方程为：

$$90°-\theta\leqslant\arg(Z_K-R_{set})\leqslant 270°-\theta \tag{2.70}$$

式中　θ——纯电阻动作特性旋转后与 jx 轴之间的角度，为正值。

该动作方程称为 R(电阻)元件。

折线 amb 所含的特性动作方程(以 jx 轴为参考)：

$$-\alpha\leqslant\arg(Z_K+Z_M)\leqslant 90°+\alpha \tag{2.71}$$

该动作方程称为 D(方向)元件。

当三段式距离保护采用该四边形特性时，R 和 D 元件是各段共用的，仅 X 元件各段独立。

在图 2.35(b)中，X_{set} 和 R_{set} 分别为电抗整定值和电阻整定值。α_1 为保证被保护线路出口带过渡电阻短路时阻抗元件不拒动的角，β 为防止在双电源网络中带过渡电阻短路时的阻抗元件误动的角，α_4 为保证区内金属性短路阻抗元件可靠动作的角，α_3 一般取 60°，应小于整定

阻抗角 φ_{set}。各角度均为常数，根据实际情况整定。

图 2.35(b)所示的四边形阻抗元件的动作特性的数学表达式为：

$$\begin{cases} R_K \tan\alpha_1 \leqslant X_K \leqslant X_{set} \\ X_K \cot\alpha_2 \leqslant R_K \leqslant R_{set} + X_{set} \cot\alpha_3 \end{cases} \tag{2.72}$$

式中 R_K 和 X_K——测量电阻和测量电抗。

阻抗元件的四边形动作特性实际上是各种阻抗动作特性的组合，上述所示的阻抗元件四边形动作特性实际上是电抗动作特性、电阻动作特性和折线动作特性等组合成的综合阻抗动作特性。它可以根据实际要求，如根据躲过过渡电阻和躲过负荷能力的强弱等具体的特性要求进行设计。

二、影响距离保护正确工作因素及防止方法

为了确保继电保护的正确工作，防止非短路的不正常状态引起保护误动作，例如系统发生振荡或电压互感器回路断线时引起误动作，就必须采取必要的措施予以防止。

（一）阻抗继电器的死区及其消除方法

当保护安装地点正方向出口处发生短路，阻抗继电器检测到的故障回路的残余电压将降低到零。此时，任何具有方向性的继电器将因为加入的电压为零而不能动作，从而出现保护装置的“死区”。

瞬时动作的距离Ⅰ段方向阻抗继电器，在极化电压 U_P 的回路中广泛采用了“记忆回路”的接线，即将电压回路做成是一个对 50 Hz 工频交流的串联谐振回路。如图 2.36(a)所示为常用的接线之一。

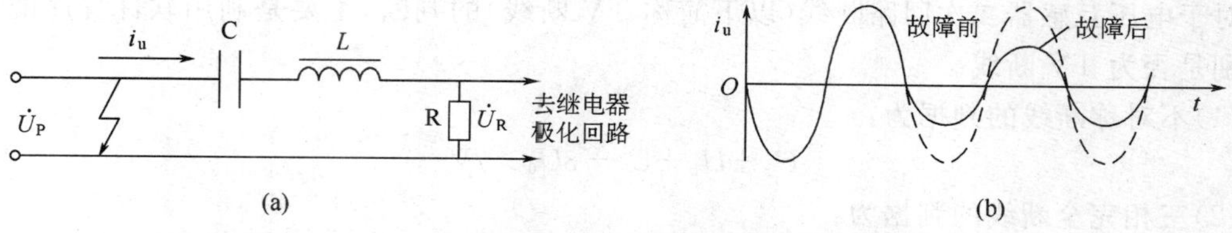

图 2.36 记忆电压原理接线和记忆回路中电流的变化曲线

“记忆回路”的作用主要在于：当外加电压突然由正常运行时的数值降低到零时，该回路中的电流不是突然消失，而是按 50 Hz 工频振荡，经过几个周波的时间后，逐渐衰减到零，如图 2.36(b)所示。由于这个电流和故障以前的电压 $\dot{U}_P$ 基本上为同相位，同时在衰减的过程中维持相位不变，因此，它相当于“记住”了故障以前电压的相位，故称为“记忆回路”。利用这个电流或这个电流在电阻 R 上的压降 $\dot{U}_R$（与 $\dot{U}_P$ 同相位），即可进行幅值或相位的比较。如果是正方向出口处短路就可以消除死区而动作，如果是反方向出口处短路就可以仍然不动作而保证其方向性。

在微机保护中，“记忆电压”的获取非常方便，由于微机保护可以存储故障前数据，所以在出现保护测量阻抗较小时，不能确定故障实际方向，一般采用故障前一周波电压相角进行判别，是否满足方向性条件。在牵引供电系统的开闭所、分区所使用带方向性的阻抗保护时，必须投入“记忆电压元件”，当供电牵引网上下行并联运行发生故障时，以确保跳闸的选择性。

（二）电压互感器回路断线闭锁装置

为了保证阻抗元件测量阻抗的正确性，电压互感器二次电压应按阻抗元件规定的接线方式的要求接入阻抗元件。然而，电压互感器在运行中可能发生故障导致其二次回路断开一相、两相甚至三相，这时加入至阻抗元件的电压在相位和大小上均会发生变化，使阻抗元件实际接入的电压不再满足接线方式的要求，因而阻抗元件的测量阻抗也不能正确反映保护到故障点间的距离，可能导致阻抗元件不正确动作。图 2.37 为阻抗继电器的电压互感器接线图，如 2.38 所示，若 Z_{ab}、Z_{bc}、Z_{ca}分别为三个相间短路阻抗元件电压回路的等效负载阻抗，正常运行时，各阻抗元件所接入的电压为 $\dot{U}_{ab}$、$\dot{U}_{bc}$、$\dot{U}_{ca}$，但当电压互感器二次中任一相（如 W 相）发生断线时，加 VW 相电压和 WU 相电压的阻抗元件的输入电压变成了 $\frac{1}{2}\dot{U}_{ba}$，其测量阻抗不仅数值降低，而且方向发生了很大变化，这完全有可能导致阻抗元件误动作。

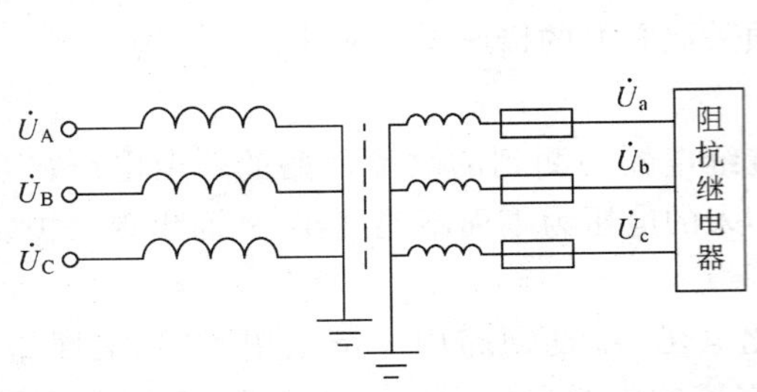

图 2.37　阻抗继电器电压二次接线图

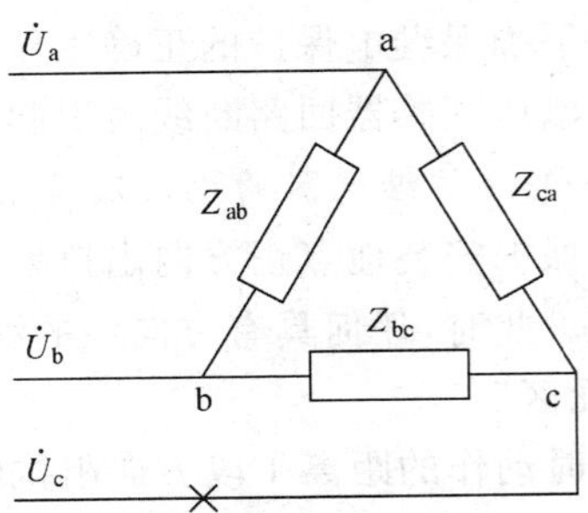

图 2.38　电压互感器二次回路断线示意图

对于电压互感器二次回路断线（以下简称 TV 断线）的判断，主要是利用软件程序的设计去判别是否为 TV 断线。

（1）不对称断线的判据为：

$$U_a+U_b+U_c-3U_0>7V \tag{2.73}$$

（2）三相完全断线的判据为：

各相电压均小于 8 V；U 相电流大于 $0.04I_n$

当保护判断出 TV 二次回路断线时，高频距离保护自动退出，但高频零序保护仍保留工作，仅发出呼唤信号而不报警，只是将自产 $3U_0$ 自动切换为外接 $3U_0$，距离保护报警且闭锁保护出口继电器，零序保护在 TV 断线时不退出工作，也不报警，只是将自产 $3U_0$ 自动切换为外接 $3U_0$。高频零序保护及零序保护元件的 $3U_0$ 正常情况下均取自产 $3U_0$，而软件根据 $U_a+U_b+U_c=3U_0$ 获得 $3U_0$，若故障前发现上述等式不成立（有可能是 TV 断线），而此时 $U_a+U_b+U_c=3U_0$ 成立，则故障时仍取自产 $3U_0$，若 $U_a+U_b+U_c=3U_0$ 不成立，则取实际接入的 $3U_0$，不考虑 U_a、U_b、U_c 与 $3U_0$ 同时断线的情况。以上只是考虑不对称断线的情况，当 TV 三相失压时，而 U_a、U_b、U_c 各相电压均小于 8 V 时，且任一相电流大于 $0.04I_n$ 时，也取外接的 TV 开口三角电压 $3U_0$。在 TV 失压时，只要装置不启动，不进入故障处理程序，保护是不会发生误动作的；若失压后不能及时处理，此时若遇有区外故障或系统操作而使其启动，则只要有一定的负荷电流，保护就有可能发生误动作。

（三）振荡闭锁装置

1. 电力系统振荡的影响和防止措施

当电力系统失去同步而发生振荡时，电流、电压将在很大范围内作周期性变化，因而阻抗继电器的测量阻抗也将随之变化。当电流增大、电压降低、阻抗继电器的测量阻抗随之减小时，可能引起距离保护误动作。

运行经验表明，当系统的电源失去同步时，往往经过一定时间后能自动拉入同步，恢复同步运行。如果不允许长期异步运行，可有控制地将系统解列。就是说，当系统振荡时不允许保护装置动作。

防止电力系统振荡影响的措施是装设振荡闭锁装置。在电力系统发生振荡时，振荡闭锁装置动作，将距离保护装置闭锁。

2. 电力系统振荡时的特性

一般说来，任何复杂的网络都可以简化为一个具有两侧电源的开式网络，如图 2.39 所示。设两侧电势 $\dot{E}_M$ 与 $\dot{E}_N$ 的大小相等均为 E，相角差为 δ，两电源之间系统的总阻抗为 $Z_\Sigma = Z_M + Z_l + Z_N$。

其中　Z_M——电源 M 的阻抗；

Z_N——电源 N 的阻抗；

Z_l——M、N 间线路的阻抗。

假设各元件的阻抗角均为 φ_k，振荡时三相对称，不计负荷电流，则振荡时的电流为

$$\dot{I}_M = \frac{\dot{E}_M - \dot{E}_N}{Z_M + Z_l + Z_N} = \frac{\dot{E}_M(1-e^{j\delta})}{Z_\Sigma} = \frac{\dot{E}_M}{2Z_\Sigma}\sin\frac{\delta}{2} \tag{2.74}$$

电流滞后电势差 $\frac{\dot{E}_M}{2}\sin\frac{\delta}{2}$ 角度为 φ_k；母线 M、N 处的电压为：

$$\begin{cases}\dot{U}_M = \dot{E}_M - \dot{I}_M Z_M \\ \dot{U}_N = \dot{E}_N + \dot{I}_M Z_N\end{cases} \tag{2.75}$$

各处电压向量关系如图 2.40 所示。

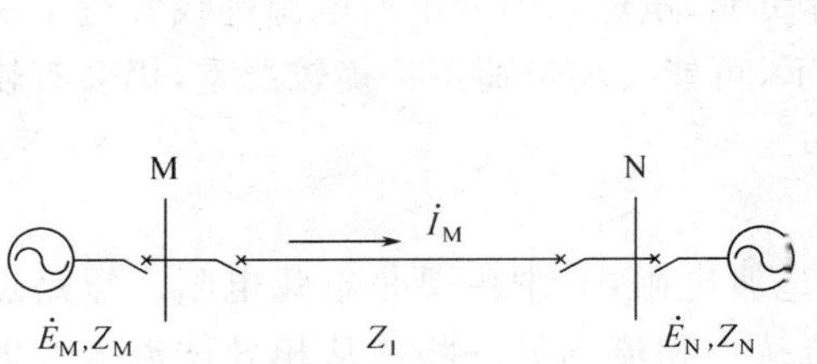

图 2.39　两侧电源的开式网络

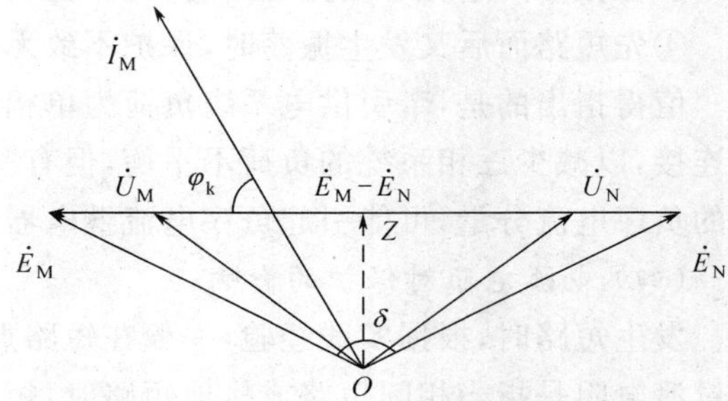

图 2.40　各处电压向量关系

系统中总有一点的电压为最低，其值为由 o 点向相量 $\dot{E}_M - \dot{E}_N$ 所做的垂线的长度，该点则称为振荡中心，以 z 表示。设 $E_M = E_N = E$，所以 $\dot{U}_0$ 的有效值为

$$U_z = E\cos\frac{\delta}{2} \tag{2.76}$$

可见系统振荡时电流、电压都是随着 δ 的变化而变化的。电流从一个最大值到下一个最

大值所经历的时间称为振荡周期。当 $\delta=180^{\circ}$ 时，电流最大，$I=\dfrac{2E}{Z_{\Sigma}}$，而振荡中心的电压 $U_z=0$，这时的情况正像在振荡中心 z 处发生了三相短路一样。但是系统振荡属于不正常运行状态而非故障，继电保护装置不应该动作切除振荡中心所在的线路。因此，继电保护装置必须具备区别三相短路和系统振荡的能力，才能保证在系统振荡状态下的正确工作。

电力系统的振荡和短路虽有共同点，但也有特殊点：

①电流和各点电压的幅值

振荡时，电流和各点电压的幅值均做周期性变化，只在 $\delta=180^{\circ}$ 时才出现最严重的情况；短路时，当不计其衰减时电流和各点电压值是不变的。

②电流和各点电压的幅值变化率

振荡时，电流和各点电压的幅值变化率较慢，而短路时电流是突然增大，电压也突然降低，变化率很快。

③电流和电压之间的相位关系

振荡时，任一点的电流和电压之间的相位关系都随 δ 的变化而变化；而短路时，电流和电压之间的相位是不变的。

④负序分量

振荡时，三相完全对称，电力系统中没有负序分量；而当短路时，总要长期（在不对称短路中）或瞬间（在三相短路的开始）出现负序分量。

因此，振荡闭锁回路从原理上可分为两种：

①利用负序分量的出现与否来实现；

②利用电流、电压或测量阻抗变化速度的不同来实现。

对振荡闭锁装置有以下基本要求：

①系统发生振荡而没有短路时，应可靠地将保护闭锁；

②系统发生短路时，保护应不受闭锁影响而能可靠的动作；

③在振荡的过程中发生短路时，保护应能正确地动作；

④先短路而后又发生振荡时，保护不致无选择地误动作。

值得指出的是，牵引供电系统负荷为单相非对称负荷，虽然牵引变电所电源进线实行了换相连接，以减少三相系统的负荷不平衡，但有些情况下，可能三相负荷不平衡较严重，仍会有较大的负序电流分量，可能引起负序电流继电器误动作。

（四）电弧电阻对保护的影响

发生短路时，根据实践经验，一般在短路点都有过渡电阻，其中主要是电弧电阻。短路点的过渡电阻是指当相间短路或接地短路时，短路电流从一相流到另一相或从相导体流入大地的路径中所通过的物质的电阻，包括电弧电阻、中间物质的电阻、相导体与地之间的接触电阻、金属杆塔或高压电气设备外壳的接地电阻等。

相间短路时，过渡电阻主要由电弧电阻构成。电弧实际上呈现有效电阻，其值可按以下经验公式估计：

$$R_{tr}\approx 1\ 050\cdot\frac{l_{tr}}{I_{tr}}\ (\Omega) \tag{2.77}$$

式中　I_{tr}——电弧电流有效值，A；

l_{tr}——电弧长度，m。

它的存在使短路电流减小，阻抗增大，阻抗角变小，对于阻抗继电器有时会影响到保护的正确动作。如图 2.41 所示，如果电弧电阻 R_{arc} 与 Z_K 相加后超出了动作特性圆，使本来应该动作的阻抗继电器发生拒动现象。

采用偏移阻抗继电器，使特性沿 R 方向增大些，就可以允许有较大的 R_{arc}，不至于引起阻抗继电器拒动作。

有时在保护第Ⅱ段采用瞬时测量阻抗的办法来克服电弧电阻的影响。实践证明，刚短路后电弧电阻 R_{arc} 还不大，经过 0.1～0.15 s 后，由于风和电动力作用使电弧拉长，R_{arc} 因而增大。故采用瞬时测量装置将刚短路后的测量阻抗固定下来作为保护动作的依据，就能使 R_{arc} 的影响减至最小。

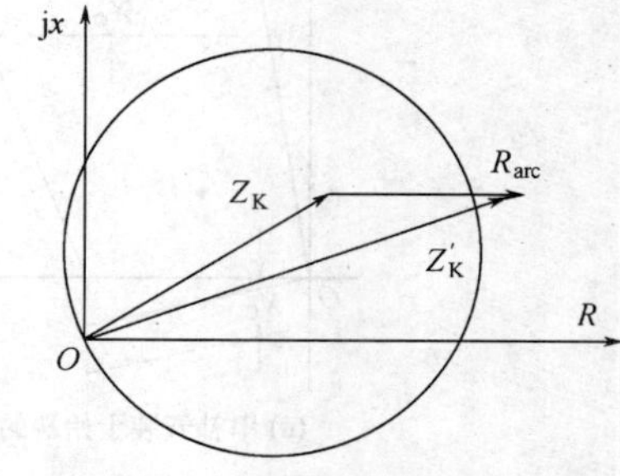

图 2.41　过渡电阻对测量阻抗的影响

（五）线路串联电容补偿的影响

高压输电线路的串联电容补偿可以大大缩短其所联结的两电力网络的电气距离，提高输电线路的输送功率，对于提高电力系统运行的稳定性有很大作用，有重大的经济技术价值。然而它对于距离保护装置的工作将产生不利的影响。对保护影响的大小与串联补偿电容的大小及其安装位置有关。

在我国电气化铁路中，牵引供电系统线路一般为单侧电源供电，对于一些重载、长距离牵引线路，为了提高网压，在线路始端或中部增加串联补偿电容，根据以上分析，串补电容必然会对阻抗保护产生影响，还将对基于电抗法测距原理的测距产生影响。其影响将在后面关于故障测距的章节中叙述。

下面以牵引供电系统应用串联补偿装置安装位置的两种情况进行分析如下：

1. 串补安装于线路始端

如图 2.42(a)所示，串联补偿电容装置安装于牵引供电线路变电所出口处，即线路的始端。如图 2.43(a)所示，实线框为牵引供电系统馈线阻抗保护多边形，当线路始端投入串补时，必须调整阻抗Ⅰ段保护多边形范围.如图中虚线所示，相当于测量电抗加上串补电抗并按原来的阻抗保护多边形进行阻抗保护判断，X_c 为串补电抗。

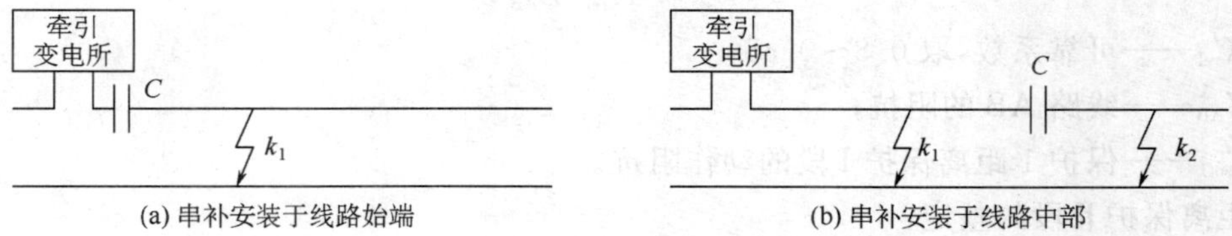

图 2.42　牵引供电系统串补线路

2. 串补安装于线路中部

如图 2.42(b)所示，串联补偿电容装置安装于牵引供电线路中部处，一般补偿度小于 50％，即 $X_C<0.5X_L$（X_L 为线路全长的感抗）。如图 2.43(b)中虚线所示，当投入线路中部的串补时，必须调整阻抗保护多边形范围。

串联补偿电容的安装，不管其串联补偿电容大小和位置如何，其主要是使测量阻抗减小，从而导致线路内部故障时保护范围缩短，使线路内部短路时保护可能拒动，而线路外部短路时保护可能误动。补偿度愈大时，X_C 愈大，则保护范围愈小。

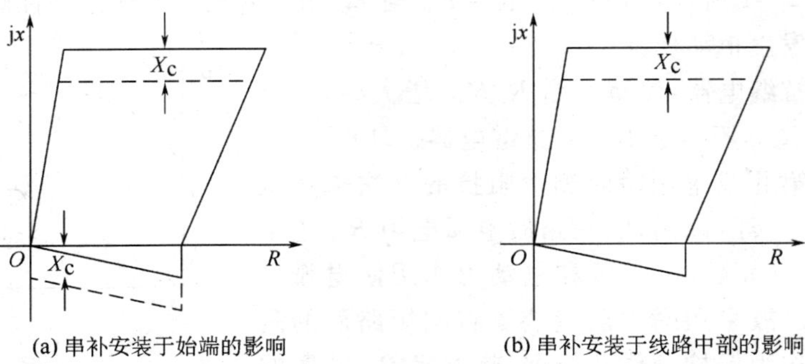

(a) 串补安装于始端的影响　　(b) 串补安装于线路中部的影响

图 2.43　串补对阻抗保护的影响

三、距离保护整定计算

目前线路距离保护多采用三段式阶梯形时限特性的距离保护。三段式距离保护(包括接地距离保护)的整定计算原则与三段式电流保护的整定计算原则基本相同，以下介绍距离保护的整定计算原则。

(一) 距离保护的整定计算原则

1. 距离保护Ⅰ段的整定

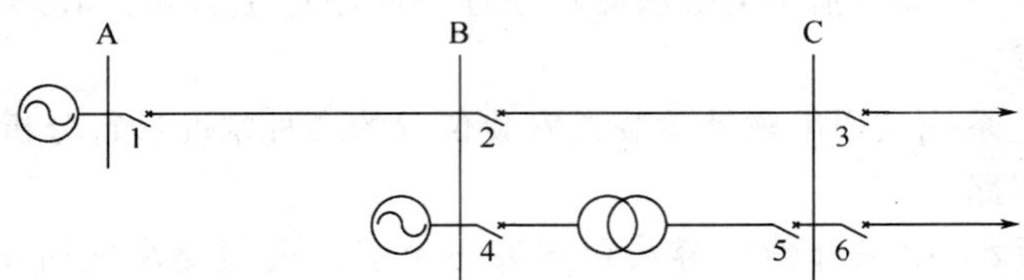

图 2.44　选择整定阻抗的网络接线

原则：按躲开下一线路出口处短路的原则来整定。

$$Z'_{set1}=K'_{rel}\cdot Z_{AB} \tag{2.78}$$

式中　K'_{rel}——可靠系数，取 0.8～0.85；

Z_{AB}——线路 AB 的阻抗；

Z'_{set1}——保护 1 距离保护Ⅰ段的动作阻抗。

2. 距离保护Ⅱ段的整定

原则 1：与相邻线路的距离Ⅰ段配合

$$Z''_{set1}=K''_{rel}\cdot(Z_{AB}+K_{b\cdot min}\cdot Z'_{set2}) \tag{2.79}$$

式中　K''_{rel}——可靠系数，取 0.8；

$K_{b\cdot min}$——分支系数，取相邻线路距离保护Ⅰ段保护范围末端短路时，流过相邻线路的短路电流与流过被保护线路的短路电流实际可能的最小比值；

Z'_{set2}——保护 2 距离保护Ⅰ段的动作阻抗。

原则 2：按躲过线路末端变压器低压母线短路整定

$$Z''_{set1}=K''_{rel}\cdot(Z_{AB}+K_{b\cdot min}\cdot Z_T) \tag{2.80}$$

式中　K''_{rel}为可靠系数，取0.7。(考虑到 Z_T 的计算误差大)

取上述两项中数值小者作为保护Ⅱ段定值。

动作时间：

$$t''_1=t'_2+\Delta t=0.5\ \text{s} \tag{2.81}$$

$$t''_1=t_b+\Delta t=0.5\ \text{s} \tag{2.82}$$

式(2.81)、式(2.82)中，取 t'_2、t_b 为0。

灵敏度校验：按本线路末端故障校验灵敏度。

$$K_s=\frac{Z''_{set1}}{Z_{AB}}\geqslant 1.25 \tag{2.83}$$

若灵敏度不满足要求，应与相邻线路距离保护Ⅱ段配合。

3.距离保护Ⅲ段整定

原则：按躲过输电线路的最小负荷阻抗整定。

求最小负荷阻抗

$$Z_{L.min}=\frac{U_{L.min}}{I_{L.max}} \tag{2.84}$$

式中　$U_{L.min}$——母线上最低电压；

$I_{L.max}$——线路上流过的最大负荷电流。

考虑外部故障切除后，电动机自启动时，距离保护Ⅲ段应可靠返回。

对于全阻抗继电器，其整定值为：

$$Z'''_{set1}=\frac{1}{K'''_{rel}\cdot K_{ss}\cdot K_{re}}Z_{L.min} \tag{2.85}$$

式中　K'''_{rel}——可靠系数，取1.2～1.3；

K_{ss}——自启动系数，其值一般大于1；

K_{re}——返回系数，取1.1～1.15。

对于方向阻抗继电器。其整定阻抗为：

$$Z'''_{set1}=\frac{1}{K'''_{rel}\cdot K_{ss}\cdot K_{re}\cdot\cos(\varphi_k-\varphi_L)}Z_{L.min} \tag{2.86}$$

式中　φ_k——线路短路阻抗角；

φ_L——负荷阻抗角。

动作时间按阶梯时限原则整定。

在负荷阻抗同样的条件下，采用方向阻抗继电器比采用全阻抗继电器时，距离保护Ⅲ段的灵敏度高。

灵敏度校验

近后备的灵敏度：

$$K'_s=\frac{Z'''_{set1}}{Z_{AB}}\geqslant 1.5 \tag{2.87}$$

远后备的灵敏度：

$$K'_s=\frac{Z'''_{set1}}{Z_{AB}+K_{fz\cdot max}Z_{BC}}\geqslant 1.2 \tag{2.88}$$

(二)对距离保护的评价与应用

1.选择性

在多电源网络甚至复杂电网中距离保护能较好地保证动作的选择性要求。

2.快速性

距离保护的第Ⅰ段为可瞬时动作切除第Ⅰ段保护区内故障的保护。在双电源网络中,若线路两侧的第Ⅰ段保护有重叠保护区,则线路两侧均能无延时动作切除重叠区内的故障,而对单电源辐射网中线路第Ⅰ段保护区后的故障和对双电源线路两侧第Ⅰ段保护非重叠区的故障不能无延时动作切除,单侧保护线路全长的85%,双侧至少有30%的范围保护要以Ⅱ段时间切除故障。故在220 kV及以上电压等级的网络中,因保护往往不能满足电力系统稳定要求而不能作为主保护。

3.灵敏性

由于距离保护同时反映电压和电流,比单一反映电流的保护灵敏度高,且基本上不受系统运行方式的影响。其中,距离保护第Ⅰ段的保护范围不受运行方式变化的影响,保护范围比较稳定;第Ⅱ、Ⅲ段的保护范围由于分支系数可能变化而受运行方式变化影响。

4.可靠性

阻抗继电器本身较复杂,还增设了振荡闭锁装置,电压断线闭锁装置,因此,距离保护装置调试比较麻烦,可靠性也相对低些。

在35~110 kV作为相间短路的主保护和后备保护,采用带零序电流补偿的接线方式,在110 kV线路中也可作为接地故障的保护。在220 kV线路中作为后备保护。

另外,接地阻抗继电器还可作重合闸装置中的选相元件,与高频收发信机配合,可构成高频闭锁(或允许)式距离保护。

第三节 差动保护

电流差动保护原理建立在基尔霍夫电流定律基础之上:当被保护元件正常运行或区外故障时,流入该元件的电流等于流出该元件的电流(折算后的电流),差动电流为零,差动继电器不动作;当被保护元件内部发生故障时,各电源侧均向被保护元件提供短路电流,差动电流为各侧电源提供的短路电流之和,差动继电器动作。差动保护在理论上具有绝对的选择性,而且无需与其他保护元件配合,能灵敏、快速地切除保护区内的故障,因而在发电机保护、变压器保护、大型电动机保护、线路保护、母线保护中得到了广泛的应用。本节主要介绍变压器差动保护、母线差动保护、线路纵联差动保护。

一、变压器差动保护

(一)变压器的故障类型及装设差动保护的基本原则

在电力系统中,电压经升压变压器升压后,可以减少线路损耗,提高送电的经济性,达到远距离送电的目的。而降压变压器则能把高电压变为用户所需要的各级使用电压,满足用户需要。所以,变压器故障将对供电可靠性和系统安全运行带来严重的影响。同时,变压器又是十分贵重的电力设备,应根据变压器容量等级和重要程度装设性能良好、动作可靠的继电保护装置。

变压器的故障一般分为油箱内故障和油箱外故障两种。所谓油箱内故障就是指变压器油箱内所发生的各种故障,如线圈间的多相短路、单相层间短路、匝间短路、单相接地短路以及铁芯烧坏等。油箱内故障时产生的电弧,会损坏变压器绕组的绝缘层、烧损铁芯,同时使绝缘材料和变压器油受热分解而产生大量的气体,如不迅速切除故障就有引起油箱爆炸的严重危险。变压器的油箱外故障主要指套管以及引出线上发生的相间短路及相地短路故障。

根据《电力装置的继电保护和自动装置设计规范 GB 50062—1992》的规定,对变压器引出线、套管及内部的短路故障,在下列情况下应装设差动保护。

(1)10 MV·A 及以上的单独运行变压器和6.3 MV·A 及以上的并列运行变压器,应装设差动保护。6.3 MV·A 以下单独运行的重要变压器,亦可装设差动保护。

(2)10 MV·A 以下的变压器可装设电流速断保护和过电流保护。2 MV·A 及以上的变压器,当电流速断灵敏系数不符合要求时,宜装设差动保护。

(二)变压器差动保护的基本原理

以双绕组单相变压器为例,其差动保护的原理接线如图 2.45 所示。$\dot{I}_1$、$\dot{I}_2$ 分别表示变压器高压侧和低压侧的一次电流,$\dot{I}'_1$、$\dot{I}'_2$分别为经相应电流互感器传变后的二次电流。图 2.45 中,流入继电器的电流,即差动电流为

$$\dot{I}_d=\dot{I}'_1-\dot{I}'_2 \tag{2.89}$$

差动保护的动作判据为

$$I_d=|\dot{I}'_1-\dot{I}'_2|\geqslant I_{set} \tag{2.90}$$

式中　I_{set}——差动保护的动作电流。

设高、低压侧电流互感器变比分别为 K_{i1}、K_{i2},式(2.89)可表示为

$$\dot{I}_d=\frac{\dot{I}_1}{K_{i1}}-\frac{\dot{I}_2}{K_{i2}} \tag{2.91}$$

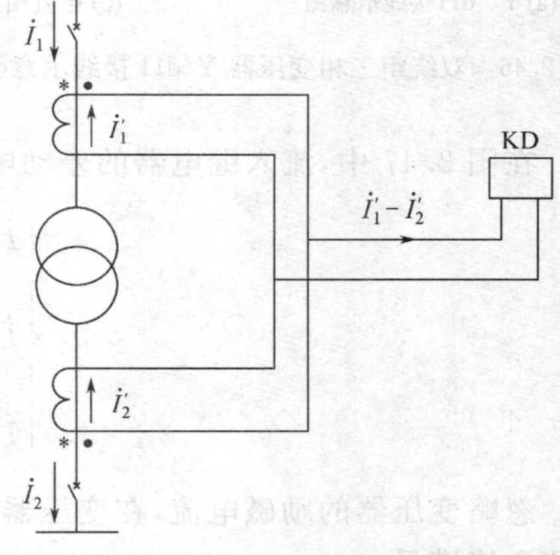

图 2.45　单相变压器差动保护的原理接线图

在正常或保护范围外部发生短路时,要保证差动保护可靠不动作,应使 $\dot{I}_d=0$。设变压器变比为 $K_T=U_1/U_2$,忽略变压器的励磁电流,在变压器正常运行或保护范围外部故障时,变压器高、低压侧电流满足

$$K_T\dot{I}_1=\dot{I}_2 \tag{2.92}$$

将式(2.92)代入式(2.91)并使之为零,得到两侧电流互感器变比的关系方程

$$\frac{K_{i2}}{K_{i1}}=K_T \tag{2.93}$$

当两侧电流互感器变比满足式(2.93)时,在变压器正常运行或保护区外故障时,差动电流为零,差动保护不会动作。如果变压器引出线、套管及内部发生短路故障,式(2.92)不成立,流入差动继电器的差动电流也就不再为零。若差动电流大于预设的动作电流值,差动保护就能迅速动作。

对于 Y/Δ 接线的三相变压器,Δ 侧出线电流为变压器绕组电流之差,从而造成了变压器两侧电流的相位也存在差异。以 Y/d11 接线变压器为例,Δ 侧电流超前 Y 侧电流 30°,如图 2.46 所示。如果 Y/d11 变压器直接采用图 2.45 所示的差动保护接线方式,则在变压器正常

运行或保护范围外部发生短路故障时，仍会有很大的差动电流流入继电器。

如果 Y 侧的电流互感器采用△形接线，△侧的电流互感器采用 Y 形接线，则可以使变压器两侧对应电流的相位一致，如图 2.47 所示。

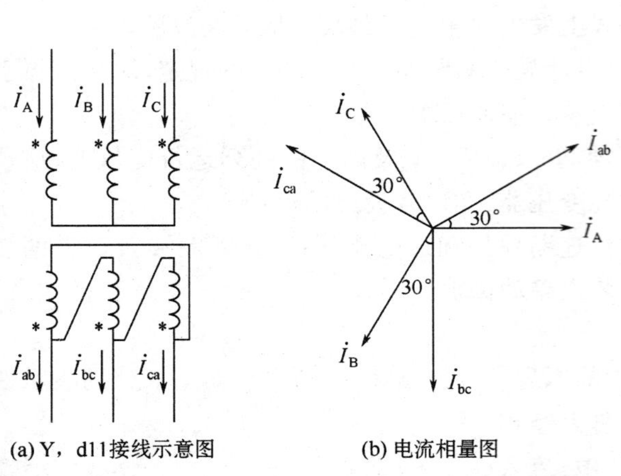

图 2.46 双绕组三相变压器 Y/d11 接线示意图及电流相量图

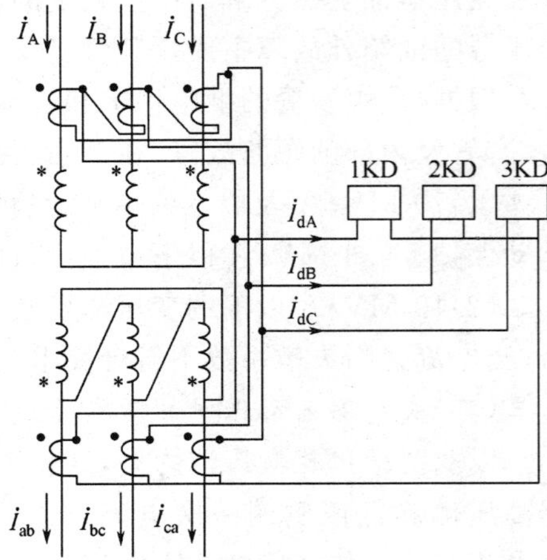

图 2.47 Y/d11 变压器差动保护接线方式

在图 2.47 中，流入继电器的差动电流为

$$\begin{cases}\dot{I}_{dA}=\dfrac{\dot{I}_A}{K_{i1}}-\dfrac{\dot{I}_B}{K_{i1}}-\dfrac{\dot{I}_{ab}}{K_{i2}}\\ \dot{I}_{dB}=\dfrac{\dot{I}_B}{K_{i1}}-\dfrac{\dot{I}_C}{K_{i1}}-\dfrac{\dot{I}_{bc}}{K_{i2}}\\ \dot{I}_{dC}=\dfrac{\dot{I}_C}{K_{i1}}-\dfrac{\dot{I}_A}{K_{i1}}-\dfrac{\dot{I}_{ca}}{K_{i2}}\end{cases} \tag{2.94}$$

忽略变压器的励磁电流，在变压器正常运行或保护范围外部故障时，Y/d11 变压器高、低压侧电流满足

$$\begin{cases}\dot{I}_A-\dot{I}_B=\dfrac{\dot{I}_{ab}}{K_T/\sqrt{3}}\\ \dot{I}_B-\dot{I}_C=\dfrac{\dot{I}_{bc}}{K_T/\sqrt{3}}\\ \dot{I}_C-\dot{I}_A=\dfrac{\dot{I}_{ca}}{K_T/\sqrt{3}}\end{cases} \tag{2.95}$$

为保证正常运行或外部故障时差动电流为零，将式(2.95)代入式(2.94)得两侧电流互感器变比关系

$$\frac{K_{i2}}{K_{i1}}=\frac{K_T}{\sqrt{3}} \tag{2.96}$$

对于 Y/d11 接线的牵引变压器，△侧仅有两相装设电流互感器。由于△侧三相电流和在任意时刻为零，由图 2.47 可以得到 Y/d11 牵引变压器的差动保护接线如图 2.48 所示。

图 2.47 和图 2.48 为模拟式差动保护所采用的接线方式。在微机式差动保护中，各相电流的相位和变比调整可以很方便地由微机软件实现，Y/d 接线三相变压器的两侧电流互感器

可以都采用 Y 形接线方式。

（三）变压器差动保护的不平衡电流

实际上，变压器差动保护在正常运行及外部故障时继电器中的电流并不是零，而是有一定的电流通过，这个电流叫做不平衡电流，用 I_{dsq} 表示。不平衡电流是由多方面的因素造成的，有时可能达到很大的数值，如不采取措施可能造成差动保护的误动作。

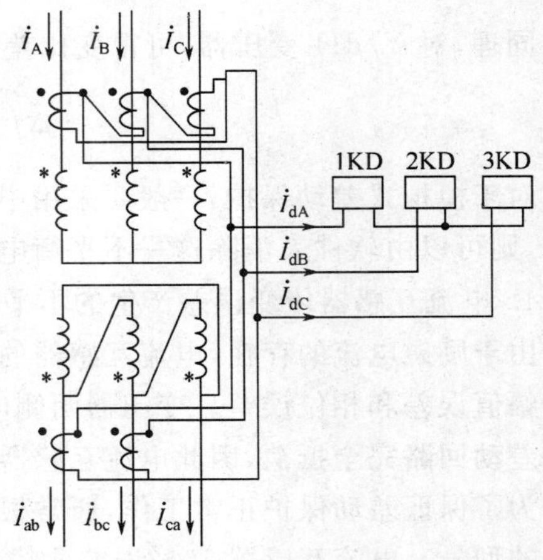

图 2.48　Y，d11 牵引变压器差动保护接线方式

1. 变压器励磁电流产生的不平衡电流

变压器励磁支路产生的励磁电流将全部流入差动继电器，形成不平衡电流。

在变压器正常运行或外部故障时，励磁电流一般不会超过额定电流的 2%～5%，对差动保护的影响常常忽略不计。

当变压器空载投入或外部故障切除后电压恢复时，变压器电压将从零或很小的数值突然上升到额定运行电压。在这个电压上升的暂态过程中，变压器铁芯可能饱和，从而产生很大的暂态励磁电流，这一暂态励磁电流称为励磁涌流。励磁涌流最大可达到变压器额定电流的 6～8倍，并在系统阻抗、变压器绕组和励磁阻抗的影响下缓慢衰减。由于励磁涌流完全流入差动继电器，若用动作电流来躲过其影响，将会降低差动保护在变压器内部故障时的灵敏度。因此，一般要采取专门措施来防止励磁涌流引起的差动保护误动。如何区分励磁涌流与内部故障电流是变压器保护的核心问题之一，将在下面的小节中做介绍。

2. 变压器分接头调节产生的不平衡电流

电力系统中经常采用带负荷调压的变压器，通过改变变压器分接头的位置来保持系统的运行电压。由于电流互感器变比的选定只能根据变压器分接头未调整时的变比进行选择，所以改变分接头的位置会产生不平衡电流。改变分接头的位置时产生的最大不平衡电流为

$$I_{dsq.max}=\Delta U I_{k.max} \tag{2.97}$$

式中，ΔU 为变压器分接头改变引起的相对误差，考虑到电压可以正负两个方向调整，一般取调整范围的一半；$I_{k.max}$ 为最大外部故障电流。

3. 电流互感器计算变比与实际变比不一致产生的不平衡电流

变压器的变比是一定的，而两侧的电流互感器都是根据产品目录选取标准的变比，因此三者的关系很难满足式(2.93)和式(2.96)的要求，此时差动回路将有不平衡电流流过。

由式(2.91)变形可得

$$\dot{I}_d=\frac{\dot{I}_1}{K_{i1}}-\frac{\dot{I}_2}{K_{i2}}=\frac{K_T\dot{I}_1-\dot{I}_2}{K_{i2}}+\left(1-\frac{K_{i1}K_T}{K_{i2}}\right)\frac{\dot{I}_1}{K_{i1}} \tag{2.98}$$

当变压器正常运行或外部故障时，两侧电流满足式(2.92)，也就是说等式(2.98)右边第一项为零，所以不平衡电流为

$$I_{dsq}=\left(1-\frac{K_{i1}K_T}{K_{i2}}\right)\frac{\dot{I}_1}{K_{i1}} \tag{2.99}$$

令变比差系数为

$$\Delta f_{za}=\left|1-\frac{K_{i1}K_T}{K_{i2}}\right| \tag{2.100}$$

同理,对 Y/d11 变压器,可得变比差系数为

$$\Delta f_{za}=\left|1-\frac{K_{i1}K_T}{\sqrt{3}K_{i2}}\right| \tag{2.101}$$

对于模拟式差动保护,一般要采用中间变流器来减少这一不平衡电流。对于微机式差动保护,则可以由软件来消除这一不平衡电流。

4. 电流互感器传变误差产生的不平衡电流

由于励磁电流的存在,电流互感器的二次电流无法完全传变一次电流的幅值和相位,从而产生幅值误差和相位误差。变压器两侧电流互感器的特性无法完全相同,它们产生的误差无法在差动回路完全抵消,因此电流互感器传变也会产生不平衡电流。

为了保证差动保护正常工作,通常根据电流互感器的10%误差曲线来选择保护用电流互感器的型号。电流互感器10%误差曲线是指在电流误差为10%的条件下,一次电流对其额定电流的倍数与电流互感器允许的二次负荷(阻抗)的关系曲线。保护用电流互感器应当在电力系统发生故障时,仍能正确地反映故障电流的数值,从而正确启动继电保护装置动作。为了保证继电保护装置正确动作,规定此时电流互感器的复合误差不允许超过10%。电流互感器传变误差产生的最大不平衡电流用下式表示:

$$I_{dsq.max}=0.1K_{st}I_{k.max} \tag{2.102}$$

式中,K_{st}表示电流互感器的同型系数。考虑到两侧电流互感器的特性,当两侧电流互感器同型号时,它们的参数差异性小,不平衡电流也比较小;反之,不平衡电流比较大。所以,当两侧电流互感器同型号时,$K_{st}=0.5$;否则 $K_{st}=1$。

电流互感器的10%误差曲线是在一次电流为额定频率的正弦波情况下得到的。当变压器外部故障时,一次电流中除了稳态的正弦分量外,还存在衰减直流等非周期暂态分量,导致不平衡电流的最大值比式(2.102)计算得到的值大。因此,在进行不平衡电流计算时,通常在式(2.102)中引入一个非周期分量系数来反映非周期分量的影响

$$I_{dsq}=0.1K_{np}K_{st}I_k \tag{2.103}$$

式中 K_{np}为非周期分量系数,一般取1.5～2。

但是,在非周期分量的影响下,电流互感器可能暂态饱和。暂态饱和发生后,电流互感器的励磁阻抗突然变得很小,一次电流大部分流经励磁支路,此时的二次电流畸变严重,无法正确反映一次电流。电流互感器暂态饱和后的波形如图2.49所示,其中,虚线为归算到二次侧的一次电流波形,实线为二次电流波形。由图2.49可以看出,此时电流互感器二次电流的误

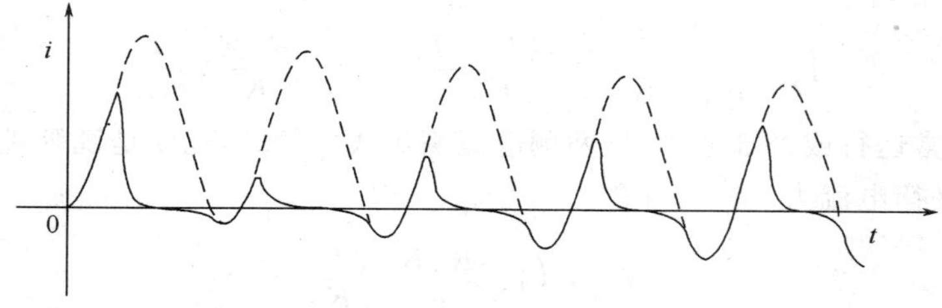

图2.49 电流互感器暂态饱和波形

差会远大于10%,并在差动回路产生很大的不平衡电流。这一不平衡电流需要利用制动特性躲过其影响,具体内容在变压器差动保护的动作特性与整定计算部分阐述。

(四)变压器的励磁涌流及其鉴别方法

1. 励磁涌流分析

任何变压器端电压的突然上升都可能导致变压器铁芯饱和并产生励磁涌流,常见的有以下几种:

(1)变压器空载合闸产生的励磁涌流(又称为合闸涌流);

(2)变压器区外故障切除后,变压器电压从很小的值恢复到运行电压时产生的励磁涌流(又称为恢复涌流);

(3)两台变压器串联或并联时,如果其中一台变压器空载合闸并出现了合闸涌流,从而导致与之串联或并联的另一台变压器产生的励磁涌流(又称为和应涌流)。

下面以一台单相变压器的空载合闸为例来分析励磁涌流的产生原因,如图 2.50 所示。

设变压器空载合闸的电源电压为

$$u=U_{\mathrm{m}}\sin(\omega t+\alpha) \tag{2.104}$$

式中,α 表示变压器的合闸角。

当空载变压器突然合闸到电压为 u 的系统上,若忽略电源阻抗及变压器漏阻抗压降,根据法拉第电磁感应定律则有

$$W_1\frac{\mathrm{d}\Phi}{\mathrm{d}t}=U_{\mathrm{m}}\sin(\omega t+\alpha) \tag{2.105}$$

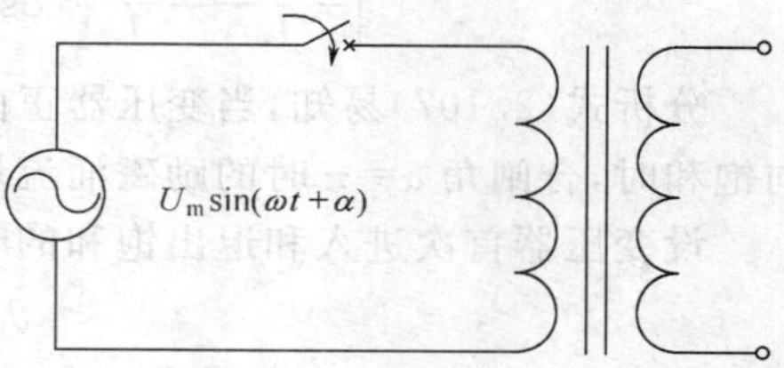

图 2.50　单相变压器空载合闸

式中　W_1——变压器一次绕组匝数;

Φ——变压器铁芯磁通。

当空载合闸时,如果铁芯具有剩磁 Φ_{r},根据式(2.105)得铁芯磁通为

$$\Phi=-\Phi_{\mathrm{m}}\cos(\omega t+\alpha)+\Phi_{\mathrm{m}}\cos\alpha+\Phi_{\mathrm{r}} \tag{2.106}$$

式中,$\Phi_{\mathrm{m}}=\dfrac{U_{\mathrm{m}}}{W_1\omega}$表示铁芯磁通稳态交流分量的幅值。

从式(2.106)可知,铁芯磁通由稳态交流分量 $-\Phi_{\mathrm{m}}\cos(\omega t+\alpha)$ 与暂态直流分量 $\Phi_{\mathrm{m}}\cos\alpha+\Phi_{\mathrm{r}}$ 组成。稳态交流分量的幅值是固定的,而暂态直流分量的大小与合闸角和剩磁大小及方向有关。变压器的饱和磁通一般为额定磁通幅值的 1.15～1.4 倍,而变压器的运行电压一般不超过额定电压的 10%,相应的工作磁通不会超过饱和磁通,所以变压器正常运行时不会饱和。但在变压器空载合闸时,由于暂态磁通分量 $\Phi_{\mathrm{m}}\cos\alpha+\Phi_{\mathrm{r}}$ 的存在,变压器的磁通可能在某些时间段内超过饱和磁通,从而造成变压器铁芯饱和并且产生励磁涌流。当 $\Phi_{\mathrm{m}}\cos\alpha+\Phi_{\mathrm{r}}>0$ 时,变压器铁芯发生的饱和称为正向饱和,反之称为反向饱和。

为了得到空载合闸励磁涌流,必须考虑变压器铁芯的磁化曲线。根据变压器铁芯的磁化曲线及铁芯磁通就可以得到变压器空载合闸时的励磁涌流,如图 2.51 所示。

从图 2.51 可以看出,当磁通 Φ 小于饱和磁通 Φ_{s} 时,磁化曲线的斜率很大,即变压器的励磁电感很大,则励磁电流近似为零;当磁通 Φ 大于饱和磁通 Φ_{s} 以后,磁化曲线的斜率很小,即变压器的励磁电感很小,则励磁电流很大。设铁芯饱和后变压器的励磁电感为 L,励磁涌流可用下式表示:

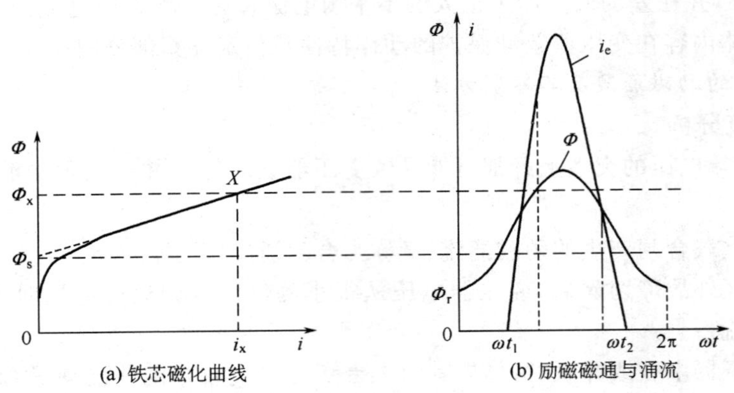

图 2.51　用作图法求解励磁涌流

$$i_e=\begin{cases}0 & (\Phi\leqslant\Phi_s)\\ \dfrac{\Phi-\Phi_s}{L}=\dfrac{\Phi_m}{L}\left[\cos\alpha-\cos(\omega t+\alpha)+\dfrac{\Phi_r-\Phi_s}{\Phi_m}\right] & (\Phi>\Phi_s)\end{cases} \tag{2.107}$$

分析式(2.107)易知，当变压器正向饱和时，合闸角 $\alpha=0$ 时的励磁涌流最大。当变压器反向饱和时，合闸角 $\alpha=\pi$ 时的励磁涌流最大。

设变压器首次进入和退出饱和的时刻分别为 t_1、t_2，则励磁涌流的间断角为

$$\theta_J=\omega t_1+(2\pi-\omega t_2) \tag{2.108}$$

由于 t_1 时刻 $i_\mu=0$，根据式(2.107)可得

$$\cos(\omega t_1+\alpha)=\cos\alpha+\frac{\Phi_r-\Phi_s}{\Phi_m}=A \tag{2.109}$$

所以有

$$\omega t_1=-\alpha+\arccos A \tag{2.110}$$

同理，由 t_2 时刻 $i_\mu=0$ 可知

$$\cos(\omega t_2+\alpha)=\cos(\omega t_1+\alpha) \tag{2.111}$$

所以有

$$\omega t_2+\alpha=2\pi-(\omega t_1+\alpha) \tag{2.112}$$

由式(2.108)、式(2.110)、式(2.112)得到涌流的间断角为

$$\theta_J=2\arccos A=2\arccos\left(\cos\alpha+\frac{\Phi_r-\Phi_s}{\Phi_m}\right) \tag{2.113}$$

从式(2.113)可以看出，励磁涌流的间断角与变压器稳态磁通幅值(电压幅值)、合闸角以及铁芯剩磁有关。变压器饱和越严重时，励磁涌流的间断角就越小。

励磁涌流可以按傅立叶级数展开

$$i_e=\frac{b_0}{2}+\sum_{n=1}^{\infty}(a_n\sin n\theta+b_n\cos n\theta) \tag{2.114}$$

其中，

$$\begin{cases}a_n=\dfrac{1}{\pi}\displaystyle\int_0^{2\pi}i\sin n\theta\,\mathrm{d}\theta\\ b_n=\dfrac{1}{\pi}\displaystyle\int_0^{2\pi}i\cos n\theta\,\mathrm{d}\theta\end{cases} \tag{2.115}$$

励磁涌流中，非周期分量为$\frac{b_0}{2}$，各次谐波分量的幅值可以根据傅立叶级数的系数 a_n 和 b_n 确定，即

$$I_{en}=\sqrt{a_n^2+b_n^2},\qquad n=1,2,3\cdots \tag{2.116}$$

将式(2.107)代入式(2.115)，就可以计算出励磁涌流中的非周期分量和各次谐波分量。在上述简化的饱和特性前提下，各分量的含量(与基波分量的相对大小)仅与间断角有关，而与励磁涌流幅值无关。表 2.2 列出了几种间断角下的各次谐波含量。

表 2.2 不同间断角下的谐波含量(%)

间断角 θ_J	非周期分量	基波	二次谐波	三次谐波	四次谐波
108°	76.8	100	13.2	7.8	2.8
150°	69.2	100	28.8	7.5	3.5
180°	63.7	100	42.4	0.0	8.5

由表 2.2 可以看出，励磁涌流中各次谐波的含量很大，其中以二次谐波最为突出。

三相变压器空载合闸时，三相绕组也会产生励磁涌流，如图 2.52 所示。由于三相电压之间有 120°的相位差，因而三相励磁涌流各不相同。其中，某相励磁涌流可能不再偏向时间轴一侧，变成了对称性涌流，见图 2.52(b)。三相变压器的合闸涌流除了与合闸角、剩磁的大小和方向、铁芯材料、系统阻抗等条件相关外，还会受到三相绕组接线方式和铁芯结构形式的影响。对于 Y/d11 接线的三相变压器，当电流互感器采用图 2.47 所示的接线方式时，引入差动回路的励磁涌流为两相励磁涌流之差。由于差关系的存在，三相变压器励磁涌流幅值的最大值出现在合闸角 $\alpha=\pm30°$附近。

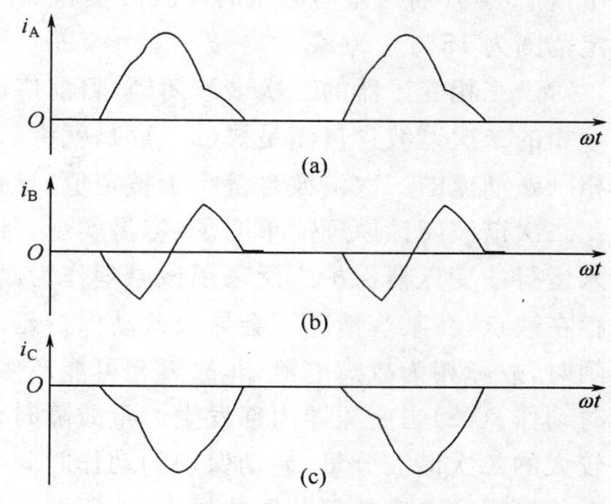

图 2.52 三相变压器励磁涌流

根据上面的分析，结合一般情况，变压器励磁涌流主要有以下特点：

(1)励磁涌流有很大的峰值。比较而言，对于小容量变压器，励磁涌流相对于额定电流的倍数较大，但衰减较快；对于大容量变压器，励磁涌流相对于额定电流的倍数较小，但衰减较慢。

(2)励磁涌流含有大量的偶次谐波分量，其中以二次谐波分量最为显著。

(3)单相变压器励磁涌流中一般有很大的直流分量，但对三相变压器而言，对称性涌流中可能无直流分量。

(4)无论是单向涌流还是对称涌流都具有间断角。一般趋势是变压器容量越大，则间断角越大。

2. 励磁涌流鉴别方法

由于励磁涌流数值可能很大，所以差动保护在励磁涌流的冲击下可能误动作，因此必须采取措施加以克服。为此，可以提高差动保护的动作电流，使其躲过励磁涌流，但这样由于动作电流太大.将大大降低保护的灵敏度,使差动保护范围缩小。另外,也可以采用增加时限的办法躲过涌流的高峰,但这样又失掉了差动保护速动的优越性,因此一般都不采用。

传统的模拟式差动保护广泛采用的办法是用速饱和变流器阻止涌流传变到继电器中去。当外部故障时,故障电流所含的非周期分量能使速饱和变流器的铁芯很快地单方面饱和,传变性能变坏,不平衡电流也就难于传变到继电器的差动线圈上,保证差动保护不会误动。内部故障时,虽然速饱和变流器一次线圈的电流也含有一定的非周期性分量,但它一般衰减较快,一般经过 1.5～2 个周波即衰减完毕,此后速饱和变流器一次线圈中通过的完全是周期性的短路电流,所以故障电流容易传变到继电器的差动线圈上,使继电器能灵敏地动作。但是,采用速饱和原理的差动保护动作电流大、灵敏度低,并且在变压器内部故障时,会延缓保护的动作,已逐渐被淘汰。

随着微机式差动保护的大量应用,差动继电器可以采用更丰富的手段来鉴别励磁涌流。目前,我国铁路供电系统广泛采用的是二次谐波闭锁原理。二次谐波闭锁原理是根据励磁涌流中含有大量二次谐波分量而内部故障电流中二次谐波含量很低的特点,当检测到差动电流中二次谐波含量大于整定值时就将差动继电器闭锁,以防止励磁涌流引起的误动。二次谐波闭锁元件的判据为

$$I_{d2} \geqslant K_{2.set} I_{d1} \tag{2.117}$$

式中,I_{d1}、I_{d2}分别为差动电流的基波分量和二次谐波分量;$K_{2.set}$为二次谐波闭锁系数,通常的整定范围为 15%～20%。

对于三相变压器的二次谐波闭锁,目前广泛采用“三相或门闭锁”方案,即三相差动电流中任一相的二次谐波含量满足式(2.117),就将三相差动继电器全部闭锁。这样做是为了防止某一相励磁涌流的二次谐波含量小于整定值,导致差动保护误动。

二次谐波闭锁原理简单明了,容易实现,且有多年的运行实践经验,因此目前国内外实际投入运行的变压器保护广泛采用该原理作为励磁涌流的闭锁判据。但是,二次谐波闭锁原理也存在缺点,在某些情况下会导致差动保护延时动作或误动:(1)当带故障的三相变压器空载合闸时,故障相为故障电流,非故障相可能产生励磁涌流,“三相或门闭锁”方案将使差动保护延时动作。(2)当变压器内部发生严重故障时,电流互感器可能饱和,从而导致故障电流中含有较大的二次谐波分量,差动保护的动作时间可能会长达数百毫秒甚至数秒。(3)随着远距离输电的发展和电容补偿装置的投入,变压器内部故障时暂态电流会产生较大的二次谐波,可能引起差动保护延时动作。(4)现代变压器为充分利用铁芯材料传输电能,铁芯饱和点提前,在剩磁系数较大时,涌流中二次谐波含量会变得很低,导致二次谐波闭锁的差动保护容易误动。

如何鉴别励磁涌流以防止保护误动是变压器差动保护的关键问题,除了二次谐波闭锁原理外,国内外学者还提出了许多其他的识别励磁涌流鉴别方法,有些已经投入实践,如,间断角原理,波形对称原理,磁通特性原理,等等。

(五)变压器差动保护的动作特性与整定计算

在实际运行中,变压器差动保护必须考虑各种不平衡电流的影响,而并不是直接按照式(2.90)来判断保护是否应该动作。

1. 动作特性

变压器差动保护一般由比率差动保护和差动速断保护两个元件组成,其动作特性如图 2.53 所示。

由前面对不平衡电流的讨论可知，电流互感器传变产生的不平衡电流与变压器的穿越电流有关。外部故障时，变压器的穿越电流很大，不平衡电流也就很大。如果按照躲过最大外部故障时的不平衡电流来整定动作电流，将会使差动保护的灵敏度降低。因此，差动继电器中引入一个能够反映变压器穿越电流大小的制动电流，动作电流的大小可以根据制动电流的大小自动调整。这一差动保护又称为比率制动的差动保护或简称为比率差动保护。

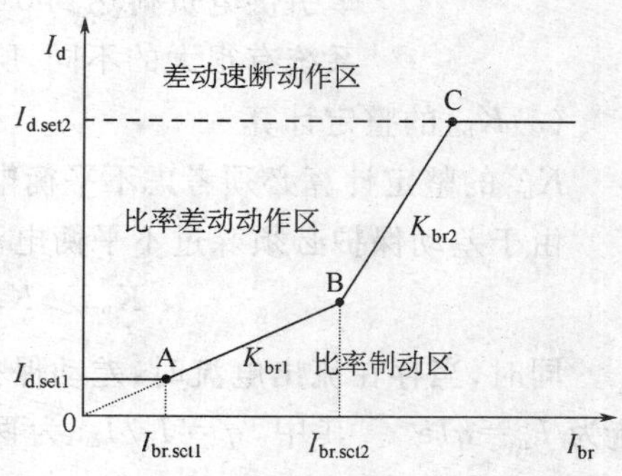

图 2.53　变压器差动保护的动作特性

制动电流一般定义为

$$I_{br}=\frac{1}{2}|\dot{I}_1'+\dot{I}_2'| \tag{2.118}$$

比率差动保护的制动特性由三个线段组成，见图2.53。第一段为水平线，用来躲过变压器正常运行时的不平衡电流。第二段 AB 为斜线，用来躲过电流互感器未饱和时的不平衡电流，其反向延长线通过原点。第三段 BC 也是斜线，用来躲过电流互感器饱和产生的不平衡电流。根据图 2.53，比率差动保护的动作判据可表示为

$$\begin{cases} I_d \geqslant I_{d.set1} & (I_{br}\leqslant I_{br.set1}) \\ I_d - K_{br1}(I_{br}-I_{br.set1}) \geqslant I_{d.set1} & (I_{br.set11}<I_{br}\leqslant I_{br.set2}) \\ I_d - K_{br1}(I_{br.set2}-I_{br.set1}) - K_{br2}(I_{br}-I_{br.set2}) \geqslant I_{d.set1} & (I_{br}>I_{br.set2}) \end{cases} \tag{2.119}$$

式中，$I_{d.set1}$ 表示比率差动保护的最小动作电流；K_{br1}、K_{br2} 表示制动系数，分别是两段斜线$\overline{AB}$和$\overline{BC}$的斜率；$I_{br.set1}$、$I_{br.set2}$ 表示制动电流整定值，分别是 A、B 点的横坐标。

为了防止励磁涌流导致差动保护误动，比率差动保护还要采取涌流闭锁措施。如果采取二次谐波闭锁原理，该差动保护又称为二次谐波闭锁的比率差动保护。

根据前面的分析，二次谐波闭锁原理会在某些情况下会导致差动保护延时动作。为了加快变压器内部严重故障时差动保护的动作速度，往往增加一个不需要考虑励磁涌流影响的差动速断保护元件，其动作判据为

$$I_d \geqslant I_{d.set2} \tag{2.120}$$

式中　$I_{d.set2}$——差动速断保护的动作电流。

2. 整定计算

(1) $I_{d.set2}$ 的整定计算

$I_{d.set2}$ 应按躲过变压器的最大励磁涌流整定

$$I_{c.set2}=K_{rel}I_{e.max} \tag{2.121}$$

式中　K_{rel}——可靠系数，可取 1.2～1.4；

$I_{e.max}$——最大励磁涌流，一般按变压器额定电流的 8～10 倍估算。

(2) $I_{d.set1}$ 的整定计算

$I_{d.set1}$ 由变压器正常运行时的不平衡电流决定

$$I_{d.set1}=K_{rel}I_{dsq}=K_{rel}(\Delta U+\Delta f_{za}+0.1K_{np}K_{st})I_{L.max} \tag{2.122}$$

式中　$I_{L.max}$——变压器正常运行时计算侧的最大负荷电流。需要指出的是：对于电流互感器计算变比与实际变比不一致产生的相对误差，如果已经采取措施进行补偿，变比差系数 Δf_{za} 应该取补偿后剩余的相对误差。另外，由于牵引负荷的特殊

性，牵引变压器经常处于短时过负荷运行状态。按照牵引供电操作规程，当牵引供电负荷达到 3 倍额定电流时，牵引变压器还应当运行 2 min，这与电力系统有很大的不同，所以牵引变压器的 $I_{d.set1}$ 一般较大。

(3)K_{br1} 的整定计算

K_{br1} 的整定计算必须考虑不平衡电流的影响和差动保护对流出电流的要求。

由于差动保护必须躲过不平衡电流的影响，所以

$$K_{br1} \geqslant K_{rel}(\Delta U + \Delta f_{za} + 0.1K_{np}K_{st}) \tag{2.123}$$

同时，当存在流出电流时，差动保护应该仍然能够动作。设流入电流 $\dot{I}_m = I\angle 0°$，流出电流为 $\dot{I}_n = qIe^{j\varphi}$。其中，$q = I_n/I_m$ 为两端电流的幅值差，φ 为两端电流的相位差。根据式(2.119)，得

$$\begin{aligned} &|I - qIe^{j\varphi}| - K_{br1}\left[\frac{1}{2}|I + qIe^{j\varphi}| - I_{br\cdot set1}\right] \\ &= |I - qIe^{j\varphi}| - K_{br1}\left[\frac{1}{2}|I + qIe^{j\varphi}| - \frac{I_{d.set1}}{K_{br1}}\right] \geqslant I_{d.set1} \end{aligned} \tag{2.124}$$

即

$$K_{br1} \leqslant 2\frac{|1 - qe^{j\varphi}|}{|1 + qe^{j\varphi}|} = 2\frac{\sqrt{1 - 2q\cos\varphi + q^2}}{\sqrt{1 + 2q\cos\varphi + q^2}} \tag{2.125}$$

近似计算时，取 $\varphi = 0°$，可得

$$K_{br1} \leqslant 2\frac{1 - q}{1 + q} \tag{2.126}$$

因此，K_{br1} 的整定应满足

$$K_{rel}(\Delta U + \Delta f_{za} + 0.1K_{np}K_{st}) \leqslant K_{br1} \leqslant 2\frac{1 - q}{1 + q} \tag{2.127}$$

(4)$I_{br.set1}$ 的整定计算

由于 $\overline{AB}$ 的反向延长线经过原点，所以，一旦 K_{br1} 和 $I_{d.set1}$ 确定了，$I_{br.set1}$ 也就确定了，即

$$I_{br.set1} = \frac{I_{d.set1}}{K_{br1}} \tag{2.128}$$

(5)K_{br2} 的整定计算

前面已经讨论过，在外部故障电流很大且含有大量非周期分量的情况下，电流互感器可能发生严重的暂态饱和。此时，电流互感器二次电流的误差会远大于 10%，并在差动回路中产生很大的不平衡电流。K_{br2} 的整定要按照差动保护在该情况下不误动来考虑。

$$K_{br2} \geqslant K_{rel}(\Delta U + \Delta f_{za} + K_{np}K_{st}f_i) \tag{2.129}$$

式中，f_i 为电流互感器的误差，整定计算时要考虑到在最严重的外部短路故障情况下的误差。由于 $f_i \gg 0.1$，所以 K_2 可以整定得较大。

(6)$I_{br.set2}$ 的整定计算

$I_{br.set2}$ 整定时应先确定图 2.53 中 C 点的坐标：(1)根据差动速断保护的整定值确定 C 点的纵坐标；(2)根据最大外部短路电流 $I_{k.max}$ 确定 C 点的横坐标。根据式(2.119)，有

$$I_{d.set2} - K_{br1}(I_{br.set2} - I_{br.set1}) - K_{br2}(I_{k.max} - I_{br.set2}) \geqslant I_{d.set1} \tag{2.130}$$

即

$$I_{\mathrm{br.\,set2}} \leqslant \frac{I_{\mathrm{d.\,set2}} - K_{\mathrm{br2}} I_{\mathrm{k.\,max}} + K_{\mathrm{br1}} I_{\mathrm{br.\,set1}} - I_{\mathrm{d.\,set1}}}{K_{\mathrm{br1}} - K_{\mathrm{br2}}} \tag{2.131}$$

二、母线差动保护

(一)装设母线保护的基本原则

一般来说,母线上发生故障的概率很小。即使没有装设专用的母线保护,母线故障往往也可以由所连接供电元件的后备保护切除,但切除时间较长。例如,对单电源系统,母线故障可以由变压器过电流保护切除。

当母线上发生故障时,短路电流非常大,所有连接在故障母线上的电气元件的电压明显降低,系统的供电质量受到影响。此外,在电力系统中枢纽变电所的母线上故障时,还可能引起系统稳定的破坏,造成严重的后果。因此,高压重要母线应装设专门快速的母线保护。

根据《电力装置的继电保护和自动装置设计规范 GB 50062—1992》,对发电厂和变电所的35～110 kV 电压的母线,在下列情况下应装设专用的母线保护:

(1)110 kV 双母线;

(2)110 kV 单母线,重要的发电厂或变电所的 35～63 kV 母线,根据系统稳定要求或为保证重要用户最低允许电压要求,需要快速地切除母线上的故障时。

对于发电厂和主要变电所的 3～10 kV 母线及并列运行的双母线,在下列情况下也应装设专用母线保护:

(1)需快速而有选择地切除一段或一组母线上的故障,才能保证发电厂及电力网安全运行和重要负荷的可靠供电时;

(2)当线路断路器不允许切除线路电抗器前的短路时。

(二)母线差动保护基本原理

为满足速动性和选择性的需要,母线保护一般按差动保护构成。对于单母线,其原理接线如图 2.54 所示。

在图 2.54 中,所有电流参考方向为流向母线为正。当正常运行或母线外故障时,在母线上所有的连接元件中,流入的电流等于流出的电流,按基尔霍夫电流定律有 $\sum_{i=1}^{n} \dot{I}_i = 0$。当母线上发生故障时,所有电源回路都向故障点提供电流,即 $\sum_{i=1}^{n} \dot{I}_i = \dot{I}_k$。

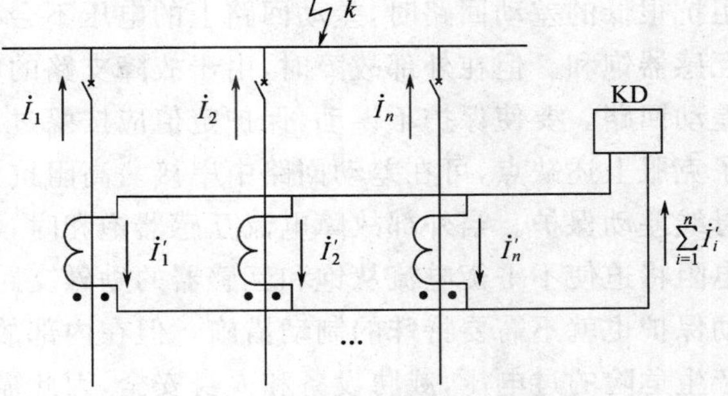

图 2.54 母线差动保护的原理接线图

在正常运行或母线外故障时,为保证流入继电器的电流总和为零,母线保护用的电流互感器必须具有相同变比 K_i。实际上,因为各电流互感器的特性不可能完全相同,在正常运行或母线外故障时,仍会有不平衡电流 I_{dsq} 流入继电器。当母线上发生故障时,流入继电器的电流为

$$\dot{I}_{\mathrm{d}} = \sum_{i=1}^{n} \dot{I}'_i = \frac{1}{K_i} \sum_{i=1}^{n} \dot{I}_i = \frac{1}{K_i} \dot{I}_{\mathrm{k}} \tag{2.132}$$

$\dot{I}_k$ 即为故障点的全部短路电流,此电流足够使差动继电器动作,从而使所有连接元件的断路器跳闸。

不带制动特性的母线差动保护的动作判据为

$$I_d = \left|\sum_{i=1}^{n} \dot{I}'_i\right| \geqslant I_{set} \tag{2.133}$$

式中 I_{set}——母线差动保护的启动电流。

I_{set}应按如下条件考虑,并选择其中较大的一个:

(1)躲开外部故障时所产生的最大不平衡电流。当所有电流互感器的负载均按10%误差曲线选择,且差动继电器采用速饱和变流器或其他类似的防止非周期分量的措施时

$$I_{set} = K_{rel} I_{dsq.max} = K_{rel} \times 0.1 I_{k.max}/K_i \tag{2.134}$$

式中 K_{rel}——可靠系数,可取1.3;

$I_{k.max}$——母线范围外任一连接元件短路时,流过该元件电流互感器的最大短路电流;

K_i——电流互感器变比。

(2)由于母线差动保护电流回路中连接的电气元件较多,接线复杂,因此,电流互感器二次回路断线的几率较大。为了防止在正常情况下,任一电流互感器二次回路断线时引起保护装置误动作,启动电流应大于任一连接元件的最大负荷电流 $I_{L.max}$,即

$$I_{set} = K_{rel} I_{L.max}/K_i \tag{2.135}$$

当保护范围内部故障时,应采用下式校验灵敏系数,其值一般应不低于2。

$$K_s = \frac{I_{k.min}}{I_{set} K_i} \tag{2.136}$$

式中 $I_{k.min}$——母线上发生故障时的最小短路电流值。

(三)微机式母线差动保护的基本判据

按照差动回路中的电阻大小,母线差动保护可以分为低阻抗型、中阻抗型和高阻抗型。传统的母线差动保护都是低阻抗型,其差动回路的阻抗很小,只有数欧姆。当内部故障电流流经阻抗很低的差动回路时,差动回路上的电压不会很大,也不会增大电流互感器的负担而使电流互感器饱和。但在外部故障时,由于故障支路的电流互感器饱和而产生的不平衡电流会流经差动回路。要使保护不误动,保护定值应按躲过此不平衡电流整定或采取其他制动措施。为了克服上述缺点,可在差动回路中串接一高阻抗元件,其阻抗值可达数千欧姆,构成高阻抗型母线差动保护。当外部故障电流互感器饱和时,饱和电流互感器的励磁阻抗很小,差动回路的电阻将迫使不平衡电流从饱和互感器的励磁支路流过,从而减少了差动回路的不平衡电流,差动保护也就不需要特殊的制动措施。但在内部故障时,高阻抗型母线差动保护的差动回路会产生危险的过电压,威胁设备和人身安全,因此需要专门的过电压保护回路。中阻抗型母线差动保护实际上是上述两种方案的折中,其差动回路接入的阻抗介于高阻抗型和低阻抗型母线差动保护之间,约300 Ω,这样做既大大减小了外部故障时进入继电器的不平衡电流,又保证了内部故障时不会产生过电压,并通过与制动回路相配合,保证了保护的选择性。

目前微机式母线差动保护主要是低阻抗型的。与常规保护相比,微机式母线差动保护灵活性强、功能丰富,在制动特性、电流互感器饱和检测、运行方式的自动识别以及网络化等方面具有很大的优势,因而得到了广泛应用。下面介绍微机式母线差动保护常用的动作判据。

1. 传统的比率差动判据

传统的比率差动判据引入穿越性电流作为制动量，动作判据为

$$\begin{cases}\left|\sum_{i=1}^{n}\dot{I}_i\right| \geqslant I_{\text{set}} \\ \left|\sum_{i=1}^{n}\dot{I}_i\right| \geqslant K_{\text{br}}\sum_{i=1}^{n}\left|\dot{I}_i\right|\end{cases} \tag{2.137}$$

式中　I_{set}——最小动作电流门槛值；

K_{br}——制动系数。

该判据将各连接元件电流的相量和作为制动电流，考虑了外部故障时不平衡电流对差动保护的影响，在电流互感器不饱和时保证了母线差动保护在外部故障时不误动，在内部故障时能灵敏动作。

2. 复式比率差动判据

由于传统的比率差动判据采用穿越电流作为制动量，在母线内部故障时，差动继电器中也有制动电流，尤其在 $1\frac{1}{2}$ 断路器接线的母线中可能有部分故障电流流出母线，加大了制动量，传统的比率差动保护的灵敏度将有所下降。为此，复式比率差动保护在制动量中引入了差动电流，使得区内故障时无制动，而在区外故障时则有强的制动特性，其动作判据为

$$\begin{cases}\left|\sum_{i=1}^{n}\dot{I}_i\right| \geqslant I_{\text{set}} \\ \left|\sum_{i=1}^{n}\dot{I}_i\right| \geqslant K'_{\text{br}}\left(\sum_{i=1}^{n}\left|\dot{I}_i\right| - \left|\sum_{i=1}^{n}\dot{I}_i\right|\right)\end{cases} \tag{2.138}$$

在理想的情况下，忽略电流互感器误差及流出电流的影响，在区外故障时，差动电流为零，而制动电流大于零，差动保护不会误动；在区内故障时，设各支路电流相位相同，则制动电流为零，差动保护可靠动作。由此可见，复式比率差动判据能非常明确地区分区内和区外故障，制动系数 K'_{br} 的取值范围理论上可达到∞。

3. 故障分量比率差动保护

为了提高保护抗过渡电阻的能力，减少负荷电流对保护性能的影响，可采用故障分量比率差动保护，其动作判据为

$$\begin{cases}\left|\sum_{i=1}^{n}\Delta\dot{I}_i\right| \geqslant \Delta I_{\text{set}} \\ \left|\sum_{i=1}^{n}\Delta\dot{I}_i\right| \geqslant K_{\text{br}}\sum_{i=1}^{n}\left|\Delta\dot{I}_i\right|\end{cases} \tag{2.139}$$

式中　$\Delta\dot{I}_i$——各连接元件电流的故障分量；

ΔI_{set}——故障分量的最小动作电流门槛值。

（四）母线差动保护常用的抗电流互感器饱和措施

母线上连接的元件众多，区外近端故障时，故障电流倍数很大，超高压母线接近电源，直流分量衰减缓慢，因而电流互感器可能出现严重饱和的情况。此时，电流互感器的二次电流严重畸变，无法正确反映一次电流。这种情况可能导致母线差动保护在区外故障时误动作。为了提高母线差动保护的抗饱和能力，可以提高制动系数 K_{br} 的值，但提高 K_{br} 值必定降低了区内故障时的灵敏度。为此，母线保护必须考虑专门的抗电流互感器饱和的措施，在区外故障电流

互感器饱和时能可靠闭锁差动保护，还要在区外故障转区内故障时能迅速开放差动保护。

在系统发生故障瞬间，无论一次电流有多大，电流互感器不可能立即饱和，从故障发生到电流互感器饱和需要一段时间，在此期间电流互感器能正确传变一次电流。另外，即使电流互感器发生饱和，当一次电流过零点附近时，饱和的电流互感器二次侧还将出现一个线性传变区。在线性传变区内，差动保护元件可正确判断故障是否为区内故障。

根据上述特性，母线差动保护的抗电流互感器饱和措施主要有以下几种：

(1)线性区母线差动保护。该原理利用了电流互感器存在线性区的特点，在电流互感器退出饱和时投入差动保护，在进入饱和时闭锁差动保护。这样即使出现了发展性故障，如区外故障转为区内故障且电流互感器饱和时，差动保护仍能正确动作。但是，由于电流波形的复杂性，如何正确判断电流互感器进入饱和以及退出饱和的时刻，是实现该原理的关键和难点。

(2)同步识别法。当母线发生区外故障时，在最初的瞬间(1/4 周波内)电流互感器不会饱和，母线差动电流元件不会误动作，而以母线电压构成的电压启动元件可以瞬时动作，两者的动作存在一段时间差。当母线区内故障时，差动电流元件和电压元件同时动作。同步识别法就是利用这一特点来区分区内和区外故障。

(3)谐波制动原理。这种原理利用了电流互感器饱和时差动电流波形畸变和每周波存在线性传变区等特点，根据差动电流中谐波分量的波形特征检测电流互感器是否发生饱和。

三、线路纵联差动保护

(一)线路纵联差动保护基本原理

线路纵联差动保护同样基于基尔霍夫电流定律，如果不考虑输电线分布电容、分布电导和并联电抗器的影响，则电流差动保护原理对任何故障都是适用的。线路纵联差动保护原理如图 2.55 所示。

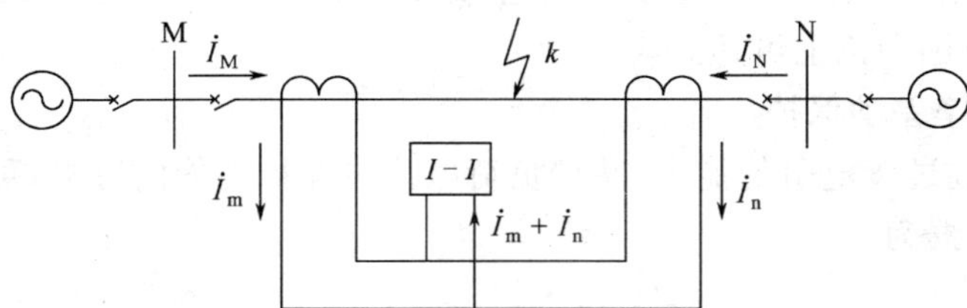

图 2.55 线路纵联差动保护原理示意图

当线路 M 和线路 N 正常运行以及被保护线路外部出现故障时，两侧电流大小相等，方向相反，所以有 $\dot{I}_M+\dot{I}_N=0$。当线路内部故障时，两侧电源均向故障点输送故障电流，即 $\dot{I}_M+\dot{I}_N=\dot{I}_k$($\dot{I}_k$ 为故障点短路电流)。

实际应用中，输电线路两侧的电流互感器一般具有相同的变比 K_i。理想情况下，流入继电器的电流为

$$\dot{I}_d=\dot{I}_m+\dot{I}_n=\frac{1}{K_i}(\dot{I}_M+\dot{I}_N) \tag{2.140}$$

不带制动特性的纵联差动保护的动作判据为

$$I_d=|\dot{I}_m+\dot{I}_n|\geqslant I_{set} \tag{2.141}$$

式中 I_{set}——动作电流整定值。

I_{set}应按如下条件考虑，并选择其中交大的一个。

(1)躲开外部故障时所产生的最大不平衡电流。当所有电流互感器的负载均按10%误差曲线选择时

$$I_{set}=0.1K_{rel}K_{np}I_{k.max}/K_i \tag{2.142}$$

式中 K_{rel}——可靠系数，可取1.2～1.3；

K_{np}——非周期分量系数，可取1.5～2；

$I_{k.max}$——最大外部短路电流；

K_i——电流互感器变比。

(2)躲过最大负荷电流。正常运行时，一侧电流互感器二次回路断线时不应引起保护装置误动作，即

$$I_{set}=K_{rel}I_{L.max}/K_i \tag{2.143}$$

式中，$I_{L.max}$表示线路正常运行时的最大负荷电流。

保护应满足线路在单侧电源运行发生内部短路时有足够的灵敏度，采用下式校验灵敏系数

$$K_s=\frac{I_{k.min}}{I_{set}K_i}\geqslant 2 \tag{2.144}$$

式中，$I_{k.min}$为单侧最小电源作用且被保护线路末端短路时的短路电流值。

实际应用中，为了躲过外部短路时的不平衡电流并提高灵敏度，普遍采用带制动特性的纵联差动保护，动作判据为

$$|\dot{I}_m+\dot{I}_n|-K_{br}|I_m-\dot{I}_n|\geqslant I_{set} \tag{2.145}$$

式中 K_{br}——制动系数；

I_{set}——最小动作门槛值。

(二)影响纵联差动保护正确动作的因素

1. 两侧电流的同步测量

线路纵联差动保护需要从将输电线的每一端采集电气量的测量值，通过通信通道传送到该输电线的另一端，在各端将这些测量值做比较，以决定保护是否应该跳闸。如果被比较的两个测量值采样时刻不一致，即使在线路正常运行时，仍会计算出较大的差动电流。所以，线路纵联差动保护要求两侧的采样时刻必须严格同时刻并且使用两侧相同时刻的采样点进行计算。那么，如何对两个异地采样系统进行同步测量就成了线路纵联电流差动保护应用必须解决的技术问题。常见的同步测量方法有采样时刻调整法、时钟校正法、基于全球定位系统(Global Positioning System，简称GPS)的同步方法等。

2. 电流互感器的误差和不平衡电流

由于电流互感器的传变存在幅值误差和相位误差，传变产生的不平衡电流会流入纵联差动保护的差动回路，可能使保护进入动作区而误动。尤其当外部故障使电流互感器饱和时，这一不平衡电流会达到很大的数值，误动的可能性进一步增加。为了保证差动保护的选择性，不带制动特性的纵联差动保护必须按躲过最大不平衡电流整定，带制动特性的纵联差动保护也需要提高制动系数，但这样做会导致保护灵敏度的降低。因此，如何减少不平衡电流以提高保护灵敏度对差动保护十分重要。为此，输电线路两端应采用型号相同、磁化特性一致、不易饱和的高精度电流互感器。

3. 输电线路的分布电容电流及其补偿措施

由于线路具有分布电容，正常运行和外部故障时线路两端电流之和并不为零，而是线路电容电流。电缆线路或长距离架空输电线路的分布电容很大，所以其电容电流也很大。在这种情况下，若采用提高门槛值躲过电容电流，将会极大地降低保护的灵敏度，通常采用电压实时测量值来补偿电容电流。

第四节　自动重合闸与故障测距

一、自动重合闸

（一）自动重合闸原理

1. 自动重合闸原理

电力系统和牵引供电系统的运行经验表明，架空输电线路和接触网的短路故障大多数是瞬时性的，如雷击过电压引起绝缘子表面闪络、大风时的短时碰线、通过鸟类身体（或树枝）放电。当继电保护动作后，断路器跳闸切除故障，短路点的电弧自行熄灭，故障点的绝缘强度重新恢复，前述原因引起的故障称“暂时性故障”，如果把故障线路重新合闸，就能恢复正常供电。除此之外，也有“永久性故障”，例如由于线路倒杆、断线、绝缘子击穿或损坏等引起的故障，在线路断开之后，它们仍然是存在的，这时即使再合上电源，由于故障依然存在，线路还要被继电保护再次断开，因而就不能恢复正常的供电。统计资料表明，60%～90%的重合闸使得故障线路重新恢复正常供电。重合闸可以采用人为控制开关恢复供电，也可以采用自动装置快速恢复供电，该种类型的自动装置称为自动重合闸装置。对前述的暂时性故障，可迅速恢复供电，从而能提高供电的可靠性，对两侧电源线路，可提高系统并列运行的稳定性，从而提高线路的输送容量，另外可以纠正由于断路器或继电保护误动作引起的误跳闸。

2. 对自动重合闸的基本要求

作为安全自动装置之一的自动重合闸同继电保护一样要满足可靠性、选择性、灵敏性和速动性等要求。根据生产的需要和运行经验，对线路的自动重合闸装置，提出了如下基本要求：

(1)动作迅速

在满足故障点去游离（即介质恢复绝缘能力）所需的时间和断路器消弧室和断路器的传动机构准备好再次动作所必需的时间的前提下，自动重合闸装置的动作时间应尽可能短。因为故障后从断路器断开到自动重合闸发出合闸脉冲的时间愈短，用户的停电时间就可以相应缩短，从而可以减轻故障对用户用电和系统引起的不稳定的带来的不良影响。

自动重合闸动作的时间，一般采用 0.5～1.5 s。

(2)不允许任意多次重合

自动重合闸动作次数应符合预先的规定。如果一次重合闸就只应重合一次。当重合于永久性故障线而断路器再次跳闸时，自动重合闸就不应再重合。在任何情况（例如，自动重合闸装置本身的元件损坏，继电器拒动）下，发生永久性故障时都不应使断路器错误地多次重合。如为永久性故障时，自动重合闸多次重合，将使系统遭受冲击，还可能会使断路器损坏，从而扩大事故。

(3)动作后应能自动复归

当自动重合闸成功动作一次后，应能自动复归，准备好再次动作。对于雷击机会较多的线

路，为了发挥自动重合闸的效果，满足这一要求更有必要。

(4)手动跳闸时不应重合

当运行人员手动操作或遥控操作使断路器断开时，自动重合闸装置不应自动重合。当有其他情况不允许重合时，应可以对自动重合闸进行闭锁。

(5)手动合闸于故障线路时自动重合闸不重合

当手动合闸于故障线路时，继电保护动作使断路器跳闸后，自动重合闸装置不应重合，因为在手动合闸前，线路上还没有电压，若合闸后就已存在故障，则故障多属永久性故障。

(6)用不对应原则启动

一般自动重合闸可用控制开关位置或断路器位置不对应启动，对综合重合闸宜用不对应原则和保护同时启动。

(7)能与继电保护动作配合

自动重合闸能与继电保护在动作上相互配合。

3. 单侧电源线路的自动重合闸

(1)自动重合闸的构成

电力系统和牵引供电系统中，适用于单侧电源线路的一次自动重合闸方式应用十分广泛。不管是电磁型、晶体管型还是集成电路型的一次自动重合闸装置一般主要由启动元件、延时元件、一次合闸脉冲元件和执行元件四部分构成。启动元件的作用是当断路器跳闸之后，使重合闸的延时元件启动。延时元件是为了保证断路器跳闸之后，在故障点有足够的去游离时间和断路器及传动机构能恢复准备再次动作的时间。一次合闸脉冲元件用来保证重合闸装置只能重合一次。执行元件则是将重合闸动作信号送至合闸回路和信号回路，使断路器重新合闸，并发信号让值班人员知道自动重合闸已动作。

一次自动重合闸的原理框图如图 2.56 所示。

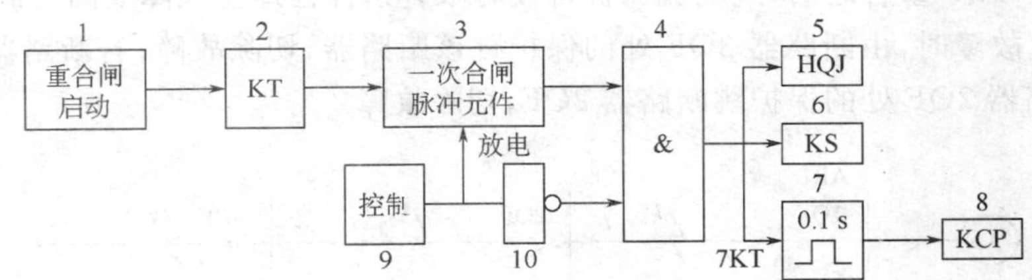

图 2.56　一次重合闸原理框图

图中：

1——重合闸装置的启动元件，一般采用控制开关和断路器位置不对应（即断路器的控制开关在手动合闸后位置而断路器却因保护动作在跳闸后位置）启动或保护启动等。

2——重合闸的延时元件，启动元件 1 启动后，经时间延时，再触发一次合闸脉冲元件。

3——一次合闸脉冲元件，其动作后，送出一个自动重合闸脉冲，并经 15～25 s 后能自动复归，准备再次动作。

4——与门，当有合闸脉冲而非门 10 无输出时有输出，称为自动重合闸动作。

5——自动重合闸执行元件，执行重合闸的动作命令，使断路器合闸一次。

6——自动重合闸信号元件，在重合闸动作使重合闸执行元件动作的同时送出信号，提示值班人员，自动重合闸已动作。

7——短时记忆元件（7KT 记忆时间 0.1 s）。

8——重合闸后，加速元件（KCP），重合闸动作后，若线路故障仍存在能加速继电保护动作，使断路器无延时跳闸。

9——重合闸闭锁回路，它送出不允许重合闸动作的信号，并使一次合闸脉冲元件输入短路，且无输出。如当手动跳闸时送出闭锁信号，不允许自动重合闸动作，实现自动重合闸闭锁功能。

(2)重合闸动作时间整定

重合闸动作时间 $t_{op}=t_2$，应使断路器跳闸后，故障点有足够的去游离时间，以保证重合闸的成功。

$$t_{op}=t_t+t_{re}+t_{rel}-t_n \tag{2.146}$$

式中 t_t——断路器固有跳闸时间，用不对应启动时，$t_t=0$；

t_n——断路器合闸时间；

t_{re}——消弧及去游离时间；

t_{rel}——裕度时间，0.1～0.15 s，如断路器操作机构复原并准备好再次动作的时间；

t_{op}——重合闸动作时间，约为 1 s 左右。

(3)自动重合闸与继电保护的配合

由前述可以看出，自动重合闸与继电保护之间的关系极为密切，二者之间密切良好的配合可以较迅速地切除多数情况下的故障，提高供电可靠性，对系统的安全稳定产生极其重要的作用。目前在电力系统中，自动重合闸与继电保护配合的方式有两种，即自动重合闸前加速保护动作和自动重合闸后加速保护动作。

①自动重合闸前加速保护动作方式

自动重合闸前加速保护动作方式简称“前加速”。如图 2.57 所示的单电源辐射网络，图中每一线路上均装设带延时的过电流保护，其动作时限是按阶梯型原则选择的。断路器 1QF 处的继电保护时限最长。为了加速切除故障，在断路器 1QF 处采用自动重合闸前加速保护动作方式，即在断路器 1QF 处不仅有过电流保护，而且还装有能保护到最末级线路 l_3 的无时限电流速断保护和自动重合闸装置(ARD)。配置后，无论是在线路 l_1 上还是 l_2 或 l_3 上发生故障，断路器 1QF 处的电流速断保护都能无延时地跳断路器 1QF。然后自动重合闸将断路器 1QF 重合一次。如果故障是暂时性故障，则重合成功后，将迅速恢复正常供电。如果故障是永久故障，则在断路器 1QF 重合之后，过电流保护将按时限有选择性地使故障线路的断路器跳闸，例如在 k_3 点发生故障时，由断路器 3QF 处的保护跳该断路器，切除故障；若断路器 3QF 处保护拒动，则由断路器 2QF 处的保护跳断路器 2QF，切除故障。

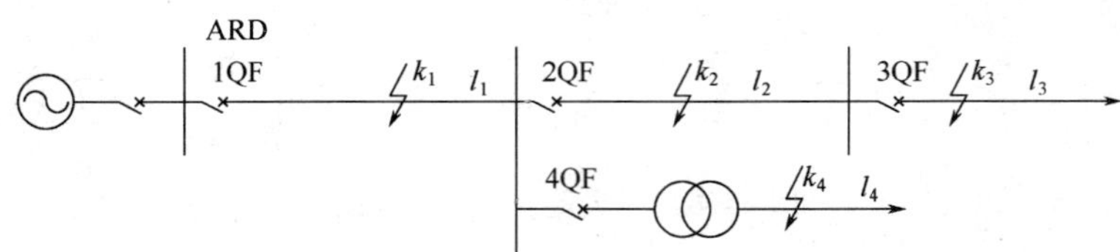

图 2.57　重合闸前加速保护动作的原理图

“前加速”的优点是，能快速切除瞬时性故障，使暂时性故障来不及发展成为永久性故障，而且使用的设备少，只需一套自动重合闸装置；其缺点是，重合于永久性故障时，再次切除故障的时间会延长，装有重合闸线路的断路器的动作次数较多，而且若此断路器的重合闸拒动，就会扩大停电范围，甚至在最后一级线路上发生故障，也可能造成全网络停电。实际上，“前加速”只用于 35 kV 及以下的网络。

②自动重合闸后加速保护动作方式

自动重合闸后加速保护动作方式简称“后加速”。采用这种方式时，一般每条线路均配备

完善的保护(如距离保护第Ⅰ、Ⅱ、Ⅲ段等)和自动重合闸装置。例如,在线路上发生故障时,保护均按有选择性的方式跳闸。若重合于永久性故障,则加速保护动作,瞬时切除故障。

重合闸"后加速"工作方式,如图2.58所示。当一条线路上发生故障时,首先由故障线路有选择性的保护(一般是线路的主保护)将故障切除,然后由故障线路的自动重合闸装置(ARD)进行重合,自动重合闸动作后将本线路有选择性动作的保护的延时部分退出工作。如果故障是暂时性故障,则重合成功,恢复正常供电。如果是永久性故障,则故障线路的保护便瞬时地将故障再次切除。

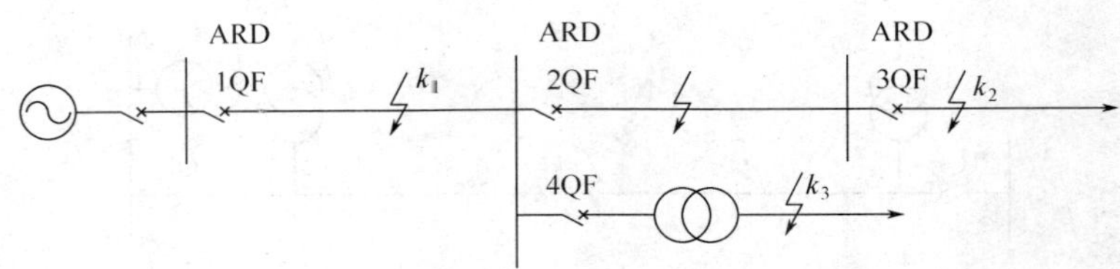

图2.58　重合闸后加速保护动作的原理图

"后加速"的优点是,第一次跳闸也是有选择性的,不会扩大事故。在重要的高压网络中,不允许无选择性跳闸,故应用这种方式特别适合。同时,这种方式使再次断开永久性故障的时间缩短,有利于系统并联运行的稳定性。其主要缺点是:第一次切除故障可能会带上时限,例如,当主保护拒动,而由后备保护来跳闸时,时间比较长。

在35 kV以上电压的高压网络中,通常都装有性能比较好的保护(如距离保护等),第一次有选择性的跳闸时限不会很长(瞬时或带一个Δt延时),故"后加速"方式在这种网络中被广泛采用。

4.双侧电源线路的自动重合闸

(1)双侧电源送电线路重合闸的特点

在双侧电源的送电线路上实现重合闸时,除应满足在前述提出的各项要求外,还必须考虑如下的特点:①当线路上发生故障时,两侧的保护装置可能以不同时限动作于跳闸,例如在一侧为第Ⅰ段动作,而另一侧为第Ⅱ段动作,此时为了保证故障点电弧的熄灭和绝缘强度的恢复,以使重合闸有可能成功,线路两侧的重合闸必须保证在两侧的断路器都跳闸以后再进行重合。②当线路上发生故障跳闸以后,常常存在着重合闸两侧电源是否同步,以及是否允许非同步合闸的问题。

(2)关于同步问题的自动重合闸

在某些情况下,当线路断路器断开之后,线路两侧电源之间的电势角会摆开,有可能失去同步。这时,后合闸一侧的断路器在进行重合闸时,应对不同运行情况考虑采用不同的重合闸方式。

①非同步重合闸方式。即当两侧断路器跳闸以后,不论两侧电源是否同步,不需要任何检查就进行重合闸。按设计技术规程规定,使用非同步重合闸方式的两个条件,一是:在两侧电源电势之间的相角差最大值180°瞬间合闸时,流过发电机、同步调相机或电力变压器的冲击电流不超过允许值。二是:在非同步重合闸所产生的振荡过程中,对重要负荷的影响较小,或者可以采取措施减小其影响。

②检查同步以后重合闸方式。具有同步检定和无压检定的重合闸的工作方式中,除了在线路两侧均装设重合闸装置外,在线路的一侧还装设有检定线路无电压的继电器,而在另一侧

则装设检定同步的继电器。

这种检查同步重合闸方式是在单端供电线路重合闸接线的基础上增加附加条件来实现的，如图 2.59 所示。其中，U<为检无压元件，KSD 为检同步元件。

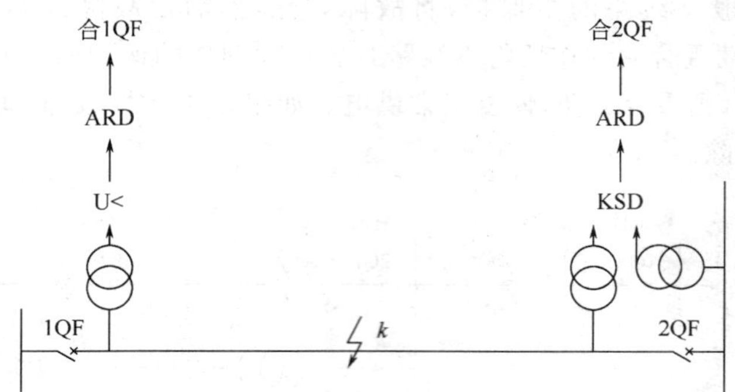

图 2.59　双侧电源检查同期重合闸方式的示意图

当线路发生故障，两侧断路器跳闸以后，检定线路无电压一侧的重合闸首先动作，使断路器投入。如果重合不成功，则断路器再次跳闸。此时，由于线路另一侧没有电压，同步检定继电器 KSD 不动作，因此，该侧重合闸根本不启动。如果重合成功，则另一侧在检定同步之后，再投入断路器，线路即恢复正常工作。由此可见，在检定线路无电压一侧的断路器，如重合不成功，就要连续两次切断短路电流，因此，该断路器的工作条件就要比同步检定一侧断路器的工作条件恶劣。为了解决这个问题，通常在每一次都装设同步检定和无电压检定的继电器，利用连接片进行切换，使两侧断路器轮换使用每种检定方式的重合闸，因而使两侧断路器工作的条件接近相同。

5. 微机自动重合闸举例与牵引供电系统自动重合闸规则

(1)微机自动重合闸举例

在微机保护中，自动重合闸功能的实现非常简单，只要在微机保护装置软件和对应的硬件配置相应的自动重合闸元件即可实现该功能。如图 2.60 为牵引供电系统馈线及其控制示意图。

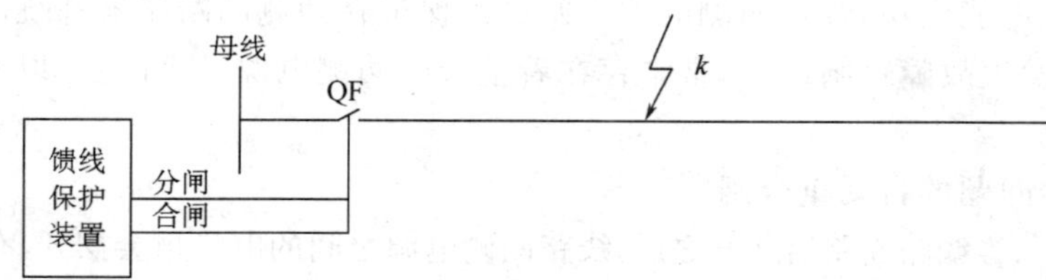

图 2.60　馈线保护装置保护与控制示意图

微机自动重合闸装置检测断路器位置信号，当合闸超过一定时间(相当于早期的充电时间，一般整定为 15～25 s)后，置重合闸允许标志。一旦出现需要重合闸情况可立刻根据整定要求重合，否则即使发生故障，也不进行重合闸。

如果线路发生的是瞬时性故障，则保护首先动作通过分闸回路使断路器 QF 断开，然后自动重合闸发出一次合闸控制信号使断路器合闸；断路器合闸后，因为故障已经消失，继电保护不再动作，重合闸动作成功。重合闸成功后，经过充电时间以后，整个重合闸回路自动复归，并

为下一次的重合闸做好准备。

当线路上存在永久性故障时，在重合闸动作以后，继电保护将再次动作，使断路器 QF 跳闸，由于此时是重合闸动作后的再次跳闸，重合闸装置不再发出重合闸命令，以上过程称自动重合闸装置的“一次重合闸”。这样可以避免出现跳闸——合闸——跳闸——合闸……多次重合于永久故障线路上的现象。

用控制开关手动合闸于故障线路时，当断路器跳闸后继电保护动作，不会发生自动重合。这时的情况与重合闸重合在永久故障线路的情况类似，由于合闸前断路器是处于分闸状态，微机继电保护装置充电元件不会短时达到充电时间，重合闸允许标志处于“非”状态，不允许重合闸。

(2)牵引供电系统自动重合闸规则

牵引供电系统与电力系统相比，相对比较简单，主要供电方式是单边供电方式，所以其自动重合闸方式一般为一次重合闸，当线路发生故障时，进行一次重合闸，如果重合闸不成功，后加速保护动作跳闸。如果是永久性故障(重合闸不成功)，一般操作人员进行一次强送(可能存在故障的情况，人为送电)，如果成功，则正常供电，但仍需要查找故障位置，消除隐患。

在上下行并联运行的分区所，线路发生故障时，必须检测上下行母线有压方可进行重合闸，由于供电来自变压器同一相位出口馈线，所以不需要检测相角。

(二) 牵引网故障性质判别

自动重合闸是保证系统不间断供电的有效措施之一，在国内外电力系统和牵引供电系统中得到了广泛的应用。目前，由于电力系统和牵引供电系统的自动重合闸大都是盲目进行的，即无论是瞬时性故障还是永久性故障都是进行一次重合闸。如果线路故障是瞬时性的，重合闸成功，对系统影响不大；如果故障是永久性的，再次重合不仅会给电气设备带来损坏，对系统造成不必要的二次冲击，甚至会导致系统稳定的破坏。

随着计算机技术和信号处理技术的不断发展，能够正确识别瞬时性与永久性故障且能在最佳重合时间进行重合操作的智能重合闸已经成为可能。由于牵引供电系统与常规电力系统在线路形式上有很大的不同，所以其故障性质判别具有一定的特殊性。判断故障性质后，当牵引网故障为瞬时性故障时，启动重合闸装置进行一次重合闸；当牵引网故障为永久性故障时，闭锁重合闸。

1. 故障性质判别方法之一

(1)识别原理

通过与运行断路器相并联的故障性质判断支路实现对故障性质的判断。如图 2.61(a)所示，故障性质判断支路由一台负荷开关、一个大功率限流电阻和一台电压互感器组成。

当牵引网正常运行时，运行断路器 QF 闭合，负荷开关 QS 断开；当牵引网发生短路故障时，运行断路器 QF 断开，负荷开关 QS 闭合，通过电阻 R 向故障点施加电压。若为瞬时性故障，由于故障点绝缘已经恢复，电压互感器 TV 检测到的电压接近牵引网工作电压；若为永久性故障，电压互感器 TV 检测到的电压较小。

(2)实现方法

牵引变电所有许多台馈线断路器，若每一台断路器都并联一条检测支路，势必增加牵引变电所主接线的复杂性和占地面积，相应的可靠性也要降低。在具体实施时，基于欧洲高速铁路多采用单相变压器的实际情况，牵引变电所增设一条故障识别辅助母线，工作母线与辅助母线间跨接一条由 25 kΩ 的电阻、负荷开关和电动隔离开关组成的支路，电压互感器接在电阻器与电动隔离开关之间，每一断路器上并联一个负荷开关，如图 2.61(b)所示。工作过程如下：

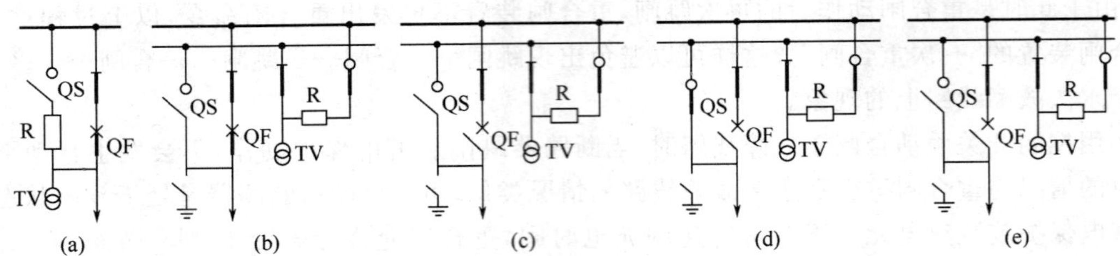

图 2.61　牵引网故障性质识别原理示意图

①正常情况：如图 2.61(b)所示，运行断路器 QF 闭合，负荷开关 QS 断开，向牵引馈线供电，电压互感器 TV 检测到的电压接近牵引网工作电压。

②接触网发生故障：如图 2.61(c)所示，运行断路器 QF 由馈线保护分闸，QF 分闸后，电压互感器 TV 检测到的电压为牵引网工作电压。

③启动故障性质识别：如图 2.61(d)所示，由 SCADA 系统投入负荷开关 QS，通过工作母线、电阻、负荷开关 QS 向故障点施加电压，通过 SCADA 系统检测电压互感器 TV 电压，若电压较高，例如：90% U_n，表明故障为瞬时性故障；若电压较低，例如：30%，表明故障为永久性故障。若故障为瞬时性故障，通过 SCADA 系统使运行断路器 QF 闭合，恢复至图 2.61(b)；若故障为永久性故障，通过 SCADA 使负荷开关断开，如图 2.61(e)，再通过手动方式确定接触网故障区间，直至找到并修复接触网后，再投入运行断路器 QF，恢复至图 2.61(b)。

该方法原理简单，实现容易，缺点表现在：①增加了牵引变电所主接线的复杂性，例如：辅助母线、负荷开关、隔离开关等，相应的降低了牵引变电所的可靠性。②故障识别过程借助 SCADA 系统实现，检测周期约 10 s。

2.故障性质判别方法之二

电力系统十分重视瞬时性故障与永久性故障识别，智能重合闸的研究是热点之一。高速铁路牵引供电系统对供电可靠性要求很高，在满足电压变换的前提下，牵引变电所主接线越简单越好。高速铁路一般采用复线电力牵引网，这里介绍一种无需改变牵引变电所主接线的复线电力牵引网的故障性质识别原理。

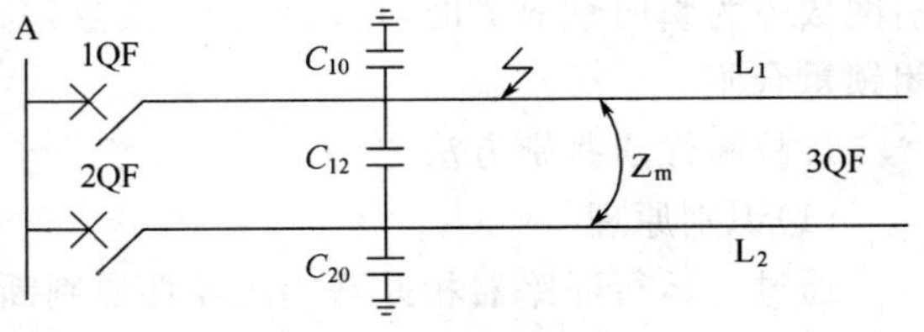

图 2.62　复线电力牵引网示意图

(1)瞬时性与永久性故障的特征

对于图 2.62 所示的复线电力牵引网，若一条线路发生故障，另一条线路正常供电，这时断开线路两端的电压由电容耦合电压和电感耦合电压两部分组成。

电容耦合电压：设两条线路的电压为 $\dot{U}_1$、$\dot{U}_2$，两线路间耦合电容为 C_{12}，两线路对地电容为 C_{10}、C_{20}，则断开线路对地的电容耦合电压为

$$\dot{U}_{j1}=\frac{C_{12}}{C_{10}+C_{12}}\dot{U}_2 \tag{2.147}$$

若考虑承力索的影响，则断开相对地的耦合电压为

$$\dot{U}_{j1}=\frac{C_{12}+C_{32}+C_{14}+C_{34}}{C_{12}+C_{32}+C_{14}+C_{34}+C_{10}+C_{30}}\dot{U}_2 \tag{2.148}$$

式中　C_{12}、C_{14}——故障线路的接触线对非故障线路的接触线和承力索的耦合电容；

C_{32}、C_{34}——故障线路的承力索对非故障线路的接触线和承力索的耦合电容；

C_{10}、C_{30}——故障线路的接触线和承力索对地的耦合电容。

电感耦合电压：当线路 L_1 断开之后，设流过正常线路 L_2 的电流为 $\dot{I}_2$ 且集中在供电臂 L_f 处，则断开线路 L_k（故障点距变电所的距离）长度上由互感产生的电压为

$$\dot{U}_{j2}=Z_m\dot{I}_2L_f \quad 或 \quad \dot{U}_{j2}=Z_m\dot{I}_2\min(L_f,L_k) \tag{2.149}$$

对于瞬时性故障，断开线路的电压由电容耦合电压和电感耦合电压决定，其中 $\dot{U}_{j1}$ 与线路长度无关，是线路对地电压；$\dot{U}_{j2}$ 是线路中感应的电压，其方向是沿导线的，与线路感应长度成正比。为了便于说明问题，假设流过正常线路 L_2 的电流为 $\dot{I}_2$ 集中在供电臂末端，当线路参数以 T 形等效时，则线路两端的电压如图 2.63(a)所示，线路两端电压的向量图如图 2.63(b)所示。由于分区所的自动重合闸可以通过检有压来实现，只需在牵引变电所设置故障性质识别装置。根据图 2.63，牵引变电所检测到的故障线路电压为

$$\dot{U}_{ja}=\dot{U}_{j1}+\dot{U}_{j2}/2 \tag{2.150}$$

$$U_{ja}^2=U_{j1}^2+U_{j2}^2/4+U_{j1}U_{j2}\cos(\theta-\varphi) \tag{2.151}$$

式中　θ——线路 L_1 和 L_2 间互阻抗角；

φ——功率因数角。

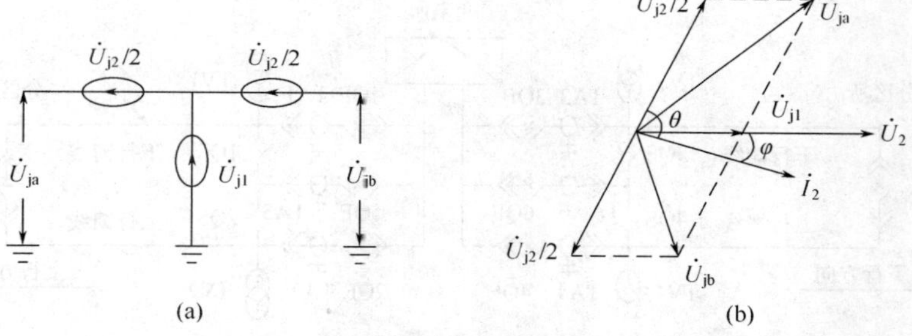

图 2.63　T 形等值电路的电压分布图与向量图

对于永久性故障，由于线路电容对故障点放电，在稳态条件下可以不考虑电容产生的耦合电压，这时断开线路两端电压仅由电感耦合电压决定。

$$\dot{U}_{ja}=Z_m\dot{I}_2\min(L_f,L_k) \tag{2.152}$$

$$U_{ja}=Z_mI_2\min(L_f,L_k) \tag{2.153}$$

比较式(2.152)和式(2.153)可以看出，瞬时性故障时在牵引变电所检测到的故障线路电压较永久性故障要高。

对于复线电力牵引网，一条供电臂内若一个方向的线路发生故障，另一方向的线路正常运行，则，瞬时性故障时在牵引变电所检测到的故障线路电压较永久性故障时要高。

(2)故障性质识别原理

考虑到分区所的自动重合闸可以通过检有压的方式实现，无需在分区所设置故障性质识

别装置，仅在牵引变电所设置即可，只讨论牵引变电所处故障性质识别原理。

①电压比较法

电压比较法的判据为

$$U_{ja} \geqslant K_{rel} I_{2L.max} Z_m L_k \tag{2.154}$$

式中 U_{ja}——断路器出口处检测到的电压；

K_{rel}——可靠系数，取 1.1～1.2；

$I_{2L.max}$——非故障线路最大负荷电流；

Z_m——故障线路与正常线路间的互感阻抗；

L_k——故障点到变电所距离，可以通过故障测距模块得到。

②补偿电压比较法

补偿电压比较法的判据为

$$|\dot{U}_{ja} - \dot{I}_2 Z_m L_k/2| \geqslant |K_{rel} \dot{I}_2 Z_m L_k/2| \tag{2.155}$$

式中 K_{rel}——可靠系数，取 1.3～1.4。

(3)实现方法

要实现复线电力牵引网瞬时性与永久性故障的自动识别，需要在馈线侧加装 4 台电压互感器 TV1～TV4，还需要引入所有电流互感器的电流信号、保护动作信号、隔离开关位置信号。国内通常采用的供电臂接线模式如图 2.64 所示。当上行方向下行馈线供电臂上发生故障时，1QF 和 7QF 断路器跳闸，2QF 闭合。由保护装置启动进行故障性质识别，若为瞬时性故障，则启动重合闸进行重合闸操作；若为永久性故障，则闭锁重合闸。

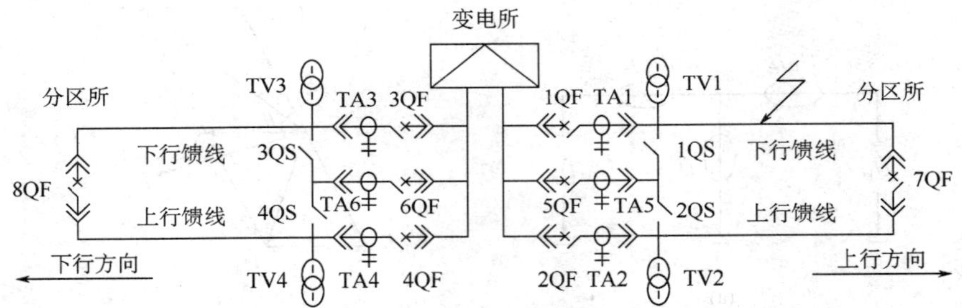

图 2.64 一般复线电力牵引网故障性质识别接线图

对于图 2.65 所示的供电方式，由于上下行断路器同时跳闸，可先根据故障测距的结果决定故障实际发生的馈线。对于没有故障的馈线直接进行重合闸操作；对于有故障馈线，按上述故障性质识别方式进行故障性质识别，并决定启动或闭锁重合闸操作。

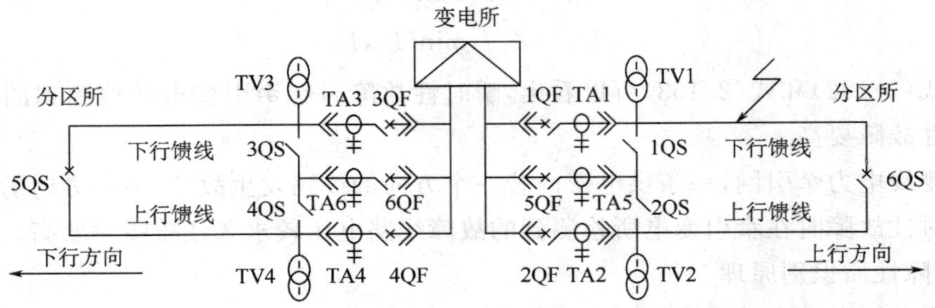

图 2.65 上、下行馈线断路器同时动作时故障性质识别接线图

(4)评价

该方法原理简单,实现容易,具有以下特点:①不破坏牵引变电所主接线,不影响主接线的可靠性;②只需增加4台电压互感器就可实现复线电力牵引网故障性质的识别;③不能进行单线牵引网的故障性质识别。

二、故障测距原理

输电线路是供电系统的一个重要组成部分。当输电线路发生短路故障时,靠人力查找线路故障点,不但要耗费大量工时,面临许多困难,而且要延长故障停电的时间。采用线路故障测距装置,能够有效地解决这个问题。

对于牵引供电系统,当接触网发生短路和接地故障时,除了应有动作可靠的继电保护和自动装置进行保护外,为了尽快查找到故障点,缩短故障抢修时间,国外高速铁路一般都配置接触网故障点测距与实时录波功能,有的牵引变电所单独配置故障点测距与实时录波装置,有的将故障点测距与实时录波功能集成于微机型保护装置中。

在牵引供电系统中,对于直接供电方式和BT供电方式,故障点测距原理国内外无一例外地采用了电抗法或阻抗法;对于AT供电方式,日本采用的故障点测距原理为"AT中性点吸上电流比"原理,国内研究了一种新的原理,本节将分别给予介绍。随着我国电气化铁路供电方式的多样化,各种测距原理应运而生,以满足现场需要。

下面对电力系统的电抗法、行波法和牵引供电系统常用的电抗法、上下行电流比法和AT吸上电流比法等方法进行介绍。

(一)电抗法故障测距原理

在线路发生短路故障时,短路阻抗 $Z_k=R_k+jX_k$,其中,电阻值 R_k 不可避免地含有故障点过渡电阻的成分,受随机因素的影响较大。而电抗值 X_k 基本上不受运行方式、故障电流大小及其他随机因素的影响。因此,以短路电抗值 X_k 表示故障点距离 L_k。原理说明如图2.66所示。

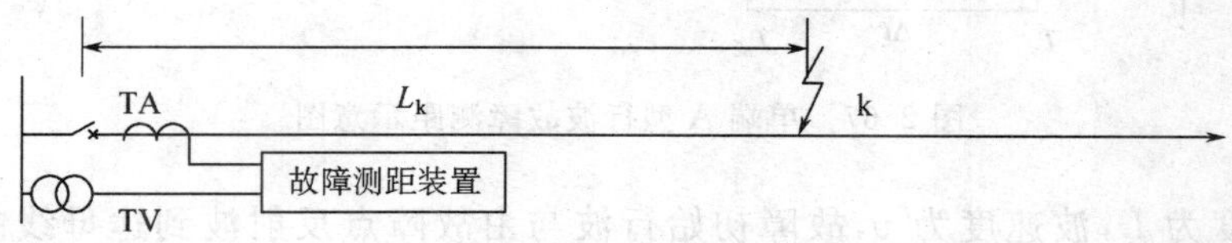

图2.66 电抗法测距接线原理图

当线路发生短路故障时,故障测距装置经电压互感器TV送入母线电压 $\dot{U}_k$,经电流互感器TA送入短路电流 $\dot{I}_k$,经故障测距装置有关部分变换处理后得到短路电抗值 X_k。短路点故障距离为

$$L_k=\frac{X_k}{x} \tag{2.156}$$

式中 x——线路单位距离电抗值,Ω/km。

(二)行波法测距原理

在电力系统和绝大部分牵引供电系统采用阻抗法测量输电、供电线路的故障距离。其测距精度受故障电阻、互感器误差、线路结构不对称、零序参数沿线路不均匀等因素的影响,实际应用效果不理想。在输电线路，还不适用于直流输电、带串补电容等线路不同变量的影响。

前述故障测距方法的原理都是建立在对工频电气量进行分析计算的基础上。故障时产生的非工频暂态分量被看做有害的干扰而滤掉。如何将暂态分量的不利影响变为有用信息，早为人们所重视，不少学者为开辟利用故障信息的新途径，从理论分析到工程实践进行了研究。

早在 20 世纪 50 年代，人们就提出通过测量电压、电流行波在故障点及母线之间的传播时间来测量输电线路故障距离。但受当时技术条件限制，早期研制的行波测距装置结构复杂、可靠性差、投资大，没有获得大面积的推广应用。直到 20 世纪 70 年代末，第一套用暂态分量构成的保护即行波方向保护才由瑞典通用电气公司制造出来，在美国 500 kV 输电线路上投入运行，80 年代初引进我国。行波测距或行波距离保护是建立在计及输电线路的分布参数，直接利用故障信息的暂态行波信号，并对其进行分析和计算的基础之上的。

行波测距分单端测距、双端测距和信号注入测距等方法。

1. 单端 A 型测距方法

在输电线路发生故障时，故障产生的电压、电流行波（以下以电流行波为例）在故障点及母线之间来回反射。装设于母线处的测距装置接入来自电流互感器二次侧的暂态行波信号，使用高通滤波器滤出行波波头脉冲，形成如图 2.67 所示的电流行波波形。由于母线阻抗一般低于线路阻抗，电流行波在母线与故障点都是产生正反射，故障点反射波与故障初始行波同极性。母线处感受到的故障初始行波脉冲与由故障点反射回来的行波脉冲之间的时间差 Δt 对应行波在母线与故障点之间往返一趟的时间，可以用来测量几段故障距离。

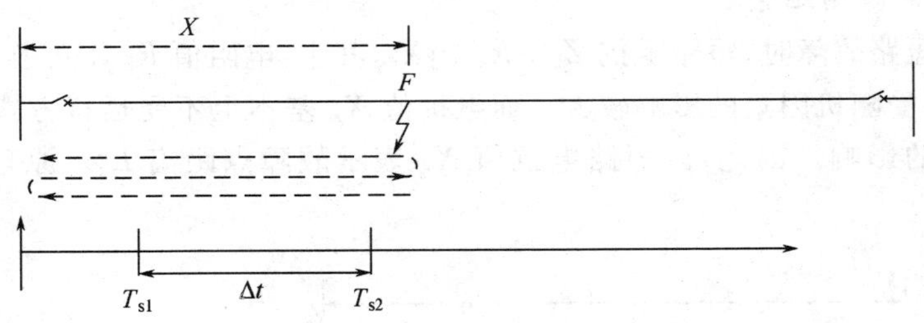

图 2.67　单端 A 型行波故障测距示意图

设线路长度为 L，波速度为 v，故障初始行波与由故障点反射波到达母线的时间分别为 T_{s1}、T_{s2}，则故障距离 x 为

$$x=\frac{1}{2}v\Delta t=\frac{1}{2}v(T_{s2}-T_{s1}) \tag{2.157}$$

2. 双端 D 型测距方法

设故障初始行波波头到达两侧母线的时间分别为 T_s 和 T_r，如图 2.68 所示。

安装于线路两端的测距装置记录下故障行波波头到达两侧母线的时间，则故障距离可由式(2.158)计算

$$\begin{cases} x_s=\dfrac{(T_s-T_r)v+L}{2} \\ x_r=\dfrac{(T_r-T_s)v+L}{2} \end{cases} \tag{2.158}$$

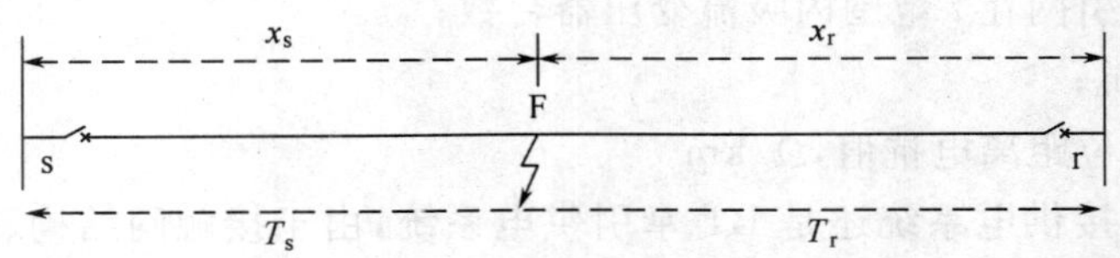

图 2.68 双端 D 型行波故障测距示意图

3. 信号注入测距方法

线路故障切除后开关重合闸，向线路注入了一个合闸电流脉冲，如果线路存在金属性永久短路故障，则合闸脉冲会在故障点被反射回来，如图 2.69 所示。检测合闸脉冲与反射脉冲的时间差可以测量故障距离，测距公式同式(2.157)。

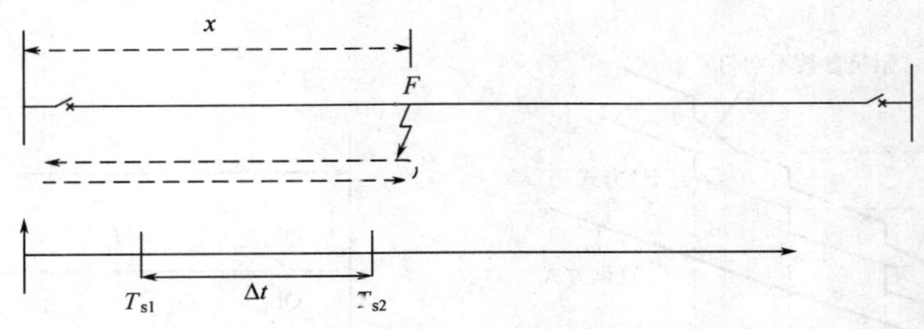

图 2.69 信号注入行波测距示意图

（三）牵引供电系统电抗法故障测距原理

牵引供电系统中，采用电抗法测距原理的有直接供电方式和吸流变压器(Boosting Transformer，简称 BT)供电方式。

直接供电方式牵引网故障如图 2.70 所示。其测距原理与电力系统类似。

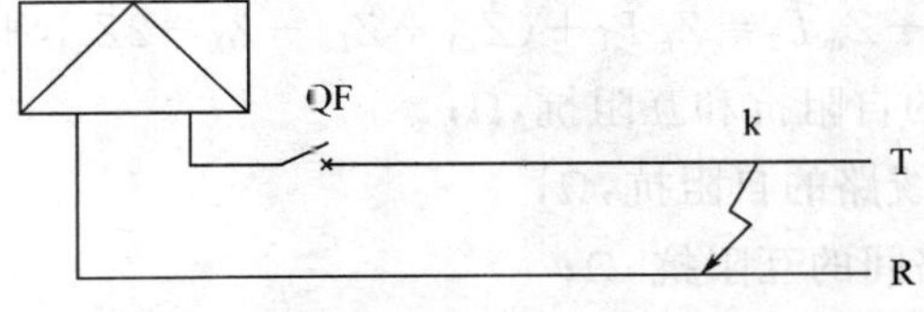

图 2.70 直接供电牵引网

对于图 2.71 所示的 BT 牵引供电系统，由于 BT 漏抗为集中参数，故障时测量电抗 X_k 与故障点距离 l 的关系呈分段线性关系，如图 2.72 所示。根据图中曲线，故障点测距表达式为

$$l=(X_k-nX_{BT}/2)/x \tag{2.159}$$

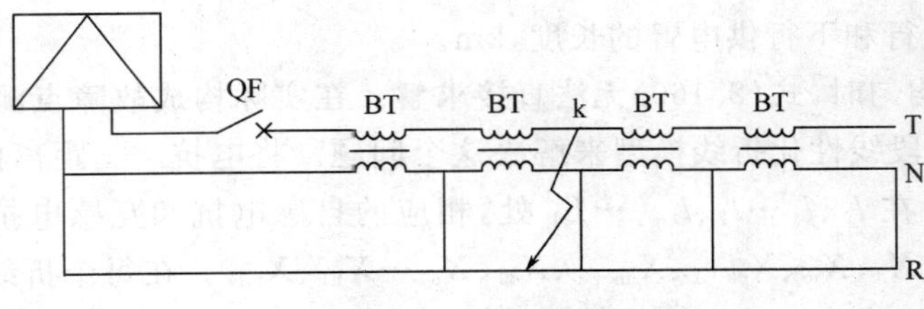

图 2.71 BT 供电牵引网

式中　n——故障牵引网在 l 范围内吸流变压器台数；

X_{BT}——BT 漏抗；

x——线路单位距离电抗值，Ω/km。

显然，无论是直接供电系统还是 BT 牵引供电系统，由于接触网结构、线路结构沿线的变化，变电所出口处可能安装有抗雷线圈、串联电容补偿器等设备，从而使供电臂内单位长度阻抗不可能均匀分布，且电抗——距离曲线不一定通过原点。因此，在实际构成故障点测距装置时，通常将电抗——距离特性根据实际供电臂情况按图 2.72 所示的分段线性化进行处理，以消除按式(2.157)计算造成的误差。

（四）牵引供电系统复线牵引网故障测距原理

在牵引供电系统中，大量存在如图 2.73 所示的上、下行并联运行的复线牵引网。

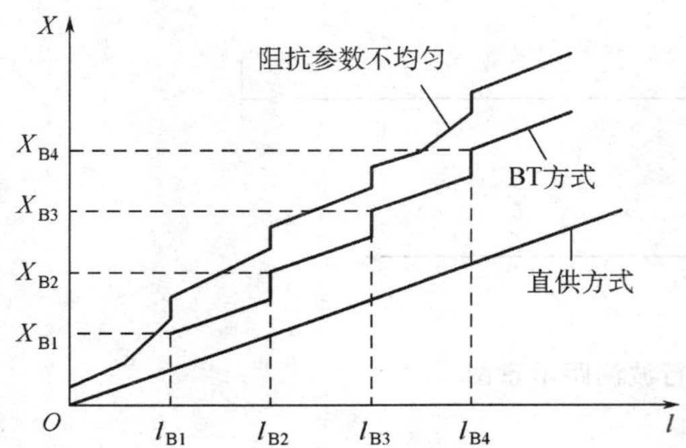

图 2.72　直接供电和 BT 供电牵引网的 $X-l$ 特性

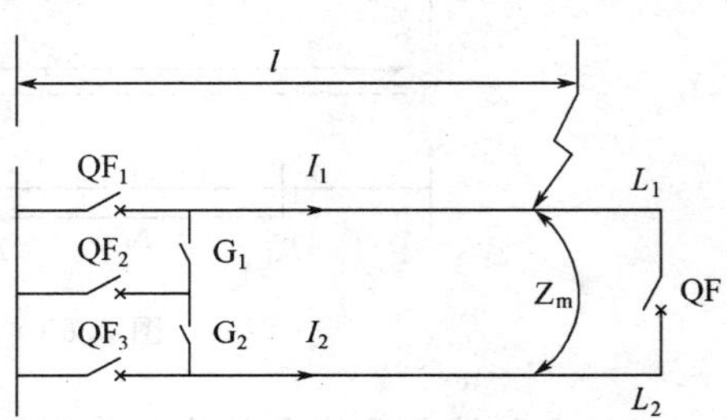

图 2.73　复线牵引网

测距原理不能按电抗法进行，考虑到上、下行线路间的互感，并将 BT 集中漏抗 X_{BT} 计入线路的自阻抗中，则故障时在上、下行电流 $\dot{I}_1$、$\dot{I}_2$ 的作用下，有

$$\dot{U}=Z_k\dot{I}_1+Z_m\dot{I}_2=Z_m\dot{I}_1+(Z_{L1}+Z_{L2}-Z_k-2Z_{m12}+2Z_m)\dot{I}_2 \tag{2.160}$$

式中　Z_m——QF 至 k 点的自阻抗和互阻抗，Ω；

Z_{L1}、Z_{L2}——上行和下行线路的自阻抗，Ω；

Z_{m12}——上、下行线路间的互阻抗，Ω；

$\dot{I}_1$、$\dot{I}_2$——流过上行和下行线路故障电流，A；

$\dot{U}$——母线电压，V。

若上、下行线路单位长度阻抗相等且沿线路均匀分布，同时故障点两侧 BT 漏抗与相对应的距离成比例分配，则由式(2.160)可以得到复线牵引网的故障点测距表达式为

$$l=\frac{I_2}{I_1+I_2}(L_1+L_2) \tag{2.161}$$

式中　L_1、L_2——上行和下行供电臂的长度，km。

当线路参数不均匀时，式(2.160)无法直接求解。在实际构成故障点测距装置时，通常采用图 2.74 所示的分段线性化折线模型来解决这个问题。将电抗——距离曲线按参数变化情况分成若干折线段，在 l_0、$l_1\cdots l_k$、$l_{k+1}\cdots L_1$ 处，相应的自感电抗和互感电抗分别为 X_{d0}、X_{m0}、X_{d1}、$X_{m1}\cdots X_{dk}$、X_{mk}、X_d、X_m、X_{dk+1}、X_{mk+1}、X_{d0}、$X_{d0}\cdots X_{L1}$、X_{m12}。在每个折线段内电抗 X 和距离 l 呈线性关系，求解式(2.160)有

$$l=l_k+\frac{(A+X_{mk}-X_{dk})(l_{k+1}-L_k)}{X_{dk+1}-X_{d1}-X_{mk+1}+X_{mk}} \tag{2.162}$$

$$A=I_m\left(\frac{Z_{L1}+Z_{L2}-2Z_{m12}\dot{I}_2}{\dot{I}_1+\dot{I}_2}\right) \tag{2.163}$$

其中，I_m 表示取虚部。式(2.162)是假设故障点在 l_k 和 l_{k+1} 之间时求解的结果。实际使用式(2.162)时，并不知道 l_k 应取多大值，可先假设 $k=0$，计算 l，检验 l 是否满足条件 $l_k \leqslant l \leqslant l_{k+1}$。条件成立说明假设正确，$l$ 计算结果有效；否则 $k \leftarrow k+1$ 重复计算 l，直至条件成立为止。

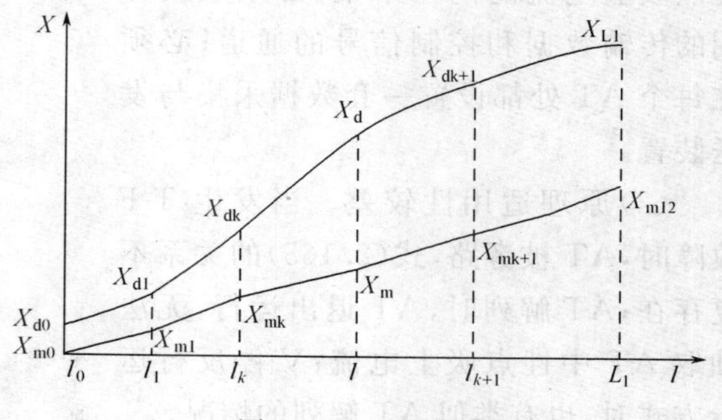

图 2.74　X-l 模型

（五）AT 牵引供电系统故障测距原理

AT 牵引供电系统结构复杂，运行方式繁多，且故障时阻抗——距离曲线呈非线性。因此，电抗法测距原理不运用于 AT 牵引供电系统。下面介绍两种适用于该系统的故障点测距原理。

1. AT 中性点吸上电流比测距原理

目前，国内外较多采用的 AT 牵引供电系统故障点测距原理，是 20 世纪 60 年代末由日本的藤江宏史等人提出的"AT 中性点吸上电流比"故障点测距原理。对于图 2.75 所示的 AT 牵引供电系统，假设 AT 为理想变压器、钢轨对地全绝缘，且沿线路阻抗参数均匀分布，则当故障发生在第 k 至第 $k+1$ 个 AT 之间时，有

$$l=l_k+\frac{I_{k+1}}{I_k+I_{k+1}}D \tag{2.164}$$

式中　l_k——第 k 个 AT 距变电所的距离，km；

I_k、I_{k+1}——第 k 个和第 $k+1$ 个 AT 中性点吸上电流，A；

D——第 k 至第 $k+1$ 个 AT 间距，km。

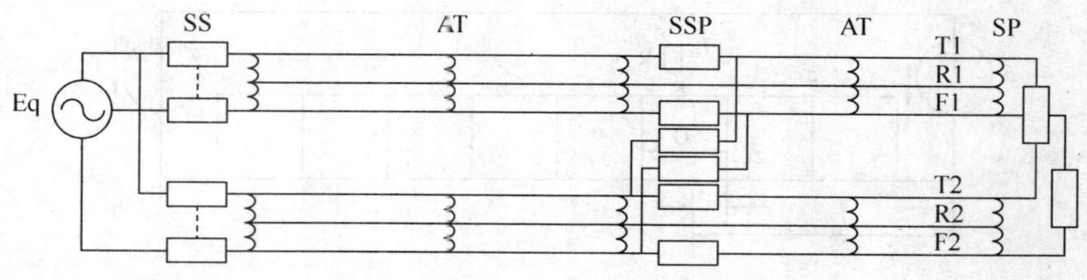

图 2.75　AT 供电牵引网

当考虑 AT 漏抗及钢轨对地泄漏时，式(2.164)可以写成

$$l=l_k+\frac{D}{1-(Q_1+Q_2)}\left(\frac{I_{k+1}}{I_k+I_{k+1}}-Q_1\right) \tag{2.165}$$

式中　Q_1、Q_2——与 AT 之间的距离大小、钢轨漏导、AT 漏抗、馈线长短、钢轨连接导电情况等因素有关的系数(对双线取值平均为 0.05～0.1)。

测距原理示意图如图 2.76 所示。

通过式(2.165)可以看出，由该原理构成的故障点测距装置存在一定的缺陷，主要表现在：

(1)装置一次投资高。故障点测距靠利用故障点两侧 AT 中性点吸上电流计算完成。为了保证故障点两侧 AT 中性点吸上电流的同步采集，必须敷设专用的传输数据和控制信号的通道；必须在每个 AT 处都设置一套数据采集与发送装置。

(2)原理适用性较差。当发生 T-F 故障时，AT 被旁路，式(2.165)的关系不复存在；AT 解列时，AT 退出运行，无法抽取 AT 中性点吸上电流；V 停反行运行方式时，也有类似 AT 解列的情况。

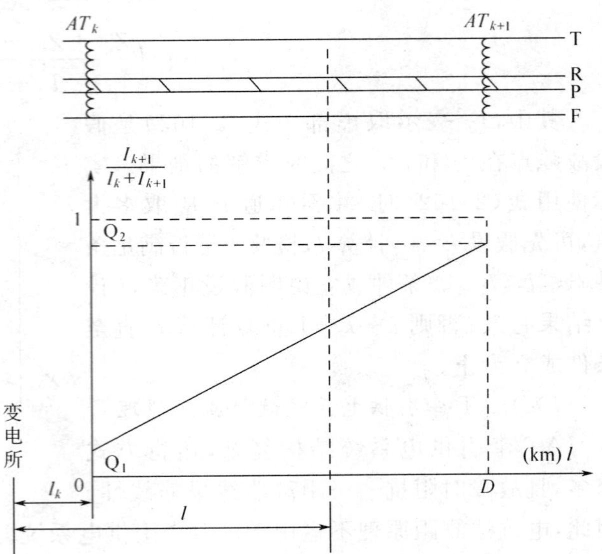

图 2.76　AT 中性点吸上电流比测距原理示意图

(3)装置可靠性较低。这是因为由各 AT 处的数据采集、数据发送装置通过专用通道，形成沿供电臂链形分布的故障点测距系统。若该链上故障几率较高的专用通道或变电所的发送、接收装置失灵，整个供电臂都将无法测距；若区间内某 AT 处的数据采集与发送装置失灵，至少其两侧两个 AT 区段内无法测距。

2. 上下行电流比和吸馈电流比测距原理

尽管 AT 供电牵引网正常运行时运行方式繁多，但若单纯从故障点测距角度对众多的运行方式进行分类，可以归结为 3 种典型的运行方式：复线运行方式、单线运行方式和 V 停反行运行方式。下面分别针对这 3 种运行方式讨论故障点测距问题。

(1)复线运行方式

图 2.75 所示的复线 AT 牵引供电网的当量等值电路如图 2.77 所示。

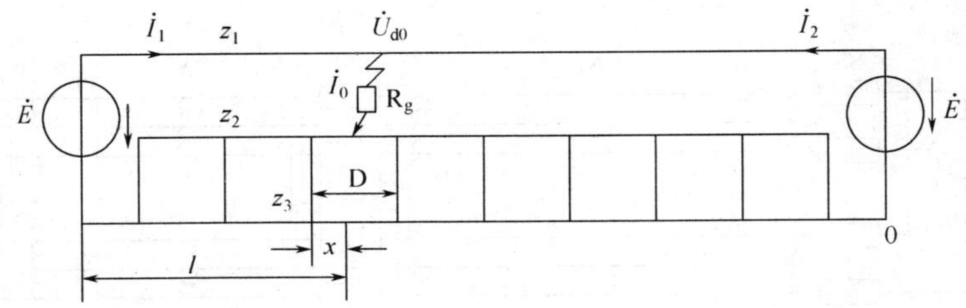

图 2.77　当量等值电路

根据等值电路图，有

$$\left.\begin{aligned}\dot{E}&=\dot{I}_1 z_1 l+\dot{U}_{d0}\\ \dot{E}&=\dot{I}_2 z_1(L_1+L_2-l)+\dot{U}_{d0}\end{aligned}\right\}\tag{2.166}$$

由式(2.166)得到

$$l=\frac{I_2}{I_1+I_2}(L_1+L_2)\tag{2.167}$$

考虑到阻抗参数不均匀及上、下行线路间互感，在式(2.167)的基础上增加一个修正项Δl，即

$$l=\frac{I_2}{I_1+I_2}(L_1+L_2)+\Delta l \tag{2.168}$$

式中 I_1、I_2——故障及非故障方向供电臂电流，A；

L_1、L_2——上、下行供电臂长度，km；

Δl——各种因素对测距精度影响的修正值，km；

$\dot{U}_{d0}$——等值电路中故障点与电源0点之间的电压降。

(2)单线运行方式

定义“吸馈电流比”为测距装置安装处的AT中性点吸上电流与馈线电流之比，即$\dot{Q}=\dot{I}_{R0}/\dot{I}$；反向测量阻抗定义为测距装置安装处的T-R间电压与AT中性点吸上电流之比，即$Z_{m2}=\dot{U}_{TR2}/\dot{I}_{R2}$。

单线AT供电牵引网Q特性、电抗特性及反向测量电抗特性，如图2.78所示。接触网的5种故障类型可以归纳为T型(包括T-R、T-P故障)、F型(包括F-R、F-P故障)、T-F型3种。Q特性为3条分段直线，反向测量电抗在一定区段内与故障点距离呈一一对应关系。不失一般性，对图2.78所示2个AT区段(我国原则上SS-SSP间、SSP-SP间都不超过两个AT区段)的AT牵引网，将其划分为3个区段，Ⅰ区和$Ⅱ_1$区的故障点测距由首端(SS端或SSP端)的Q特性和电抗特性完成；$Ⅱ_2$区的故障点测距由末端(SSP端或SP端)反向测量电抗特性完成。

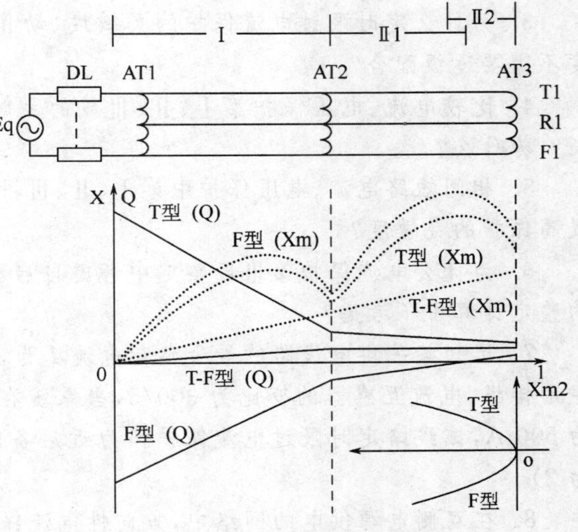

图2.78 Q−l和X−l特性

(3)V停反行运行方式

V停反行运行方式实际上是一种特殊的单线方式，这种运行方式下的故障点测距问题可以归结为图2.79所示的两种情况。

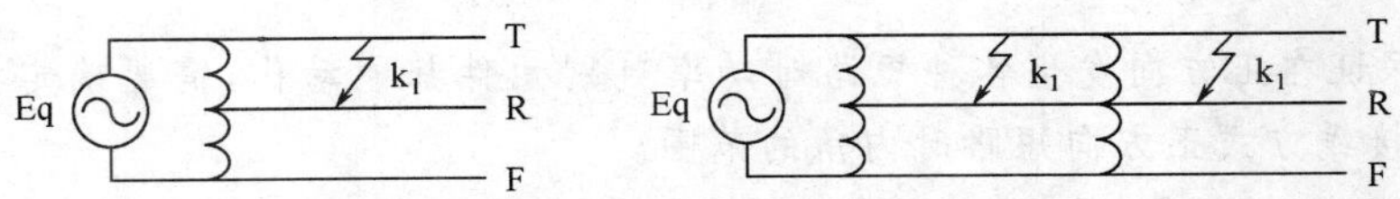

图2.79 V停反行运行方式测距模型

对于图2.79(a)，Q特性为：$\dot{Q}=2e^{j0°}$；F型故障$\dot{Q}=2e^{j180°}$；T-F型故障$\dot{Q}=0$。从图2.79(a)不难看出：其电抗特性为3条斜率不同的直线。显然，可以利用$\dot{Q}$特性来判断故障类型，利用电抗法原理实现故障点测距。

对于图2.79(b)，故障k_1的测距方法与图2.78所示单线AT牵引网Ⅰ区的测距方法相同；故障k_2的测距方法，因$\dot{Q}=0$，先利用$\dot{Q}$特性与电抗的匹配关系判断故障属于该运行方式，因其电抗特性为 3 条直线，故可运用电抗法进行故障点测距。

基于上下行电流比和吸馈电流比的测距原理仅需在变电所、开闭所和分区亭 3 处安装故障点测距装置，且 3 处的测距装置工作完全独立，各自仅需当地信息就可完成所负责区段的故障点测距任务。但精确的故障点测距涉及运行方式、故障类型识别和复杂的计算，因此需由微机来实现。

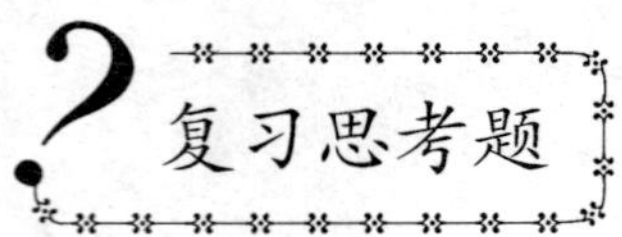

复习思考题

1. 说明电流速断、限时电流速断联合工作时，依靠什么环节保证保护动作的选择性灵敏性和速动性？

2. 在电流保护的整定中，为什么要引入可靠系数，其取值要考虑哪些因素？

3. 为什么定时限过电流保护的灵敏度、动作时间需要同时逐级配合，而电流速断的灵敏度不需要逐级配合？

4. 比较电流、电压保护第Ⅰ、Ⅱ、Ⅲ段的灵敏度，哪一段保护的灵敏度最好和保护范围最长？为什么？

5. 相间短路电流、电压保护中第Ⅰ、Ⅱ、Ⅲ段各有什么办法提高其灵敏度？它为什么可以提高保护的灵敏度？

6. 为什么电流保护第Ⅲ段整定中考虑自启动系数和返回系数，而电流保护第Ⅰ段第Ⅱ段的整定计算中不考虑？

7. 已知某一供电线路的最大负荷电流 I 为 100 A，相间短路定时限过电流保护采用两相星形接线，电流互感器的变比为 300/5，当系统在最小运行方式时，线路末端的三相短路电流为 500 A，该线路定时限过电流保护作为近后备时，是否能满足灵敏度的要求？（自启动系数为 2）

8. 在双侧电源供电的网络中，方向性电流保护利用了短路时电气量什么特性解决了仅利用电流幅值特性不能解决的什么问题？

9. 在什么条件下，要求电流保护的动作具有方向性？如何确定方向才能保证保护动作的正确性？

10. 功率方向判别元件实质上是在判别什么？为什么会存在“死区”？什么时候要求它动作最灵敏？

11. 为了保证在正方向发生各种短路时功率判别元件都能动作，需要确定接线方式及内角，请给出 90°接线方式正方向短路时内角的范围。

12. 对于 90°接线方式、内角为 30°的功率方向判别元件，在电力系统正常负荷电流（功率因数为 0.85）下，分析功率方向判别元件的动作情况。假定 U 相的功率方向元件出口与 V 相过电流元件出口串接，而不是“按相连接”，当反方向发生 V、W 两相短路时，会出现什么情况？

13. 某网装相间短路的电流三段式保护，试分析在某断路器保护安装处出口 UV 两相短路时，该处保护Ⅰ段、Ⅱ段、Ⅲ段逻辑框图中各相各元件的动作行为如何？

14. 电流保护第Ⅲ段的动作时间应按什么原则确定？凡相邻元件的动作时间之间的时间差都相同吗？为什么？

15. 什么是功率方向测量元件的最大灵敏角和死区？

16. 试比较相间短路功率方向测量元件和接地短路的零序功率方向测量元件的异同点。

17. 为什么在电流、电压保护中第Ⅱ段和第Ⅲ段保护必须有延时元件？试举例分析说明。

18. 变压器有哪些故障状态？与线路相比有何异同？

19. 励磁涌流是怎么产生的？与哪些因素有关？励磁涌流可以抑制吗？

20. 励磁涌流鉴别方法对差动保护性能带来了哪些积极影响？哪些消极影响？

21. 变压器差动保护、母线差动保护、线路纵联差动保护有哪些相同点？哪些不同点？它们各自的难点是什么？

22. 简述距离保护的基本原理？

23. 方向距离保护的动作特性方程是什么？

24. 四边形保护的定义及各边的意义是什么？

25. 电力系统输电线路故障测距方法主要有哪几类？

26. 简述行波测距算法的原理。

27. 电气化铁路故障测距采用何种测距方法？

第三章 铁路牵引供电系统保护

牵引变电所(简称 SS:Substation)、分区所(简称 SP:Section Post)、开闭所(简称 SSP:Sub-Section Post)、AT 所(简称 ATP:Autotransformer Post)其基本功能是将电源的电能输送给电力机车。电力机车是一个移动负荷,通过受电弓与接触导线的滑动接触获得电流。受电弓与接触导线一直处于滑动接触状态,如果两者接触不良,就会造成过热或产生电弧,使接触导线受损伤。另外,由于受电弓对接触导线有迅速移动的向上压力,使接触导线经常处于振动状态,牵引网机械方面故障的几率增大,因此牵引网短路故障比电力线路频繁得多。

第一节 牵引供电方式

电气化铁道中主要有以下几种供电方式:

(1)直接供电方式。

(2)带架空回流线的直接供电方式,简称 DN 方式。

(3)安装吸流变压器—回流线装置的供电方式,简称 BT 供电方式。

(4)在牵引供电系统中设置自耦变压器的供电方式,简称 AT 供电方式。

不同的供电方式具有不同的特点,适用于不同的场合,现分析如下:

(一)直接供电方式

直接供电方式如图 3.1 所示。

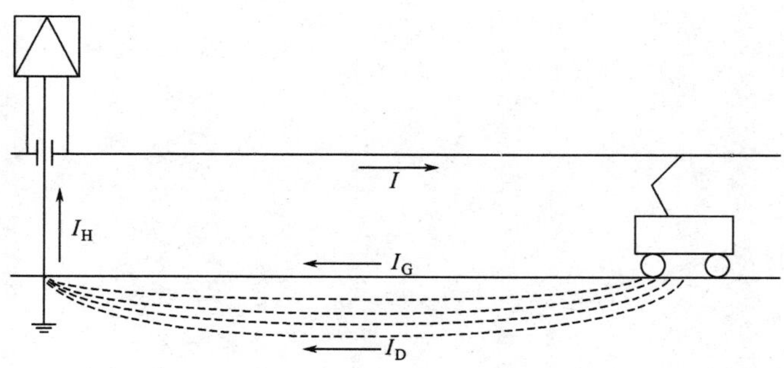

图 3.1 直接供电方式示意图

直接供电方式的供电回路为:

牵引变压器→牵引母线→馈电线→接触网→电力机车→区间钢轨→回流线→牵引变压器

接地端子。

这种方式的特点是结构简单、造价低。主要缺点是对铁路沿线通信干扰大。早期的牵引网和边远山区的牵引网多采用这类供电方式。

(二)DN 供电方式

在直接供电方式的基础上，增加与钢轨并联的架空回流线，即带回流线的直接供电方式，如图 3.2 所示。

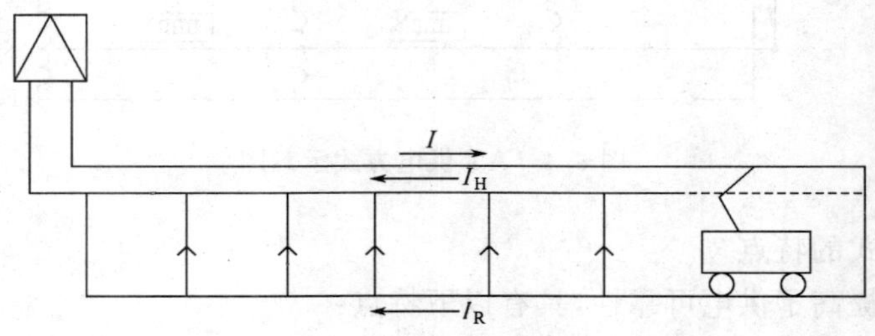

图 3.2 DN 供电方式示意图

这种供电方式的牵引电流回路为：

牵引变压器→牵引母线→馈电线→接触网→电力机车→区间钢轨和回流线→牵引变压器接地端子。

这种供电方式使原来流经大地和钢轨的部分电流经架空回流线回牵引变电所，架空回流线中的电流与接触网电流方向相反，距离近，两者产生的电磁场明显较直接供电方式小，对铁路沿线通信干扰小，这是 DN 供电方式的优点。

(三)BT 供电方式

BT 供电方式就是在牵引网中，每相距 1.5～4 km 间隔，设置一台 1∶1 的变压器，它的一次侧绕组串接在接触导线上，二次侧绕组串接在特设的回流线或钢轨上，如图 3.3 所示。

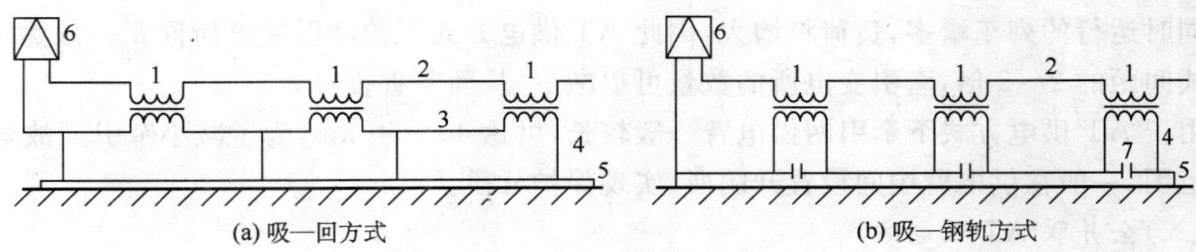

图 3.3 BT 供电方式示意图

1— 吸流变压器；2—接触网；3—回流线；4—吸上线；5—钢轨；6—牵引变电所；7—绝缘轨缝

(四)AT 供电方式

随着铁路的提速，高速、大功率电力机车的不断投入运行，机车通过吸流变压器处的接触网分段时，产生很大的电弧，极易烧损机车受电弓滑板和接触线，且 BT 供电方式的单位牵引网阻抗大，造成很大的电压和电能损失。为此引入自耦变压器供电方式，即 AT 供电方式。

1. AT 供电方式的原理接线

AT 供电方式如图 3.4 所示,两台自耦变压器之间的距离称为自耦变压器间距,一般为 10 km左右。为了减少对通信线路的电磁干扰,正馈线与接触导线架设在同一支架上。

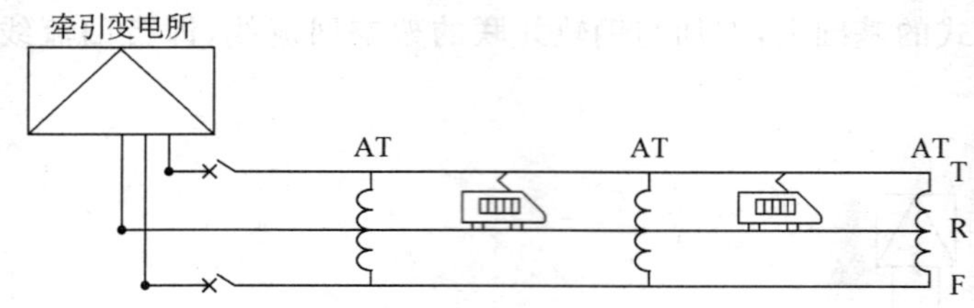

图 3.4　AT 供电方式示意图

2. AT 供电方式的特点

AT 供电方式提高了供电可靠性,具有以下特点:

(1)AT 供电方式中自耦变压器是并联连接在接触网和正馈线之间,与 BT 供电方式相比,提高了供电可靠性。在 BT 供电方式下,吸流变压器的一次侧绕组串接在接触导线上,所以在每一个吸流变压器处接触网必须电分段。这样就增加了接触网的维修工作量和事故率,降低了供电可靠性。在 AT 供电方式下,自耦变压器是并联在接触网和正馈线之间,不存在上述问题,所以有利于高速和大功率电力机车运行。

(2)减小了对通信线路的干扰。在自耦变压器作用下,牵引负荷电流经接触网和正馈线供给,且由于接触网和正馈线的电压为电力机车的 2 倍,在功率相同的情况下,经接触网和正馈线的电流为机车负荷电流的一半。接触网和正馈线是同杆架,两个方向相反的电流对外界的电磁干扰基本抵消,所以对通信线路的干扰大大降低。

(3)AT 供电方式的馈电电压高,供电能力强,电压下降率小。AT 供电方式的馈电电压为 BT 供电方式的 2 倍。同时对于相同的牵引负荷,AT 供电方式的电压下降率为 BT 供电方式的$\frac{1}{4}$,从理论上看,牵引变电所的间距可以增大 4 倍。在实际应用中,由于供电区段的加长,区段上同时运行的列车增多,负荷将增大,因此 AT 供电方式下的牵引变电所间距一般为 BT 供电方式间距的 2～3 倍,牵引变电所的数量可以减少,从而节省投资。

由于 AT 供电方式下牵引网供电臂一般较长,可达 40～50 km,为了减小牵引网故障时的停电范围,一般在供电臂中间设置开闭所,实现保护分段。

(五)全并联 AT 供电方式

随着我国高速铁路和重载铁路的快速发展,AT 供电方式越发显示出较其他供电方式的优点,为进一步提高牵引网电压,减小牵引网电能损失,采用了牵引网在 AT 所和分区所处进行上下行并联的接线方式,称为全并联 AT 供电方式。我国客运专线普遍采用全并联 AT 供电方式。

客运专线牵引变电所一般采用 2 路 220 kV 进线,1 路运行 1 路备用。设置 4 台牵引主变压器,牵引主变压器一般采用单相变压器,其中 2 台运行 2 台备用,每 2 台变压器接成 V/V 方式。与常规 AT 供电方式的最大区别在于将单相牵引变压器的二次绕组中间抽头引出接钢轨,在牵引变电所不设置自耦变压器,主接线如图 3.5 所示。

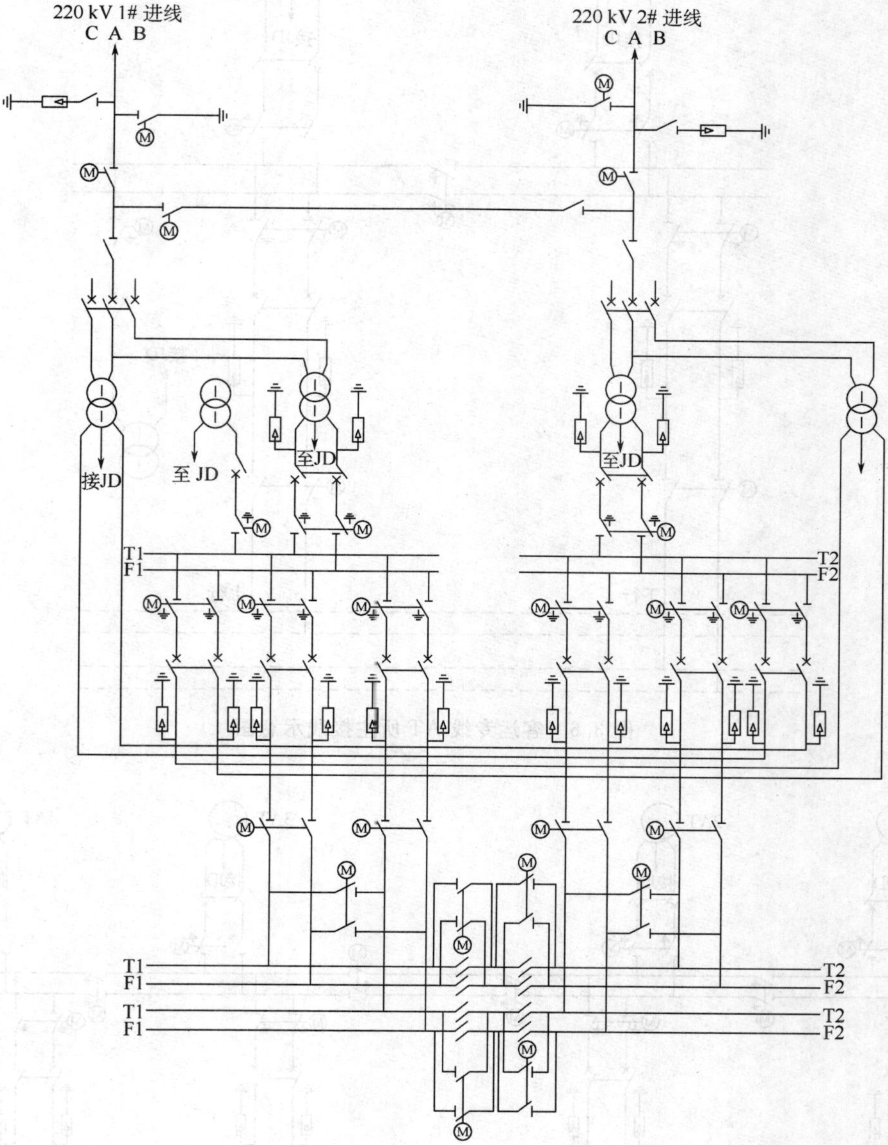

图 3.5 客运专线牵引变电所主接线示意图

客运专线 AT 所如图 3.6 所示，设置 2 台自耦变压器，同时设置 2 台断路器实现上下行供电臂在 AT 所的横向连接。

分区所的结构与 AT 所类似，如图 3.7 所示。

根据图 3.5～图 3.7 可以得到全并联 AT 供电方式下供电臂的简化示意图如图 3.8 所示。

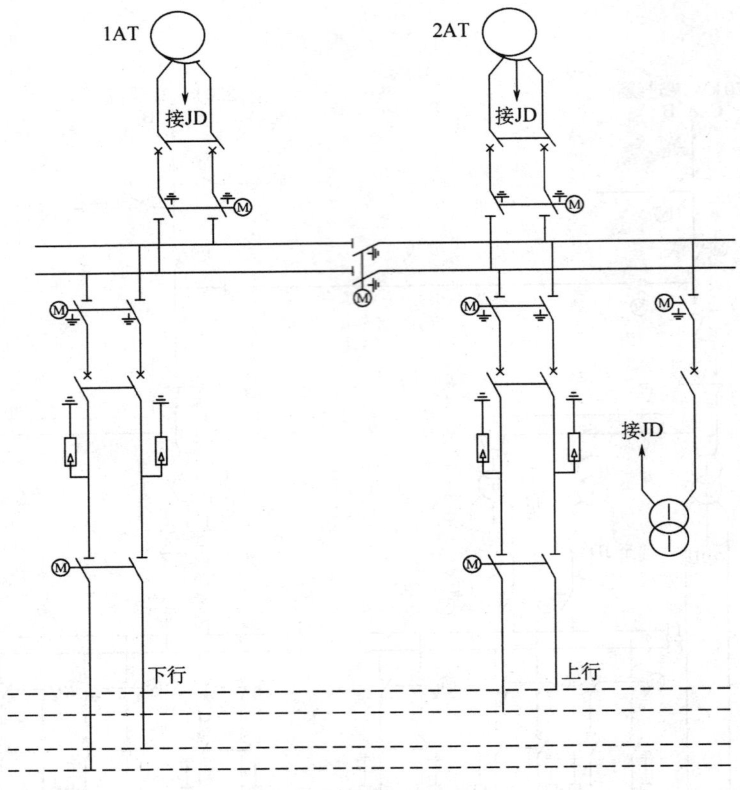

图 3.6　客运专线 AT 所主接线示意图

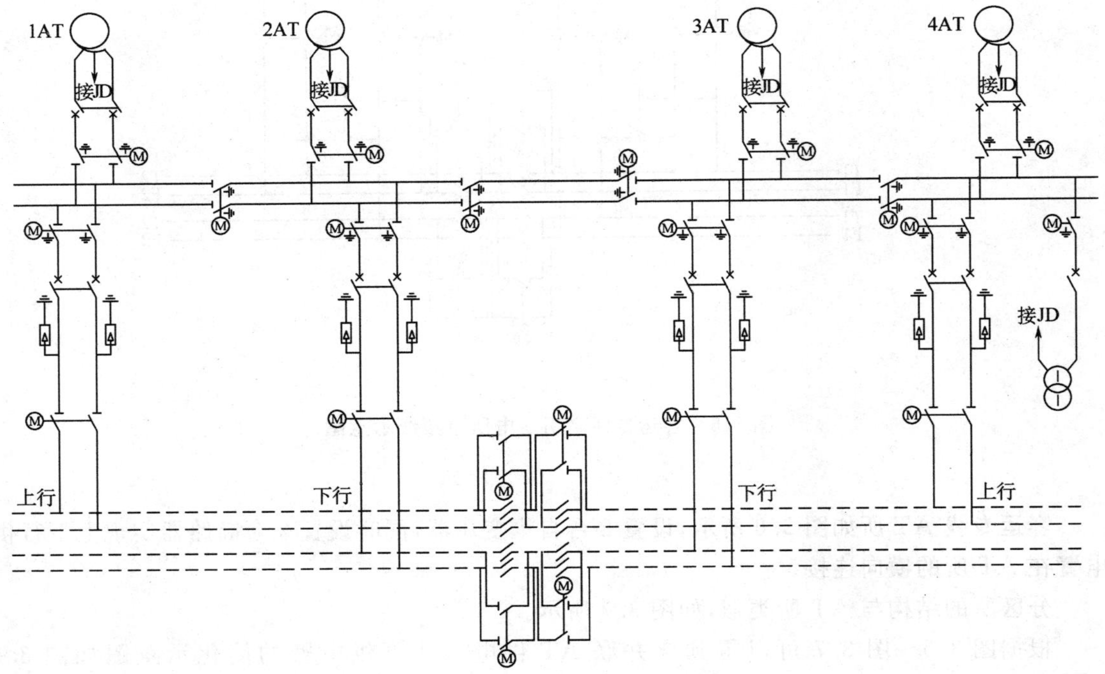

图 3.7　客运专线分区所主接线示意图

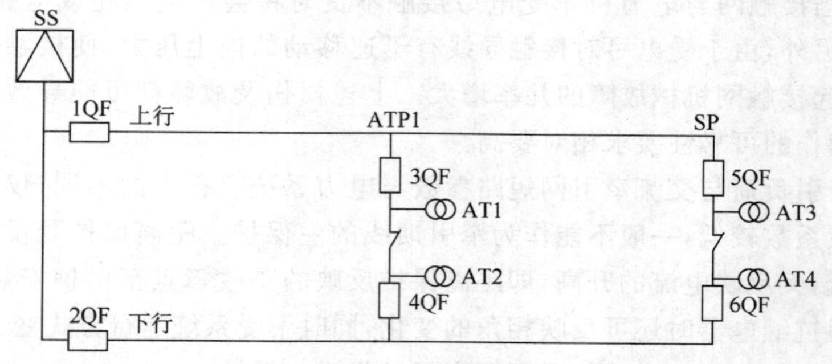

图 3.8 全并联 AT 供电方式下供电臂简化示意图

第二节 馈线保护

一、馈线保护面对的几个特殊问题

交流电气化铁路牵引供电系统是一个单相系统，其负荷特性不同于一般的电力系统负荷，主要表现在：

(1)牵引负荷不仅是移动的，而且其大小随时都在变化。馈线电流变化范围大，一般在轻负荷和最大负荷电流值(如数百或数千安)之间变动。牵引负荷为单相移动负荷，牵引负荷的大小与线路的机车数量、机车种类、机车功率、运行速度以及线路情况等有关，其幅值、相位随时都在发生变化。

(2)牵引供电臂供电距离长，单位阻抗比一般输电线路单位阻抗大。一般直接供电方式牵引网(按触悬挂当量铜截面为 100 mm²)的单位阻抗为 0.6 Ω/km 左右；BT 牵引网阻抗通常较直接供电方式大 50%左右。由于牵引网单位阻抗大，输送距离远，故末端最小短路电流较小，有时可能接近或小于最大负荷电流。

(3)牵引负荷的变化频率及幅度远远大于一般的电力负荷。整流型电力机车的电流均含有大量的高次谐波，其中的三次谐波含量最高，可达 20%或 30%左右。机车在坡度较大的线路下坡运行时，将由电动机状态转入发电机状态，这种负荷称之为再生负荷。再生负荷电流中高次谐波含量更高，可达 40%以上，并且负荷位于第二象限，当线路上既有正常负荷又有再生负荷或涌流时，其综合负荷就会落入保护动作区，使常规保护误动作。当供电区间列车数增加时，由于不同机车的换向角可能不同，所以牵引馈线电流三次谐波含量减少，但一般仍大于 10%。即便是装有滤波功能的功率补偿装置，综合谐波含量仍不低于 10%。而牵引网短路时，机车退出了工作，由于是高压回路的单相直接接地，以及供电回路的参数电抗分量大于电阻分量等原因，所以电气化铁道供电回路故障电流的波形是不含高次谐波成分的正弦波。

(4)当在接触网电压下空载投入机车牵引变压器，或馈线突然断电、机车失压后由自动重合闸动作将馈线断路器重新投入，或电力机车在运行过程中失电而又复得(如机车惰行通过电分相)，或含有 AT、BT 的牵引网空载投入等情况下会产生励磁涌流。励磁涌流的幅值可达 650～800 A，其波形呈尖顶波且偏向于时间轴的一侧，含有大量的二次谐波。

(5)为了适应机车沿线路移动，牵引网的结构比电力系统输电线路要复杂得多。牵引网工作条件较恶劣，因为电力机车的受电弓与接触导线一直处于快速滑动接触状态，机车通过其接触点获取电能，当接触网与电力机车受电弓接触不良时将会产生火花或电弧，使接触导线过热，以致烧伤。另外，由于受电弓对接触导线有迅速移动的向上压力，使接触导线经常处于振动状态，因此引起接触网机械故障的几率增大。上述损伤及故障都可能导致牵引网短路。从而对继电保护动作的可靠性要求相对要高。

由于交流牵引负荷与交流牵引网短路参数与电力系统有很大的不同，仅反映电流值变化的电流保护灵敏系数较低，一般不能作为牵引馈线的主保护。距离保护既反映被保护线路故障时电压的降低，又反映电流的升高，即距离保护反映的是故障点至保护安装处的距离(阻抗值)，采用方向阻抗继电器时还可反映相角的变化，同时不受系统运行方式变化的影响，其灵敏系数较高。因此在馈线保护中一般采用距离保护作为主保护。

二、对距离保护特性的要求

(一)对灵敏性和躲过渡电阻能力的要求

如图 3.9 所示，Z_L 为最小负荷阻抗，Z_{line}为线路阻抗，Z_k 为短路阻抗、R_g 为过渡电阻。全阻抗特性和偏移圆阻抗特性是由最小负荷阻抗 Z_L 确定，四边形阻抗特性的 ab 边和 bc 边是分别整定的，bc 边由最小负荷阻抗 Z_L 确定，ab 边由线路阻抗确定，不受负荷阻抗的制约，完全可以根据馈线保护对灵敏系数的要求来确定 ab 边的整定。因此，四边形阻抗特性具有更高的灵敏性。

同时从图 3.9 可以看出，短路阻抗为 Z_k 时，如果短路点没有过渡电阻 R_g，三种特性的阻抗继电器都能动作。如果短路点存在过渡电阻 R_g，则四边形阻抗特性躲过渡电阻的能力比全阻抗特性和偏移圆阻抗特性要强。

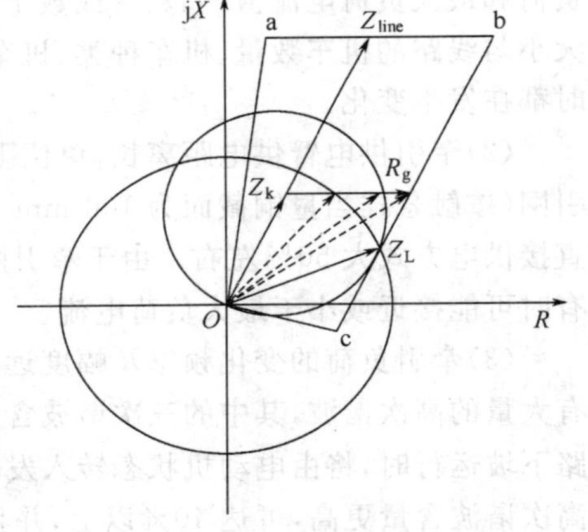

图 3.9　灵敏度及反应过渡电阻能力比较

因此，在牵引供电系统中，一般采用四边形特性作为距离保护的动作特性。

(二)对过负荷能力的要求

随着电气化铁道的高速发展，有的电力机车上加装了兼作滤波的功率补偿装置，有的电力机车上采用了再生制动方式，如进口的 8K 机车和国产的 SS_5 型机车。作为牵引供电系统负荷的电力机车对馈线保护的动作特性具有直接的影响。

以 8K 电力机车为例，其采用再生制动方式，从现场测试的再生数据可知，再生时谐波成分丰富，各次谐波含量很大，其三次谐波可高达 95.6%，并且阻抗角较大，基本落入第二象限。当供电臂上有的电力机车工作在制动工况，有的电力机车工作在牵引工况时，其综合阻抗就会落入保护的动作区内，造成距离保护误动作。

牵引重负荷时功率补偿装置(PFC)的投切也可能引起保护误动，当 PFC 退出的瞬间为了维护牵引功率不变，势必使牵引网电流增大，同时 $\cos\theta$(功率因数)恶化，容易引起保护误动。

晶闸管相控电力机车是通过可控开放角的变化来改变整流电压从而实现调速，其特点是功率因数低，电力机车经常运行在启动、调速、再生制动等工况下。同时，电力机车电弓通过电分相再合闸时会引起励磁涌流。因此，当供电臂内多列电力机车运行于不同的工况，牵引网馈

线负荷电流及其相位角的变化范围很大。

以偏移平行四边形阻抗动作特性为例，在最大负荷电流与励磁涌流或再生制动电流叠加情况下，距离保护可能误动作，如图 3.10 所示。

三、自适应距离保护

为了防止距离保护在负荷电流下误动作，可以利用负荷电流中的综合谐波含量作为控制量，自动调节距离保护四边形动作特性的边界，从而以提高距离保护的自适应能力。距离保护加入自适应调节后，可以有效地避免负荷情况下保护误动作情况，提高了保护的可靠性和故障选择能力。

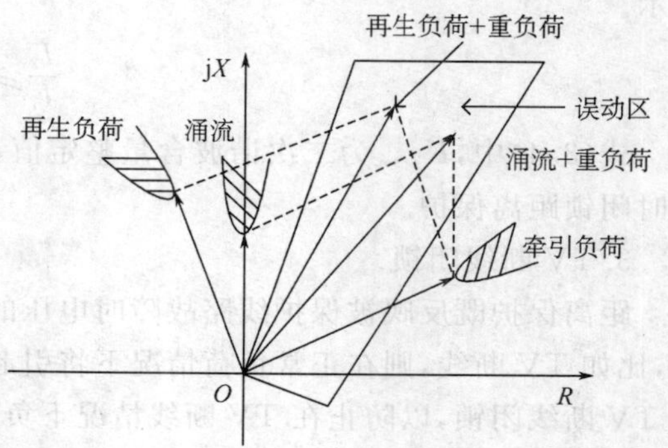

图 3.10 负荷电流对四边形阻抗特性的影响

（一）保护原理

自适应距离保护的理论基础是：相控整流电力机车负荷电流中含有丰富的奇次谐波分量；电力机车通过电分相再合闸或 AT 供电方式下空载投入自耦变压器时，牵引网产生的励磁涌流中含有较高的二次谐波分量。根据馈线电流中谐波含量的大小自动调节距离保护的动作边界。

1. 综合谐波抑制

综合谐波抑制就是根据电流中谐波含量的大小自动调节距离保护的动作特性。为了改善电气化铁路的功率因数，电力机车上设有三次、五次谐波滤波支路，使得某次谐波的含量降低。电力机车上的滤波支路在实际运行中，投入与否不确定，单一考察某次谐波含量的大小十分困难且无意义，因此在实际应用中采用综合谐波含量。定义综合谐波含量 K_Σ 为：

$$K_\Sigma=\frac{I_2+I_3+I_5+I_7}{I_1} \tag{3.1}$$

式(3.1)中，I_1、I_2、I_3、I_5、I_7 分别为基波电流、二次谐波电流、三次谐波电流、五次谐波电流和七次谐波电流。自适应距离保护的整定值按式(3.2)和式(3.3)调整。

$$R'_{set}=\frac{1}{1+K_\Sigma}R_{set} \tag{3.2}$$

$$X'_{set}=\frac{1}{1+K_\Sigma}X_{set} \tag{3.3}$$

式(3.2)和式(3.3)中 R_{set}、X_{set}——距离保护的电阻和电抗整定值；

R'_{set}、X'_{set}——根据综合谐波含量调整后的电阻和电抗整定值。

牵引负荷电流中含有丰富的奇次谐波，正常运行时 $K_\Sigma>0$，相当于自动收缩距离保护四边形阻抗特性的动作边界；当 AT 牵引网空载投入（相当于自耦变压器空载投入）和电力机车通过电分相再合闸引起励磁涌流时 $K_\Sigma>0$，亦相当于自动收缩距离保护四边形阻抗特性的动作边界。当发生短路故障时，受电流互感器特性的影响，保护装置检测到的短路电流中也可能存在一定的谐波电流，只是较负荷电流中的谐波电流小。因此，可以设定综合谐波含量整定值 $K_{\Sigma\cdot set}$，只有当 $K_\Sigma\geqslant K_{\Sigma\cdot set}$时，才按式(3.2)和式(3.3)调整距离保护的电阻和电抗整定值。

距离保护的整定计算仍按常规方式进行，不会导致整定计算困难。距离保护的动作边界根据实时检测到的综合谐波含量大小自动调整，无需在运行现场进行谐波含量实验与整定。

2. 二次谐波闭锁

为了避免电力机车通过电分相再合闸或 AT 供电方式下空载投入自耦变压器产生的励磁涌流引起距离保护误动作，可以利用馈线电流中的二次谐波含量闭锁距离保护，如式(3.4)所示。

$$\frac{I_2}{I_1} \geqslant K_{2 \cdot \text{set}} \tag{3.4}$$

式(3.4)中，$K_{2 \cdot \text{set}}$为二次谐波含量整定值，当馈线电流中的二次谐波含量大于或等于整定值时闭锁距离保护。

3. TV 断线闭锁

距离保护既反映被保护线路故障时电压的降低，又反映电流的升高，如果电压回路发生故障，比如 TV 断线，则在正常负荷情况下将引起距离保护误动作。因此，距离保护中一般需设置 TV 断线闭锁，以防止在 TV 断线情况下负荷电流引起距离保护误动作。由于牵引供电系统是一个单相系统，因此三相电力系统中常用的 TV 断线判据在牵引供电系统将不适用。TV 断线一般采用如式(3.5)所示的判据。

$$\begin{cases} U \leqslant U_{\text{set}} \\ 0.1 \leqslant I \leqslant I_{\text{set}} \end{cases} \tag{3.5}$$

式中　U_{set}——TV 断线电压整定值；

I_{set}——TV 断线电流整定值。

TV 断线电压整定值U_{set}一般按保护安装处最低母线电压整定，并考虑一定的裕度，如式(3.6)所示。

$$U_{\text{set}} = \frac{U_{\min}}{K_{\text{rel}}} \tag{3.6}$$

式(3.6)中，$U_{\min}$为保护安装处最低母线电压；K_{rel}为可靠系数，一般可取 1.2 左右。

TV 断线电流整定值I_{set}一般按最大负荷电流整定，并考虑一定的裕度，如式(3.7)所示。

$$I_{\text{set}} = K_{\text{rel}} I_{\text{L} \cdot \max} \tag{3.7}$$

式(3.7)中，$I_{\text{L} \cdot \max}$为流过保护安装处的最大负荷电流，K_{rel}系数，一般可取 1.2 左右。

(二)动作特性与整定原则

1. 距离保护动作特性

牵引网馈线保护中距离保护一般采用图 3.11 所示的动作特性。

图 3.11(a)对应的动作方程为：

$$\begin{cases} X\cot\phi_{\text{line}} - R_{\text{d}} \leqslant R \leqslant X\cot\phi_{\text{line}} + \dfrac{1}{1+K_{\Sigma}} R_{\text{set}} \\ -X_{\text{d}} \leqslant X \leqslant \dfrac{1}{1+K_{\Sigma}} X_{\text{set}} \end{cases} \tag{3.8}$$

图 3.11(b)对应的动作方程为：

$$\begin{cases} 0 \leqslant R \leqslant \dfrac{1}{1+K_{\Sigma}} R_{\text{set}} \\ -R\tan\phi_2 \leqslant X \leqslant 0 \end{cases} \quad 与 \quad \begin{cases} 0 \leqslant X \leqslant \dfrac{1}{1+K_{\Sigma}} X_{\text{set}} \\ X\cot\phi_1 \leqslant R \leqslant X\cot\phi_{\text{line}} + \dfrac{1}{1+K_{\Sigma}} R_{\text{set}} \end{cases} \tag{3.9}$$

2. 距离保护整定原则

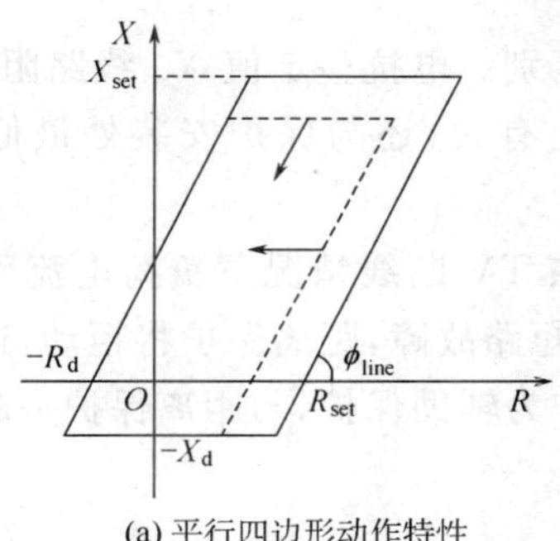

(a) 平行四边形动作特性

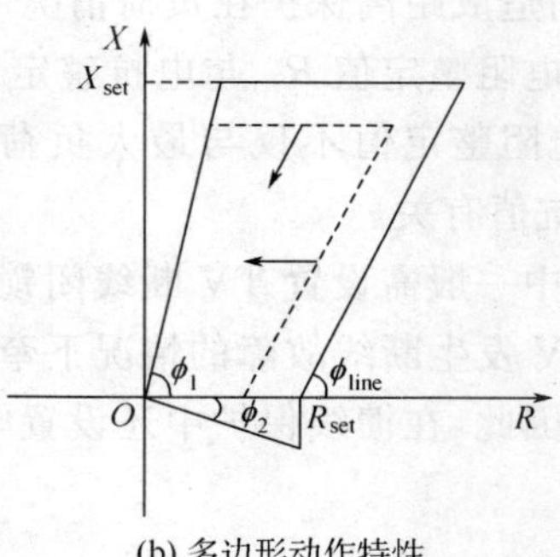

(b) 多边形动作特性

图 3.11　自适应距离保护动作特性

ϕ_1—躲涌流偏移角；ϕ_2—容性偏移角；ϕ_{line}—线路阻抗角；R_{set}—边整定值；X_{set}—边整定值

以图 3.11(b)所示的多边形动作为例，平行四边形的整定与此类似。

(1)电抗边 X_{set} 按被保护线路阻抗整定。

$$X_{set}=K_{rel}\cdot X_1\cdot L \tag{3.10}$$

式中　K_{rel}——系数；

X_1——每千米牵引网电抗，Ω/km；

L——接触网长度，km。

(2)电阻边 R_{set} 整定。

$$R_{set}=\frac{Z_{L\cdot min}}{K_{rel}}\left(\cos\phi_L-\frac{\sin\phi_L}{\tan\phi_{line}}\right) \tag{3.11}$$

式中　$Z_{L\cdot min}$——最小负荷阻抗；

ϕ_L——负荷阻抗角；

ϕ_{line}——线路阻抗角；

K_{rel}——系数。

在最大负荷情况时保护安装处母线电压最低，此时测得的阻抗即为最小负荷阻抗。最小负荷阻抗 $Z_{L\cdot min}$ 按式(3.12)确定。

$$Z_{L\cdot min}=\frac{U_{min}}{I_{L\cdot max}} \tag{3.12}$$

式中　U_{min}——保护安装处最低母线电压；

$I_{L\cdot max}$——流过保护安装处的最大负荷电流。

确定牵引变电所最低母线电压有两种基本方法，一种是估计法，即根据经验和线路最大负荷电流的估计值确定；另一种是实测法，根据实际测量出的线路最大负荷电流值确定。这两种方法取得的母线最低电压一般不低于 20 kV。

估计法是设计新线时常用的方法，用该方法确定的母线最低电压误差较大。实测法是牵引供电系统运行中修改保护整定值的一种方法，利用该方法确定误差较小，但也有局限性，例如在开闭所单进线供电时，母线最低电压就很难测量出来。因为初步选择开闭所最低电压一般不低于 20 kV，当通过单进线的负荷电流很大时，进线保护中馈线方向的阻抗保护就会因过负荷而动作跳闸，使开闭所母线失压，测量仪器指示值为零。

影响最小负荷阻抗 $Z_{L\cdot min}$ 不准确的主要因素是母线最低电压，如选择不准确，将导致 $Z_{L\cdot min}$

值不正常，从而造成距离保护在负荷情况下误动作。

距离保护电阻整定值 R_{set} 与电抗整定值 X_{set} 的区别。电抗整定值 X_{set} 线路阻抗有关，与其他参数无关，电阻整定值不仅与最大负荷电流 $I_{L\cdot max}$ 有关，还与保护安装处最低母线电压值 U_{min} 和系统阻抗值有关。

距离保护中一般需设置 TV 断线闭锁，以防止在 TV 断线情况下负荷电流引起距离保护误动作。当 TV 发生断线故障的情况下牵引网发生短路故障，距离保护将拒动，这是距离保护的一个缺陷。因此，在馈线保护中还设置电流保护作为辅助保护，与距离保护一起构成完善的保护系统。

四、电流速断保护

如前所述，从牵引负荷的特点可知，在某些情况下牵引网短路电流将接近负荷，甚至低于负荷电流。因此，如何区分故障电流和正常负荷电流是电流速断保护的关键。整流型电力机车的电流均含有大量的高次谐波，因此可以利用谐波含量的多少来区分是正常的负荷电流，还是故障电流。另外，励磁涌流含有大量的二次谐波电流，因此可以利用二次谐波含量区分励磁涌流和故障电流。电流速断保护动作方程如式(3.13)所示。

$$\begin{cases} I_1 - KI_\Sigma \geqslant I_{set} \\ \dfrac{I_2}{I_1} < K_{2.set} \end{cases} \tag{3.13}$$

式(3.13)中，I_Σ 为综合谐波电流，定义为二次谐波电流、三次谐波电流和五次谐波电流的代数和；K 为综合谐波加权系数；I_{set} 速断保护电流整定值；I_1、I_2 分别为基波电流和二次谐波电流；$K_{2\cdot set}$ 为二次谐波含量整定值。

电流速断保护原理框图如图 3.12 所示。

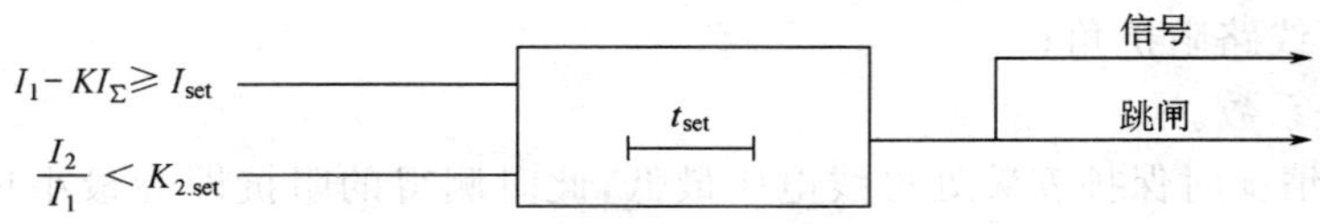

图 3.12　电流速断保护原理框图

牵引网运行方式的不同以及保护安装位置的不同，电流速断保护的整定也就不同。例如，在单线单向供电方式下，牵引变电所馈线电流速断保护一般根据最大负荷电流整定。在复线末端(分区所)并联运行方式下，牵引变电所馈线电流速断保护按末端(分区所)短路时的最大短路电流整定。电流速断保护的缺点是其保护范围受系统运行方式的影响，在某些情况下电流速断保护可能没有保护范围。因此，一般需要对电流速断保护的灵敏性进行校验，当灵敏性不能满足要求时，可以在电流速断保护中增加低电压启动判据，同时适当减小电流整定值，若仍不能满足灵敏性要求，则电流速断保护不能采用。

五、电流增量保护

当牵引网发生短路故障时，如果在短路点存在过渡电阻，过渡电阻将使短路电流减小，同时使测量阻抗增大。如果过渡电阻较大，可能导致距离保护和电流速断保护拒动。通过分析牵引负荷电流和故障电流可以看出：在正常情况下，由于电力机车电路中大电感的作用，电力

机车电流在短时间内的增量不会很大，尤其是在电力机车启动时。当牵引网或电力机车发生短路故障时，短路电流将急速增加。根据这个特点构成的保护称为电流增量保护（或称为 ΔI 保护）。因此，电流增量保护的基本思想是根据电流在短时间内的变化幅度来区分是负荷电流和故障电流。

电流增量 ΔI 定义为：

$$\Delta I = I_h - I_q \tag{3.14}$$

式(3.14)中，I_h、I_q 分别为当前时刻的基波电流和一个工频周期(20 ms)以前的基波电流。电流增量保护的判据如式(3.15)所示。

$$\Delta I \geqslant \Delta I_{set} \tag{3.15}$$

式(3.15)中，ΔI_{set} 为电流增量保护整定值。

电流增量保护的主要优点是选择能力比普通电流保护强。一般电流保护是根据最大负荷电流整定，而一个供电区间的最大负荷电流一般能达到一列电力机车最大电流的 2 倍左右。而电流增量保护除了反映稳态最大负荷电流以外，还同时反映短时间内电流的增量。因此，其电流整定值可适当减小到一列电力机车的最大电流。例如，日本东海道新干线上一般过电流保护的整定值为 2 000 A 左右，而电流增量保护为 1 000 A，故其保护范围将大大延长。同时从电流增量保护的原理可以看出，在牵引网发生高阻接地故障、异相短路故障时，电流增量保护的灵敏性比普通电流保护和距离保护的灵敏性要高。

如果按式(3.15)构成电流增量保护，则电流增量保护的动作时间将较长。这是因为当电力机车上的变压器空载投入或 AT 供电方式下自耦变压器空载投入时将产生励磁涌流。励磁涌流在短时间内的增量也很大，可能造成电流增量保护误动作。由于励磁涌流中二次谐波含量较大，因此可以增加二次谐波闭锁判据，防止电流增量保护的误动作，二次谐波闭锁判据如式(3.16)所示。

$$\frac{I_2}{I_1} \geqslant K_{2\cdot set} \tag{3.16}$$

式中 I_1、I_2——当前时刻的基波电流和二次谐波电流；

$K_{2\cdot set}$——二次谐波含量整定值，当前时刻馈线电流中的二次谐波含量大于或等于整定值时，闭锁电流增量保护。

为了提高电流增量保护躲开过渡电阻短路电流的能力，势必减小电流增量保护的整定值。如前所述，整流型电力机车无论是工作于牵引工况，还是工作在再生制动工况，负荷电流中都含有丰富的高次谐波。利用这一特点，将电流增量的计算公式(3.14)做如下改进：

$$\begin{aligned} \Delta I &= \Delta I_1 - K\Delta I_3 \\ &= I_{1h} - I_{1q} - K(I_{\Sigma h} - I_{\Sigma q}) \end{aligned} \tag{3.17}$$

式(3.17)中，I_{1h}、I_{1q} 分别为当前时刻的基波电流和一个工频周期(20 ms)以前的基波电流；$I_{\Sigma h}$、$I_{\Sigma q}$ 分别为当前时刻的综合谐波电流和一个工频周期(20 ms)以前的综合谐波电流，综合谐波电流定义为二次谐波电流、三次谐波电流和五次谐波电流的代数和；K 为综合谐波加权系数。

下面对改进后的电流增量计算公式(3.17)做进一步分析：

(1)负荷状态到故障状态。当前时刻的电流 I_{1h} 为故障电流，为在理想情况下，故障电流可以认为是纯正弦波，则 $I_{\Sigma h}=0$，而一个工频周期以前的电流 I_{1q} 为负荷电流，负荷电流中的综合谐波电流 $I_{\Sigma q}>0$ 有利于电流增量保护动作。

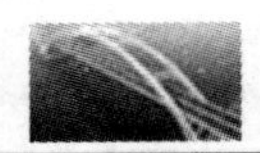

(2)轻负荷状态到重负荷状态。电力机车上一般装有功率因数补偿装置,轻负荷状态下不投入功率因数补偿装置,重负荷状态下投入功率因数补偿装置,则有 $I_{\Sigma h}<I_{\Sigma q}$。例如:轻负荷电流为 $I_{1q}=300$ A,未投入功率因数补偿装置时的综合谐波含量假设为 30%,则 $I_{\Sigma q}=90$ A,重负荷电流为 $I_{1h}=700$ A,投入功率因数补偿装置后综合谐波含量降低为 5%,则 $I_{\Sigma h}=35$ A,假设综合谐波抑制系数取为 2,则 $\Delta I=700-300-2\times(35-90)=515$ A,比基波电流增量 400 A要高得多。当电流增量保护的整定值 ΔI_{set} 整定较低时(即躲过渡电阻短路电流能力强),可能会误动作。

从上面分析可以看出,前一时刻电流中的综合谐波电流对于电流增量保护不能起到抑制作用,反而起到助增的作用。因此,为了提高电流增量保护躲过渡电阻短路电流的能力,同时又防止在重负荷情况下电流增量保护的误动作,综合考虑各种因数,将电流增量保护的判据改进为:

$$\Delta I=I_{1h}-I_{1q}-K\cdot K_{\Sigma h}\cdot I_{1h}\geqslant(1+K_{\Sigma h})\Delta I_{set} \tag{3.18}$$

式(3.18)中,$K_{\Sigma h}$ 为当前时刻电流中的综合谐波含量;K 为综合谐波抑制系数。同样对式(3.18)做如下分析:

(1)负荷状态到故障状态。当前时刻的电流 I_{1h} 为故障电流,为在理想情况下,故障电流可以认为是纯正弦波,则 $K_{\Sigma h}=0$,显然,电流增量保护的动作量为基波电流增量。

(2)轻负荷状态到重负荷状态。当前时刻负荷电流中的综合谐波含量越大,$K_{\Sigma h}$ 值也就越大,电流增量保护的动作量就越小,同时电流增量保护的动作门槛值就越大,电流增量保护越不容易动作。

从上面的分析可以看出式(3.18)所示的电流增量保护判据躲过渡电阻短路电流的能力大大增强。

电流增量保护的整定值 ΔI_{set} 按一列电力机车的启动电流进行整定,如式(3.19)所示。

$$\Delta I_{set}=K_{rel}I_{ss} \tag{3.19}$$

在式(3.19)中,K_{rel} 为可靠系数,一般取 1.2 左右;I_{ss} 取一列电力机车的启动电流,跟电力机车类型有关,一般在 200 A 左右。对于高速客运专线采用的动车组,由于动车组启动电流更大,同时列车行车密度更大。因此,电流增量保护的整定值会更大。

六、反时限过负荷保护

高速电气化铁路一般采用大功率高速机车,行车密度高,负荷电流大,当接触网因为长期大电流发热达到一定的程度时,应切断馈线断路器,以保证行车安全。电力机车在线路上行驶的时候,负荷电流经常变化,即在任一电流值下运行的时间都很短。而故障电流只要一旦产生,就会持续到故障切除以后才会消失。因此可以根据电流持续时间的不同来区分是正常负荷电流还是故障电流。根据这一原理可以构成反时限过负荷保护。反时限过负荷保护一般作为馈线保护的后备保护,需保护线路全长。

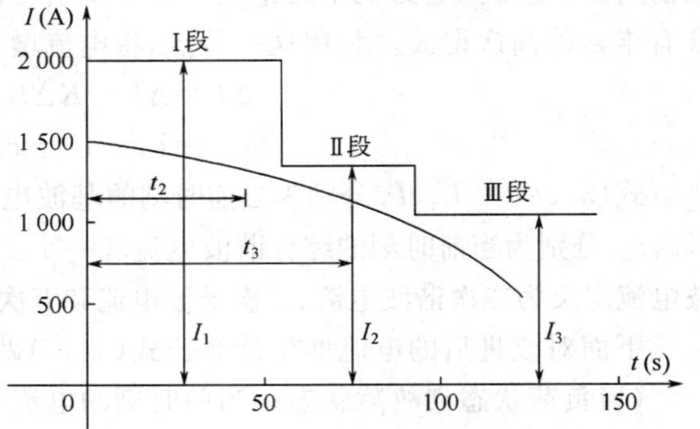

图 3.13　电流时间曲线示意图

牵引负荷电流时间曲线如图 3.13 中的曲线所示,表示不同牵引负荷电流持续的时间。由

曲线可知，图中仅给出了 600 A 以上的重负荷持续时间，且负荷越重，持续时间越短。如 600 A时的持续时间为 100 s，而 1 300 A 时约 50 s。

为了实现如图 3.13 中所示的电流时间特性，有两种方式。一是采用三个定时限过电流继电器构成三段式反时限过负荷保护，如图 3.13 中的折线所示；一是采用反时限过电流继电器构成。

(一)三段式反时限过负荷保护

三段式反时限过负荷保护一般采用三个定时限过电流继电器构成，如图 3.14 所示。

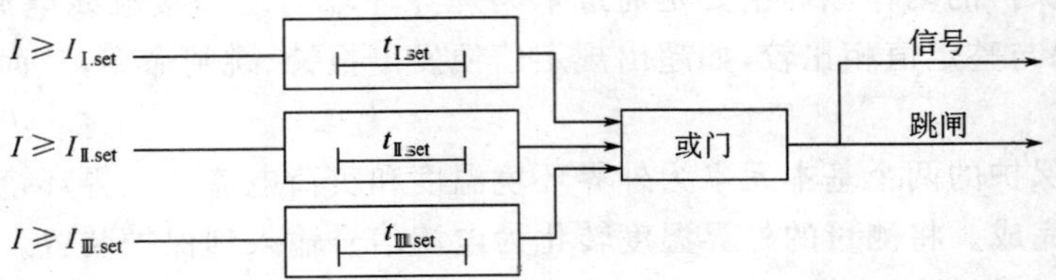

图 3.14　三段式反时限过负荷保护原理框图

在图 3.14 中，$I_{\text{I}\cdot\text{set}}$、$I_{\text{II}\cdot\text{set}}$、$I_{\text{III}\cdot\text{set}}$分别为三段电流整定值，$t_{\text{I.set}}$、$t_{\text{II.set}}$、$t_{\text{III.set}}$分别为三段的动作时限。三段式反时限过负荷保护根据实际的负荷电流时间曲线进行整定。如第Ⅰ段的启动电流 $I_{\text{I}\cdot\text{set}}$按躲过最大负荷电流整定，并考虑一定的裕度，所以在正常负荷情况下不会误动作，只有在短路情况下才动作，因此Ⅰ段的时限 $t_{\text{I.set}}$可以取得最小。第Ⅱ段的启动电流 $I_{\text{II}\cdot\text{set}}$可按图3.13 中的 I_2 整定，其时限 $t_{\text{II.set}}$应大于负荷电流 I_2 持续的时间 t_2，同理可以得到第Ⅲ段的启动电流 $I_{\text{III}\cdot\text{set}}$和时限 $t_{\text{III.set}}$。

(二)反时限过负荷保护

反时限过负荷保护是动作时间与被保护线路中电流的大小有关的一种保护，当电流大时，保护的动作时限短，而当电流小时，保护动作时限长。国际电工委员会(IEC)推荐的三种反时限特性如下所示：

一般反时限特性

$$t=\frac{0.14}{\left(\frac{I}{I_{\text{set}}}\right)^{0.02}-1}\times\frac{t_{\text{set}}}{10} \tag{3.20}$$

甚反时限特性

$$t=\frac{13.5}{\frac{I}{I_{\text{set}}}-1}\times\frac{t_{\text{set}}}{10} \tag{3.21}$$

极度反时限特性

$$t=\frac{80}{\left(\frac{I}{I_{\text{set}}}\right)^{2}-1}\times\frac{t_{\text{set}}}{10} \tag{3.22}$$

在式(3.20)～式(3.22)中，t_{set}为时间常数整定值，单位：s；I_{set}为启动电流整定值，单位：A；I 为当前电流值，t 为当前电流值下的动作时间。

反时限过负荷保护能比三段式反时限过负荷保护具有更好的电流时间特性，见模拟图 3.13 中曲线所示。

七、接触网发热保护

电气化铁道的发展方向是高速、重载。在高速、重载的情况下要求接触网具有高度的稳定性，只有高度的稳定性才能保证接触悬挂不变形，才能保证稳定的受流质量，才能保证高速重载列车的正常运行。高速重载列车的单车牵引电流较大，在列车时速为 300～350 km/h 时可达到 600～1 000 A，接触网在长期大电流的情况下发热，张力降低，稳定性下降，从而影响到高速重载铁路的正常运行，因此需要设置热过负荷保护完成对接触网的保护。

接触网发热保护的动作原理主要是通过采集外界环境温度和接触线电流，通过内部程序计算，将计算结果与整定值相比较，如超出规定值便发出报警、跳闸命令，从而达到保护接触网的目的。

接触网发热保护的两个基本元素为外界环境温度和负荷电流。外界环境温度的测量通过一个温度传感器完成。将测量的外界温度转化为电流信号输入到保护装置。当检测到外界温度超过正常范围时，闭锁温度输入，并保留上次的测量值。保护装置采集外部接触线流过的电流，通过内部运算程序计算出接触线的温度，当计算的温度超过设定的跳闸温度时，启动跳闸回路，跳开馈线断路器。当计算的温度超过设定的报警温度时，发出报警信号。

虽然各国用于接触导线温度检测的数学模型略有不同，但都是通过测量馈线电流来计算接触导线温度的。典型的计算模型为

$$T_{\theta 2}=T_{\theta 1}+\left[T_{\theta}\left(\frac{I}{I_{\mathrm{N}}K_{\mathrm{W}}}\right)^{2}-T_{\theta 1}\right]\left[1-\mathrm{e}^{-\frac{t_2-t_1}{\tau}}\right] \tag{3.23}$$

式(3.23)中，T_{θ} 为当施加电流 I_{N} 时的稳态温度；I_{N} 为馈线额定电流；K_{W} 为与接触网悬挂有关的系数，例如链形悬挂 $K_{\mathrm{W}}=2$；τ 为接触网的时间常数；I 为在时间 t_1 和 t_2 间隔内的馈线电流；T_{ATE} 为测量的外界温度，由置于室外 GPS 内的温度计测量；T_1 为 t_1 时刻考虑外界温度后的导线温度；T_2 为 t_2 时刻考虑外界温度后的导线温度；$T_{\theta 1}=T_1-T_{\mathrm{ATE}}$ 为 t_1 时刻的导线温度；$T_{\theta 2}=T_2-T_{\mathrm{ATE}}$ 为 t_2 时刻的导线温度。

八、一次自动重合闸

为了保障牵引供电系统的可靠性，在馈线保护中设置一次自动重合闸。当牵引网发生瞬时性故障时，通过馈线保护的自动重合闸能够快速恢复供电。重合闸功能一般按图 3.15 所示的框图实现。

在图 3.15 中，t_1 为重合闸充电时间，是指断路器一直处于合位的时间，一般整定在 15 s 左右，其目的是当手动合闸于故障线路时，馈线保护跳闸后不进行重合闸。t_2 为重合闸时间，一般整定在 2 s 以上，其目的是当线路上发生瞬时性故障，馈线保护跳闸后确保瞬时故障的消失，保障重合闸的成功。

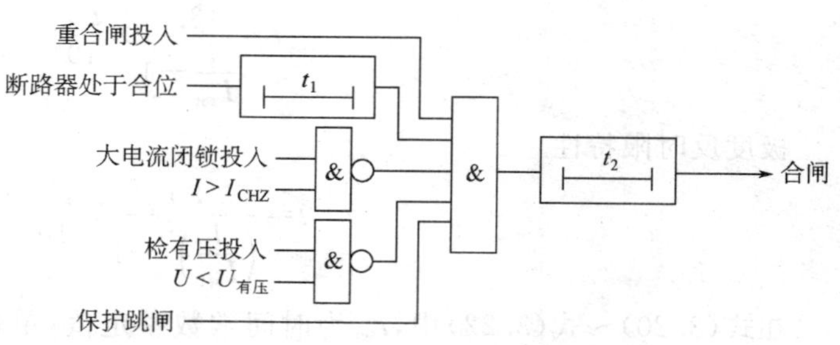

图 3.15　一次自动重合闸功能框图

当线路发生永久性故障时，如果故障电流很大，为了防止对牵引网的第二次冲击，可选择

投入大电流闭锁重合闸功能。

对于分区所保护和开闭所进线保护的合闸应检测进线是否有电压，只有在有压的时候才进行重合闸。对于牵引变电所馈线保护和开闭所出线保护的重合闸则不需要检有压条件。

第三节　变压器保护

牵引变电所中，一般安装两台(或两组)牵引变压器。正常情况下，一台(或一组)变压器运行，另一台(或一组)作为固定备用。牵引变压器是十分贵重的供电设备，应配置完善的继电保护。

牵引变压器一般应配置下列保护：

(1)比率差动保护；

(2)差动速断保护；

(3)瓦斯保护；

(4)低电压启动的过电流保护；

(5)零序过电流保护；

(6)低压侧过电压保护；

(7)高压侧低电压保护；

(8)过负荷保护；

(9)其他非电量保护。

AT 供电方式时，牵引变电所、分区所、开闭所、AT 所中还会安装自耦变压器。自耦变压器一般应配置瓦斯保护，客运专线系统中的自耦变压器也会配置差动保护。

一、差动保护

普速铁路牵引变压器的容量一般为 20～40 MV·A，客运专线牵引变压器的容量可达60～80 MV·A。根据《电力装置的继电保护和自动装置设计规范 GB 50062—1992》的规定，牵引变压器应配置差动保护作为其主保护之一。牵引变压器的差动保护一般包括二次谐波闭锁的比率差动保护和差动速断保护，可以保护变压器绕组、套管及引出线上的故障。

(一)差动保护接线和电流平衡关系

当前，新投入运行的牵引变压器差动保护都是微机式保护。根据差动保护接线以及变压器高低压侧电流的平衡关系，差动电流和制动电流可以由软件计算得到。在我国的牵引供电系统中，直供和 BT 供电方式中常用的变压器有双绕组单相变压器、Y/d11 接线变压器、V/v 接线变压器、阻抗匹配平衡变压器等，AT 供电方式中常用的变压器有三绕组单相变压器、SCOTT 变压器、V/x 接线变压器组、十字接线变压器等。另外，客运专线供电系统的自耦变压器一般也要配置差动保护。下面分别介绍各种常用变压器的差动保护接线和电流平衡关系。

1. 单相变压器

双绕组单相变压器的高压侧绕组跨接于 110 kV(或 220 kV)的三相高压输电线的两线上，取用线电压。低压侧绕组则一端联于牵引变电所的牵引母线上，另一端联至钢轨，单相变压器差动保护接线如图 3.16 所示。单相变压器接线最简单，容量利用率最高，且可取消变电所电分相，利于高速行车。但是，这种牵引变压器对电力系统负序影响最大，一般仅适用于电力系统比较发达的地方。我国的秦沈线采用双绕组单相牵引变压器。

根据安匝平衡原理，单相变压器正常运行时，图 3.16 中的电流满足式(3.24)要求。

$$\begin{cases} W_1 \dot{I}_U = W_2 \dot{I}_\alpha \\ \dot{I}_V = -\dot{I}_U \\ K_T = \dfrac{W_1}{W_2} \end{cases} \tag{3.24}$$

考虑到变压器两边的电流互感器变比 K_{i1} 和 K_{i2}，引入变压器保护装置的电流平衡关系为

$$\begin{bmatrix} \dot{I}'_U - \dot{I}'_V \\ \dot{I}'_V - \dot{I}'_U \end{bmatrix} = \frac{2K_{i2}}{K_T K_{i1}} \begin{bmatrix} \dot{I}'_\alpha \\ -\dot{I}'_\alpha \end{bmatrix} \tag{3.25}$$

AT 供电方式中的单相变压器为三绕组单相变压器，其低压侧有一中心抽头，形成两个绕组。绕组的中心抽头与钢轨相连接，另外两端分别与牵引变电所的正馈线和负馈线母线相连接。三绕组单相变压器用于 AT 供电方式时，除了具有双绕组单相变压器的优点外，还可节省牵引变电所自耦变压器。其差动保护接线如图 3.17 所示。

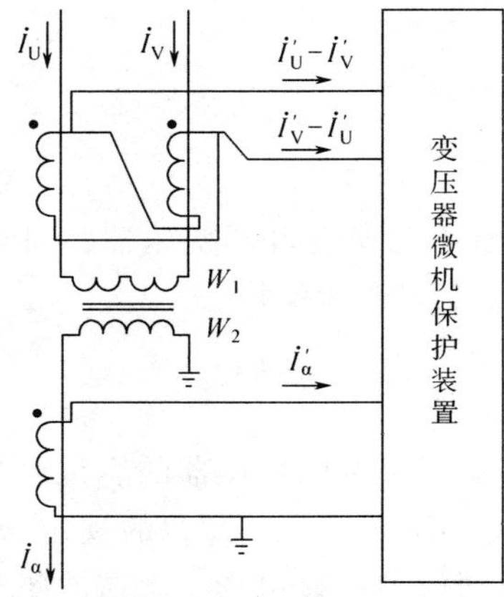

图 3.16　单相变压器差动保护接线

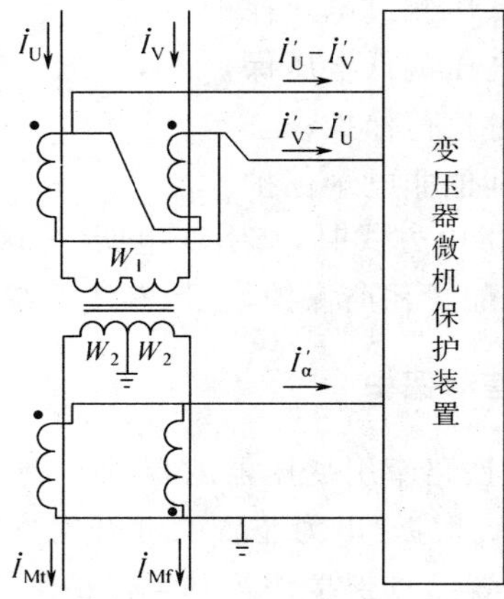

图 3.17　三绕组单相变压器差动保护接线

根据安匝平衡原理，三绕组单相变压器正常运行时，图 3.17 中的电流满足式(3.26)要求。

$$\begin{cases} W_1 \dot{I}_U = W_2 \dot{I}_{Mt} - W_2 \dot{I}_{Mf} \\ \dot{I}_V = -\dot{I}_U \\ K_T = \dfrac{W_1}{W_2} \end{cases} \tag{3.26}$$

引入变压器保护装置的电流平衡关系为

$$\begin{bmatrix} \dot{I}'_U - \dot{I}'_V \\ \dot{I}'_V - \dot{I}'_U \end{bmatrix} = \frac{2}{K_T K_{i1}} \begin{bmatrix} \dot{I}_{Mt} - \dot{I}_{Mf} \\ -\dot{I}_{Mt} + \dot{I}_{Mf} \end{bmatrix} = \frac{2K_{i2}}{K_T K_{i1}} \begin{bmatrix} \dot{I}'_\alpha \\ -\dot{I}'_\alpha \end{bmatrix} \tag{3.27}$$

2. Y/d11 接线变压器

Y/d11 接线变压器的高压侧绕组联结于 110 kV(或 220 kV)的三相高压输电线上，低压侧绕组的 W 相联至钢轨，U 相和 V 相分别联于牵引变电所的 α 相和 β 相牵引母线上，其差动

保护接线如图 3.18 所示。Y/d11 接线变压器具有接线简单、技术成熟、原边中性点可接地等优点,我国早期的牵引变电所应用范围较广。但由于其容量利用率低,新建变电所一般很少采用。

根据安匝平衡原理,Y/d11 接线变压器正常运行时,图 3.18 中的电流满足式(3.28)要求。

$$\begin{cases} W_1\dot{I}_{\mathrm{U}}=W_2\dot{I}_{\mathrm{u}} \\ W_1\dot{I}_{\mathrm{V}}=W_2\dot{I}_{\mathrm{v}} \\ W_1\dot{I}_{\mathrm{W}}=W_2\dot{I}_{\mathrm{w}} \\ \dot{I}_{\alpha}=\dot{I}_{\mathrm{u}}-\dot{I}_{\mathrm{v}} \\ \dot{I}_{\beta}=\dot{I}_{\mathrm{v}}-\dot{I}_{\mathrm{w}} \\ K_{\mathrm{T}}=\dfrac{\sqrt{3}W_1}{W_2} \end{cases} \tag{3.28}$$

考虑到电流互感器变比,引入变压器保护装置的电流平衡关系为

$$\begin{bmatrix} \dot{I}'_{\mathrm{U}}-\dot{I}'_{\mathrm{V}} \\ \dot{I}'_{\mathrm{V}}-\dot{I}'_{\mathrm{W}} \\ \dot{I}'_{\mathrm{W}}-\dot{I}'_{\mathrm{U}} \end{bmatrix}=\frac{\sqrt{3}K_{\mathrm{i2}}}{K_{\mathrm{T}}K_{\mathrm{i1}}}\begin{bmatrix} 1 & 0 \\ 0 & 1 \\ -1 & -1 \end{bmatrix}\begin{bmatrix} \dot{I}'_{\alpha} \\ \dot{I}'_{\beta} \end{bmatrix} \tag{3.29}$$

3. V/v 接线变压器

V/v 接线,即用两台单相变压器联结成开口三角形。两台单相变压器的高压侧分别接入 UW 相与 VW 相,低压侧各取一端接到牵引变电所的 α 相和 β 相牵引母线上,另一端接到接地网和钢轨。如果将两台单相变压器的器身安装在同一油箱内,且连接成 V/v 接线,就是所谓的三相 V/v 接线变压器。V/v 接线变压器结构简单,两套绕组容量可分别配置。与 Y/d11 接线变压器相比提高了容量利用率,与单相变压器相比对电力系统的负序影响较少。V/v 变压器的差动保护接线如图 3.19 所示。

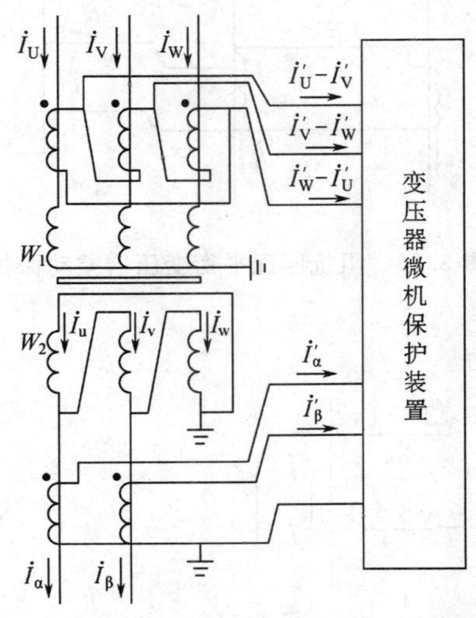

图 3.18 Y/d11 接线变压器差动保护接线

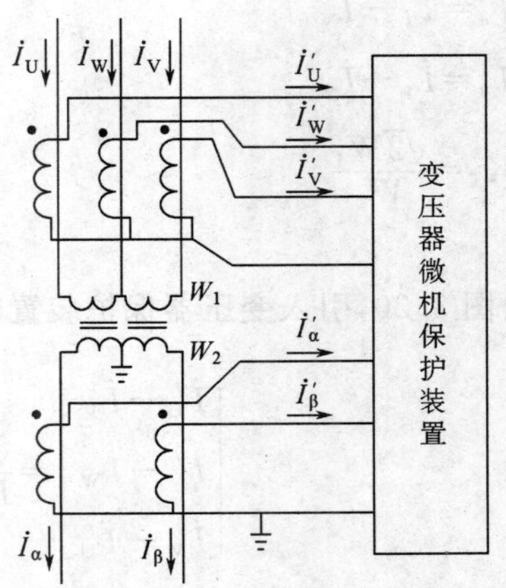

图 3.19 V/v 接线变压器差动保护接线

根据安匝平衡,V/v 接线变压器正常运行时,图 3.19 中的电流满足式(3.30)要求。

$$\begin{cases}W_1\dot{I}_U=W_2\dot{I}_\alpha\\W_1\dot{I}_V=W_2\dot{I}_\beta\\\dot{I}_U+\dot{I}_V+\dot{I}_W=0\\K_T=\dfrac{W_1}{W_2}\end{cases}\tag{3.30}$$

考虑到电流互感器变比，引入变压器保护装置的电流平衡关系为

$$\begin{bmatrix}\dot{I}'_U\\\dot{I}'_V\\\dot{I}'_W\end{bmatrix}=\frac{K_{i2}}{K_TK_{i1}}\begin{bmatrix}1&0\\0&1\\-1&-1\end{bmatrix}\begin{bmatrix}I'_\alpha\\\dot{I}'_\beta\end{bmatrix}\tag{3.31}$$

4. 阻抗匹配平衡变压器

阻抗匹配平衡变压器是我国自行发展研究的一种将三相对称系统变换为两相平衡供电系统的新型牵引变压器。阻抗匹配平衡变压器是在普通的 Y/d11 接线变压器的自由相上(V 相)端部增加了两个绕组，并使其次边绕组阻抗 $Z_{ab}=K_zZ_{bc}=K_zZ_{ca}(K_z=\sqrt{3}+1)$ 的匹配原则而达到原边平衡的变压器。阻抗匹配平衡变压器具有较好的抑制负序电流对电力系统影响、高压侧中性点可以接地、容量利用率较高等优点，但其接线复杂，要满足阻抗匹配关系对制造及工艺要求较高。

根据安匝平衡原理，阻抗匹配平衡变压器正常运行时，图 3.20 中的电流满足式(3.32)要求。

$$\begin{cases}W_1\dot{I}_U=W_2\dot{I}_u\\W_1\dot{I}_V=W_2\dot{I}_v-\dfrac{\sqrt{3}-1}{2}W_2\dot{I}_\alpha+\dfrac{\sqrt{3}-1}{2}W_2\dot{I}_\beta\\W_1\dot{I}_W=W_2\dot{I}_w\\\dot{I}_\alpha=\dot{I}_u-\dot{I}_v\\\dot{I}_\beta=\dot{I}_v-\dot{I}_w\\K_T=\dfrac{\sqrt{2}W_1}{W_2}\end{cases}\tag{3.32}$$

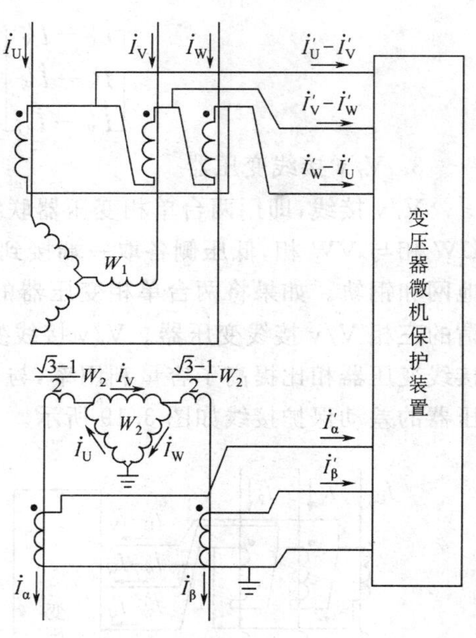

图 3.20 阻抗匹配平衡变压器差动保护接线

由图 3.20，引入变压器保护装置的电流平衡关系为

$$\begin{bmatrix}\dot{I}'_U-\dot{I}'_V\\\dot{I}'_V-\dot{I}'_W\\\dot{I}'_W-\dot{I}'_U\end{bmatrix}=\frac{\sqrt{2}K_{i2}}{K_TK_{i1}}\begin{bmatrix}\dfrac{\sqrt{3}+1}{2}&\dfrac{\sqrt{3}-1}{2}\\-\dfrac{\sqrt{3}-1}{2}&-\dfrac{\sqrt{3}+1}{2}\\-1&1\end{bmatrix}\begin{bmatrix}\dot{I}'_\alpha\\\dot{I}'_\beta\end{bmatrix}\tag{3.33}$$

5. Scott 接线变压器

在图 3.21 所示的 Scott 接线变压器中，设 Scott 接线变压器底(M)座绕组原边(带中间抽头)接入电力系统 UW 相(线电压)，高(T)座绕组原边一端接底座绕组的中间抽头，另一端接

入 V 相。

根据安匝平衡原理，Scott 接线变压器正常运行时，图 3.21 中的电流满足式(3.34)要求。

$$\begin{cases}\frac{1}{2}W_1\dot{I}_U-\frac{1}{2}W_1\dot{I}_W=W_2\dot{I}_{Mt}\\ \frac{\sqrt{3}}{2}W_1\dot{I}_V=W_2\dot{I}_{Tt}\\ \dot{I}_U+\dot{I}_V+\dot{I}_W=0\\ \dot{I}_{Tt}=-\dot{I}_{Tf}\\ \dot{I}_{Mf}=-\dot{I}_{Mt}\\ K_T=\frac{W_1}{W_2}\end{cases} \tag{3.34}$$

引入变压器保护装置的电流平衡关系为

$$\begin{bmatrix}\dot{I}'_U-\dot{I}'_V\\ \dot{I}'_V-\dot{I}'_W\\ \dot{I}'_W-\dot{I}'_U\end{bmatrix}=\frac{1}{2K_TK_{i1}}\begin{bmatrix}1 & -\sqrt{3}\\ 1 & \sqrt{3}\\ -2 & 0\end{bmatrix}\begin{bmatrix}\dot{I}_{Mt}-\dot{I}_{Mf}\\ \dot{I}_{Tt}-\dot{I}_{Tf}\end{bmatrix}=\frac{K_{i2}}{2K_TK_{i1}}\begin{bmatrix}1 & -\sqrt{3}\\ 1 & \sqrt{3}\\ -2 & 0\end{bmatrix}\begin{bmatrix}\dot{I}'_\alpha\\ \dot{I}'_\beta\end{bmatrix} \tag{3.35}$$

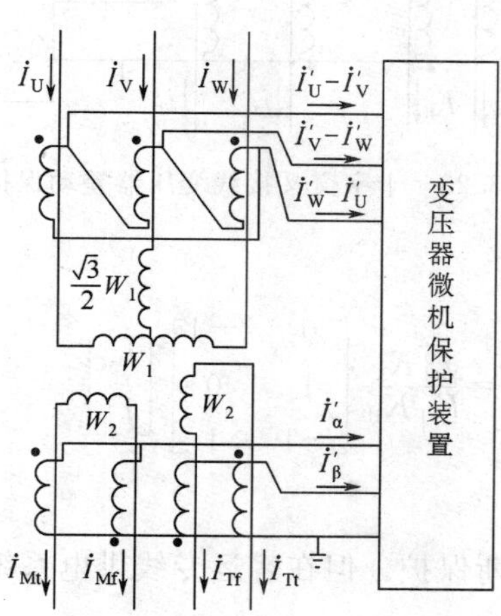

图 3.21　Scott 接线变压器差动保护接线

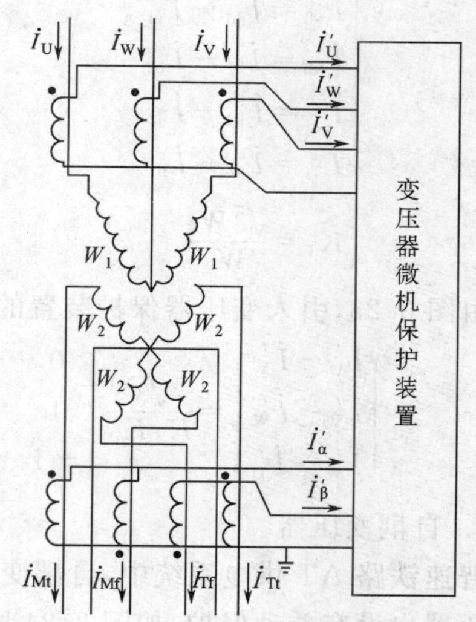

图 3.22　V/x 接线变压器组差动保护接线

6. V/x 接线变压器

将两台三绕组单相变压器 V 接，就形成了 V/x 接线变压器组。V/x 变压器组具有容量利用率高、两套绕组容量可分别配置、节省牵引变电所自耦变压器等优点，已在我国的京津城际铁路上采用，并成为我国客运专线牵引变压器的主要选择方案之一。

根据安匝平衡原理，V/x 接线变压器组正常运行时，图 3.22 中的电流满足式(3.34)要求。

$$\begin{cases}W_1\dot{I}_U=W_2\dot{I}_{Mt}-W_2\dot{I}_{Mf}\\ W_1\dot{I}_V=W_2\dot{I}_{Tt}-W_2\dot{I}_{Tf}\\ \dot{I}_U+\dot{I}_V+\dot{I}_W=0\\ K_T=\frac{W_1}{W_2}\end{cases} \tag{3.36}$$

由图 3.22,引入变压器保护装置的电流平衡关系为

$$\begin{bmatrix}\dot{I}'_{U}\\ \dot{I}'_{V}\\ \dot{I}'_{W}\end{bmatrix}=\frac{1}{K_{T}K_{i1}}\begin{bmatrix}1 & 0\\ 0 & 1\\ -1 & -1\end{bmatrix}\begin{bmatrix}\dot{I}_{Mt}-\dot{I}_{Mf}\\ \dot{I}_{Tt}-\dot{I}_{Tf}\end{bmatrix}=\frac{K_{i2}}{K_{T}K_{i1}}\begin{bmatrix}1 & 0\\ 0 & 1\\ -1 & -1\end{bmatrix}\begin{bmatrix}\dot{I}'_{\alpha}\\ \dot{I}'_{\beta}\end{bmatrix}\tag{3.37}$$

7. 十字交叉接线变压器

三相三线圈的十字交叉接线变压器,其低压侧由两个同容量、等电压、对顶连接的三角形绕组构成。十字交叉接线变压器结构上对称性强,并可节省牵引变电所自耦变压器。

根据安匝平衡原理,十字交叉接线变压器正常运行时,图 3.23 中的电流满足式(3.36)要求。

$$\begin{cases}W_{1}\dot{I}_{U}=W_{2}\dot{I}_{a1}+W_{2}\dot{I}_{a2}\\ W_{1}\dot{I}_{V}=W_{2}\dot{I}_{b1}+W_{2}\dot{I}_{b2}\\ W_{1}\dot{I}_{W}=W_{2}\dot{I}_{c1}+W_{2}\dot{I}_{c2}\\ \dot{I}_{Mt}=\dot{I}_{b1}-\dot{I}_{c1}\\ \dot{I}_{Mf}=\dot{I}_{c2}-\dot{I}_{b2}\\ \dot{I}_{Tt}=\dot{I}_{b2}-\dot{I}_{a2}\\ \dot{I}_{Tf}=\dot{I}_{a1}-\dot{I}_{b1}\\ K_{T}=\dfrac{\sqrt{3}W_{1}}{W_{2}}\end{cases}\tag{3.38}$$

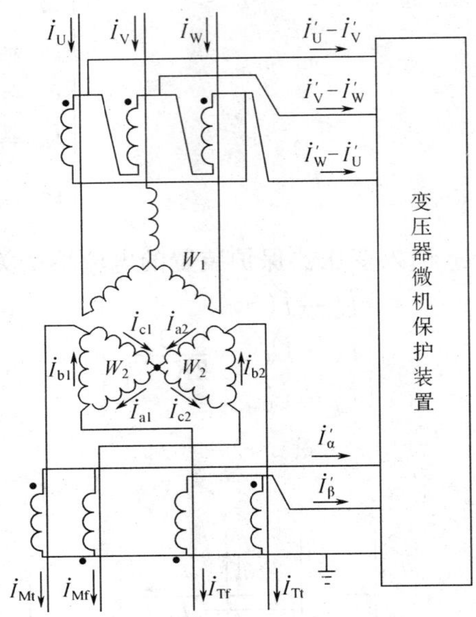

图 3.23 十字交叉接线变压器差动保护接线

由图 3.23,引入变压器保护装置的电流平衡关系为

$$\begin{bmatrix}\dot{I}'_{U}-\dot{I}'_{V}\\ \dot{I}'_{V}-\dot{I}'_{W}\\ \dot{I}'_{W}-\dot{I}'_{U}\end{bmatrix}=\frac{\sqrt{3}}{K_{T}K_{i1}}\begin{bmatrix}0 & -1\\ 1 & 0\\ -1 & 1\end{bmatrix}\begin{bmatrix}\dot{I}_{Mt}-\dot{I}_{Mf}\\ \dot{I}_{Tt}-\dot{I}_{Tf}\end{bmatrix}=\frac{\sqrt{3}K_{i2}}{K_{T}K_{i1}}\begin{bmatrix}0 & -1\\ 1 & 0\\ -1 & 1\end{bmatrix}\begin{bmatrix}\dot{I}'_{\alpha}\\ \dot{I}'_{\beta}\end{bmatrix}\tag{3.39}$$

8. 自耦变压器

普速铁路 AT 供电系统中,自耦变压器一般只设瓦斯保护。但在客运专线供电系统中,自耦变压器也设有差动保护,如图 3.24 所示。

自耦变压器的电流平衡关系为

$$\dot{I}_{T}=\dot{I}_{F}\tag{3.40}$$

引入变压器保护装置的电流平衡关系为

$$\dot{I}'_{T}=\dot{I}'_{F}\tag{3.41}$$

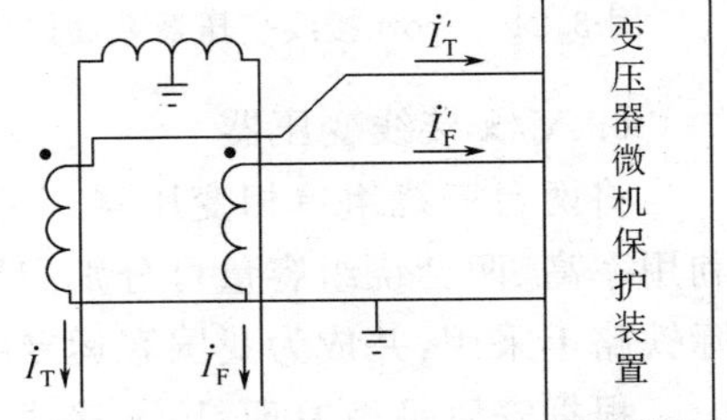

图 3.24 自耦变压器差动保护接线

(二)*差动保护原理框图*

按照差动保护接线和电流平衡关系,差动保护软件实时计算变压器各相的差动电流和制动电流,并按照第二章第三节介绍的变压器比率差动和差动速断动作特性来判断每一相差动保护是否应该动作。任一相比率差动保护或差动速断保护动作,都应该跳开变压器两侧断路器。

牵引变压器的比率差动保护一般采用二次谐波闭锁判据以防止励磁涌流引起的差动保护

误动,并采用三相或门方案,其原理框图如图 3.25 所示。

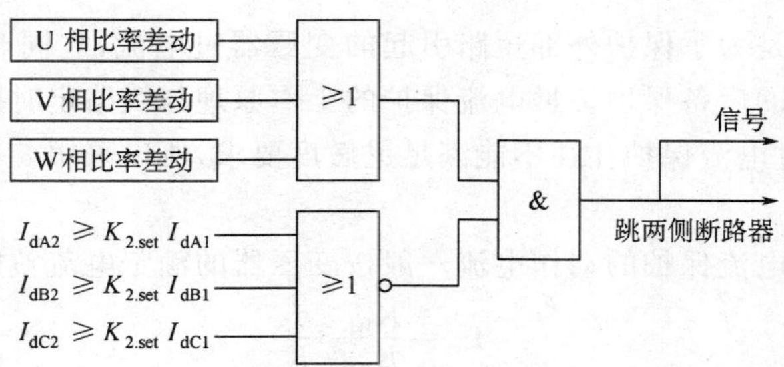

图 3.25　二次谐波闭锁的比率差动保护原理框图

图 3.25 中,I_{dA2}、I_{dB2}、I_{dC2} 和 I_{dA1}、I_{dB1}、I_{dC1} 分别表示变压器 U、V、W 相差动电流中的二次谐波电流和基波电流,$K_{2.set}$ 为二次谐波闭锁系数整定值。

差动速断保护的原理框图如图 3.26 所示。

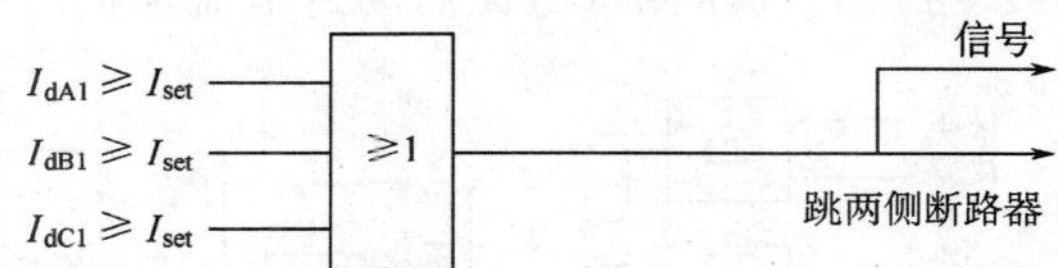

图 3.26　差动速断保护原理框图

差动保护的整定计算已在第二章第三节中做了详细描述,这里不再重复。

二、瓦斯保护

牵引变压器通常利用变压器油作为绝缘和冷却介质。当变压器油箱内发生故障时,在故障电流和故障点电弧的作用下,变压器油和其他绝缘材料会受热分解,产生大量气体。同时,气体的上升会引起油流的变化。利用这个特点构成的保护叫做瓦斯保护或称气体保护。

瓦斯保护的主要元件是气体继电器,它安装在油箱和油枕之间的连接管道上,如图 3.27 所示。

气体继电器有两个输出触点:一个反映变压器油箱内的不正常或轻微故障,称为轻瓦斯;另一个反映变压器油箱内的严重故障,称为重瓦斯。当变压器内发生轻微故障时,油箱内产生的气体较少且速度慢,由于油枕处在油箱的上方,气体沿管道上升,使气体继电器内的油面下降,当下降到动作门槛时,轻瓦斯动作。继电器发出轻瓦斯信号,使运行人员能够迅速发现故障并及时处理。发生严重故障时,故障点温度剧增产生的大量气体迫使变压器油从油箱经过管道冲向油枕,气体继电器感受到的油速达到动作门槛时,重瓦斯动作。继电器发出重瓦斯跳闸指令,断开变压器两侧断路器。

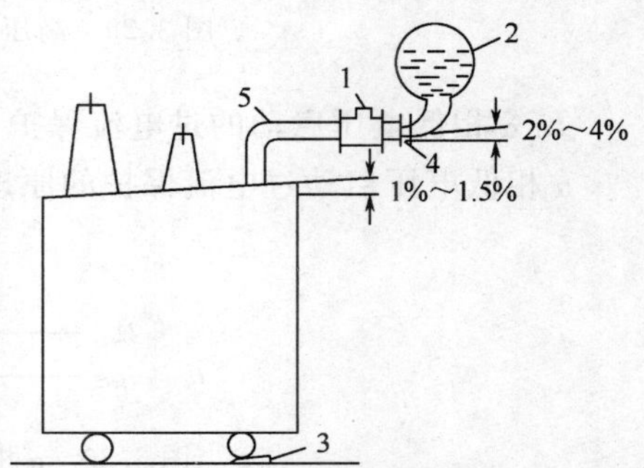

图 3.27　气体继电器安装位置

1—气体继电器;2—油枕;3—钢垫块;4—阀门;5—导油管

三、低电压启动的过电流保护

过电流保护主要是为了保护外部短路引起的变压器过电流，它同时也可以作为变压器差动保护以及馈线保护的后备保护。过电流保护的工作原理与线路定时限过电流保护相同。对于牵引变压器，由于过电流保护往往不能满足灵敏度要求，所以采用α相和β相低电压启动的过电流保护。

低电压启动的过电流保护的动作电流一般按变压器的额定电流整定，计算公式如下：

$$I_{set}=\frac{K_{rel}\times I_N}{K_{re}*K_i} \tag{3.42}$$

式(3.42)中，I_N 为变压器额定电流；K_{rel}为可靠系数，一般取 1.2～1.3；K_{re}为返回系数，可取 0.95；K_i 为电流互感器变比。

低电压启动的过电流保护的电压整定值一般按牵引网额定电压的 60%～70%整定。

1. 高压侧低电压启动的过电流保护

对于阻抗匹配平衡变压器、Y/d11 接线变压器、V/v 接线变压器、Scott 接线变压器、V/x 接线变压器、十字交叉接线变压器，高压侧低电压启动过电流保护的原理框图如图 3.28 所示。

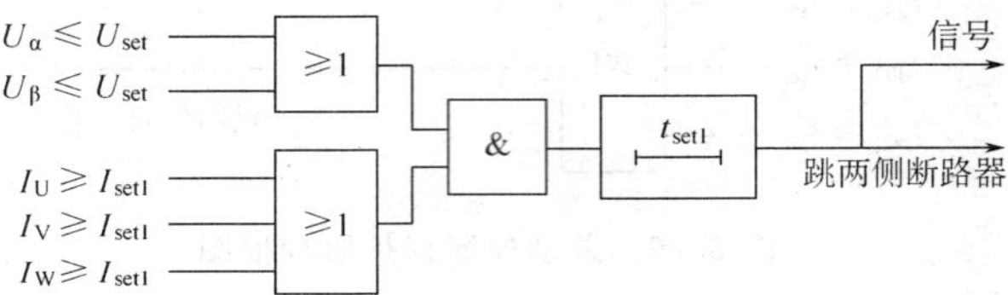

图 3.28　高压侧低电压启动过电流保护原理框图之一

对于单相变压器，其高压侧低电压启动过电流保护的原理框图如图 3.29 所示。

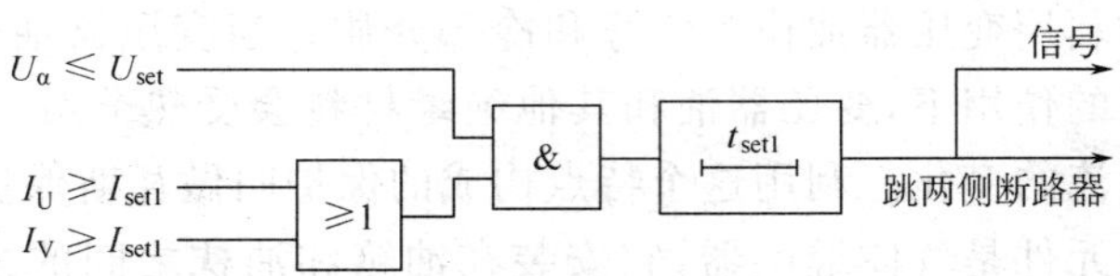

图 3.29　高压侧低电压启动过电流保护原理框图

2. α相低电压启动的过电流保护

α相低电压启动过电流保护的原理框图如图 3.30 所示。

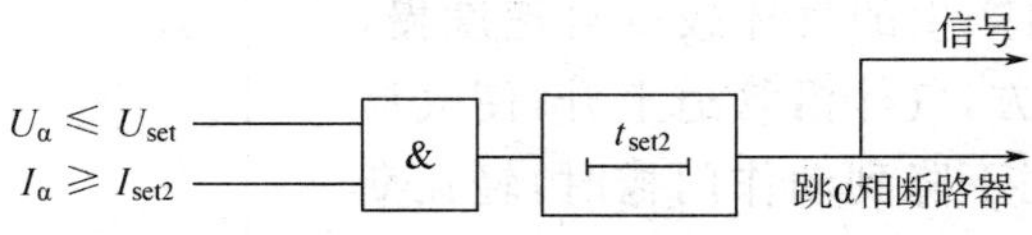

图 3.30　α相低电压启动过电流保护原理框图

3. β相低电压启动的过电流保护

β相低电压启动过电流保护的原理框图如图 3.31 所示。

图 3.28～图 3.31 中，U_α、U_β 分别表示低压侧α相和β相电压；U_{set}表示低电压启动定值；

I_U、I_V、I_W 分别表示高压侧 U、V、W 相电流；I_{set1} 表示高压侧过电流保护动作电流定值；t_{set1} 表示高压侧过电流保护时限定值；I_{set2} 表示 α 相过电流保护动作电流定值；t_{set2} 表示 α 相过电流保护时限定值；I_{set3} 表示 β 相过电流保护动作电流定值；t_{set3} 表示 β 相过电流保护时限定值。

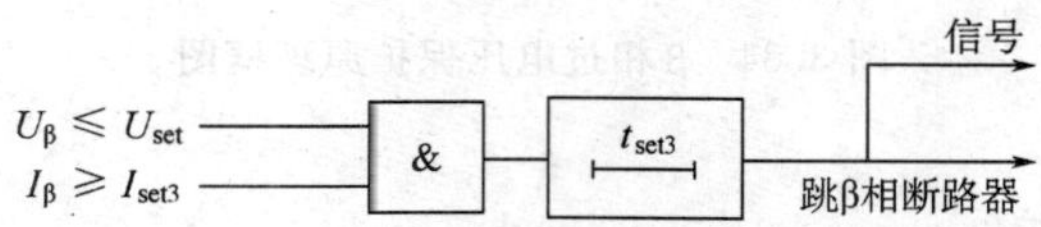

图 3.31 β相低电压启动过电流保护原理框图

四、零序过电流保护

当供电系统中性点直接接地运行时，其变压器通常都采用零序过电流保护作为变压器接地故障的后备保护，其原理框图如图 3.32 所示。

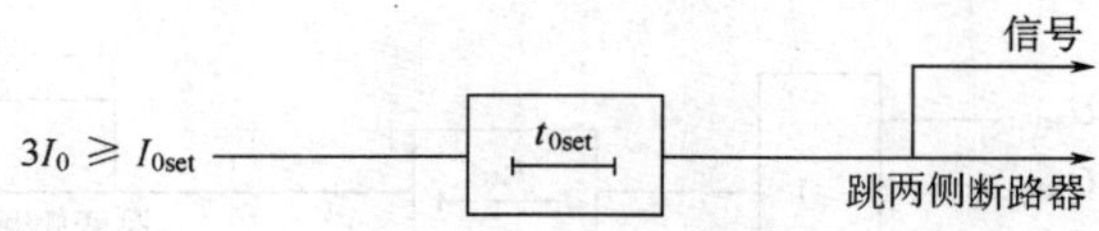

图 3.32 零序过电流保护原理框图

图 3.32 中，$3I_0$ 表示零序电流；I_{0set} 表示零序过电流保护动作电流定值；t_{0set} 表示零序过电流保护时限定值。

零序过电流保护的整定一般根据经验公式来确定：

$$I_{0set}=\frac{K_{rel}\times I_N}{K_{re} * K_i}\times 70\% \tag{3.43}$$

式(3.43)中，I_N 为变压器额定电流；K_{rel} 为可靠系数，一般取 1.2～1.3；K_{re} 为返回系数，可取 0.95；K_i 为零序电流互感器变比。

五、低压侧过电压保护

牵引变压器低压侧过电压保护可以保护变压器对抗接触网系统带来的不允许过电压，例如几辆机车同时反馈电能带来的过电压。α 相和 β 相过电压保护原理框图如图 3.33 和图 3.34 所示。

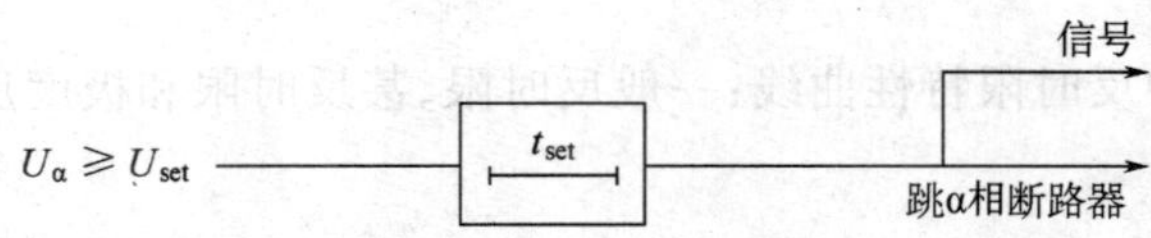

图 3.33 α 相过电压保护原理框图

图 3.33 和图 3.34 中，$U_α$、$U_β$ 分别表示低压侧 α 相和 β 相电压；U_{set} 表示过电压保护启动电压定值；t_{set} 表示过电压保护时限定值。

根据欧标 EN50163 对牵引系统允许电压的要求，低压侧过电压保护可设为两段：一段动作时限较长，启动电压为系统标称电压 27.5 kV 的 124%，时限 30 s；二段快速动作，启动电压为系统标称电压 27.5 kV 的 150%，时限 0.1 s。

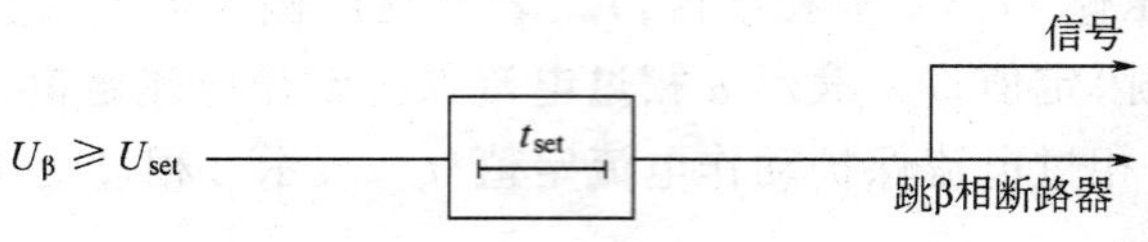

图 3.34　β相过电压保护原理框图

六、高压侧低电压保护

牵引变压器高压侧应配置低电压保护，以保护变压器对抗压降，并作为高阻故障的后备保护。

图 3.35 中，U_{UV}、U_{VW}、U_{WU}分别表示高压侧相间电压；U_{set}表示高压侧低电压保护的电压启动定值，一般按高压侧额定电压的 60%～70%整定；t_{set}表示高压侧低电压保护时限定值，典型值为 2 s。

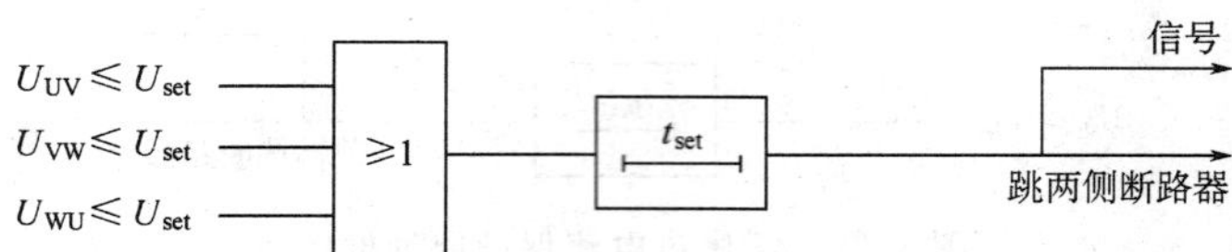

图 3.35　高压侧低电压保护原理框图

七、过负荷保护

牵引变压器的不正常工作状态包括过负荷运行，对此应配置反时限过负荷保护。反时限过负荷保护反应变压器绕组的平均发热状况，防止变压器过热而受损坏。反时限过负荷保护的方案框图如图 3.36 所示。

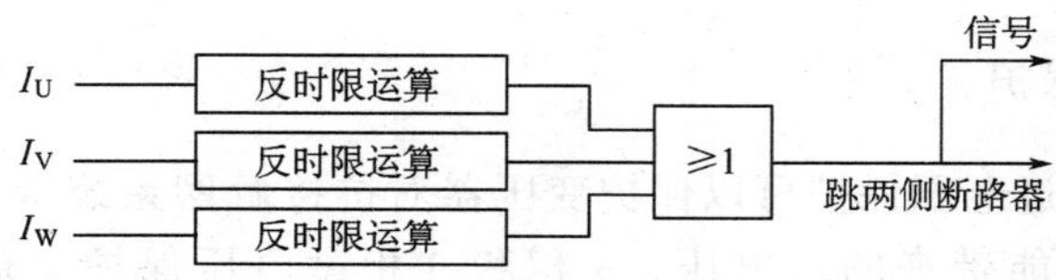

图 3.36　反时限过负荷保护方案框图

IEC255-3 提供三种反时限特性曲线：一般反时限、甚反时限和极度反时限。

一般反时限特性

$$t=\frac{0.14}{\left(\frac{I}{I_{set}}\right)^{0.02}-1}\times\frac{t_{set}}{10} \tag{3.44}$$

甚反时限特性

$$t=\frac{13.5}{\frac{I}{I_{set}}-1}\times\frac{t_{set}}{10} \tag{3.45}$$

极度反时限特性

$$t=\frac{80}{\left(\frac{I}{I_{set}}\right)^2-1}\times\frac{t_{set}}{10} \tag{3.46}$$

在式(3.44)～式(3.46)中，I_{set}表示启动电流整定值；t_{set}表示时间常数整定值。

八、其他非电量保护

对变压器温度及油箱内压力升高和冷却系统故障，可专设作用于信号或动作于跳闸的非电量保护，如，反映变压器内部压力过大的瓦斯保护；反映变压器油温偏高的温度1段、温度2段等温度保护。非电量保护在变压器的继电保护配置中有着不可替代的作用，是对常规配置的模拟量保护的重要补充。

第四节 并补保护

一、并联补偿概述

电力牵引负荷波动范围很大，一般电力机车电流很难保持30 s平稳不变，有时还会在更短的时间发生更突然的变化，使得日平均负荷与短时最大(如10 min内)负荷相差很大。同时，现在国内外普遍采用交—直型电力机车，这使牵引负荷具有低功率因数和含有丰富谐波(主要是奇次)的特点。因此，功率因数低、谐波随机性大和产生负序电流是牵引供电系统自身具有的特点，这不仅使牵引供电系统自身的技术指标变差，还使系统电能质量受到损害。

技术经济计算和国内外的实践表明，并联补偿是解决用户无功及相关问题的最佳手段。由于电气化铁路的负序电流和谐波也都与无功同时产生，所以只要采用适当并联补偿就能达到综合补偿的目的。在电气化铁路上采用并联补偿实现对无功、负序和谐波的综合补偿。

并联补偿可以安装在牵引变电所的牵引母线上，也可以安装在牵引网的某一个特定地点或电力机车上。前者称为牵引变电所的并联补偿，后者称为牵引网的并联补偿。

牵引变电所通常采用单相的并联电容补偿装置，其原理接线如图3.37所示，并联电容补偿装置由电容器组C和电抗器L串联构成。

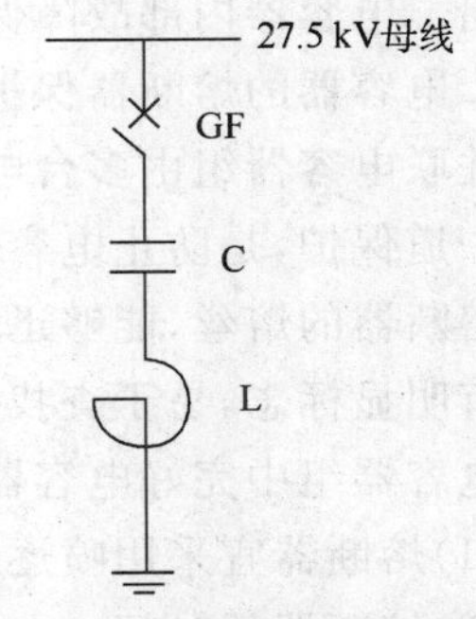

图3.37 并联电容补偿装置接线示意图

并联电容补偿装置在运行过程中可能发生的故障和不正常运行状态包括：

(1)电容器内部故障。电容器组是由若干台小容量电容器通过并联、串联构成，电容器极板之间的绝缘在高电场作用下，在薄弱环节处首先产生过热、游离，直到局部击穿。单个电容器的击穿，将导致与之并联的电容器被短路或导致与之串联的电容器电压升高，从而可能引起新的电容器击穿，造成剩余电容器的电压更高，产生恶性连锁反应，最终造成电容器的贯穿性短路。如果箱壳内部的故障电流较大，绝缘分解的气体增多，箱壳内部压力就会增高，轻则发生漏油或“鼓肚”现象，重则箱体爆裂、起火、酿成大患。

(2)电容器外部接地短路。电容器组和断路器之间的引线、绝缘子、导管间，电容器组与电抗器之间的连接线可能发生接地短路，对短路的回路中的设备产生热和力的破坏。

(3)电容器的过电压。电容器只允许在 1.1 倍工频电压下长期运行。电容器内部有功损耗为 $P_r = \bar{\omega} C U^2 \tan\delta$($\tan\delta$ 为电介质损耗角正切,即介质损耗因数),在运行电压 U 增高时,电容器的功率损耗 P_r 和内部温度增高很快,影响电容器寿命,严重时将击穿。

(4)电容器的失压。电容器因故失压后仍接在系统中,并存在残余电压时,如当再次施加电压时,电容器的残余电压可能使电容器外接端电压超过 1.1 倍额定电压;也可能因变压器带电容器合闸产生谐振过电压;空载变压器(停电后恢复供电初期)因电压较高,也能造成电容器过电压。

因此,为了保障并联电容补偿装置的安全可靠运行,必须对其设置可靠的保护,并联电容补偿装置的保护应满足如下要求:

(1)当电容器组内部发生击穿故障时,将故障电容器迅速切除,防止事故范围扩大。

(2)当电容器组内部切除一台电容器时,需发出报警信号;当切除若干台电容器后,导致该电容器组内部完好电容器承受的电压超过电容器额定电压的 10%时,需将并联电容补偿装置退出运行。

(3)当牵引变电所 27.5 kV 母线发生故障时,应将并联电容补偿装置退出运行。

(4)当牵引变电所 27.5 kV 母线电压过高,对电容器组可能造成危害时,应将并联电容补偿装置退出运行;当母线电压过低或牵引变电所停电时,为了避免变压器带电容器合闸引起的工频过电压,应将并联电容补偿装置退出运行。

(5)由于谐波或过电压的影响,电容器组处于过负荷运行时,应将并联电容补偿装置退出运行。

二、并补保护基本原理

(一)电容器组内部故障保护

电容器组内部故障有一个发展过程,最初只是个别串联元件损坏,逐渐波及其他相邻元件,造成过电流和过电压击穿,击穿越多,击穿发展越快,直至全部击穿而短路。电容器组内部故障保护的目的就是当电容器组出现元件部分击穿但尚未引起全部击穿短路时,将其从系统中退出。电容器内部故障保护包括两个部分,即熔断器保护和继电保护。

1. 电容器的熔断器保护

并联电容器组由多台电容器经过串联和并联构成。单台电容器的熔断器保护是电容器组的第一道保护,是防止电容器组内部故障扩大为油箱爆炸事故的重要措施。故障电流直接作用于熔断器的熔丝,能够迅速切断故障,且故障电流越大动作时间越短。熔断器的熔丝保护动作后有明显标志,易于查找故障点。熔断器保护能够快速切除故障电容器,防止事故扩大,同时使电容器组中完好电容器继续运行。对单台电容器的熔断器保护有如下要求:

(1)熔断器宜采用喷逐式熔断器。

(2)熔断器的时间—电流特性曲线和电容器外壳的爆裂概率曲线相配合,应选择在被保护的电容器外壳的 10%爆裂概率曲线的左侧。在不能给出电容器爆裂概率曲线的情况下,熔断器应能保证在电容器内部击穿 50%～70%时,可靠熔断。

(3)在电容器组合闸涌流的作用下,熔断器不应熔断。

(4)熔断器的熔丝额定电流选择,不应小于电容器额定电流的 1.43 倍,并不宜大于额定电流的 1.55 倍。

2.差电压保护

(1)差电压保护基本原理。电容器组是由多台电容器通过串联、并联构成，当单台电容发生内部故障由熔断器保护切除后，继续运行的电容器将出现过电压，从而使这些电容器的绝缘老化，给完好电容器造成击穿的条件。当电容器组中由熔断器保护切除多台故障电容器后，余下的电容器上承受的电压超过其额定电压的10%时，并联电容补偿装置应退出运行。因此，对并联电容补偿装置中的电容器组设置差电压保护。差电压是一种灵敏度高、保护范围大、不受合闸涌流、高次谐波及电压波动影响的保护方式。

差电压保护原理接线如图3.38所示。将电容器组分为容量相等的上下两段，通过两个电压互感器(TV1和TV2)获得上下两段电容器的端电压为U_1和U_2，差电压为$\Delta U=U_1-U_2$。电容器组完好时，上下两段电容器的端电压相等即$U_1=U_2$，则差电压$\Delta U=0$；当电容器组内部电容器损坏，导致上下两段电容器容量不相等时，$U_1\neq U_2$，则差电压$\Delta U\neq 0$。

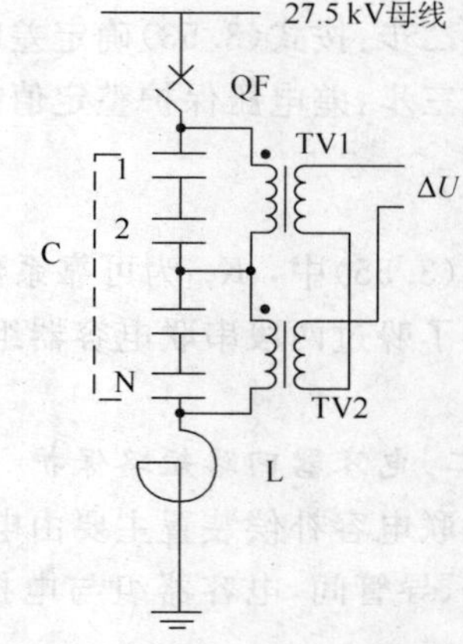

图3.38　差电压保护原理接线示意图

(2)差电压保护的整定。如图3.38所示，设电容器组由N组串联，每一组由M台电容器并联，单台电容器的容量为C，电抗器基波感抗与电容器组基波容抗之比为D。

假设某一并联组中有K台电容器被切除，设为故障组，则该组电容器的容量为：

$$C_{故}=(M-K)C \tag{3.47}$$

完好并联电容器组的容量为：

$$C_{好}=MC \tag{3.48}$$

由式(3.47)和式(3.48)可得整个电容器组的总容量为：

$$\frac{1}{C_{总}}=\frac{N-1}{MC}+\frac{1}{(M-K)C}=\frac{(N-1)(M-K)+M}{M(M-K)C} \tag{3.49}$$

则流过电容器组的电流为：

$$\begin{aligned}I&=\frac{U_{max}}{X_C-X_L}=\frac{U_{max}}{\left[\dfrac{(N-1)(M-K)+M}{M(M-K)\bar{\omega}C}-\dfrac{DN}{M\bar{\omega}C}\right]}\\&=\frac{M(M-K)\bar{\omega}C}{N(M-K)(1-D)+K}U_{max}\end{aligned} \tag{3.50}$$

式(3.50)中，U_{max}为牵引变电所27.5 kV母线最高电压。

故障电容器组上的电压为：

$$U_{故}=\frac{I}{\bar{\omega}C_{故}}=\frac{MU_{max}}{N(M-K)(1-D)+K} \tag{3.51}$$

完好电容器组上的电压为：

$$U_{好}=\frac{I}{\bar{\omega}C_{好}}=\frac{(M-K)U_{max}}{N(M-K)(1-D)+K} \tag{3.52}$$

由式(3.51)和式(3.52)可得差电压为：

$$\Delta U=U_{故}-U_{好}=\frac{KU_{max}}{N(M-K)(1-D)+K} \tag{3.53}$$

从式(3.51)和式(3.52)可以看出,发生故障的并联电容器组的端电压将升高,完好的并联电容器组上的电压将降低。因此差电压保护按如下原则进行整定:

第一步:确定并联电容器组中故障电容器端电压超过1.1倍额定电压时,熔断器已切除电容器的台数K,按式(3.54)计算。

$$\frac{MU_{\max}}{N(M-K)(1-D)+K}\geqslant 1.1U_{\mathrm{N}} \tag{3.54}$$

式(3.54)中,U_{N}为单台电容器的额定电压。

第二步:按式(3.53)确定差电压ΔU。

第三步:差电压保护整定值按式(3.55)计算。

$$U_{\mathrm{set}}=\frac{\Delta U}{K_{\mathrm{rel}}}\cdot\frac{1}{K_{\mathrm{v}}} \tag{3.55}$$

式(3.55)中,K_{rel}为可靠系数,取1.3~1.5;K_{v}为TV变比。

为了躲过两段串联电容器组上瞬时出现的不平衡电压,差电压保护的典型时限为0.1~1 s。

(二)电容器回路短路保护

并联电容补偿装置主要由电容器组与电抗器串联构成,当电容器组和断路器之间的引线、绝缘子、导管间,电容器组与电抗器之间的连接线发生接地短路时,应将并联电容补偿装置退出。

1. 电流速断保护

电流速断保护用于断路器与电容器组之间连接线短路故障的保护。电流速断保护按躲过并联电容补偿装置投入时产生的最大涌流整定,并考虑一定的裕度。

$$I_{\mathrm{set}}=\frac{K_{\mathrm{rel}}\cdot I_{\mathrm{ymax}}}{K_{\mathrm{i}}} \tag{3.56}$$

在式(3.56)中,K_{rel}为可靠系数,一般取1.2左右;K_{i}为TA变比;I_{ymax}为并联电容装置的最大合闸涌流,根据国家标准《并联电容器装置设计规范》(GB 50227—1995)规定,并联电容补偿补装置的最大合闸涌流按式(3.57)计算

$$I_{\mathrm{ymax}}=\sqrt{2}\,I_{\mathrm{N}}\cdot\left(1+\sqrt{\frac{X_{\mathrm{C}}}{X_{\mathrm{L}}}}\right) \tag{3.57}$$

在式(3.57)中,I_{N}为电容器组的额定电流;X_{C}为电容器组容抗;X_{L}为串联电抗器的感抗。

2. 过电流保护

过电流保护的作用是:防止电容器组过负荷运行、用于电容器组内部部分接地故障的保护,同时作为电流速断保护的后备保护。过电流保护的动作电流应考虑:

(1)电容器组的电容在+10%的偏差,使负荷电流增大。

(2)电容器允许在1.3倍额定电流下长期运行。

(3)合闸涌流冲击下不误动。

因此,过电流保护一般根据电容器组的过电流倍数整定,并考虑一定的裕度。

$$I_{\mathrm{set}}=\frac{k_{\mathrm{rel}}\cdot K_{\mathrm{pe}}\cdot I_{\mathrm{N}}}{K_{\mathrm{i}}} \tag{3.58}$$

在式(3.58)中,K_{rel}为可靠系数,一般取1.2左右;K_{pe}为电容器组过电流倍数,一般取

1.3；K_i 为 TA 变比。

过电流保护的时限按躲过并联电容补偿装置合闸涌流的最大持续时间来整定，一般取 0.5～1 s 左右。

3.谐波过电流保护

谐波过电流保护用于防止由于谐波含量过高而引起电容器过热对电容器造成的危害，根据国家标准《并联电容器装置设计规范》(GB 50227—1995)规定，谐波过流保护的电流整定为

$$I_{set}=\sqrt{(1.3I_N)^2-\left(\frac{27\ 500}{X_C-X_L}\right)^2} \tag{3.59}$$

典型时限为 120 s。

4.差电流保护

电容器组 C 的构成如图 3.39 所示，是由多台电容器通过并联、串联后构成。设电容器组由 N 段串联组成。对于电容器组内部连接线上的接地短路故障，即在 1 段和 2 段之间连接线发生接地短路时的电流最大，在 $N-1$ 段和 N 段之间连接线发生接地短路的电流最小。因此，当靠近末端段发生接地短路时，过电流保护可能拒动。当电容器组 C 与电抗器 L 之间的连接线发生接地短路时，由于回路阻抗比并联电容补偿装置正常时的阻抗大，短路电流就比正常运行时的电流小，过电流保护不能动作。因此，针对并联电容补偿装置内部发生接地短路的这些特性，对并联电容补偿装置设置差电流保护，用于对并联电容补偿装置内部接地短路故障的保护。

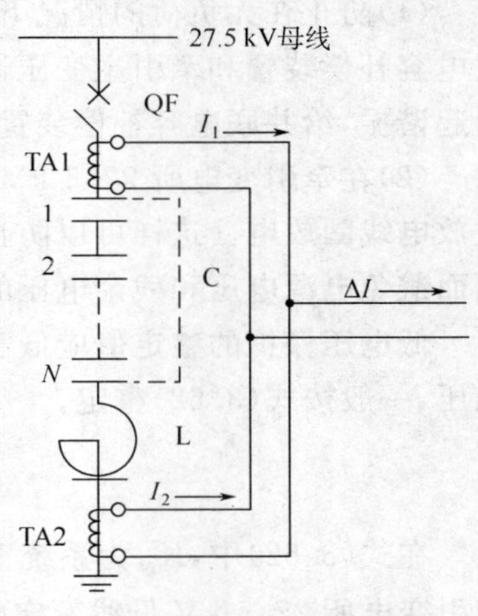

图 3.39　差电流保护示意图

差电流保护由并联电容补偿装置首端和末端的两个电流互感器(TA1、TA2)二次侧差接构成，如图 3.39 所示。并联电容补偿装置内部正常时，流过 TA1 和 TA2 的电流大小相等，即 $I_1=I_2$，差电流 $\Delta I=I_1-I_2=0$。当并联电容补偿装置内部发生接地短路故障时，流过 TA1 和 TA2 的电流不相等，即 $I_1\neq I_2$，差电流 $\Delta I=I_1-I_2\neq 0$。差电流保护具有很高的灵敏度，能够可靠地切除并联电容补偿装置内部发生的接地短路故障的电容器组。

差电流保护按躲过并联电容补偿装置合闸时可能出现的最大不平衡电流整定，如式(3.60)所示。

$$I_{set}=\frac{K_{rel}\cdot K_{st}\cdot \Delta f_{max}\cdot I_{ymax}}{K_i} \tag{3.60}$$

在式(3.60)中，K_{rel} 为可靠系数，取 1.3；K_{st} 为电流互感器同型系数，TA1 和 TA2 同型时取 0.5，不同型取 1；Δf_{max} 为电流互感器最大允许误差，取 0.1；K_i 为 TA 变比。

差电流保护动作时限一般按 0.1～1 s 整定。

5.过电压保护

电容器组的过电压可能由两种情况引起，一是电容器组内部单台电容器发生故障由熔断器保护切除后，由于故障组容量减小，其承受的电压将升高，这一类故障可以由差电压保护切除；二是牵引变电所母线电压过高引起的电容器组过电压。因此设置过电压保护，防止由于牵

引变电所母线电压过高引起的电容器组过电压。

电容器组只能允许在1.1倍额定电压下长期运行，当牵引变电所母线电压升高时，过电压保护应将并联电容补偿装置切除。过电压保护动作电压一般按电容器组额定电压的1.05～1.1倍整定，如式(3.61)所示。

$$U_{set}=K_{pe}\cdot\frac{X_C-X_L}{X_C}\cdot\frac{U_N}{U_{max}} \tag{3.61}$$

在式(3.61)中，K_{pe}为电容器组过电压倍数，取1.05～1.1；U_N为电容器组额定电压；U_{max}为牵引变电所27.5 kV母线最高工作电压。

过电压保护的时限应躲过牵引变电所27.5 kV母线可能出现的瞬时过电压的持续时间，比如并联电容补偿装置投入时产生瞬时过电压的持续时间。典型时限为1～2 s。

6.低电压保护

设置低电压保护的目的是：

(1)防止在无负荷的情况下，并联电容补偿装置和牵引主变压器同时投入。这是因为当并联电容补偿装置和牵引主变压器同时投入时，变压器与并联电容补偿装置形成串联回路，可能引起谐振，给并联电容补偿装置和系统造成严重后果。

(2)在牵引变电所27.5 kV母线失电时，将并联电容补偿装置退出运行，且使电容器组通过放电线圈放电。这样可以防止在母线电压恢复时，电容器极间的残压小于10%额定电压，从而避免电源电压和残余电压的叠加引起电容器出现超过1.1倍额定电压的过电压。

低电压保护的整定值应低于系统正常工作时牵引变电所27.5 kV母线可能出现的最低电压，一般按式(3.62)整定。

$$U_{set}=\frac{K_{pe}\cdot U_N}{K_v} \tag{3.62}$$

在式(3.62)中，K_{pe}为系统正常运行时可能出现的最低电压系数，一般取0.5～0.6；U_N为牵引变电所27.5 kV母线额定电压；K_v为TV变比。

低电压保护的动作时限一般整定为1～3 s。

三、串联电容补偿装置及其保护

随着我国铁路高速、重载发展步伐的加快，牵引网供电范围和负荷增大，致使线路电压损失增大，导致牵引网末端电压降低，部分供电臂末端甚至低于非正常状态网压最低要求(19 kV)，导致列车无法运行，需采取措施，提高牵引网末端电压，以保证列车正常运行。

提高牵引网末端电压水平主要有三种方法：一是通过改变牵引变电所变压器抽头实现调压；二是采用增加牵引变压器容量的办法来提高牵引网末端电压水平；三是在牵引网端或中间串联电容补偿的方法，它以串联电容器的容抗补偿牵引供电系统的感抗来减少电压损失，从而提高牵引网末端电压水平。第三种方法具有结构简单、工程造价低、运行可靠等优点，因此，采用串联电容补偿提高牵引网末端电压在电气化铁路中得到了广泛应用。

(一)串联电容补偿装置的构成

串联电容补偿装置主接线如图3.40所示。串联电容补偿装置主要由串联电容器组C、隔离开关1QS和2QS、保护间隙FJ、旁路断路器2QF、阻尼电阻R和阻尼电抗L以及电流互感器TA组成。当电容器组C投入运行时，1QS与2QF断开，2QS合上，则牵引供电臂上有串

联电容补偿；当电容器组C退出运行时，1QS与2QF合上，2QS断开，则牵引供电臂上无串联电容补偿。

串联电容器组C为串联电容补偿装置主设备，当牵引电流通过电容器组时产生容性电压降跳变抬高馈线出口电压，从而提高牵引网电压水平，同时可以改善牵引网功率因数。

放电间隙FJ的作用是保护电容器组。在正常情况下有牵引负荷且无论牵引负荷大小，放电间隙处于断开状态；只有在非正常情况下，如接触网发生短路故障使串联电容器组两端出现高电压时，放电间隙将被击穿使处于过电压状态的电容器组被暂时短接，从而保护串联电容器组不受长时间高电压的危害。

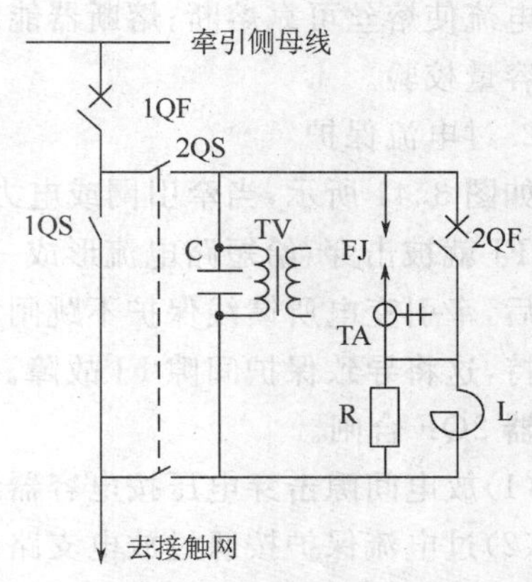

图3.40　串联电容补偿装置主接线示意图

电流互感器TA与放电间隙FJ串联，在正常工作状态下放电间隙不被击穿时，电流互感器无电流流过；当放电间隙被击穿时，通过电流互感器形成串联电容器组的放电回路。因此，通过电流互感器检测是否有放电电流存在来判断电容组是否处于过电压状态。

旁路断路器2QF与放电间隙FJ(串电流互感器TA)相并联，正常工作时旁路断路器处于分闸状态，在非正常情况下放电间隙被击穿，保护装置通过电流互感器TA检测到放电电流，使旁路断路器合闸。这样就能够长时间短接串联电容器组和放电间隙，使放电间隙熄弧，恢复绝缘状态。

阻尼电阻R和阻尼电抗L先并联后再与电流互感器TA、旁路断路器2QF相串联。无论是放电间隙FJ被击穿，还是旁路断路器2QF合闸都是通过R和L构成串联电容器组的放电回路，其作用是限制串联电容器组放电的过渡过程，无论在馈线断路器跳闸前还是接触网短路电流通过该回路。

(二)串联电容补偿装置的保护

1.电容器组内部故障的保护

并联电容补偿装置中的电容器组是由多台小容量电容经过串联、并联构成，对每一台电容器装设专用的快速动作的熔断器。串联电容补偿装置的电容器组也是由若干台小容量电容器经过串联、并联构成，但对每一台电容器不装设专用的熔断器，而是在电容器的一次接线和安装方面采取措施。将串联电容补偿装置的电容器分成若干小组，每个小组的电容器安装在一个辅助平台上，每个辅助平台又安装在主平台上，主平台与辅助平台之间是绝缘的。将辅助平台上的电容器按一定的接线要求进行串联、并联连接。采用装设在辅助平台上的绝缘监察装置来实现对电容器组内部故障的保护，绝缘监察装置由跌落式熔断器构成，如图3.41所示。

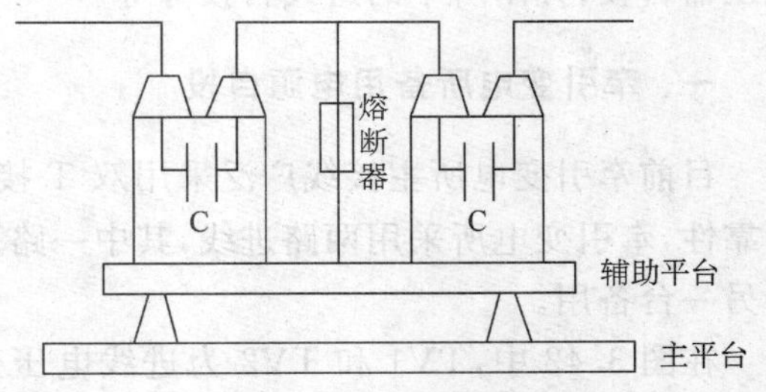

图3.41　串联电容补偿装置的绝缘监察装置示意图

如图3.41所示，当电容器内部发生故障

（如电容器极板与箱壳之间的绝缘损坏）时，跌落式熔断器熔断，指示该台电容器故障。这种保护方式不启动旁路断路器 2QF 合闸，电容器组不退出运行，其主要缺点是：跌落式熔断器指示的电容器故障只有靠人工巡视才能发现。

跌落式熔断器熔丝的选择应满足：保证电容器极板与箱壳之间绝缘损坏时，通过熔断器的故障电流使熔丝可靠熔断；熔断器能承受的电压应不小于 4 倍单台电容器额定电压；熔管需按遮断容量校验。

2. 过电流保护

如图 3.41 所示，当牵引网或电力机车段短路时，只要电容器组的电压升高到一定值，保护间隙 FJ 就被击穿，给短路电流形成一个放电回路。如果是电力机车内部故障，机车主断路器跳闸后，牵引变电所馈线保护不跳闸，保护间隙 FJ 的电弧将由线路上其他电力机车的负荷电流维持，这将导致保护间隙 FJ 故障。因此，只要放电间隙 FJ 中存在放电电流，就应该将旁路断路器 2QF 合闸。

（1）放电间隙击穿电压按电容器组额定电压的 2.5～3 倍整定。

（2）过电流保护按躲过放电支路的不平衡电流整定，如式（3.63）所示。

$$I_{set}=\frac{K_{rel}\cdot I_{dsq}}{K_i} \tag{3.63}$$

式（3.63）中，K_{rel} 为可靠系数，一般取 1.2；I_{dsq} 为放电间隙的不平衡电流，可按 150 A 整定，并根据实际情况调整；K_i 为 TA 变比。

过电流保护的时限一般整定为 0.01～0.1 s 左右。

3. 过电压保护

过电压保护作为放电间隙击穿的后备保护，一般按电容器组额定电压的 2.5 倍进行整定，如式（3.64）所示。

$$U_{set}=\frac{2.5\cdot U_N}{K_v} \tag{3.64}$$

式（3.64）中，U_N 为电容器组额定电压；K_v 为并联于串联电容组两端的电压互感器变比。

第五节　备用电源自投

为了提高供电的可靠性，保证重要用户的不间断供电，在电力网络中广泛采用备用电源自投装置。铁路牵引供电负荷属于一级电力负荷，因此备用电源自投装置也得到了广泛应用。例如牵引变电所中的 110 kV 或 220 kV 进线自投、牵引主变压器自投；AT 供电方式下的自耦变压器自投；开闭所中的进线自投等等。

一、牵引变电所备用电源自投

目前牵引变电所主接线广泛采用双 T 接线，如图 3.42 所示。为了提高牵引供电系统的可靠性，牵引变电所采用两路进线，其中一路运行另一路备用，两台牵引主变压器，其中一台运行另一台备用。

在图 3.42 中，TV1 和 TV2 为进线电压互感器，其目的是为了检测两路进线是否有压。TV3 和 TV4 为高压侧电压互感器，用于检测高压侧母线电压。TV5 和 TV6 为低压侧电压互

感器，用于检测低压侧α相、β相电压。在正常运行时，图中的手动隔离开关均处于合位。

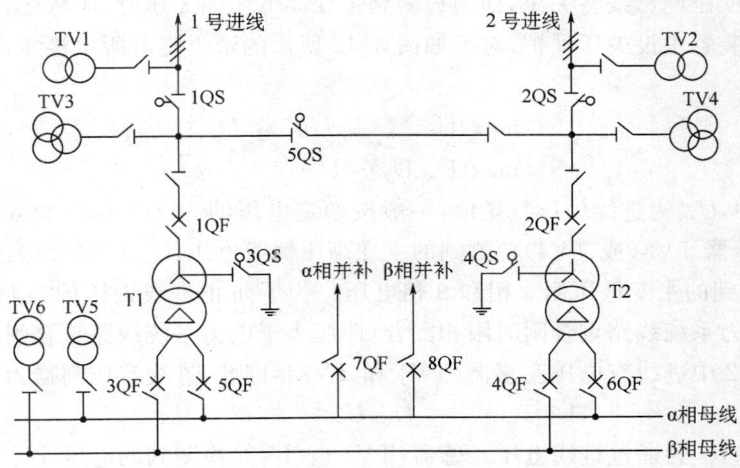

图 3.42　牵引变电所主接线示意图

为了提高牵引供电系统的可靠性，牵引变电所的牵引主变压器均采用100%固定备用方式，即牵引变电所安装两台牵引变压器。正常运行时，只有一台变压器运行，另一台处于备用状态。当运行变压器故障或需要检修时，另一台投入运行。为了缩短故障时两台变压器的投切时间，保证供电的连续性，在牵引变电所设置主变自投。当运行变压器故障时，保护装置将故障变压器切除后，主变自投装置迅速将备用变压器投入运行。

为了提高牵引供电系统的可靠性，牵引变电所进线采用100%备用方式，即设置两路独立进线，一路运行，另一路备用。正常运行时，只有一路进线工作，另一路处于备用状态。当正在工作的进线失压时，应通过所设置进线自投装置将工作进线切换到备用进线，以保障牵引供电的连续性。

备用电源自投装置应考虑如下因素：

(1)主变自投采用保护装置启动方式，即只有在变压器本身故障或变压器两侧断路器处于非正常运行状态(如 SF_6 断路器压力异常等)，无法保障变压器安全运行的情况下，备自投装置使断路器分闸的同时，发出变压器自投指令。这种启动方式既能区别故障的性质，又能保证在变压器外部故障时自投装置不会误动作。

(2)只有在备用变压器正常情况下，且变压器高低压侧的断路器处于分闸状态时，才允许备用电源自投装置将备用变压器投入运行。

(3)备用变压器的自动投入时间应尽量短，即在发出故障跳闸命令的同时，不经延时发出备用变压器自投命令。但断路器和隔离开关的动作顺序应严格遵照“断路器先分后合，隔离开关先合后分”的原则。

(4)当变压器检修时，应将备用电源自投撤除。

当正常工作的牵引主变压器发生故障时，变压器保护装置中差动保护、非电量保护(如：重瓦斯、温度Ⅱ段以及压力释放等)动作，将故障变压器切除，并启动备用电源自投功能，将备用变压器投入运行，以保障牵引供电系统的正常运行。

当正在工作的进线失压后，应将进线切换到备用进线保障牵引供电系统的正常运行。进线失压、进线有压的判据与牵引变电所主接线、电压互感器的配置及其安装位置有关。当进线失压后，主变高低压侧母线将失压，即当检测到主变高低压侧无压时，应将运行变压器退出，因此，在主变保护装置中设失压保护，对于如图 3.42 所示的牵引变电所主接线，主变失压判据如式(3.65)所示。

$$\begin{cases}\max(U_{UV}、U_{VW}、U_{WU})<U_{set}\\ \max(U_{\alpha}、U_{\beta})<U_{set}\end{cases}\tag{3.65}$$

式(3.65)中，U_{set}为进线失压整定值，一般按额定电压的 50%～60%整定；U_{UV}、U_{VW}、U_{WU}为通过电压互感器 TV3(或 TV4)检测到的主变高压侧线电压；U_{α}、U_{β} 分别为通过电压互感器 TV5、TV6 检测到的主变低压侧 α 相和 β 相电压。为了防止进线失压的误判，应带一定的延时，其时限与电力系统线路重合闸时限相配合，即应大于电力系统线路重合闸时间。

由于图 3.42 中进线有电压互感器(TV1 和 TV2)，因此，进线有压判据为：

$$U\geqslant U_{set}\tag{3.66}$$

式(3.66)中，U 为通过进线电压互感器(TV1 或 TV2)检测到的电压；U_{set}为进线有压整定值，一般按额定电压的 80%整定。

(一)进线主变运行方式

如图 3.42 所示，牵引变电所正常运行时，进线隔离开关 1QS 和 2QS 中只有一台合闸，同时牵引主变压器 T1 和 T2 中只有一台运行，因此共有四种运行方式，即两种直列运行方式和两种交叉供电方式。为了后面叙述方便，将四种运行方式定义如下：

(1)运行方式一，将运行方式一定义为 1 号进线带 T1 主变运行，则在图 3.42 中，1QS、1QF、3QF 和 5QF 处于合位；2QS、2QF、4QF、6QF 处于分位；跨桥隔离开关 5QS 处于分位。

(2)运行方式二，将运行方式二定义为 1 号进线带 T2 主变运行，则在图 3.42 中，1QS、5QS、2QF、4QF 和 6QF 处于合位；2QS、1QF、3QF 和 5QF 处于分位。

(3)运行方式三，将运行方式三定义为 2 号进线带 T1 主变运行，则在图 3.42 中，2QS、5QS、1QF、3QF 和 5QF 处于合位；1QS、2QF、4QF 和 6QF 处于分位。

(4)运行方式四，将运行方式四定义为 2 号进线带 T2 主变运行，则在图 3.42 中，2QS、2QF、4QF 和 6QF 处于合位；1QS、1QF、3QF 和 5QF 处于分位；跨桥隔离开关 5QS 处于分位。

(二)进线自投

下面对运行方式一和运行方式二条件下的进线自投流程进行讨论，运行方式三和运行方式四下的进线自投与之相似。

1.运行方式一下的进线自投

运行方式一对应于 1 号进线带 T1 主变运行，当 1 号进线失压时，应该切换到 2 号进线。如果允许交叉供电运行方式，则转换为 2 号进线带 T1 主变运行，即运行方式三；如果不允许交叉供电运行方式，则转换为 2 号进线带 T2 主变运行，即运行方式四。因此，运行方式一下的进线自投流程为：

(1)确认 T1 主变高低压侧断路器 1QF、3QF 和 5QF 是否处于分位，如果不在分位，则分 1QF、3QF 和 5QF，分闸成功则继续，否则结束。

(2)当 27.5 kV 母线上有并联电容补偿装置时，确认 α 相、β 相并联电容补偿装置断路器 7QF、8QF 是否处于分位，如果不在分位，则分 7QF 和 8QF，分闸成功则继续，否则结束。

(3)分 1 号进线隔离开关 1QS，如果分闸成功则继续，否则结束。

(4)检测2号进线是否有压(通过TV2),如果2号进线有压,则合2号进线隔离开关2QS,合闸成功则继续,否则结束。

(5)如果允许交叉供电运行方式,则继续,否则执行本运行方式的流程(11)。

(6)合跨桥隔离开关5QS,合闸成功则继续,否则结束。

(7)合T1变高压侧中性点隔离开关3QS,合闸成功则继续,否则结束。

(8)合T1变高压侧断路器1QF,合闸成功则继续,否则结束。

(9)合T1变低压侧断路器3QF、5QF,合闸成功则继续,否则结束。

(10)分T1变高压侧中性点隔离开关3QS,自投结束。

(11)合T2变高压侧中性点隔离开关4QS,合闸成功则继续,否则结束。

(12)合T2变高压侧断路器2QF,合闸成功则继续,否则结束。

(13)合T2变低压侧断路器4QF、6QF,合闸成功则继续,否则结束。

(14)分T2变高压侧中性点隔离开关4QS,自投结束。

2.运行方式二下的进线自投

运行方式二对应于1号进线带T2主变运行,当1号进线失压时,应该切换到2号进线。则转换为2号进线带T2主变运行,即运行方式四。因此,运行方式二下的进线自投流程为:

(1)确认T2主变高低压侧断路器2QF、4QF和6QF是否处于分位,如果不在分位,则分2QF、4QF和6QF,分闸成功则继续,否则结束。

(2)当27.5 kV母线上有并联电容补偿装置时,确认α相、β相并联电容补偿装置断路器7QF、8QF是否处于分位,如果不在分位,则分7QF和8QF,分闸成功则继续,否则结束。

(3)分跨桥隔离开关5QS,分闸成功则继续,否则结束。

(4)分1号进线隔离开关1QS,如果分闸成功则继续,否则结束。

(5)检测2号进线是否有压(通过TV2),如果2号进线有压,则合2号进线隔离开关2QS,合闸成功则继续,否则结束。

(6)合T2变高压侧中性点隔离开关4QS,合闸成功则继续,否则结束。

(7)合T2变高压侧断路器2QF,合闸成功则继续,否则结束。

(8)合T2变低压侧断路器4QF、6QF,合闸成功则继续,否则结束。

(9)分T2变高压侧中性点隔离开关4QS,自投结束。

(三)备用变压器自投

下面对运行方式一和运行方式二条件下的主变自投流程进行讨论,运行方式三和运行方式四下的主变自投与之相似。

1.运行方式一下的主变自投

运行方式一对应1号进线带T1主变运行,当T1主变故障时,应该切换到T2主变。如果允许交叉供电运行方式,则转换为1号进线带T2主变运行,即运行方式二;如果不允许交叉供电运行方式,则转换为2号进线带T2主变运行,即运行方式四。因此,运行方式一下的主变自投流程为:

(1)确认T1主变高低压侧断路器1QF、3QF和5QF是否处于分位,如果不在分位,则分1QF、3QF和5QF,分闸成功则继续,否则结束。

(2)当27.5 kV母线上有并联电容补偿装置时,确认α相、β相并联电容补偿装置断路器7QF、8QF是否处于分位,如果不在分位,则分7QF和8QF,分闸成功则继续,否则结束。

(3)如果允许交叉供电运行方式,则继续,否则执行本运行方式的流程(9)。

(4)合跨桥隔离开关 5QS,合闸成功则继续,否则结束。

(5)合 T2 变高压侧中性点隔离开关 4QS,合闸成功则继续,否则结束。

(6)合 T2 变高压侧断路器 2QF,合闸成功则继续,否则结束。

(7)合 T2 变低压侧断路器 4QF、6QF,合闸成功则继续,否则结束。

(8)分 T2 变高压侧中性点隔离开关 4QS,自投结束。

(9)分 1 号进线隔离开关 1QS,如果分闸成功则继续,否则结束。

(10)检测 2 号进线是否有压(通过 TV2),如果 2 号进线有压,则合 2 号进线隔离开关 2QS,合闸成功则继续,否则结束。

(11)合 T2 变高压侧中性点隔离开关 4QS,合闸成功则继续,否则结束。

(12)合 T2 变高压侧断路器 2QF,合闸成功则继续,否则结束。

(13)合 T2 变低压侧断路器 4QF、6QF,合闸成功则继续,否则结束。

(14)分 T2 变高压侧中性点隔离开关 4QS,自投结束。

2.运行方式二下的主变自投

运行方式二对应 1 号进线带 T2 主变运行,当 T2 主变故障时,应该切换到 T1 主变运行,则转换为 1 号进线带 T1 主变运行,即运行方式一。因此,运行方式二下的主变自投流程为:

(1)确认 T2 主变高低压侧断路器 2QF、4QF 和 6QF 是否处于分位,如果不在分位,则分 2QF、4QF 和 6QF,分闸成功则继续,否则结束。

(2)当 27.5 kV 母线上有并联电容补偿装置时,确认 α 相、β 相并联电容补偿装置断路器 7QF、8QF 是否处于分位,如果不在分位,则分 7QF 和 8QF,分闸成功则继续,否则结束。

(3)分跨条隔离开关 5QS,分闸成功则继续,否则结束。

(4)合 T1 变高压侧中性点隔离开关 3QS,合闸成功则继续,否则结束。

(5)合 T1 变高压侧断路器 1QF,合闸成功则继续,否则结束。

(6)合 T1 变低压侧断路器 3QF、5QF,合闸成功则继续,否则结束。

(7)分 T1 变高压侧中性点隔离开关 3QS,自投结束。

二、AT 所自耦变压器自投

客运专线常采用全并联 AT 供电方式,全并联 AT 供电方式下 AT 所主接线如图 3.43 所示。上下行牵引网通过两台断路器 1QF、2QF 在 AT 所实现并联,正常运行时,隔离开关 1QS 处于合位。自耦变压器与母线的连接方式有两种:断路器连接方式,如图 3.43(a)所示;隔离开关连接方式,如图 3.43(b)所示。

自耦变压器采用 100%固定备用方式,即设置两台自耦变压器如图 3.43 中的 1AT、2AT,一台运行,另一台备用,当运行自耦变压器发生故障时,应将其退出,同时投入备用自耦变压器。

对于每一台自耦变压器配置一套 AT 保护测控装置,完成对自耦变压器的保护,同时由两套 AT 保护测控装置配合实现 AT 自投功能。

(一)断路器连接方式下的 AT 自投

如图 3.43(a)所示,假设 1AT 处于运行状态,2AT 处于备用状态,当 1AT 发生故障时,AT 自投流程如下:

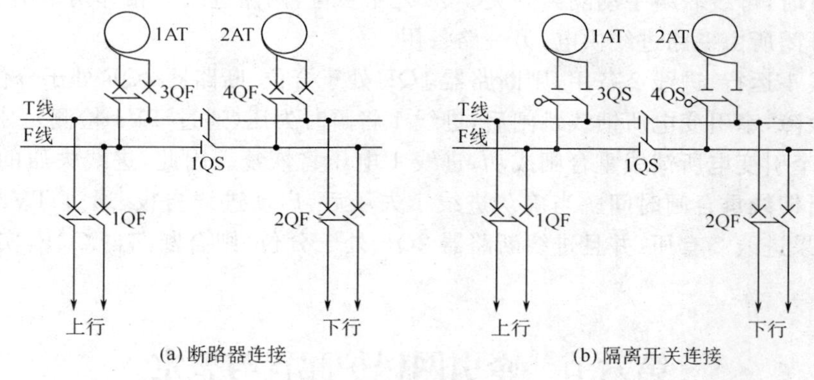

图 3.43 AT 所主接线示意图

(1)1AT 保护测控装置检测到故障后，将断路器 3QF 断开，同时向 2AT 保护测控装置发"启动 AT 自投"信号，该信号可以是接点信号(通过电缆连接)，也可以通过通信的方式进行传送。

(2)2AT 保护测控装置收到"启动 AT 自投"信号后，确认其断路器 4QF 处于分位，若在分位则继续，否则结束。

(3)AT 保护测控装置合断路器 4QF，自投结束。

(二)隔离开关连接方式下的 AT 自投

如图 3.43(b)所示，假设 1AT 处于运行状态，2AT 处于备用状态，当 1AT 发生故障时，AT 自投流程如下：

(1) 1AT 保护测控装置检测到故障后，首先分上下行并联断路器 1QF 和 2QF，确认 1QF 和 2QF 处于分位后，分隔离开关 3QS，同时向 2AT 保护测控装置发"启动 AT 自投"信号，该信号可以是接点信号(通过电缆连接)，也可以通过通信的方式进行传送。

(2)2AT 保护测控装置收到"启动 AT 自投"信号后，确认其隔离开关 4QS 处于分位，若在分位则继续，否则结束。

(3)2AT 保护测控装置先合隔离开关 4QS，再合上下行并联断路器 1QF 和 2QF，自投结束。

三、开闭所进线自投

在电气化铁路枢纽地区，客运站、编组站和电力机车机务段等铁路设施较集中的地方，为了保证枢纽供电的可靠性，缩小事故范围，一般将接触网横向分组及分区供电。因此设置开闭所，由相邻两牵引变电所的牵引馈线向它供电。通过开闭所的多路馈线和断路器向站场、电力机车机务段等牵引网供电，其主接线一般采用单母线分段带旁路母线的接线方式，如图 3.44 所示。

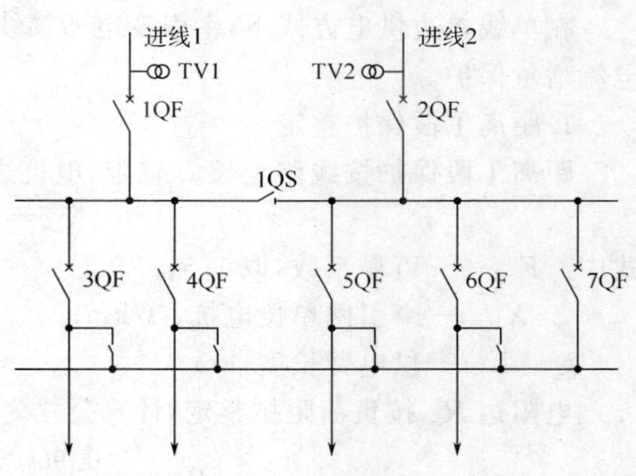

图 3.44 开闭所主接线示意图

正常运行时，母线联络手动隔离开关 1QS 处于合位，两路进线由相邻两牵引变电所供电，正常运行时开闭所由一路进线供电，另一路备用。

假设进线 1 运行、进线 2 备用，则断路器 1QF 处于合位、断路器 2QF 处于分位。当进线 1 线路上发生故障，牵引变电所馈线跳闸后，进线 1 将瞬时失压（通过 TV1 检测），如果发生的是瞬时性故障，牵引变电所馈线重合闸成功，进线 1 电压将恢复。因此，进线失压的时限应该躲过牵引变电所馈线重合闸时间。当确认进线 1 失压后，启动进线自投，通过 TV2 检测进线 2 是否有压，如果进线 2 有压，并且进线断路器 2QF 处于分位，则合断路器 2QF，实现备用进线的自动投入。

第六节　牵引网保护配置与整定

本小节主要讨论牵引网的保护配置。牵引网的保护方式应根据牵引网的具体结构（单线还是复线，直接供电方式、BT 供电方式还是 AT 供电方式，单边供电还是双边供电）和对继电保护的基本要求（选择性、速动性、灵敏性和可靠性）来确定。

一、直接供电方式下牵引网保护配置与整定

直接供电方式与 BT 供电方式下的牵引网保护配置基本相同，下面以直接供电方式为例，讨论其保护配置与整定原则。

（一）单线单边供电方式

单线单边供电方式如图 3.45 所示，各牵引变电所的馈线在牵引网中没有电联系，电力机车只从一个牵引变电所实行单边供电。

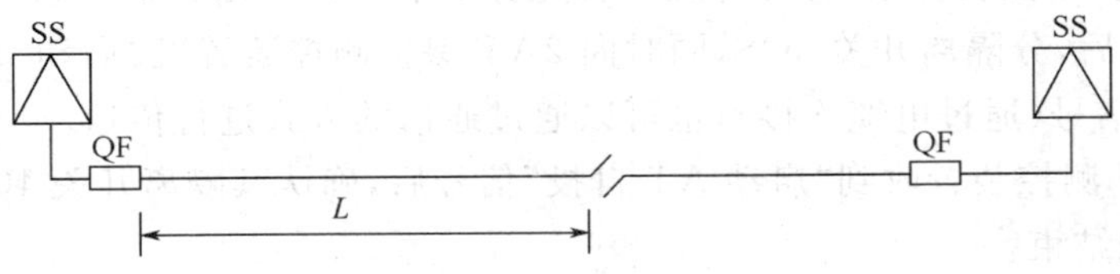

图 3.45　单线单边供电方式示意图

在单线单边供电方式下，牵引变电所馈线一般配置距离Ⅰ段保护、电流速断保护，可选配电流增量保护。

1. 距离Ⅰ段保护整定

距离Ⅰ段保护按线路全长 L 整定，电抗边 X_{set} 整定为：

$$X_{set}=K_{rel}\cdot L\cdot X_1 \tag{3.67}$$

式中　K_{rel}——可靠系数，取 1.5；

X_1——牵引网单位电抗，Ω/km；

L——供电臂长度，km。

电阻边 R_{set} 按负荷阻抗整定，计算公式为：

$$R_{set}=\frac{0.9U_N}{K_{rel}\cdot I_{L.max}}\left(\cos\varphi_L-\frac{\sin\varphi_L}{\tan\varphi_{line}}\right) \tag{3.68}$$

在式(3.68)中，K_{rel} 为可靠系数，可取 1.1～1.2；U_N 为牵引网额定电压；$I_{L.max}$ 为牵引网最

大负荷电流；φ_L 为负荷角；φ_{line} 为线路阻抗角。

距离Ⅰ段保护的时限与电力机车保护动作时限配合，一般取 0.1 s 左右。

2. 电流速断保护整定

电流速断保护按最大负荷电流整定，并考虑一定的裕度，计算公式为：

$$I_{set}=K_{rel}I_{L.max} \tag{3.69}$$

式(3.69)中，I_{set} 为电流速断保护整定值；K_{rel} 为可靠系数，可取 1.1～1.2。

电流速断保护的灵敏系数应满足式(3.70)的要求。

$$K_s=\frac{I_{k\cdot min}}{I_{set}}\geqslant 1.5 \tag{3.70}$$

式(3.70)中，K_s 为灵敏系数；$I_{k\cdot min}$ 为被保护线路末端短路时的最小短路电流。

电流速断保护的时限与电力机车保护动作时限配合，一般取 0.1 s 左右。

3. 电流增量保护

电流增量一般作为牵引网发生高阻接地故障时的保护，电流增量保护整定值 ΔI_{set} 可按一列机车启动电流整定，并考虑一定的裕度，计算公式为：

$$\Delta I_{set}=K_{rel}\cdot I_{ss} \tag{3.71}$$

式(3.71)中，K_{rel} 为可靠系数，可取 1.2；I_{ss} 为一列机车启动电流，大小与机车类型有关。典型时限可取 0.1 s。

(二) 单线越区供电方式

单线越区供电方式如图 3.46 所示。正常运行时，分区所 SP 中的断路器 3QF 处于分位，牵引变电所 SS1 向线路 L_1 供电，牵引变电所 SS2 向线路 2 供电。当牵引变电所 SS2 由于故障退出运行时，则将分区所 SP 中的断路器 3QF 闭合，由变电所 SS1 通过分区所 SP 向线路 L_2 越区供电。当牵引变电所 SS1 故障退出运行时，则由牵引变电所 SS2 通过分区所 SP 向线路 L_1 越区供电。

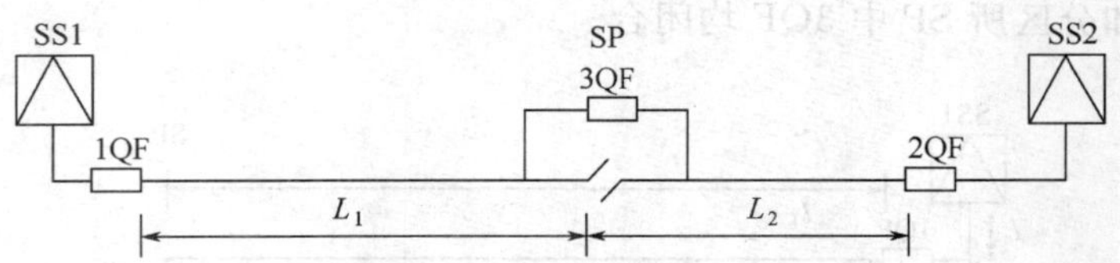

图 3.46 单线越区供电方式示意图

在单线越区供电方式下，分区所 SP 处 3QF 的保护按单线单边供电方式配置。

牵引变电所 SS1 处 1QF 配置距离Ⅰ段保护、距离Ⅱ段保护、电流速断保护，可选配电流增量。距离保护作为主保护，电流速断保护和电流增量保护为辅助保护。

1. 距离Ⅰ段保护整定

距离Ⅰ段保护按线路 L_1 全长的 85% 整定，电抗边 X_{set} 整定为：

$$X_{set}=0.85L_1\cdot X_1 \tag{3.72}$$

式中 X_1——牵引网每公里自阻抗的电抗分量，Ω/km；

L_1——牵引变电所 SS 到分区所 SP 之间的供电臂长度，km。

电阻边 R_{set} 按负荷阻抗整定，按式(3.68)计算。

距离Ⅰ段保护的时限与电力机车保护动作时限配合，一般取 0.1 s 左右。

2.距离Ⅱ段保护整定

距离Ⅱ段保护按线路全长(L_1+L_2)整定，电抗边X_{set}整定为：

$$X_{set}=K_{rel}\cdot(L_1+L_2)\cdot X_1 \tag{3.73}$$

式中　K_{rel}——可靠系数，取1.5；

X_1——牵引网每公里自阻抗的电抗分量，Ω/km。

电阻边R_{set}按负荷阻抗整定，按式(3.68)计算。

时限与分区所SP的3QF处的保护时限配合，可取0.5 s左右。

3.电流速断保护整定

电流速断保护作为辅助保护，只保护变电所SS至分区所SP的一部分，不能保护线路全长。电流速断保护按分区所SP处最大短路电流整定，并考虑一定的裕度，计算公式为：

$$I_{set}=K_{rel}I_{k.SP.max} \tag{3.74}$$

式中　K_{rel}——可靠系数，取1.2；

$I_{k.SP.max}$——分区所SP处的最大短路电流。

电流速断保护时限与电力机车保护动作时限配合，一般取0.1 s左右。

4.电流增量保护整定

电流增量保护整定按式(3.71)计算，时限与分区所SP处3QF的保护时限配合，可取0.5 s。

如果分区所用隔离开关跨区域供电，变电所保护配置与单线单边供电方式下的配置相同，此时距离Ⅰ段保护按线路全长(L_1+L_2)整定，不需要配置距离Ⅱ段保护；电流速断按最大负荷电流整定。

(三)复线供电方式

为了减小牵引网正常运行时的电压降，增大线路容量，减少牵引网能耗。目前在复线区段采用上行线路和下行线路在分区所并联的供电方式，如图3.47所示。正常运行时，牵引变电所中1QF、2QF和分区所SP中3QF均闭合。

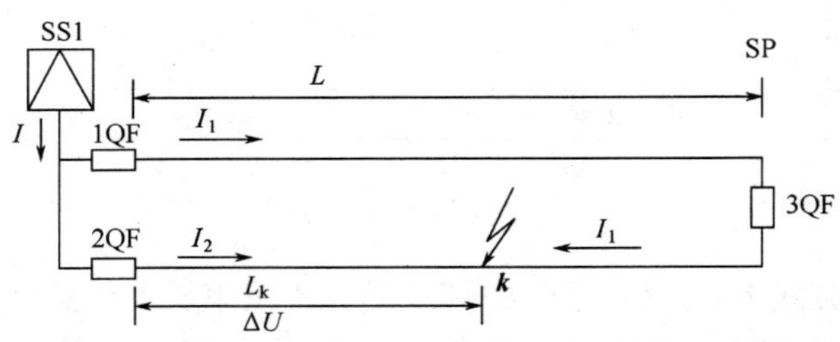

图3.47　复线供电方式示意图

复线供电方式下的测量阻抗与单线供电方式下的测量阻抗有较大的区别，而距离保护的整定与该阻抗值有关，因此首先讨论复线供电方式下测量阻抗的计算。

1.复线供电方式下的测量阻抗

如图3.45所示，设上下行牵引网每公里的自阻抗为Z_1，上下行牵引网间的互阻抗每公里为Z_m，短路点k位于下行牵引网，距变电所的距离为L_k，变电所至k点的压降为ΔU，上下行牵引网中的电流为I_1、I_2，总电流为I。设断路器1QF处的测量阻抗为$Z_{Ⅰ}$，断路器2QF处的测量阻抗为$Z_{Ⅱ}$。

沿 I_2 回路由牵引变电所母线到短路点 k 的压降为：

$$\Delta U = L_k Z_1 I_2 + L_k Z_m I_1 \tag{3.75}$$

沿 I_1 回路由牵引变电所母线到短路点 k 的压降为：

$$\Delta U = (2L - L_k) Z_1 I_1 + L_k Z_m I_2 - 2(2L - L_k) Z_m I_1 \tag{3.76}$$

同时有：

$$I = I_1 + I_2 \tag{3.77}$$

由式(3.75)～式(3.77)可求得：

$$I_1 = \frac{L_k}{2L} I \tag{3.78}$$

$$I_2 = \frac{2L - L_k}{2L} I \tag{3.79}$$

由式(3.78)和式(3.79)可求得：

$$I_1 = \frac{L_k}{2L - L_k} I_2 = \alpha I_2 \tag{3.80}$$

式(3.80)中，$\alpha = \frac{L_k}{2L - L_k}$，是一个与短路点位置有关的系数。

根据式(3.75)和式(3.80)，将式(3.75)中的 I_2 用 I_1 代替可求得：

$$Z_{\mathrm{I}} = \frac{\Delta U}{I_1} = (2L - L_k) Z_1 + L_k Z_m = (2L - L_k)\left(Z_1 + \frac{L_k}{2L - L_k} Z_m\right) \tag{3.81}$$

根据式(3.75)和式(3.80)，将式(3.75)中的 I_1 用 I_2 代替可求得：

$$Z_{\mathrm{II}} = \frac{\Delta U}{I_2} = L_k\left(Z_1 + \frac{L_k}{2L - L_k} Z_m\right) \tag{3.82}$$

在式(3.81)和式(3.82)中，令 $Z_1' = Z_1 + \frac{L_k}{2L - L_k} Z_m$，则有：

$$Z_{\mathrm{I}} = (2L - L_k) Z_1' \tag{3.83}$$

$$Z_{\mathrm{II}} = L_k Z_1' \tag{3.84}$$

由式(3.83)和式(3.84)可以看出，不论沿哪一个回路，将 Z_1 乘上由母线至短路点的线路长度，便可得到测量阻抗。将 Z_1' 称为牵引网每公里的等效阻抗，该等效阻抗与短路点的位置有关。

2.牵引变电所馈线保护配置

复线供电方式下，如图 3.47 所示，牵引变电所 SS 中馈线断路器 1QF 和 2QF 配置距离Ⅰ段保护、距离Ⅱ段保护、电流速断保护，可选配电流增量保护。

(1)距离Ⅰ段保护整定。距离Ⅰ段按线路全长 L 的 85% 整定，由式(3.82)可得电抗边 X_{set} 整定为：

$$X_{set} = 0.85L \cdot \left(X_1 + \frac{0.85}{1.15} X_m\right) \tag{3.85}$$

式中　X_1——牵引网每公里自阻抗的电抗分量，Ω/km；

X_m——上下行牵引网每公里互阻抗的电抗分量，Ω/km；

L——牵引变电所 SS 到分区所 SP 之间距离，km。

电阻边 R_{set} 按负荷阻抗整定，按式(3.68)计算。

距离Ⅰ段保护时限与电力机车保护动作时限配合，一般取 0.1 s 左右。

(2)距离Ⅱ段保护整定。距离Ⅱ段保护按上下行线路总长度 $2L$ 整定，由式(3.83)可得电抗边 X_{set} 整定为：

$$X_{set}=K_{rel}\cdot 2L\cdot X_1 \tag{3.86}$$

式中 K_{rel}——可靠系数，取1.5；

X_1——牵引网每公里自阻抗的电抗分量，Ω/km；

L——牵引变电所SS到分区所SP之间距离，km。

电阻边 R_{set} 按负荷阻抗整定，按式(3.68)计算。

距离Ⅱ段保护时限与分区所SP处3QF的保护时限配合，可取0.5 s。

(3)电流速断保护整定。电流速断保护整定与单线越区供电方式下的电流速断保护整定一样，按式(3.74)计算，时限与电力机车保护动作时限配合，一般取0.1 s左右。

(4)电流增量保护整定。电流增量保护整定按式(3.71)计算，时限与分区所SP处3QF的保护时限配合，可取0.5 s左右。

3. 分区所馈线保护配置

在复线供电方式下，如图3.47所示，分区所SP中断路器3QF配置正反向距离Ⅰ段保护、电流增量，可选配电流速断保护。

(1)正反向距离Ⅰ段保护整定。牵引网正反向距离Ⅰ段保护按牵引网供电臂全长 L 整定，电抗边 X_{set} 整定为：

$$X_{set}=K_{rel}\cdot L\cdot (X_1-X_m) \tag{3.87}$$

式中 K_{rel}——可靠系数，取1.5；

X_1——牵引网每公里自阻抗的电抗分量，Ω/km；

X_m——上下行牵引网每公里互阻抗的电抗分量，Ω/km；

L——牵引变电所SS到分区所SP之间距离，km。

电阻边 R_{set} 按负荷阻抗整定，按式(3.68)计算。

正反向距离Ⅰ段保护时限与电力机车保护动作时限配合，一般取0.1 s左右。

(2)电流增量保护整定。电流增量保护整定按式(3.71)计算，时限与电力机车保护动作时限配合，一般取0.1 s左右。

(3)电流速断保护整定。电流速断保护按躲过一列车的最大负荷电流整定，并考虑一定的裕度，计算公式为：

$$I_{set}=K_{rel}I_{loc\cdot max} \tag{3.88}$$

式中 K_{rel}——可靠系数，取1.2；

$I_{loc\cdot max}$——一列车的最大负荷电流。

电流速断保护时限与电力机车保护动作时限配合，一般取0.1 s左右。

二、AT供电方式下牵引网保护配置与整定

(一)AT供电回路阻抗参数的特点

1. AT供电回路阻抗表示方法

AT供电回路的短路阻抗值可以用55 kV系统阻抗 Z_{55} 或27.5 kV系统阻抗 $Z_{27.5}$ 表示。55 kV系统阻抗 Z_{55} 就是从AT供电回路的接触线T和正馈线F端测量得到的阻抗。27.5 kV系统阻抗 $Z_{27.5}$ 就是从AT供电回路的接触线T和钢轨R端测量得到的阻抗，如图3.48所示。

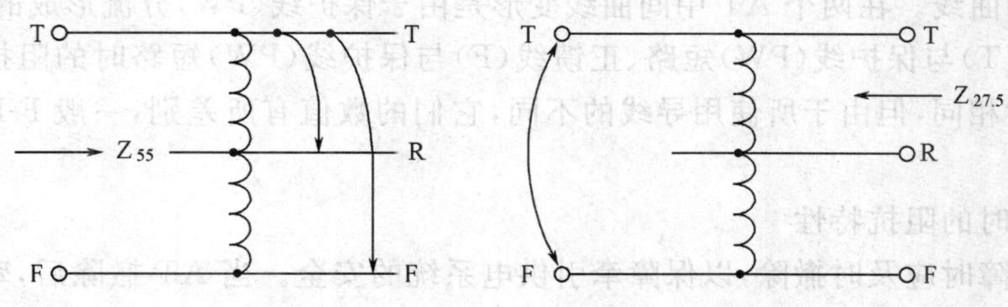

图 3.48 55 kV 和 27.5 kV 系统阻抗示意图

55 kV 系统阻抗 Z_{55} 和 27.5 kV 系统阻抗 $Z_{27.5}$ 之间的换算关系是根据自耦变压器的匝数比来决定。因为自耦变压器的匝数比 $\frac{W_{TE}}{W_{TR}}=\frac{2}{1}$，而对应的阻抗比为匝数比的平方，所以有 $Z_{27.5}=\frac{1}{4}Z_{55}$。

2. 阻抗继电器的测量阻抗

阻抗继电器的测量阻抗与 AT 牵引供电系统阻抗 Z_{55}、$Z_{27.5}$ 的关系由 TV 和 TA 的变比确定，如图 3.49 所示。

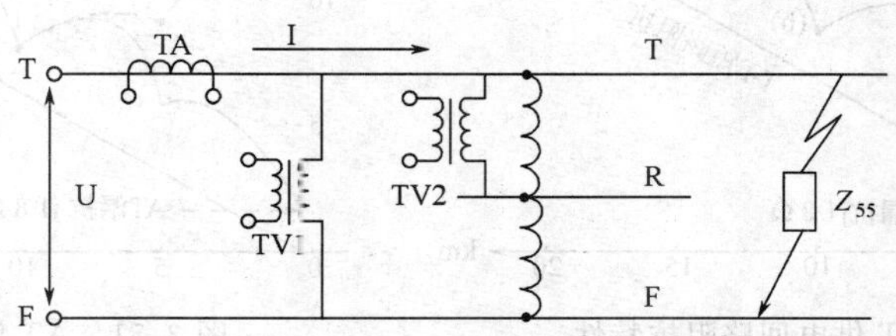

图 3.49 AT 供电系统 TA 和 TV 接线示意图

TV 的原边可连接在 T 线和 F 线之间，也可以连接在 T 线和 R 线之间，如图 3.49 中的 TV1 和 TV2 所示，两种连接方式 TV 的副边输出电压相同，表示为 $\dot{U}_K$，TV 变比为 K_v。TA 原边串接在 T-F 回路中，副边输出电流表示为 $\dot{I}_K$，TA 变比为 K_i。则阻抗继电器的测量阻抗如式(3.89)所示。

$$Z_K=\frac{\dot{U}_K}{\dot{I}_K}=\frac{\dot{U}/K_v}{\dot{I}/K_i}=\frac{\dot{U}}{\dot{I}}\cdot\frac{K_i}{K_v}=Z_{55}\cdot\frac{K_i}{K_v}=4Z_{27.5}\cdot\frac{K_i}{K_v} \tag{3.89}$$

3. AT 供电方式下的牵引网阻抗特性

AT 供电回路是一个复杂网络，其参数特性很复杂，这里只介绍与继电保护有关的阻抗参数特性。单线 AT 供电回路的阻抗特性如图 3.50 所示。

从图 3.50 可以看出，单线 AT 供电回路的阻抗特性具有如下特点：

(1)接触线(T)和正馈线(F)短路时，其短路阻抗与到短路点的距离成正比，其特性是一条直线。

(2)接触线(T)和钢轨(R)短路时，其阻抗特性是一条曲线。在 AT1 处，T-R 的短路阻抗相当于 AT1 的漏抗(55 kV 侧约为 j1.8Ω)。在 AT2 处，T-R 短路阻抗相当于 T-F 短路阻抗加上 AT2 的漏抗。AT3 处与 AT2 处相似。所以，T-R 短路的阻抗特性是以(a)、(b)、(c)为节点向上拱起的曲线。在两个 AT 中间曲线变形是由于保护线(PW)分流形成的。

(3)接触线(T)与保护线(PW)短路、正馈线(F)与保护线(PW)短路时的阻抗特性和 T-R 的短路阻抗特性相同,但由于所使用导线的不同,它们的数值有所差别,一般 F-PW 的短路阻抗最大。

4. AT 解列时的阻抗特性

AT 发生故障时应及时撤除,以保障牵引供电系统的安全。当 AT 撤除后,牵引网阻抗特性将发生很大变化,如图 3.51 所示。

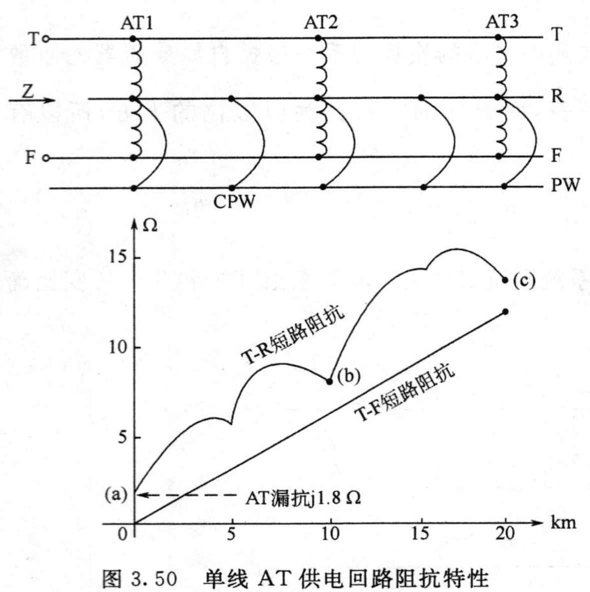

图 3.50　单线 AT 供电回路阻抗特性

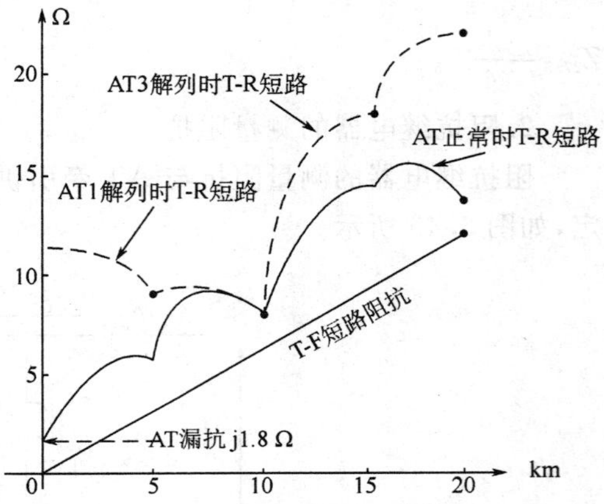

图 3.51　AT 解列时的阻抗特性

当 AT1 解列时,对于靠近牵引变电所的负荷,由于需要 AT2 供电,所以阻抗增大;当负荷向 AT2 接近时阻抗逐渐减小。

当 AT3 解列时,由于 AT2 以远相当于接触导线(T)和钢轨(R)的直接供电方式,其阻抗将大幅度增加。

当 AT2 解列时,而 AT1 和 AT3 正常运行时,相当于增加了 AT 之间的间距,其阻抗特性与两个 AT 之间的阻抗特性基本相同。

对于复线末端(分区所)并联 AT 供电回路阻抗特性,其形状与图 3.50 基本相似,这里不再详细介绍。

(二)自耦变压器 AT 接入方式及其对继电保护的要求

AT 牵引网中由于自耦变压器 AT 的接入方式不同对 AT 牵引网保护有不同的要求,自耦变压器 AT 的接入方式主要有如下几种:

(1)AT 经隔离开关接到接触线(T)和正馈线(F)上,如图 3.52(a)所示。要求牵引网馈线保护能足够灵敏地反映牵引网上所有的故障(包括 AT 内部),这种接入方式对馈线保护的要求很高。缺点是对 AT 内部故障点的测定非常困难,优点是接线简单、经济。

(2)AT 通过断路器接到 T 线和 F 线上,如图 3.52(b)所示。对于 AT 可以采用专用的 AT 保护装置,作用于 AT 断路器。优点是可以降低对馈线保护灵敏度的要求。缺点是增加

AT断路器和相关设备的投资，增大运行维护工作量。

(3)AT经电动隔离开关接到T线和F线上，如图3.52(c)所示。优点与图3.52(b)一样。当AT内部发生故障时，必须将故障信息传递给相应的牵引变电所馈线保护，由牵引变电所馈线保护跳闸。在无电间隙，断开电动隔离开关，切除故障点，然后由牵引变电所馈线保护重合闸。

(4)与AT绕组并联接入短接开关，如图3.52(d)所示。当AT故障时，AT保护动作使短接开关闭合，造成T线和F线之间短路，使相应的牵引变电所馈线保护跳闸。在无电间隙，电动隔离开关切除故障点，然后由牵引变电所馈线重合闸。

(5)为了保证各种供电状态下短接开关的保护作用，可在AT的每半个绕组两端并联一台短接开关，如图3.52(d)所示。

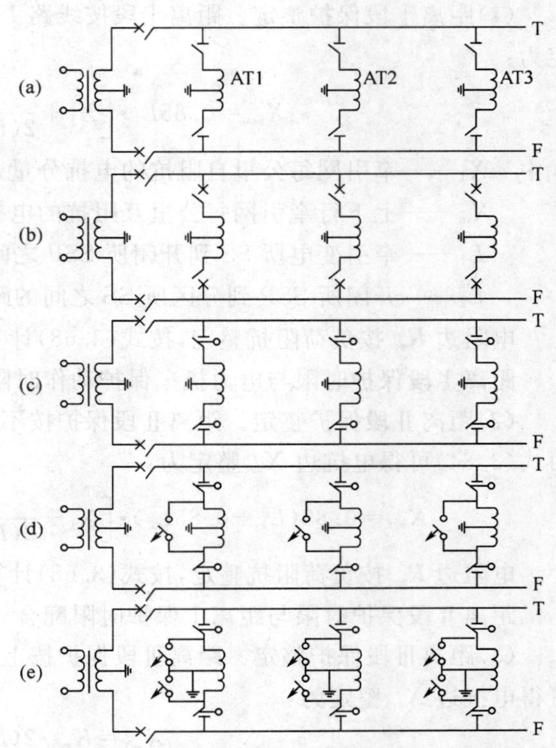

图3.52　AT接入牵引网的方式

(三)AT供电方式下的保护配置与整定

AT牵引供电系统在单线运行方式、复线末端并联(中间不带开闭所)方式下的保护配置和整定原则与第一节中介绍的直供、BT供电方式下的保护配置和整定原则相同，下面主要讨论在供电臂中间有开闭所情况下的保护配置和整定。复线AT供电方式，供电臂中间有开闭所(SSP)，一般在分区所(SP)将上下行并联，如图3.53所示。

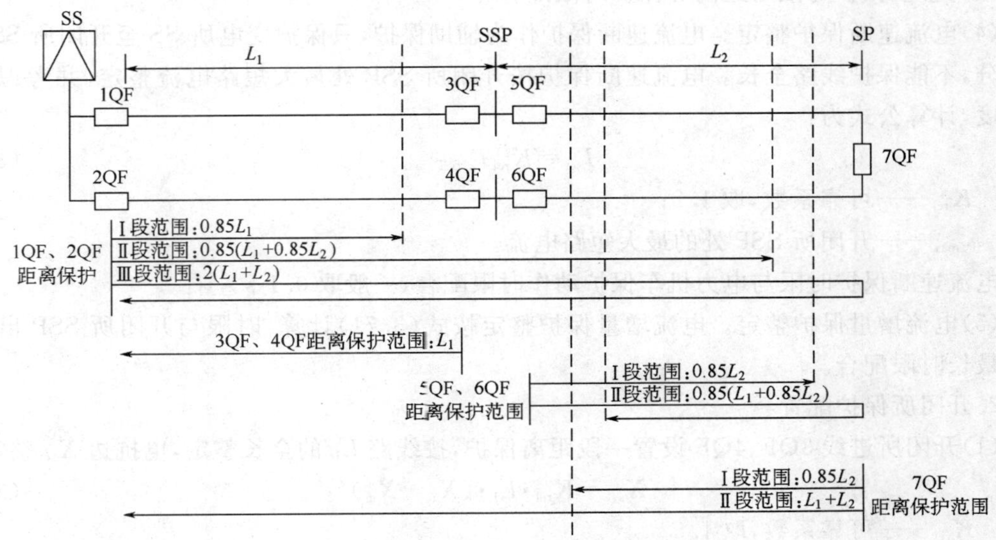

图3.53　复线AT供电方式及保护范围示意图

1. 变电所保护馈线保护配置

牵引变电所 SS 中馈线断路器 1QF 和 2QF 配置距离Ⅰ段保护、距离Ⅱ段保护和距离Ⅲ段保护为主保护，电流速断保护为辅助保护，电流增量保护为后备保护。

(1)距离Ⅰ段保护整定。距离Ⅰ段按线路 L_1 的 85%整定，由式(3.84)可得电抗边 X_{set} 整定为：

$$X_{set}=0.85L_1\cdot\left[X_1+\frac{0.85L_1}{2(L_1+L_2)-0.85L_1}X_m\right] \tag{3.90}$$

式中 X_1——牵引网每公里自阻抗的电抗分量，Ω/km；

X_m——上下行牵引网每公里互阻抗的电抗分量，Ω/km；

L_1——牵引变电所 SS 到开闭所 SSP 之间的距离，km；

L_2——开闭所 SSP 到分区所 SS 之间的距离，km。

电阻边 R_{set} 按负荷阻抗整定，按式(3.68)计算。

距离Ⅰ段保护时限与电力机车保护动作时限配合，一般取 0.1 s 左右。

(2)距离Ⅱ段保护整定。距离Ⅱ段保护按不超过开闭所 SSP 处出线距离Ⅰ保护范围整定，由式(3.84)可得电抗边 X_{set} 整定为：

$$X_{set}=0.85(L_1+0.85L_2)\cdot\left[X_1+\frac{0.85(L_1+0.85L_2)}{2(L_1+L_2)-0.85(L_1+0.85L_2)}X_m\right] \tag{3.91}$$

电阻边 R_{set} 按负荷阻抗整定，按式(3.68)计算。

距离Ⅱ段保护时限与距离Ⅰ保护时限配合。

(3)距离Ⅲ段保护整定。距离Ⅲ段保护按上下行线路总长度 $2(L_1+L_2)$ 整定，由式(3.83)可得电抗边 X_{set} 整定为：

$$X_{set}=K_{rel}\cdot 2(L_1+L_2)\cdot X_1 \tag{3.92}$$

式中 K_{rel}——可靠系数，取 1.5。

电阻边 R_{set} 按负荷阻抗整定，按式(3.68)计算。

距离Ⅲ段保护时限与距离Ⅱ保护时限配合。

(4)电流速断保护整定。电流速断保护作为辅助保护，只保护变电所 SS 至开闭所 SSP 的一部分，不能保护线路全长。电流速断保护按开闭所 SSP 处最大短路电流整定，并考虑一定的裕度，计算公式为：

$$I_{set}=K_{rel}I_{k.SSP.max} \tag{3.93}$$

式中 K_{rel}——可靠系数，取 1.2；

$I_{k.SSP.max}$——开闭所 SSP 处的最大短路电流。

电流速断保护时限与电力机车保护动作时限配合，一般取 0.1 s 左右。

(5)电流增量保护整定。电流增量保护整定按式(3.71)计算，时限与开闭所 SSP 出线保护的最长时限配合。

2. 开闭所保护配置

(1)开闭所进线 3QF、4QF 设置一段距离保护，按线路 L_1 的全长整定，电抗边 X_{set} 整定为：

$$X_{set}=K_{rel}\cdot L_1\cdot(X_1-X_m) \tag{3.94}$$

式中 K_{rel}——可靠系数，取 1.5。

电阻边 R_{rel} 按负荷阻抗整定，按式(3.68)计算。

距离保护时限与电力机车保护动作时限配合，一般取 0.1 s 左右。

(2)开闭所出线配置距离Ⅰ段保护、距离Ⅱ段保护为主保护，电流速断保护为辅助保护，电流增量保护为后备保护。

距离Ⅰ段保护按线路 L_2 的 85%整定，电抗边 X_{set} 整定为：

$$X_{set}=0.85L_2\cdot\left[X_1+\frac{L_1+0.85L_2}{L_1+1.15L_2}X_m\right] \tag{3.95}$$

电阻边 R_{set} 按负荷阻抗整定，按式(3.68)计算。

距离Ⅰ段保护时限与电力机车保护动作时限配合，一般取 0.1 s 左右。

距离Ⅱ段保护按不超过分区所 SP 处距离Ⅰ保护范围整定，电抗边 X_{set} 可按整定为：

$$X_{set}=0.85(L_2+0.85L_2)\cdot(X_1+K_{XS}X_m) \tag{3.96}$$

在式(3.96)中，K_{XS} 为上下行互感系数，取值范围为－1 或 1，具体取值与保护范围有关，如图 3.53 所示，当靠近分区所 SP 时 K_{XS} 取值为 1，当绕过分区所 SP 接近开闭所 SSP 时 K_{XS} 取值为－1。

电阻边 R_{set} 按负荷阻抗整定，按式(3.68)计算。

距离Ⅱ段保护时限与距离Ⅰ段保护时限配合。

电流速断保护整定按式(3.74)计算，时限与与电力机车保护动作时限配合，一般取 0.1 s 左右。

电流增量保护整定按式(3.71)计算，时限与分区所 SP 处保护最长时限配合。

3. 分区所馈线保护配置

分区所 SP 中断路器 7QF 配置正反向距离Ⅰ段保护、正反向距离Ⅱ段保护为主保护，电流增量保护为后备保护，可选配电流速断保护。

(1)正反向距离Ⅰ段保护整定。正反向距离Ⅰ段保护按线路 L_2 的 85%整定，电抗边 X_{set} 整定为：

$$X_{set}=0.85L_2\cdot(X_1-X_m) \tag{3.97}$$

电阻边 R_{set} 按负荷阻抗整定，按式(3.68)计算。

正反向距离Ⅰ段保护时限与电力机车保护动作时限配合，一般取 0.1 s 左右。

(2)正反向距离Ⅱ段保护整定。正反向距离Ⅱ段保护按线路(L_1+L_2)全长整定，电抗边 X_{set} 整定为：

$$X_{set}=K_{rel}\cdot(L_1+L_2)\cdot(X_1-X_m) \tag{3.98}$$

电阻边 R_{set} 按负荷阻抗整定，按式(3.68)计算。

正反向距离Ⅱ段保护时限与正反向距离Ⅰ保护时限配合。

(3)电流增量保护整定。电流增量保护整定按式(3.71)计算，时限与电力机车保护动作时限配合，一般取 0.1 s 左右。

(4)电流速断保护整定。电流速断保护整定按式(3.88)计算，时限与电力机车保护动作时限配合，一般取 0.1 s 左右。

三、全并联 AT 供电方式牵引网保护配置与整定

为进一步提高牵引网电压，减小牵引网电能损失，采用了牵引网在 AT 所和分区所处进行上下行并联的接线方式，称为全并联 AT 供电方式，如图 3.54 所示。

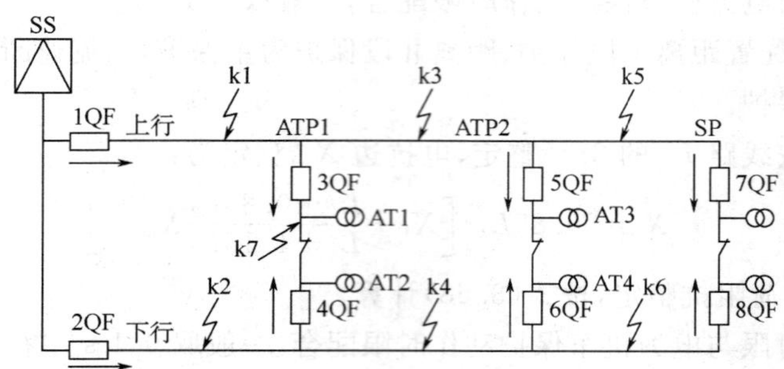

图 3.54 全并联 AT 供电方式简化示意图

在图 3.54 中，AT 所和分区所各设置 2 台自耦变压器，一台运行一台备用。AT 所和分区所通过 2 台断路器实现上下行的并联。当供电臂上发生故障（如图 3.52 中的 k1、k2、k3、k4、k5、k6 和 k7）时，牵引变电所、AT 所和分区所中的断路器按如下顺序动作：

（1）牵引变电所 1QF 和 2QF 跳闸，整个供电臂无压；

（2）AT 所和分区所中的上下行并联断路器（如图 3.54 中的 3QF、4QF、5QF、6QF、7QF 和 8QF）跳闸，将整个供电臂解列为单线直接供电方式；

（3）牵引变电所 1QF 和 2QF 重合闸；

（4）AT 所和分区所 3QF、4QF、5QF、6QF、7QF 和 8QF 检有压合闸。

从而实现对故障的隔离和快速恢复供电。因此，全并联 AT 供电方式下牵引网保护配置与前面介绍的复线供电方式下的保护配置有较大的区别。

1. 牵引变电所馈线保护配置

如图 3.54 所示，牵引变电所 SS 中的 1QF 和 2QF 配置距离 Ⅰ 段保护、电流速断保护、电流增量保护和自动重合闸。其目的是：当牵引网发生故障时，首先由牵引变电所中的 1QF、2QF 跳闸，停止向上下行供电臂供电。

（1）距离 Ⅰ 段保护整定。距离 Ⅰ 段保护按牵引网供电臂全长整定，电抗边 X_{set} 整定为：

$$X_{set}=K_{rel}\cdot X_{k\cdot max} \tag{3.99}$$

式中 K_{rel}——可靠系数，取 1.5；

$X_{k\cdot max}$——供电臂范围内发生不同类型短路故障时保护安装处测得的最大电抗，Ω，该电抗值一般大于分区所处的短路电抗。

在这种保护配置下，牵引变电所馈线保护跳闸后，供电臂的结构将发生变化。重合闸前供电臂为全并联 AT 供电方式，重合闸后供电臂解列为单线直接供电方式。因此，对于同一次故障（如图 3.54 中 k5），牵引变电所馈线在重合闸动作前后测得的电抗有很大的不同。

电阻边 R_{set} 按负荷阻抗整定，按式(3.68)计算。

距离 Ⅰ 段保护时限与电力机车保护动作时限配合，一般取 0.1 s 左右。

（2）电流速断保护整定。电流速断保护按最大负荷电流整定，并考虑一定的裕度，计算公式为：

$$I_{set}=K_{rel}I_{L.max} \tag{3.100}$$

式中 I_{set}——电流速断保护整定值；

K_{rel}——可靠系数，可取 1.1～1.2。

电流速断保护时限与电力机车保护动作时限配合，一般取0.1 s左右。

(3)电流增量保护整定。电流增量保护整定按式(3.71)计算，时限与电力机车保护动作时限配合，一般取0.1 s左右。

2. AT所和分区所保护配置

如图3.54所示，在AT所和分区所中的上下行并联断路器3QF、4QF、5QF、6QF、7QF和8QF上配置失压保护和有压重合闸。

失压保护按0.5～0.6倍牵引网额定电压整定，时限与变电所馈线保护时限配合，一般取0.5 s左右。其目的是保证当牵引网发生故障时，牵引变电所馈线保护先跳闸，AT所和分区所后跳闸。

AT所和分区所的有压重合闸一般按牵引网额定电压的80%左右整定。有压重合闸的时限与牵引变电所重合闸时限配合，保证在牵引变电所重合闸之后AT所和分区所才进行有压重合闸。

一般来说，对AT所和分区所的自耦变压器设置差动保护、碰壳保护、过电流保护、过负荷保护以及非电量保护。

3. 牵引变电所、AT所和分区所保护的时限配合

通过牵引变电所、AT所和分区所保护和重合闸配合实现对发生故障供电臂的隔离和无故障供电臂的自动恢复供电。图3.54所示的全并联AT供电系统的保护动作时限如表3.1所示。

表3.1　保护时限配合表

保护元件 / 断路器	时限(单位:s)				
	距离Ⅰ段	电流速断	电流增量	失压保护	重合闸
变电所中的1QF、2QF	0.1	0.1	0.1		2
AT所1中的3QF、4QF				0.5	3
AT所2中的5QF、6QF				0.5	4
分区所中的7QF、8QF				0.5	5

4. 保护动作分析

假设每个断路器的动作时间为0.05 s，故障发生时间设为0 s。

(1)上行供电臂发生永久性故障(如k1、k3和k5)时，牵引变电所、AT所和分区所的保护动作如下：

① 0.1 s时1QF、2QF跳闸；

② 0.65 s时3QF、4QF、5QF、6QF、7QF、8QF跳闸；

③ 2.1 s时1QF重合闸失败、2QF重合闸成功；

④ 3.65 s时3QF不重合闸、4QF重合闸成功；

⑤ 4.65 s时5QF不重合闸、6QF重合闸成功；

⑥ 5.65 s时7QF不重合闸、8QF重合闸成功。

因此，故障发生5.65 s后上行供电臂停止供电，下行供电臂恢复供电。

(2)上行供电臂发生瞬时性故障(如k1、k3和k5)时，牵引变电所、AT所和分区所的保护动作如下：

① 0.1 s时 1QF、2QF 跳闸；

② 0.65 s时 3QF、4QF、5QF、6QF、7QF、8QF 跳闸；

③ 2.1 s时 1QF、2QF 重合闸成功；

④ 3.65 s时 3QF、4QF 重合闸成功；

⑤ 4.65 s时 5QF、6QF 重合闸成功；

⑥ 5.65 s时 7QF、8QF 重合闸成功。

因此，故障发生 5.65 s后上下行供电臂恢复供电。

(3)下行供电臂发生永久性故障(如 k2、k4 和 k6)时，牵引变电所、AT 所和分区所的保护动作如下：

① 0.1 s时 1QF、2QF 跳闸；

② 0.65 s时 3QF、4QF、5QF、6QF、7QF、8QF 跳闸；

③ 2.1 s时 1QF 重合闸成功、2QF 重合闸失败；

④ 3.65 s时 3QF 重合闸成功、4QF 不重合闸；

⑤ 4.65 s时 5QF 重合闸成功、6QF 不重合闸；

⑥ 5.65 s时 7QF 重合闸成功、8QF 不重合闸。

因此，故障发生 5.65 s后上行供电臂恢复供电，下行供电臂停止供电。

(4)下行供电臂发生瞬时性故障(如 k2、k4 和 k6)时，牵引变电所、AT 所和分区所的保护动作如下：

① 0.1 s时 1QF、2QF 跳闸；

② 0.65 s时 3QF、4QF、5QF、6QF、7QF、8QF 跳闸；

③ 2.1 s时 1QF、2QF 重合闸成功；

④ 3.65 s时 3QF、4QF 重合闸成功；

⑤ 4.65 s时 5QF、6QF 重合闸成功；

⑥ 5.65 s时 7QF、8QF 重合闸成功。

因此，故障发生 5.65 s后上下行供电臂恢复供电。

(5)AT 所和分区所母线发生永久性故障(如 k7)时，牵引变电所、AT 所和分区所的保护动作如下：

① 0.1 s时 1QF、2QF 跳闸；

② 0.65 s时 3QF、4QF、5QF、6QF、7QF、8QF 跳闸；

③ 2.1 s时 1QF、2QF 重合闸成功；

④ 3.65 s时 3QF、4QF 重合闸失败；

⑤ 4.65 s时 5QF、6QF 重合闸成功；

⑥ 5.65 s时 7QF、8QF 重合闸成功。

因此，故障发生 5.65 s后，AT 所 1(ATP1)中的并联断路器 3QF 和 4QF 打开，上下行供电臂恢复供电。

(6)AT 所和分区所母线发生瞬时性故障(如 k7)时，牵引变电所、AT 所和分区所的保护动作如下：

① 0.1 s时 1QF、2QF 跳闸；

② 0.65 s时 3QF、4QF、5QF、6QF、7QF、8QF 跳闸；

③ 2.1 s时1QF、2QF重合闸成功；

④ 3.65 s时3QF、4QF重合闸成功；

⑤ 4.65 s时5QF、6QF重合闸成功；

⑥ 5.65 s时7QF、8QF重合闸成功。

因此，故障发生5.65 s后，上下行供电臂恢复供电。

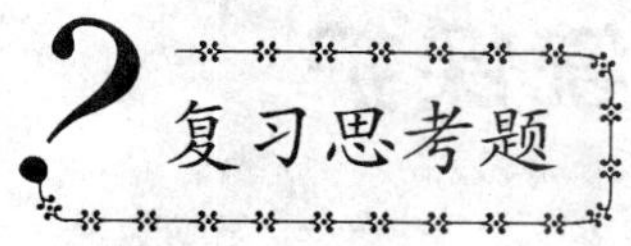

1. 牵引变压器空投前，为什么要先将中性点接地？

2. 对于YN，y12接线变压器，电流平衡方程应该由相电流构成还是应该由相电流差构成？请说明理由。

3. 为什么用差动保护和瓦斯保护共司构成变压器的主保护，缺一不可？

4. 与过电流保护相比，低电压启动的过电流保护为什么能够提高灵敏度？

5. 在自适应距离保护中，采用二次谐波闭锁判据的目的是什么？采用综合谐波抑制的目的是什么？

6. 在馈线保护中采用电流增量保护的目的是什么？

7. 牵引变电所馈线保护中的重合闸与分区所馈线保护中的重合闸有什么不同？

8. 在复线供电方式下，牵引变电所馈线与分区所馈线的保护配置有什么不同？保护之间如何配合？

9. 并补保护设置失压保护的目的是什么？

10. 并补保护中差电压保护的作用是什么？一般按照什么原则整定？

11. 牵引变电所的备用电源自投的作用是什么？共有几种工作方式，简要说明每种工作方式下的自投动作逻辑？

12. 全并联AT供电方式下与常规供电方式下牵引变电所馈线保护配置有何不同？牵引变电所、AT所和分区所保护在配合上有何不同？

第四章 铁路电力供电系统保护

第一节 铁路电力供电系统运行方式

一、铁路变配电所运行方式

从大的范围来看，铁路电力供电系统工作于公共电网的末端，属于电力系统发电、输电、供电三个环节中的供配电环节，但其对供电可靠性的要求却非常高。以铁路沿线信号基站为例，铁路部门为保证列车的行车安全，要求信号基站必须安全、可靠地工作。为了保证铁路沿线信号基站供电连续性，铁路电力供电系统的变配电所一般采用双电源供电方式，沿线每一个供电区间两路供电，供电区间之间一般采用专门为通信、信号基站等负荷供电的 10 kV 一级负荷电力贯通线(也称自闭线)和 10 kV 综合电力贯通线(也称贯通线)，双路供电至低压双电源切换装置，两路电源互为备用，形成主、备互供方式，一路失压另一路自动切换。

变配电所调压器的基本变比是 10/10 kV。当主母线侧电压在 0.875～1.125 倍的额定电压值范围内变化时，调整调压器分接头以维持自闭贯通母线侧电压在 10 kV 左右。调压器一般有 9 个挡位，通过调节挡位来改变变比系数，比如当主母线电压为 0.875 倍额定电压时，分接头应在最高挡(9 挡)，主母线电压为 1.125 倍额定电压时，分接头在最低挡(1 挡)。调压器的驱动电动机一般使用两相电源，保护装置分别控制升压或降压继电器，使电容正向或反向充电，从而改变两相电源的超前与滞后的关系，驱动电机向正向或反方向旋转，从而带动挡位切换机构实现升、降压功能。

变配电所进线电源取自地方供电局的变电站，供电方式为专柜专线，电压等级一般为：220 kV、110 kV、35 kV 或 10 kV，其中 10 kV 应用最广泛。

客运专线典型变配电所供电示意图如图 4.1 所示。

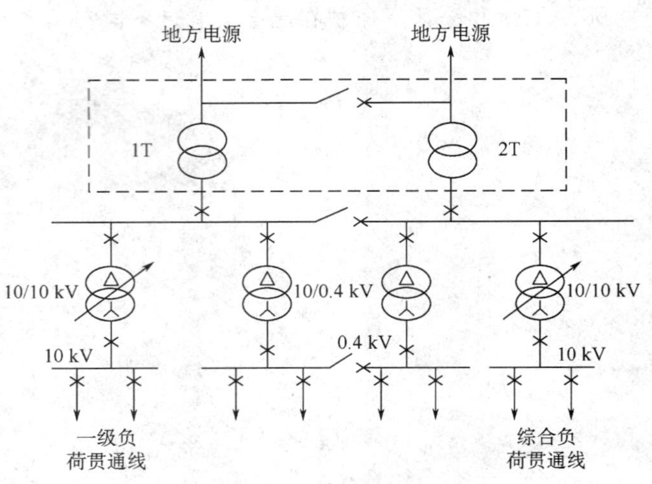

图 4.1　变配电所供电示意图

其运行方式为：

(1)对于 10 kV 配电所，采用单母线真空断路器分段运行方式，两路 10 kV 进线电源分别送至两段母线上，正常时，母联打开，两路电源同时运行，互为备用；当一路检修或发生故障时，母联闭合，由另一路电源供电。一级负荷电力贯通

线、综合电力贯通线分别经调压器调压后供电。

(2)对于电压等级为 220 kV、110 kV、35 kV 的变配电所,先由进线变压器将受电电源变为 10 kV 电源供到进线母线上,再通过与 10 kV 配电所相同的方式,将电能供出。

(3)车站用电负荷的 2 台变压器一次侧分别接在 10 kV 两段母线上,二次侧分别馈出一段低压母线,为单母线空气断路器分段运行方式,用电负荷分别接在两段低压母线上,两台变压器同时运行,当一路检修或发生故障时,母联闭合,两段母线一、二级负荷由另一台变压器供电,三级负荷自动切除。

(4)向重要的一级负荷供电的二级低压母线,采用单母线断路器分段运行方式。变压器设低压总计量,动力照明分开计量。

(5)配电所设无功集中补偿装置,补偿后的功率因数在 0.9 以上。

二、铁路电力供电系统中性点接地方式

电网中性点接地方式是一个涉及供电可靠性、人身安全、设备安全、绝缘水平、过电压保护、继电保护、通信干扰、电磁兼容及接地装置等多方面的综合性技术问题。它对电网运行的安全可靠性和经济性有着重大影响。

在铁路电力供电系统中,10 kV 进线与馈线一般采用中性点不接地方式运行,而自闭线与贯通线的接地运行方式主要有:中性点不接地、中性点经小电阻接地、中性点经消弧线圈接地等三种运行方式。

(一)普速铁路自闭线与贯通线中性点接地方式

普速铁路自闭线与贯通线采用中性点不接地方式,配电所自地方电网接引电源,经自闭调压器、贯通调压器向电力自闭线和电力贯通线提供 10 kV 电源。中性点不接地方式在以架空线路为主的普速铁路中已证明是行之有效的接地方式,主要有以下优点:

(1)如雷击绝缘闪络等瞬时故障,一般能自动熄弧。

(2)如金属性单相接地故障,不会破坏系统的对称性,可带故障连续运行 2 h。

(3)单相接地故障时接地电流小,降低了地电位升高,减小了跨步电压和接触电压、架空线路对通信系统的干扰和对低压网的反击。

(4)节省了接地设备的投资。

(二)高速铁路自闭线与贯通线采用中性点不接地方式的局限性

跟普通铁路不同的是,高速铁路电力供电系统基本以电缆线路为主,电缆线路对地电容电流比相同长度的架空线路大得多,中性点不接地方式在高速铁路电力系统中有着如下明显的缺点:

(1)电力电缆的绝缘裕度比架空线路小得多,承受过电压的能力低,在发生单相接地故障时,非故障相电压升高到线电压以上,容易引起配电网中非故障相电缆多点击穿,形成相间短路故障,扩大事故。

(2)电力电缆绝缘是有机绝缘,一旦发生绝缘击穿即为永久性故障,绝缘不能自恢复,如果不及时断电,故障处绝缘会被迅速烧坏,发展成为相间故障,使故障扩大。

(3)在中性点不接地方式下,由于中性点是绝缘的,电网对地电容中贮存的能量没有释放通路,在发生弧光接地时,电弧的反复熄灭与重燃,也是向电容反复充放电过程。由于对地电容中的能量不能释放,造成电压升高,从而产生弧光接地过电压或谐振过电压,高倍率过电压

出现的概率增大，对弱绝缘击穿概率大。

(4)由于电网存在电容和电感元件，在一定条件下，倒闸操作或故障容易引发线性谐振或铁磁谐振，对较短的馈电线路会激发高频谐振，产生较高的谐振过电压，导致电压互感器击穿。对较长的馈电线路易激发起分频铁磁谐振，在分频谐振时，电压互感器呈较小阻抗，其通过电流将成倍增加，引起熔丝熔断或电压互感器过热而损坏。

(5)单相接地故障定位困难，不能迅速判断和切除接地故障区段。

(三)高速铁路自闭线与贯通线线路接地方式的选择

在已经运行的客运专线中，合武客运专线初期采用中性点不接地方式，贯通线电缆单相接地后，断路器不跳闸，系统带故障运行，出现过电缆烧毁或电力变压器烧毁的事件，扩大了事故影响范围。武广客运专线试验段初期采用经消弧线圈接地方式，但经过试验证明，消弧线圈技术不十分可靠，也出现过由于电缆单相接地，系统在故障状态下运行，使电力调压器烧毁的事件，最后，武广客运专线全线改为经小电阻接地方式，运行后未发生以上事故。

两种接地运行方式的比较：

1.消弧线圈接地运行方式

(1) 当电网发生单相接地故障时，能够继续向用户供电一段时间，可自动消除单相瞬间接地故障，从而保证了供电的可靠性。

(2) 系统发生永久性接地故障时，消弧线圈通过对电容电流的补偿使故障点残流很小，从而减少了发展成相间短路事故的几率。同时，由于消弧装置始终把接地残流控制在熄弧临界值以下，再加上消弧装置可减缓弧道恢复电压的上升速度，促使电弧可靠熄灭，重燃次数大为减少，从而有效地降低了弧光接地过电压发生的概率。

(3) 在零序回路中消弧线圈的感抗与电压互感器的励磁电抗是并联的，而消弧线圈的感抗要比电磁式电压互感器励磁电抗小得多，因而电网中产生不了因电磁式电压互感器磁保护引起的铁磁谐振过电压。但对由断线引起的谐振则无能为力。

(4)一方面，消弧线圈减少了重燃次数，可能降低过电压；另一方面，消弧线圈降低了故障相恢复电压的速度，容易使故障相电弧的重燃在对地电压最大时发生，这又会使过电压数值增加。

(5)因单相接地时故障点电流很小，能有效限制故障点的跨步电压和接触电势差，对人身安全和通信线路干扰影响较小。

(6)单相接地故障时不破坏线电压的对称性，系统可带故障短时运行，但是故障定位困难，电缆单相接地故障易发展成相间故障。

2.中性点经小电阻接地运行方式

(1)可以有效地限制弧光接地过电压。在单相接地故障时，当接地电弧过零熄弧后，系统对地电容中的残荷将通过中性点泄放掉，所以当发生下一次燃弧时其过电压幅值跟正常运行情况发生单相接地故障的情况相同，不会产生很高的过电压。

(2)可以有效地抑制各种原因引起的系统谐振过电压(如铁磁谐振、高频谐振、分频谐振、断线谐振、线性谐振等)。

(3)单相接地故障时故障线路电流较大，零序过流保护灵敏度较高，可以迅速切除故障线路。但是对这种接地方式，无论是永久性还是瞬间单相接地故障，系统均动作跳闸，线路跳闸次数大大增加，降低了系统供电可靠性，同时开关要频繁开断故障过流，加速开关触点的磨损，增大了检修工作量。

(4)有利于故障点的快速定位与切除。

(5)发生单相接地故障时,非故障相的稳态电压升高比采用中性点不接地或经消弧线圈接地方式的稳态电压升高偏低。

(6)由于故障电流很大,跳闸前由大电流引起的跨步电压和接触电势差增大,对人身安全构成威胁,对通信线路造成干扰。但同时由于系统保护动作的灵敏性,对故障的快速切除又将这种负面影响减小至最低程度。

接地方式的选择应充分考虑以下几个方面:

(1)投资的必要性和经济性。

(2)用户供电可靠性。

(3)接触电压、跨步电压对人身安全的影响。

(4)过电压水平对电气设备绝缘水平的要求和绝缘配合问题。

(5)电气设备的运行维护工作量。

(6)对继电保护的要求。

(7)对通信线路的干扰及系统的稳定性。

第二节　铁路变配电所保护配置

一、典型配电所主接线

配电所主接线方案是保护装置配置及二次回路设计的依据。以京津城际为例,客运专线典型配电所的主接线如图 4.2 所示。

二、保护功能配置

保护装置按照与间隔层单元一一对应的原则配置,每套保护装置负责一台开关柜内断路器及隔离开关的保护与自动控制功能,保护装置应自带操作器件,不需附加设备和外加继电器即可直接跳合断路器。

主要间隔单元及其应具有的保护功能配置如下:

1. 进线间隔单元

(1)电流速断保护;

(2)过电流保护;

(3)失压保护;

(4)母线联锁保护(闭锁式简易母线保护);

(5)PT 断线告警;

(6)控制回路异常告警;

(7)故障、负荷录波功能。

2. 馈线间隔单元

(1)电流速断保护;

(2)过电流保护;

(3)失压保护;

(4)零序过电压告警;

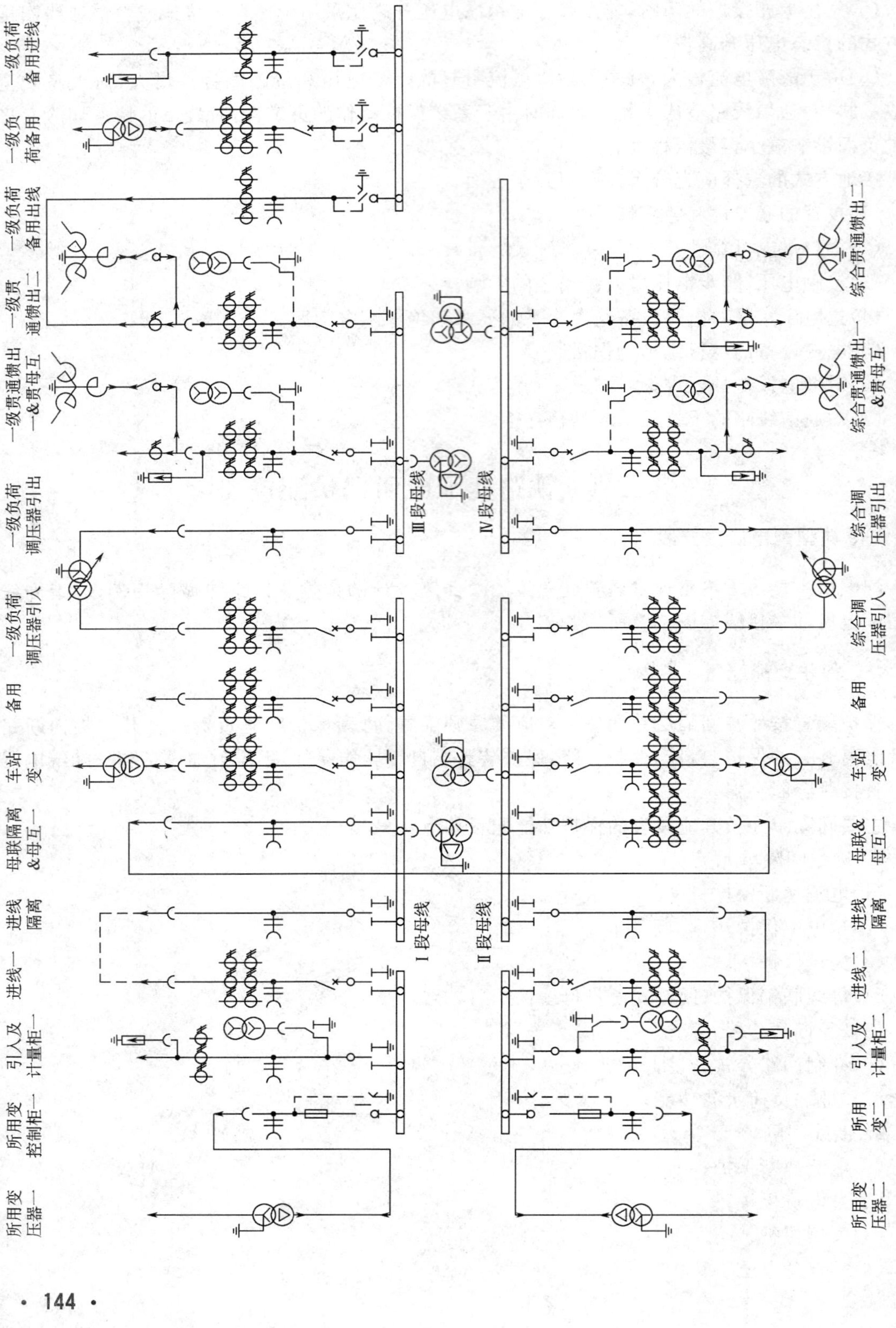

一级负荷备用进线
一级负荷备用
一级负荷备用出线
一级贯通馈出二
一级贯通馈出一&贯母互
一级负荷调压器引出
一级负荷调压器引入
备用
车站变一
母联隔离&母互一
进线隔离
进线一
引入及计量柜一
所用变控制柜一
所用变压器一
Ⅲ段母线
Ⅳ段母线
Ⅰ段母线
Ⅱ段母线
综合贯通馈出二
综合贯通馈出一&贯母互
综合调压器引出
综合调压器引入
备用
车站变二
母联&母互二
进线隔离
进线二
引入及计量柜二
所用变二
所用变压器二

图 4.2 典型配电所主接线图

(5)三相一次自动重合闸；
(6)PT 断线告警；
(7)控制回路异常告警；
(8)故障、负荷录波功能。

3. 电容器间隔单元

(1)过电流保护；
(2)电流速断保护；
(3)过电压保护；
(4)失压保护；
(5)控制回路异常告警；
(6)故障、负荷录波功能。

4. 母联及备自投单元

(1)电流速断保护；
(2)过电流保护；
(3)合闸后加速保护(母线充电保护)；
(4)备用电源自投；
(5)合闸检同期；
(6)PT 断线告警；
(7)控制回路异常告警；
(8)故障、负荷录波功能。

5. 调压器间隔单元

(1)电流速断保护；
(2)过电流保护；
(3)手动/自动调压；
(4)滑挡保护；
(5)合闸检同期；
(6)PT 断线告警；
(7)控制回路异常告警；
(8)故障、负荷录波功能。

6. 自闭贯通线路间隔单元

(1)电流速断保护；
(2)过电流保护；
(3)失压保护；
(4)零序过电压保护；
(5)零序过流保护；
(6)三相一次自动重合闸；
(7)备用电源自投；
(8)合闸检同期；
(9)PT 断线告警；

(10)控制回路异常告警；

(11)故障、负荷录波功能。

(12)当有进线变压器时，还应对主变间隔单元进行保护功能配置。

7. 主变间隔单元

(1)差流速断保护；

(2)比率差动保护；

(3)电流速断保护；

(4)过流保护；

(5)复合电压启动的过电流保护；

(6)过负荷保护；

(7)零序过电流保护；

(8)零序过电压保护；

(9)母线联锁保护；

(10)非电量保护；

(11)CT 断线告警；

(12)控制回路异常告警；

(13)故障、负荷录波功能。

三、分散安装方式下的系统配置

在客运专线配电所中，保护装置分散安装在 GIS 开关柜上，此时系统配置如图 4.3 所示。

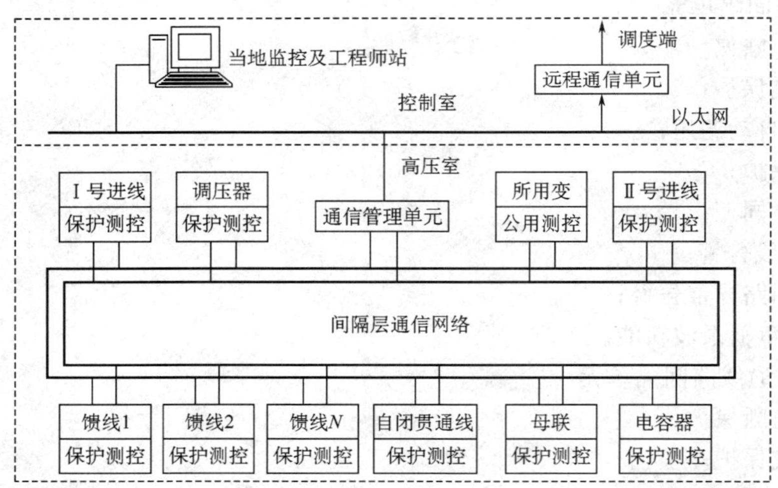

图 4.3　保护装置直接分散安装在 GIS 开关柜上的系统配置

第三节　整定原则与动作逻辑

一般来说，铁路电力属于中低压供电系统，当发生短路故障时，其主要特征就是电流增加和电压降低。对铁路电力供电系统，一般选用简单的电流、电压保护或对它们进行适当组合，

即可构成功能可靠、性能完善的保护。

一、保护整定原则

对一套保护装置的整定，主要是考察它的选择性、灵敏性、速动性和可靠性四个方面的要求。

（一）线路保护

铁路电力供电线路一般分为架空线路和电缆线路两种。架空线路和电缆线路的保护设置基本相同，但电缆线路可以不设置自动重合闸装置。对大电流接地系统发生的接地故障，可采用零序电流和零序电压保护动作于跳闸。对小电流接地系统发生的接地故障，可采用绝缘监察装置，动作于信号；有条件采用零序电流保护的，可采用零序电流保护，动作于信号或跳闸。

10 kV 线路的相间短路保护，可采用电流速断为主保护，过电流保护为后备保护。当负荷较小或线路不长时，若电流速断保护的动作电流按躲开被保护线路末端短路来整定，则它的动作范围可能很小，甚至没有保护区，故装设电流速断保护的作用不大，这种情况下电流保护装置可由带时限的电流速断和过电流构成。

自闭线、贯通线保护的配置与整定计算与此类似。

1. 无时限电流速断保护

保护装置动作电流应避开线路末端最大三相短路电流。

$$I_{cp}=K_{rel}\cdot K_{w}\cdot\frac{I_{k.max}^{(3)}}{K_{i}} \tag{4.1}$$

式中　I_{op}——保护动作电流；

K_{rel}——可靠系数，一般取 1.3；

K_{w}——接线系数，接于相电流取 1，接于相电流差时取$\sqrt{3}$；

$I_{k.max}^{(3)}$——最大运行方式下，线路末端三相稳态短路电流；

K_{i}——电流互感器变比。

保护灵敏系数按被保护线路始端短路，流经保护装置安装处的最小两相短路电流校验。

$$K_{s}^{(2)}=K_{s.re}\cdot\frac{I_{k.min}^{(3)}}{I_{op}} \tag{4.2}$$

式中　$K_{s}^{(2)}$——保护装置灵敏系数；

$K_{s.re}$——相对灵敏系数，三相短路取 1，两相短路取 0.87；

$I_{k.min}^{(3)}$——在最小运行方式下，保护装置安装处三相稳态短路电流；

I_{op}——保护装置动作电流。

2. 带时限的电流速断保护

保护装置动作电流应避开相邻元件（线路或变压器）末端的最大三相短路电流。

$$I_{op}=K_{rel}\cdot K_{w}\cdot\frac{I_{k\,max}^{(3)}}{K_{i}} \tag{4.3}$$

式中　I_{op}——保护动作电流；

K_{rel}——可靠系数，一般取 1.3；

K_{w}——接线系数，接于相电流取 1，接于相电流差时取$\sqrt{3}$；

$I_{k\,max}^{(3)}$——最大运行方式下，线路末端三相稳态短路电流；

K_i——电流互感器变比。

还必须与相邻元件的电流速断保护动作电流相配合：

$$I_{op}=\frac{K_p \cdot I_{op.1}}{K_i} \tag{4.4}$$

式中 I_{op}——保护动作电流；

K_p——配合系数，取1.1；

K_i——电流互感器变比；

$I_{op.1}$——相邻元件的电流速断保护动作电流。

保护装置动作时限应较相邻元件的电流速断保护大一个时限阶段，$\Delta t=0.5\sim0.7$ s；

保护灵敏系数校验同无时限电流速断保护。

3.定时限的过电流保护

保护装置动作电流应按躲过线路上最大负荷电流来整定。

$$I_{op}=K_{rel} \cdot K_w \cdot \frac{K_{OL} \cdot I_{L \cdot max}}{K_{re} \cdot K_i} \tag{4.5}$$

式中 I_{op}——保护动作电流；

K_{rel}——可靠系数，一般取1.3；

K_w——接线系数，接于相电流取1，接于相电流差时取$\sqrt{3}$；

K_{OL}——过负荷倍数，一般由试验或实际运行数据确定，当无可靠资料时，可采用1.5～3；

$I_{L \cdot max}$——线路上最大计算负荷电流；

K_{re}——返回系数，取0.9；

K_i——电流互感器变比。

保护装置灵敏系数按线路末端最小两相短路电流校验：

$$K_s^{(2)}=K_{s.re} \cdot \frac{I_{k.min}^{(3)}}{I_{op}} \tag{4.6}$$

式中 $K_s^{(2)}$——保护装置灵敏系数；

$K_{s.re}$——相对灵敏系数，三相短路取1，两相短路取0.87；

$I_{k.min}^{(3)}$——最小运行方式下，线路末端三相稳态短路电流；

I_{op}——保护装置动作电流。

保护装置动作时限应较相邻元件的电流速断保护大一个时限阶段，$\Delta t=0.5\sim0.7$ s。

4.低电压启动的过电流保护

过电流保护的动作电流是根据线路的最大负荷电流整定，因而动作电流的数值较大灵敏度较低。当灵敏系数不能满足要求时，为了提高保护元件的灵敏度。低电压启动过流保护启动电压的整定原则是：保证在正常工作条件下的母线最低电压时，保护能可靠返回。

当采用低电压闭锁时，过流保护的动作电流可按被保护线路的额定电流 I_N 进行整定：

$$I_{op}=\frac{K_{rel}}{K_{re}} \cdot I_N \tag{4.7}$$

式中 I_{op}——保护动作电流；

K_{rel}——可靠系数，一般取1.25；

K_{re}——返回系数，取0.9；

I_N——被保护线路的额定电流。

低电压启动过流保护启动电压的整定原则是：保证在正常工作条件下的母线最低电压时，保护能可靠返回。

$$U_{op}=\frac{U_{w.min}}{K_{rel}\cdot K_{re}} \tag{4.8}$$

式中　U_{op}——低电压保护动作电压整定值；

$U_{w.min}$——系统中允许最小工作电压，取 $0.7U_N$；

K_{rel}——可靠系数，一般取 1.15～1.25；

K_{re}——返回系数，取 1.1。

低电压启动过流保护的灵敏度可按保护范围末端短路时母线处最大的剩余电压值来校验，即

$$K_S=\frac{U_{op}}{U_{cy.max}}\geqslant 1.5 \tag{4.9}$$

式中　K_S——灵敏系数；

U_{op}——低电压启动过流保护动作电压整定值；

$U_{cy.max}$——保护范围末端短路时母线处的最大残压。

保护装置动作时限应较相邻元件的电流速断保护大一个时限阶段，$\Delta t=0.5\sim0.7$ s。

5. 低电压保护

$$U_{op}=0.25U_N \tag{4.10}$$

式中　U_{op}——低电压启动过流保护动作电压整定值；

U_N——保护装置安装处线路额定电压。

（二）母联保护

1. 过电流保护

过流保护的动作电流应躲过任一母线段的最大负荷电流。

$$I_{op}=K_{rel}\cdot\frac{I_{L\cdot max}}{K_{re}\cdot K_i} \tag{4.11}$$

式中　I_{op}——保护动作电流；

K_{rel}——可靠系数，一般取 1.3；

$I_{L\cdot max}$——任意母线段的最大负荷电流；

K_{re}——返回系数，取 0.9；

K_i——电流互感器变比。

保护元件的灵敏系数，按最小运行方式下，母线两相短路电流校验。

$$K_S^{(2)}=\frac{I_{k\cdot min}^{(2)}}{I_{op}}\geqslant 2 \tag{4.12}$$

式中　$K_S^{(2)}$——保护装置灵敏系数；

$I_{d\cdot min}^{(2)}$——在最小运行方式下，母线两相短路电流；

I_{op}——保护装置动作电流。

作后备保护时，保护元件的灵敏系数，按最小运行方式下，相邻元件末端两相短路电流校验。

$$K_S^{(2)}=\frac{I_{k\cdot l.min}^{(2)}}{I_{op}}\geqslant 2 \tag{4.13}$$

式中　$K_S^{(2)}$——保护装置灵敏系数；

$I_{k\cdot l.min}^{(2)}$——在最小运行方式下，母线两相短路电流；

I_{op}——保护装置动作电流。

保护元件的动作时限，应按相邻元件的过电流保护大一时限阶段整定。

2. 合闸后加速保护

保护元件的动作电流按最小灵敏系数大于 2 来整定，一般只在合闸过程中投入，合闸后自动退出。

$$I_{op} \leqslant \frac{I_{k\cdot min}^{(2)}}{2 \cdot K_i} \tag{4.14}$$

式中　I_{op}——保护动作电流；

$I_{k\cdot min}^{(2)}$——在最小运行方式下，母线两相短路电流；

K_i——电流互感器变比。

（三）电力变压器保护

电力变压器是铁路电力供电系统中最重要的电器设备，它的故障及不正常运行将直接影响供电系统的安全运行。

对电力变压器的各种故障及不正常运行工作状态，应装设下列相应的保护装置，以构成完善的保护。

1. 瓦斯保护

800 kV·A 及以上的油浸式变压器和400 kV·A 及以上的车间内油浸式变压器，均应装设瓦斯保护。当箱内故障产生轻微瓦斯或油面下降时应瞬时动作为信号（轻瓦斯）；当产生大量瓦斯时应动作于各侧断路器跳闸（重瓦斯）。

2. 纵联差动保护或电流速断保护

由于瓦斯保护不能反应变压器箱体外部故障，所以对于对 6 300 kV·A 及以上并列运行的变压器以及10 000 kV·A 及以上单独运行的变压器，630 kV·A 及以下单独运行的重要变压器应装设纵联差动保护。对于 2 000～10 000 kV·A 及以下中小容量变压器，若灵敏度满足要求时，应采用电流速断保护来瞬时切除变压器电源侧套管引出线及部分绕组的故障。

由于纵联差动保护的整定原则前述章节已有论述，因此本处只讨论电力变压器电流速断保护的整定原则。

电流速断保护应装设在变压器的电源侧。电流速断保护的动作电流，一般按躲过变压器外部故障最大短路电流整定，即

$$I_{op} = K_{rel} \cdot K_w \cdot \frac{I_{k.max}^{(3)}}{K_i} \tag{4.15}$$

式中　I_{op}——保护动作电流；

K_{rel}——可靠系数，一般取 1.2～1.3；

K_w——接线系数，接于相电流取 1，接于相电流差时取$\sqrt{3}$；

$I_{k.max}^{(3)}$——变压器负荷侧母线最大三相短路电流；

K_i——电流互感器变比。

保护灵敏系数按被保护线路始端短路，流经保护装置安装处的最小两相短路电流校验。

$$K_S^{(2)} = K_{s.re} \cdot \frac{I_{k.min}^{(3)}}{I_{op}} \geqslant 2 \tag{4.16}$$

式中　$K_{S}^{(2)}$——保护装置灵敏系数；

$K_{s.re}$——相对灵敏系数，两相短路取 0.87；

$I_{k.min}^{(2)}$——变压器电源侧引出端最小两相短路电流；

I_{op}——保护装置动作电流。

电流速断保护接线简单、动作迅速。但在系统运行方式变化较大时灵敏度往往达不到要求，同时变压器受电侧部分绕组与套管、引出线发生故障时，电流速断起不到保护作用，因此还需要与过电流保护配合，才能切除受电侧的上述故障。运行经验表明，对小型变压器，采用电流速断保护、瓦斯保护与过电流保护配合使用，可以起到良好的保护效果。

3. 过电流保护

为防止外部故障引起的变压器过电流和作为变压器的后备保护，一般在变压器的电源侧都要装设过电流保护。过电流保护的动作电流应按躲过变压器的最大负荷电流进行整定。

$$I_{op}=K_{re}\cdot K_{w}\cdot\frac{I_{L\cdot max}}{K_{re}\cdot K_{i}}\tag{4.17}$$

式中　I_{op}——保护动作电流；

K_{rel}——可靠系数，一般取 1.2～1.3；

K_{w}——接线系数，接于相电流取 1，接于相电流差时取$\sqrt{3}$；

K_{OL}——过负荷倍数，一般由试验或实际运行数据确定，当无可靠资料时，可采用1.5～2.5；

$I_{L\cdot max}$——变压器最大负荷电流，若无实测数据，可取变压器额定电流；

K_{re}——返回系数，取 0.9；

K_{i}——电流互感器变比。

保护装置灵敏系数按线路末端最小两相短路电流校验：

$$K_{S}^{(2)}=K_{s.re}\cdot\frac{I_{k.min}^{(2)}}{I_{op}}\tag{4.18}$$

式中　$K_{S}^{(2)}$——保护装置灵敏系数；

$I_{k.min}^{(2)}$——保护范围末端最小两相短路电流；

I_{op}——保护装置动作电流。

以变压器受电侧母线发生短路作为校验点，要求 $K_{S}^{(2)}\geqslant 1.5$，以下一级相邻元件末端短路作为校验点，$K_{S}^{(2)}\geqslant 1.2$。

保护的动作时限应考虑与下一级保护相配合，按阶梯原则比下一级保护动作时限大一个时限级差 Δt。

当过电流保护的灵敏度不能满足要求时，对于较大容量的降压变压器可以采用低压启动的过电流保护，这样过流保护的动作电流可以按变压器额定电流整定，从而提高了过流保护的灵敏度。

此时，过流保护的动作电流可按变压器的额定电流 I_{N} 进行整定：

$$I_{op}=\frac{K_{rel}}{K_{re}}\cdot I_{N}\tag{4.19}$$

式中　I_{op}——保护动作电流；

K_{rel}——可靠系数，一般取 1.25；

K_{re}——返回系数，取 0.9；

I_N——被保护线路的额定电流。

低电压启动过流保护动作电压值可按正常运行时的母线最小工作电压整定：

$$U_{op}=\frac{U_{w.min}}{K_{rel}\cdot K_{re}} \tag{4.20}$$

式中 U_{op}——低电压启动过流保护动作电压整定值；

$U_{w.min}$——正常运行时母线最小工作电压，取 0.9 倍额定电压；

K_{rel}——可靠系数，一般取 1.1～1.2；

K_{re}——返回系数，取 1.15～1.25。

低电压启动过流保护中过电流保护的灵敏度校验与过电流保护相同，低电压启动保护的灵敏度可按下式进行校验，即

$$K_S=\frac{U_{op}}{U_{k.w.max}} \tag{4.21}$$

式中 K_S——灵敏系数；

U_{op}——低电压启动过流保护动作电压整定值；

$U_{k.w.max}$——保护范围末端短路时母线处的最大残压。

在变压器受电侧母线发生短路时，要求 $K_S \geqslant 1.5$，在以下一级相邻元件末端短路时，要求 $K_S \geqslant 1.2$。

对于降压变压器，由于低电压元件都接在低压侧母线的电压互感器上，所以灵敏度一般都能满足要求。

4.过负荷保护

变压器过负荷保护按躲过变压器额定电流进行整定：

$$I_{op}=\frac{K_{rel}}{K_{re}}\cdot I_N \tag{4.22}$$

式中 I_{op}——保护动作电流；

K_{rel}——可靠系数，一般取 1.05；

K_{re}——返回系数，取 0.9；

I_N——被保护线路的额定电流。

为防止在短路或短时过负荷时，保护装置误发过负荷信号，过负荷保护的延时时间远大于过电流保护延时，一般为 9 s。

（四）并联电容器组的保护

并联电容器组也被称为并联电容补偿装置，变配电所常采用在母线上进行集中补偿的方法提高系统的功率因素，降低供电线路损耗，提高供电电压质量。配电所并联电容补偿装置一般是由多台小容量的电容器串、并联构成，主回路中常串联接入小电抗器，目的是抑制合闸涌流、高次谐波电流和开关熄弧后的重燃。

电容器组常见的保护有：

1.熔断器保护

将电容器分组，每 4～5 个为一组，在每组上装设熔断器或者也可在每个电容器上装设单独的熔断器作为内部故障保护之用，熔断器中熔丝的额定电流按单台或整组电容器的额定电流的 1.5～2.0 倍整定，即

$$I_{N\cdot F}=(1.5\sim 2.0)I_{N\cdot C} \tag{4.23}$$

式中 $I_{N\cdot F}$——熔断器中熔丝的额定电流；

$I_{N\cdot C}$——单台或整组电容器额定电流。

2. 电流速断保护

电容器合闸时暂态冲击电流很大，可达到其额定电流的 3～7 倍，但衰减很快，因此，电容器组的相间短路保护可采用电流速断，但必须使其在合闸冲击电流的作用下不致误动。所以电流速断保护动作电流按躲过电容器投入时的冲击电流来整定，即：

$$I_{op}=K_{rel}\cdot K_{w}\cdot\frac{I_{N\cdot C}}{K_{i}} \tag{4.24}$$

式中 I_{op}——保护动作电流；

K_{rel}——可靠系数，一般取 2.0～2.5；

K_{w}——接线系数，接于相电流取 1，接于相电流差时取$\sqrt{3}$；

$I_{N\cdot C}$——电容器组的额定电流。

保护元件的灵敏系数，按最小运行方式下，电容器组首段两相短路，流过保护装置的短路电流校验。

$$K_{S}^{(2)}=\frac{I_{k.min}^{(2)}}{I_{op}} \tag{4.25}$$

式中 $K_{S}^{(2)}$——保护装置灵敏系数；

$I_{k.min}^{(2)}$——在最小运行方式下，电容器组首段两相短路电流；

I_{op}——保护装置动作电流。

3. 电容器组过电压保护

当电容器组所接母线电压升高时，为保护电容器组不致损坏，过电压保护延时动作于信号或跳闸。过电压保护所采用的电压取自母线电压。保护的动作电压按母线额定电压的 1.15 倍整定，即

$$U_{op}=1.15U_{N} \tag{4.26}$$

式中 U_{op}——过电压保护动作电压；

U_{N}——母线额定电压。

4. 电容器组失压保护

失压保护的动作电压一般取 0.5 倍母线额定电压，带短延时动作于跳闸，即

$$U_{op}=0.5U_{N} \tag{4.27}$$

式中 U_{op}——失压保护动作电压；

U_{N}——母线额定电压。

另外，当高压电网单相接地电流大于 10 A，且上述保护对单相接地不够灵敏时，电容器组应装设单相接地保护。但在一般情况下，如单相接地电流不超过 10 A 时，可以不考虑接地保护。

二、典型保护动作逻辑

1. 电流速断保护

仅反应电流增大而瞬时动作的电流保护称为电流速断保护。根据保护速动性的要求，保护装置动作切除故障的时间，必须满足系统稳定和保证重要用户供电的可靠性。在简单、可靠

和保证选择性的前提下，原则上是越快越好。因此，在铁路电力供电系统中应力求选择快速动作的电流速断保护。保护原理框图如图 4.4 所示。当 U、V、W 三相电流中任一相大于定值时，保护快速跳闸，同时给出相关故障信息。

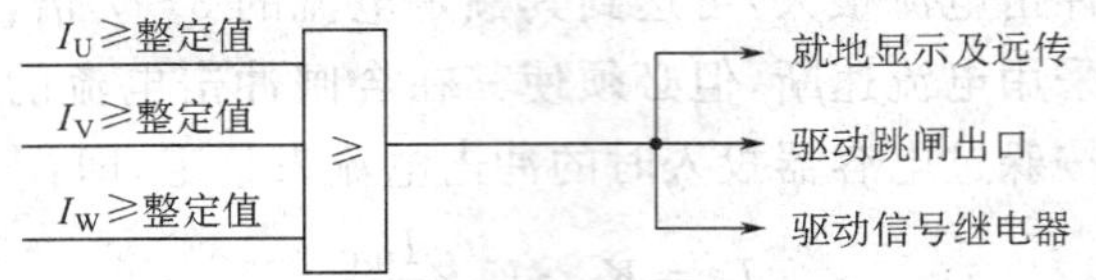

图 4.4　电流速断保护动作逻辑

2. 低压启动的过电流保护

有时供电的过负荷电流与短路电流差异不大，因而按躲过最大负荷电流整定的过电流保护在有些情况下，不能满足灵敏性的要求。但由于在过负荷和短路两种情况下，负载阻抗与短路阻抗的性质不同。根据这一点，可装设灵敏性较高的低压启动的过电流保护。因而可根据保护安装处的电压的不同来确定低压启动保护可单独投退，原理框图如图 4.5。当三相线电压中任意一个低于低压启动定值，同时三相相电流中任意一个一相大于过电流定值时，经延时，保护出口。

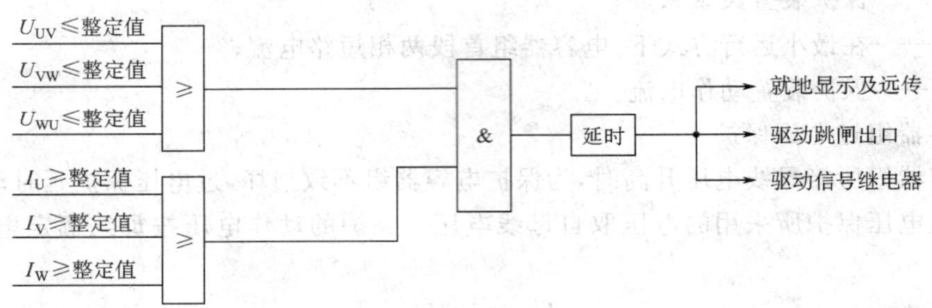

图 4.5　带低压启动的过电流保护动作逻辑

3. 零序过电流保护(图 4.6)

当零序过电流大于定值时，经延时，保护动作与出口或告警。

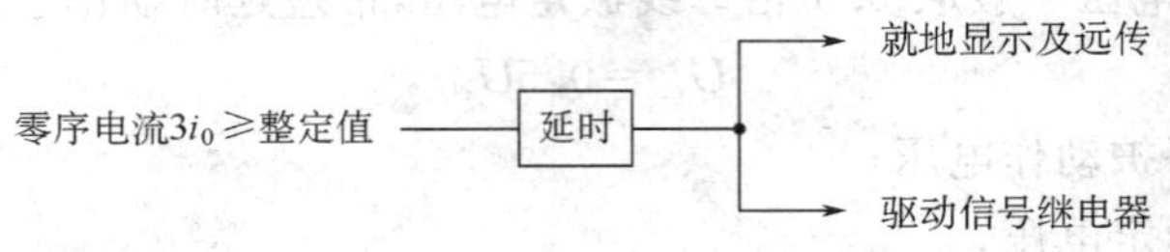

图 4.6　零序过电流保护动作逻辑

4. 零序过电压告警(图 4.7)

当零序电压大于定值时，经延时，保护动作，给出告警信号。

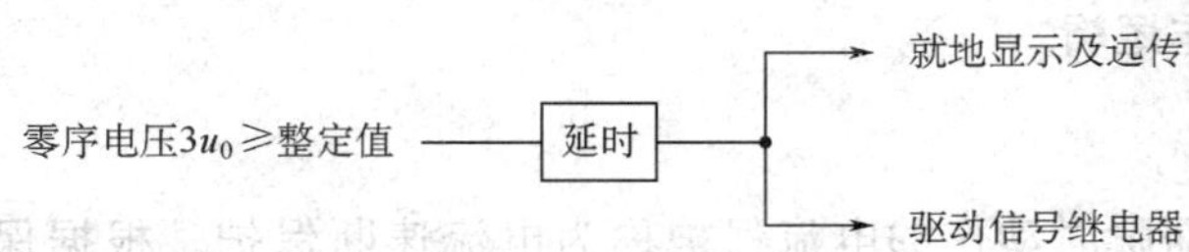

图 4.7　零序过电压告警动作逻辑

5. 合闸后加速保护

合闸后加速保护仅在断路器合闸后 3 s 内有效，设置本保护的目的是断路器合闸瞬间既能躲过合闸所带来的冲击性电流，又能在合闸于故障时，保护正确动作。保护的动作逻辑如图 4.8，在断路器合闸后 3 s 内，当三相电流中任一相大于定值时，保护经延时跳闸，同时给出相关故障信息。

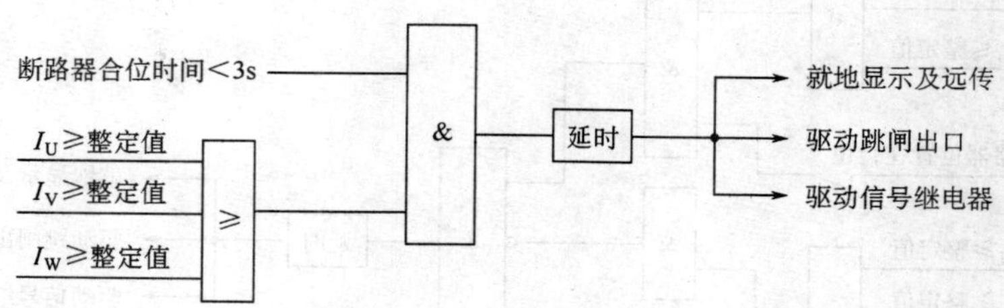

图 4.8　后加速保护动作逻辑

6. 母线联锁保护

由于中、低压保护一般不配置专门的母线保护，因此当发生进线母线故障时，进线端保护难于仅通过短路电流区分是馈线近端出口短路故障还是母线处发生故障。如果通过时间阶梯的方式进行保护范围的选择，当真正发生母线故障时，又会使得短路故障不能及时切除，从而给设备带来有害性冲击，甚至毁坏。因此，必须设置简易的母线保护，以保证进线保护快速选择性跳闸。

保护的原理是当进线保护感受到故障启动电流时，还要通过馈线保护装置发送过来的联锁开入信号进一步判断馈线保护是否启动，如馈线保护已启动则故障发生在区外，母线联锁保护不动作；如馈线保护未启动则故障发生在区内，母线联锁保护经延时后快速动作。保护动作逻辑如图 4.9 所示。

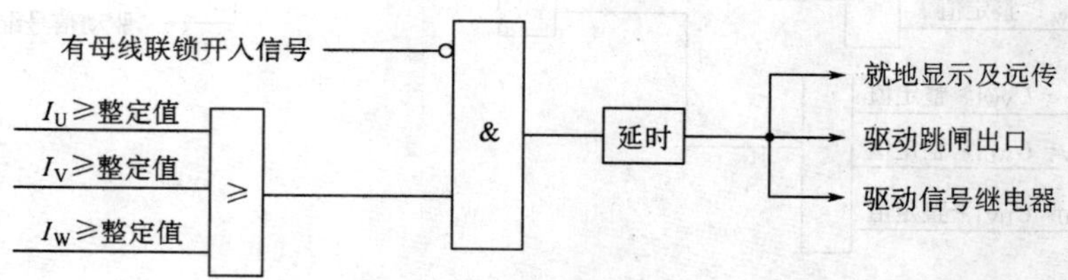

图 4.9　母线保护动作逻辑

7. 过电压保护

保护动作逻辑如图 4.10 所示。当断路器在合位且任一母线线电压高于过电压定值时，经延时，保护动作于出口或发信号。

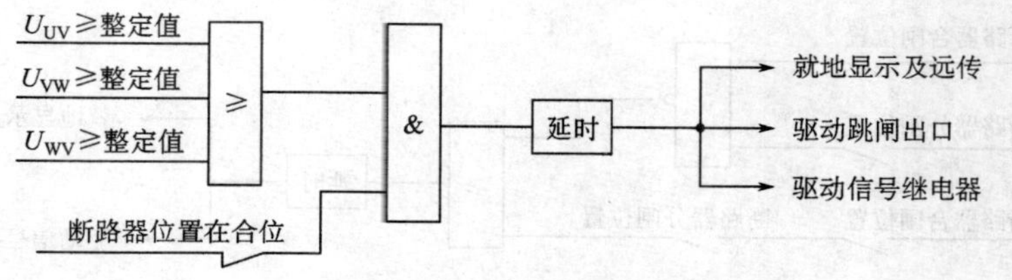

图 4.10　过电压保护动作逻辑

8. 失压保护

保护动作逻辑如图 4.11 所示。当断路器在合位且任一母线线电压低于低电压定值且三相电流任一相高于有流定值时，经延时，保护动作于出口。

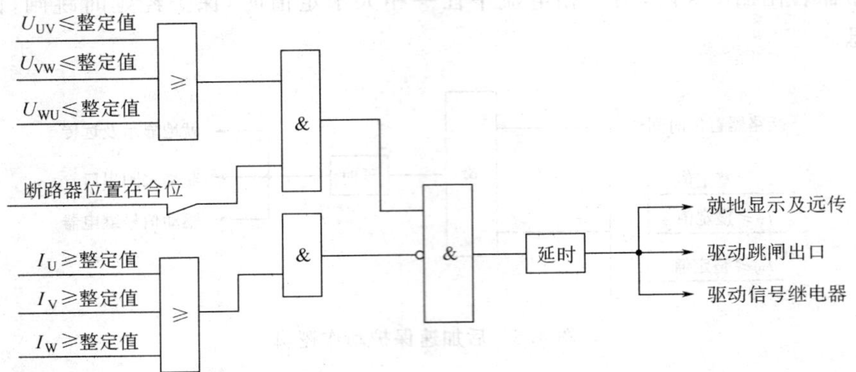

图 4.11　失压保护动作逻辑

9. PT 断线告警

保护动作逻辑如图 4.12 所示。当没有过电流保护启动时，如三相线电压均小于定值且任一相有电流，或三相线电压相互之间任有一项差值大于定值均可判定为 PT 断线。

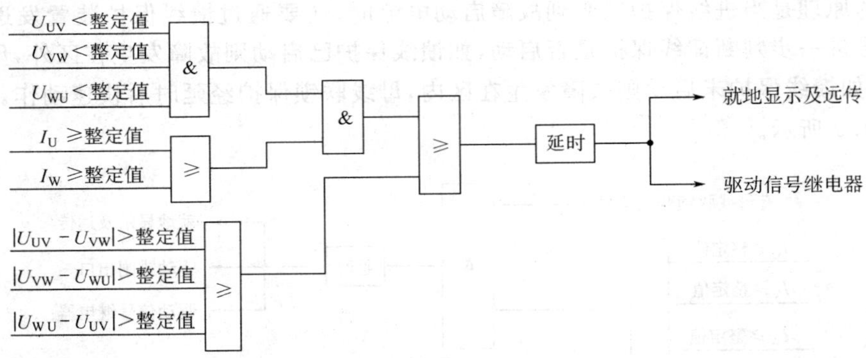

图 4.12　母线 PT 断线告警逻辑

10. 控制回路异常告警

动作逻辑如图 4.13 所示。保护装置采集断路器的跳闸位置和合闸位置信号，当断路器跳闸位置和合闸位置信号的辅助接点都处于合位或都处于分位时，经延时发出控制回路异常告警信号。

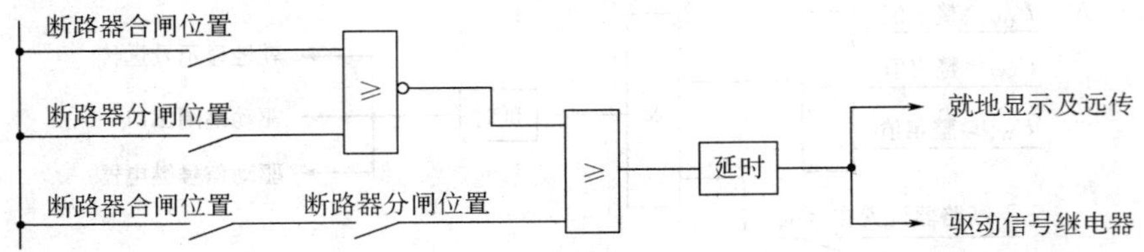

图 4.13　控制回路异常告警逻辑

三、自动功能动作逻辑

1.遥控检同期控制合闸

遥控检同期控制合闸功能分不检定、检无压、检同期三种方式。遥控检无压合闸:当线路无压(U_{UV}、U_{VW}均小于无压定值)时即合闸;遥控检同期合闸:当线路电压U_{UV}与母线电压U_{uv}均大于有压定值,而U_{uv}与U_{UV}的电压差与相角差都小于设置的定值,则合闸。遥控检同期控制合闸的动作逻辑如图4.14所示。

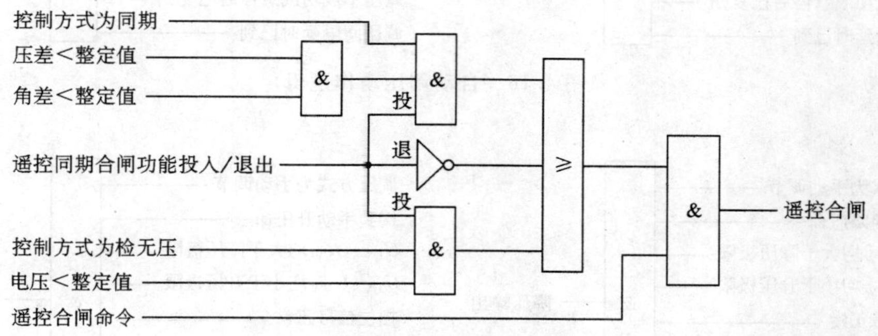

图4.14　遥控检同期控制合闸动作逻辑

2.有载调压

下图是有载调压的系统接线示意图,装置设有自动和手动调压功能。

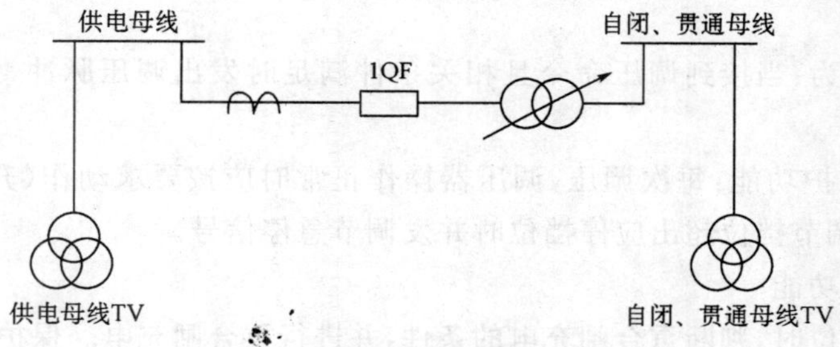

图4.15　有载调压系统接线示意图

(1)自动调压

当线路侧电压U_{UV}与U_{VW}都低于或高于所设定的下限或上限且无调压闭锁信号时,经过调压延时后,发出调压脉冲。调压脉冲(升或降压)延时时间为发出调压命令到接受到分接头变位信号为止,调压脉冲延时应按有载调压开关动作过程的最大时间整定。调压器操作正常时应按要求动作(升或降压)一个分接头,调压装置在调压间隔时间结束后,才能发下次调压命令。调压不成功或发出过急停命令后,必须对调压装置复归,方可解除闭锁进行下一次调压操作。

当调压器电流较大时可暂时闭锁调压功能。

(2)手动调压

装置的手动调压方式可分为命令和接点两种。命令方式,即通过遥控操作命令(当地/远方)启动调压;接点方式,即通过外部输入接点直接启动调压。

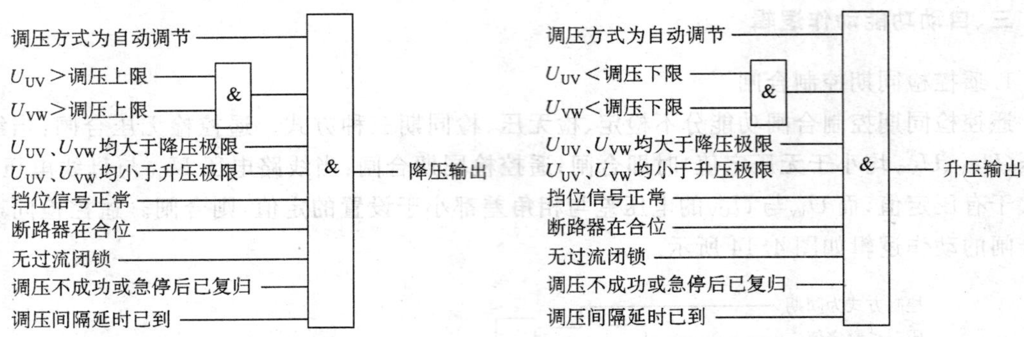

图 4.16　自动调压动作逻辑

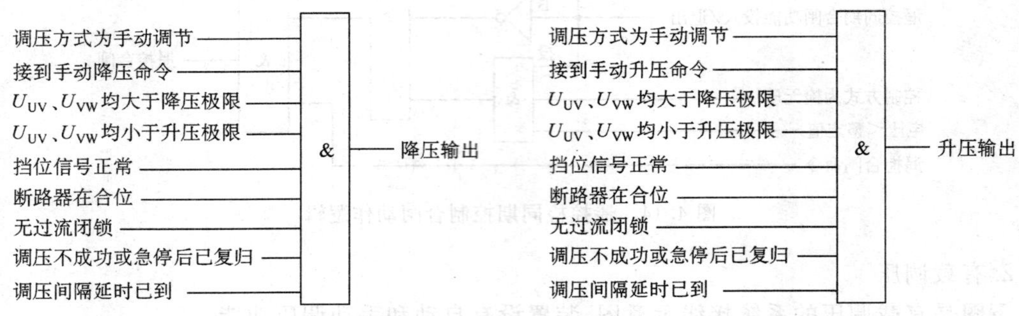

图 4.17　手动命令调压动作逻辑

命令调压过程为：当接到调压命令且相关条件满足时发出调压脉冲，此后过程类同自动调压。

调压器滑挡保护功能：每次调压，调压器操作正常时应按要求动作（升或降压）一个分接头，当滑挡保护且调节挡位超出应停挡位时并发调节急停信号。

3. 自动重合闸功能

当开关位于合位时，判断重合闸充电的条件，并进行重合闸充电。保护跳闸后如条件满足则进入重合闸延时，延时到后出口重合，重合后如 3 s 内无故障，则此次重合闸判为成功，重合后如 3 s 内有故障，则此次重合闸判为失败。三相一次重合闸动作逻辑如图 4.18 所示。

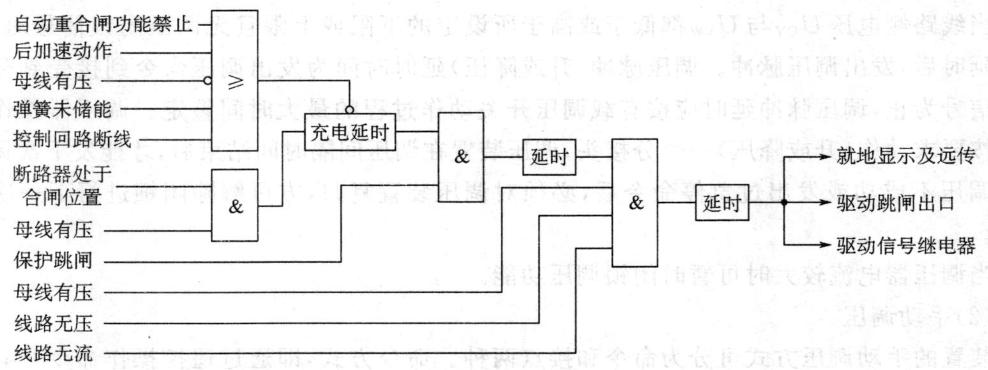

图 4.18　自动重合闸动作逻辑

4. 自闭线和贯通线失压备自投功能

铁路自闭线、贯通线系统接线示意图如 4.19 所示。正常运行时：甲所为主供所，1QF 在合位；乙所为备供所，2QF 在分位，由甲所供电，线路有压。

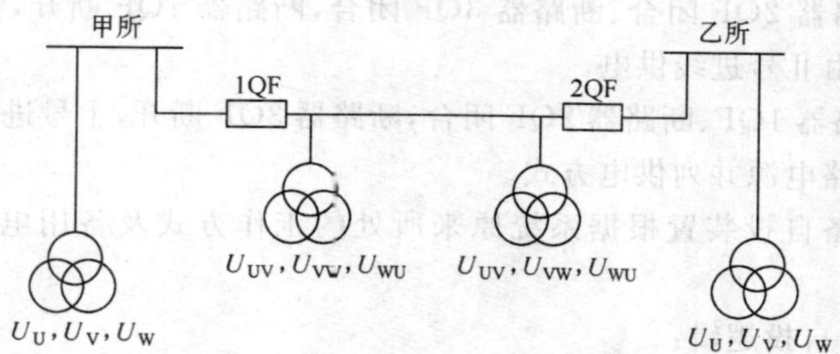

图 4.19 自闭贯通线系统接线示意图

线路发生瞬时性故障时：主供甲所保护动作，1QF 跳开，线路失压。备供乙所检测 Uxu、Uxv、Uxw，判断线路失压，在母线有压的情况下，乙所失压备自投动作。2QF 合闸，恢复线路供电，线路有压。甲所检测到线路有压，则不再重合。乙所变成主供，甲所变成备供。

线路发生永久性故障时：主供甲所保护动作，1QF 跳开，线路失压。备供乙所检测 Uxu、Uxv、Uxw，判断线路失压，在母线有压的情况下，乙所失压备自投动作。2QF 合闸，动作到故障线路上。乙所保护动作，2QF 跳闸。乙所保护重合闸放电，闭锁重合闸。甲所经重合延时，在母线有压、线路无压的情况下，重合闸动作，重合到永久性故障，甲所加速跳闸。

失压备自投动作逻辑如图 4.20 所示。

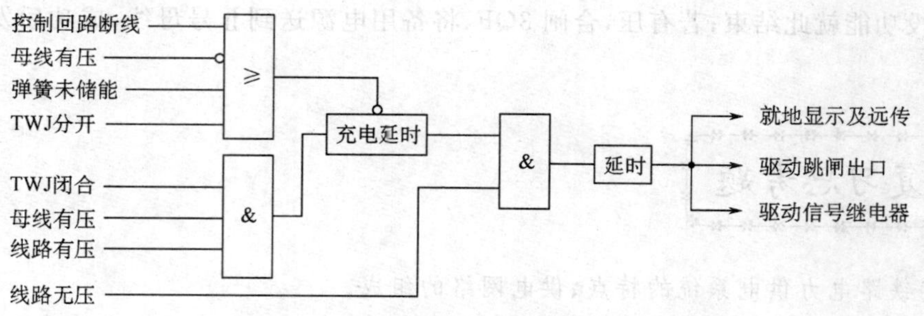

图 4.20 失压备自投动作逻辑

5. 电源备自投功能

备用电源自动投入装置，简称备自投装置。在电网因故障等原因工作电源被断开后，备自投自动而迅速地将备用电源投入工作或将用户切换到备用电源上去，从而不至于造成用户供电中断，提高供电可靠性。

以图 4.21 所示的系统接线图接线为例，说明铁路配电所电源备自投装置的工作方式。

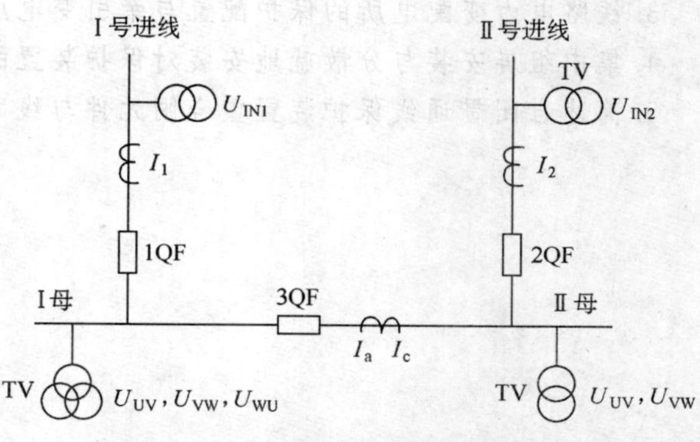

图 4.21 配电所母联备投功能系统接线图

一般情况下,铁路配电所处于以下三种工作方式之一:

工作方式 1:断路器 1QF 闭合、断路器 3QF 闭合,断路器 2QF 断开,Ⅰ号进线有压、Ⅱ号进线有压,所有负荷由Ⅰ号进线供电。

工作方式 2:断路器 2QF 闭合、断路器 3QF 闭合,断路器 1QF 断开,Ⅰ号进线有压、Ⅱ号进线有压,所有负荷由Ⅱ号进线供电。

工作方式 3:断路器 1QF、断路器 2QF 闭合,断路器 3QF 断开,Ⅰ号进线有压、Ⅱ号进线有压,此种方式属于两路电源并列供电方式。

当电源失电时,备自投装置根据系统原来所处的工作方式及备用电源的状态完成自投逻辑:

工作方式 1 下的自投逻辑:

Ⅰ号进线失电而引起Ⅰ号母线失压时,备自投装置先断开 1QF,判Ⅱ号进线是否有压,若无压,自投功能就此结束;若有压,合闸 2QF,将备用电源投入运行,成功后发自投成功信息。

工作方式 2 下的自投逻辑:

Ⅱ号进线失电引起Ⅱ号母线失压时,备自投装置先断开 2QF,判Ⅰ号进线是否有压,若无压,自投功能就此结束;若有压,合闸 1QF,将备用电源投入运行,成功后发自投成功信息。

工作方式 3 下的自投逻辑:

若Ⅰ号进线失电而引起Ⅰ号母线失压时,备自投装置先断开 1QF,判Ⅱ号母线是否有压,若无压,自投功能就此结束;若有压,合闸 3QF,将备用电源送到Ⅰ号母线,成功后发自投成功信息。

若Ⅱ号进线失电而引起Ⅱ号母线失压时,备自投装置先断开 2QF,判Ⅰ号母线是否有压,若无压,自投功能就此结束;若有压,合闸 3QF,将备用电源送到Ⅱ号母线,成功后发自投成功信息。

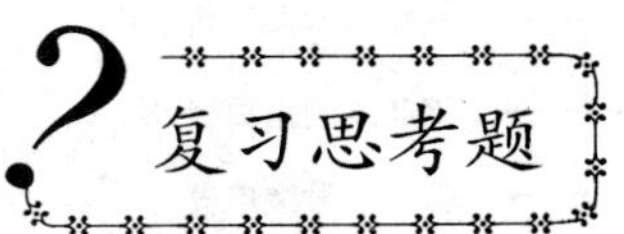

复习思考题

1. 简述铁路电力供电系统的特点、供电网络的组成。

2. 铁路电力供电系统中性点运行方式有哪几种?各种运行方式下保护配置及定值整定有何不同?

3. 铁路电力变配电所的保护配置与牵引变电所的保护配置有何不同?

4. 集中组屏安装与分散就地安装对保护装置的性能要求有何不同?

5. 简述自闭贯通线保护装置重合闸元件与线路失压备自投元件的动作逻辑。

第五章 微机保护

第一节 保护装置的硬件构成

一、微机保护装置硬件的基本结构

微机保护装置硬件可以分为5个基本部分：数据采集系统、微型机主系统、开关量输入/输出系统、人机接口与通信系统和电源系统。微机保护硬件系统结构示意图见图5.1。

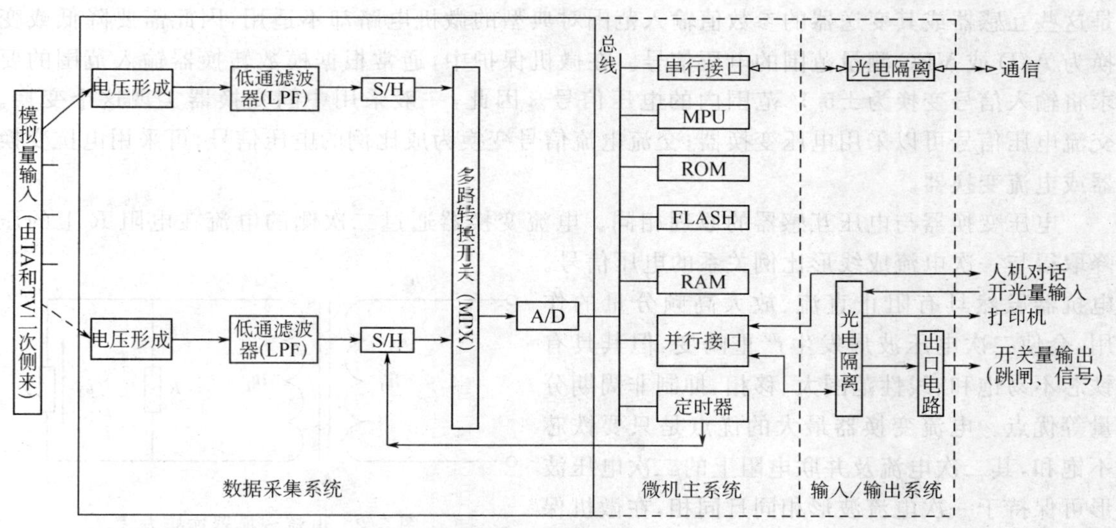

图5.1 微机保护硬件结构示意图

1. 数据采集系统（模拟量输入系统）

数据采集系统包括电压形成、模拟滤波、采样保持（S/H）、多路转换（MPX）及模数转换（A/D）等模块，完成将TV、TA输入的电压和电流或经变送器转换的模拟量，通过电压形成电路变成模数转换器能够测量的电压，再经过模拟滤波，采样保持，多路转换开关和模数转换，转换为微机能够识别的数字量。

2. 微型机主系统

微型机主系统包括微处理器（CPU），只读存储器（ROM），随机存储器（RAM），定时器，并行接口及串行接口等。CPU执行编制好的程序（存放在ROM区），对由数据采集系统输入至RAM区的原始数据进行分析、处理，完成各种继电保护所需的测量、逻辑和控制功能。ROM还可存放定值、故障报告、故障波形、事件报告等。当然可用带电池RAM实现上述功能。

3. 开关量输入/输出系统

开关量输入/输出系统由微型机的并行接口、光电隔离器件及有触点的中间继电器组成，实现保护的跳闸、合闸、信号输出，通过光电隔离后实现开关状态输入等功能。

4. 人机接口与通信系统

采用并行接口芯片连接液晶显示屏、键盘和打印机用于调试、定值调整等。通过通信接口实现并加上光电隔离实现与其他设备的通信功能。

5. 电源系统

主要为保护的硬件设备提供工作电源。

二、数据采集系统

模拟量的数据采集系统一般由电压形成回路、低通滤波器、采样保持器、多路转换开关和逐次逼近型 A/D 转换器组成。

(一) 电压形成回路

微机保护要从被保护线路或设备的电流互感器、电压互感器或其变送器上取得模拟量，但是这些互感器或其变送器的参数值输入范围对典型的微机电路却不适用，因此需要降低或变换为 A/D 或 VFC 测量范围的电压信号。在微机保护中，通常根据模数转换器输入范围的要求将输入信号变换为±5 V 范围内的电压信号。因此，一般采用中间变换器实现这个变换。交流电压信号可以采用电压变换器；交流电流信号变换为成比例的电压信号，可采用电抗变换器或电流变换器。

电压变换器与电压互感器的原理相同。电流变换器通过二次侧的电流在电阻 R 上的压降取得与一次电流成线形比例关系的电压信号。电抗器虽然具有阻止直流、放大高频分量的作用，会使二次电压波形发生严重畸变，但其具有铁芯不易饱和、线性范围大、移相、抑制非周期分量等优点。电流变换器最大的优点是只要铁芯不饱和，其二次电流及并联电阻上的二次电压波形可保持于一次电流波形相同且同相，在微机保护中，可以通过软件进行其性能优化，应用性强，因此，在微机保护中一般采用的是电流变换器将电流信号变换为电压信号，其连接方式如图 5.2 所示。

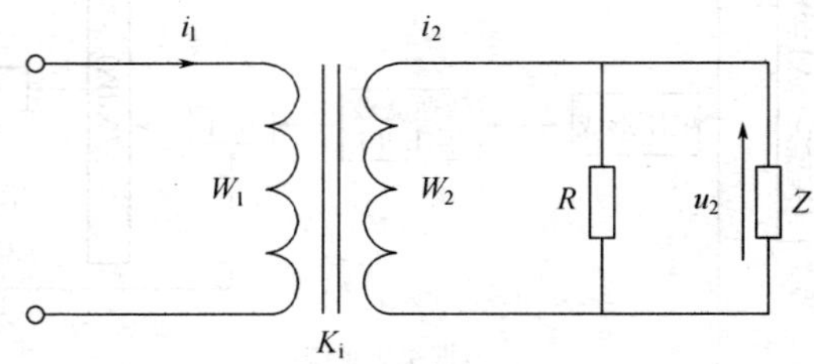

图 5.2 电流变换器连接方式

其中 Z 为模拟低通滤波器及 A/D 输入端等回路构成的综合阻抗，在工频信号条件下，其数值可达到 80 kΩ 以上；R 为电流变换器二次侧的并联电阻，数值为几欧姆到十几欧姆远小于 Z，所以由图 5.2 可得

$$u_2 = Ri_2 = R\frac{i_1}{K_i} \tag{5.1}$$

在设计时，相关参数应满足如下条件：

$$R\frac{i_{1\max}}{K_i} \leqslant U_{\max} \tag{5.2}$$

在式(5.1)和式(5.2)中，R 为并联电阻；K_i 为电流变换器变比；$i_{1\max}$ 为变换器一次电流的

最大瞬时值；U_{max}为 A/D 转换器在双极性输入情况下的最大正输入范围。

通常，在中间变换器的一次和二次之间，应设计一个屏蔽层，并将屏蔽层可靠地与地网连接，使微机部分与强电部分隔离，以提高交流回路抗共模干扰能力。存在共模干扰时等效电路如图 5.3 所示，其中 C_1、C_2 为变换器两侧与屏蔽层之间的等效电容；Z_L 为交流输入传输导线的等效阻抗；Z_f 为设备对地的等效阻抗；Z_g 为接地阻抗，一般小于 0.5 Ω。由于 Z_g 很小，所以可以很大地限制共模干扰信号对变换器二次侧的影响，提高交流回路的可靠性。而在一些采集直流信号的时候，通常则采用霍尔元件实现变换与隔离功能。

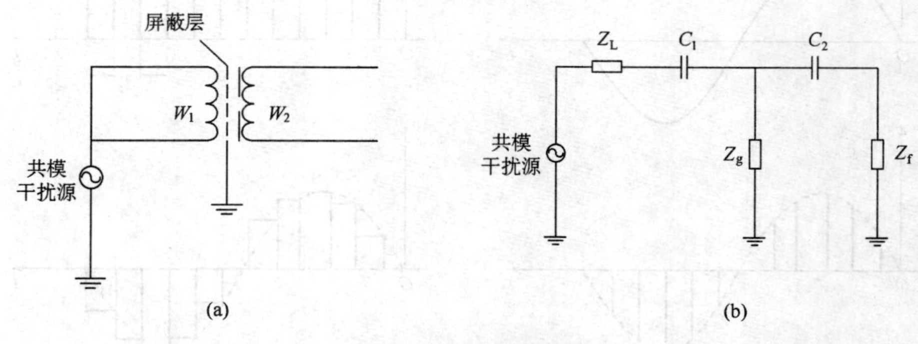

图 5.3　屏蔽层作用的等效电路

（二）采样保持器(S/H)

1. 采样保持器原理

由于微机保护必须对同一时刻的电量进行模数转换，以保证各信号间的相对关系，要用到采样保持电路，即 S/H(Sampled/Hold)电路。其作用是在同一时刻对多个电气量采样并将采样的电压保持住，从而可以用一个模数转换器得到多个电气量同一时刻的数值。

采样保持器的原理如图 5.4 所示，它由一个电子模拟开关 AS、保持电容器 C_h 一级两个阻抗变换器组成。电子模拟开关 AS 受采样脉冲信号的控制。当 AS 闭合，电路处于采样状态，此时输出电压 u_{sc} 等于输入电压 u_{sr}；当 AS 断开时，$u_{sc}=u_c$，如果 u_c 保持不变，则 u_{sc} 保持不变。阻抗变换器可以由运算放大器构成。

当 AS 闭合，C_h 迅速充电或放电到 u_{sr} 在采样时刻的电压值。AS 闭合时间应满足使 C_h 有足够的充放电时间，即为采样时间。由于阻抗变换器 1 的输入端呈高阻抗，对输入回路的影响很小；其输出呈低阻抗，C_h 值越小，采样时间就越短，保证 C_h 上的电压能迅速跟踪到采样时刻的瞬时值 u_{sr}。

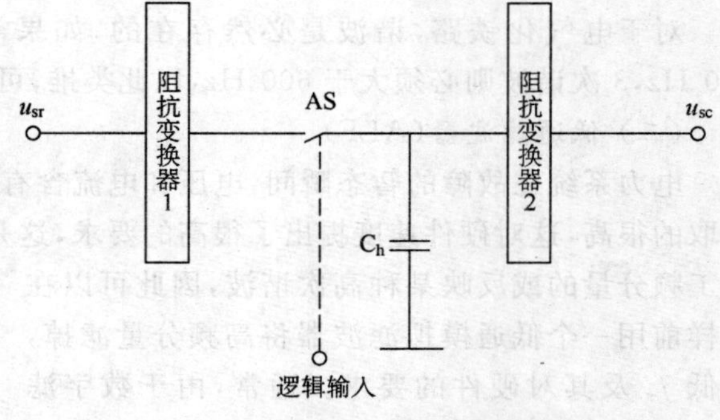

图 5.4　采样保持电路原理图

当 AS 打开，电容器 C_h 上保持住 AS 闭合时刻的电压，电路处于保持状态。显然，阻抗变换器 2 的输入阻抗越高，保持电容器 C_h 的电流泄漏越少，C_h 对应充放电回路的时间常数越大；其输出阻抗越低，其带负载能力越强。

采样保持的过程如图 5.5 所示。其中，T_c 为采样脉冲宽度，T_s 为采样周期。微型机控制

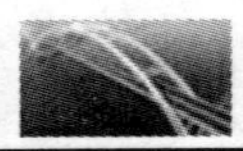

内部定时器产生等间隔的采样脉冲，用于对信号进行定时采样，从而得到反映输入信号在采样时刻的信息，随后，在一定时间内保持采样信号处于不变状态，从而，使得在保持阶段，无论何时进行模数转换，其转换结果都反映了采样时刻的信息。可见，采样保持输出的信号已经是离散化的模拟量，再经模数转换后，就称为离散化的数字量。

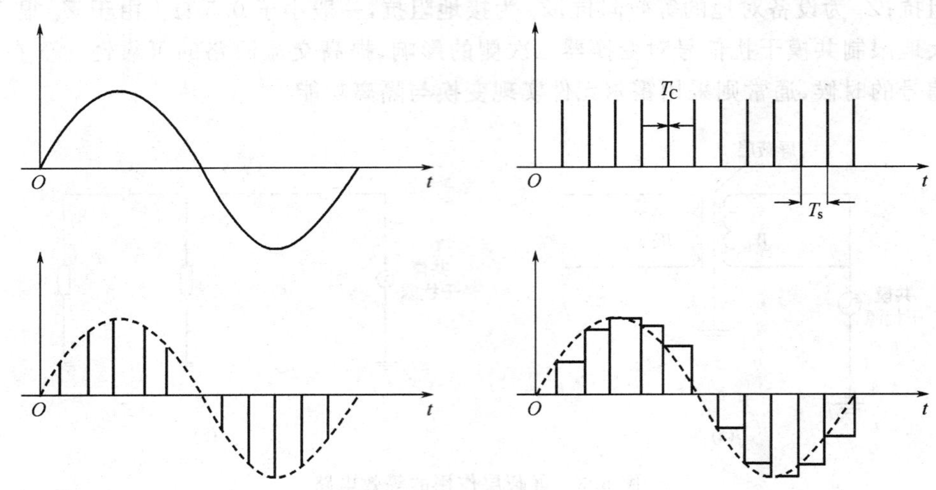

图 5.5　采样保持过程示意图

2. 采样频率选择

由于电网频率波动小，通常按照时间等间隔来设计采样间隔，这种方法的 T_s 控制方式简单。采样间隔 T_s 的倒数称为采样频率 f_s。采样频率的选择是微机保护硬件设计中的一个关键问题，这个问题涉及采样信号是否真是反映输入的信号。采样频率过高，微机将没有足够时间在 T_s 内处理完对每组采样值的必要操作与运算，无法工作；采样频率过低，则将不能反映被采样信号的真实情况。因此，采样频率的选择必须遵从采样定理，即设被采样信号 $x(t)$ 的频率为 f_{max}，若等间隔采样的采样频率 $f_s \geqslant 2f_{max}$，则认为采样是满足采样定理的，这样才能通过一定的计算方法，从采样信号中获取连续时间信号的相关信息，否则将造成频率的混叠现象。

对于电气化铁路，谐波是必然存在的，如果需要采集到 2 次谐波，采样频率必须大于 400 Hz，3 次谐波则必须大于 600 Hz，以此类推，可确定系统的采样频率。

（三）低通滤波器（ALF）

电力系统在故障的暂态瞬间，电压和电流含有较高的频率成分，为防止混叠，采样频率就要取的很高，这对硬件速度提出了很高的要求，这是不现实的。目前，大多数微机保护都是反映工频分量的或反映某种高次谐波，因此可以在采样前用一个低通模拟滤波器将高频分量滤掉，降低 f_s 及其对硬件的要求。通常，由于数字滤波器的很多优点，我们只要滤除掉 $f_s/2$ 以上的分量即可，以消除频率混叠。低于 $f_s/2$ 的其他分量可以通过数字滤波去除。常用的无源低通滤波器原理如图 5.6 所示。

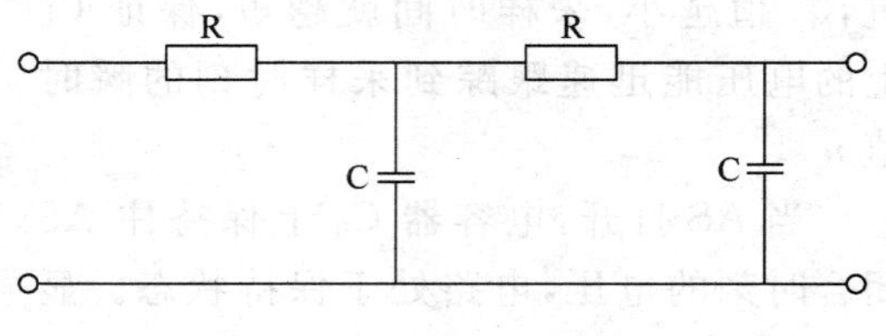

图 5.6　RC 低通滤波器

这种滤波器由二级 RC 滤波器构成，只要适当调整 RC 时间常数就可称为低通滤波器。

此时截止频率可以设计为 $f_s/2$。这种滤波器接线简单，但电阻和电容回路对信号有衰减作用，会带来延迟，仅使用于要求不高的微机保护。对于要求较好特性又快速的保护，必须采用有源低通滤波器。

采用了 ALF 消除频率失真现象后，采样频率的选择很大程度上取决于保护的原理和算法的要求，同时还要考虑硬件的速度问题。目前，绝大多数微机保护的采样间隔 T_s 都在 0.1～2 ms之间，基本上能满足保护要求。

（四）模拟量多路转换开关（MPX）

由于数模变换器接口复杂及价格昂贵，通常不宜对各路电压、电流模拟量同时采用模数转换，而是采用多路 S/H 公用一个模数变换器，中间经多路转换开关切换，按顺序由公用的模数变换器转换为数字量。多路转换开关包括选择接通路数的二进制译码电路和由它控制的各路电子开关，它们被集成在一个集成电路芯片中。以常用的 16 路多路转换开关芯片 AD7506 为例，其内部电路组成如图 5.7 所示。

因为要选择 16 路输入量，所以它有 A_0～A_3 四个路数选择线，以便由微机通过并行接口芯片或其他硬件电路给 A_0～A_3 赋以不同的二进制码，选通 AS1～AS16 中相应的一路电子开关 AS，将被选中的某一路接通至公共的输出端供给 A/D 转换器。其中 EN 端为允许端，只有在 EN 端为高电平时多路开关才选通，同时也是为了扩展多路开关的路数而设置的这个端子。多路选择开关在同步性能上有一定缺陷，随着微电子技术的发展，已逐渐淡出。

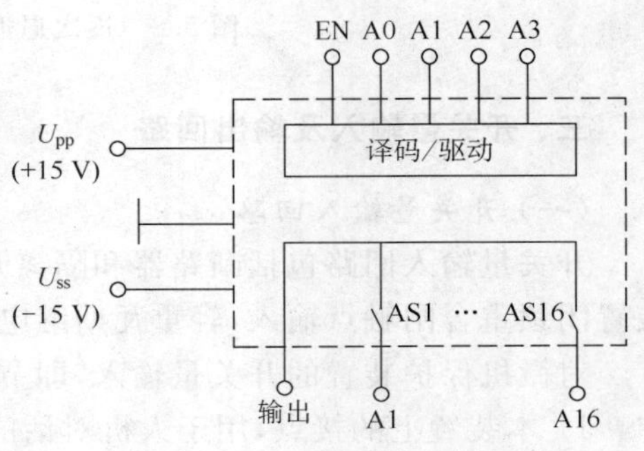

图 5.7　AD7506 内部电路组成图

（五）模数转换器（A/D）

由于计算机只能对数字量进行运算，而电力系统中的电流、电压信号均为模拟量，因此必须采用模数转换器将连续的模拟量变为离散的数字量。

模数转换可以认为是一编码电路。它将输入的模拟量 U_{sr} 相对于模拟参考量 U_R 经编码电路转换成数字量 D 输出。理想的 A/D 变换器输出与输入的关系为：

$$D=\left[\frac{U_{sr}}{U_R}\right] \tag{5.3}$$

D 可以表示为：

$$D=B_1\times 2^{-1}+B_2\times 2^{-2}+\cdots+B_n\times 2^{-n} \tag{5.4}$$

式中　B_1——最高位；

B_n——最低位。

B_1～B_n 为二进制编码，值为“1”或“0”。模数转换器有线性变换、双积分、逐次逼近方式等，本书仅就微机保护中常用的逐次逼近式 A/D 进行介绍。

图 5.8 所示为一个简单的用逐次逼近原理实现的模数转换器原理图。为简单起见，直接举例说明如下：转化开始，控制器首先在数码设定器中设置一个最高位数码“1”（例如 100…00），该数码经 D/A 数模变换为模拟电压 u_0，反馈到输入侧的比较器一端，与输入电压 u_i 相比较。如果参考值 $u_0<u_i$，则保留该位原来设置的数码“1”，然后由控制器在数码设定器中附加次高位设置数码“1”，形成新的数码（如 110…00），经过 D/A 数模转换，再反馈到比较器，若参

考值 $u_0 > u_i$，则原设定次高位数码“1”改为“0”，然后附加下一高位设置数码“1”，如 101…00。重复上述的比较与设置，直到所设定的数码总值转换成反馈电压 u_0 尽可能接近 u_i 的值。如果其误差小于所设定数码中可改变的最小值，则数码设定器中的数码总值即为转换结果。由于微机保护采样的量较多，保护动作速度快，因此，要求转换速率较高。通常每次转换时间不高于 25 μs，而数字量位数为 14～16 位。14 位主要用于保护所需的电气量，16 位主要用于测量所需的电气量。

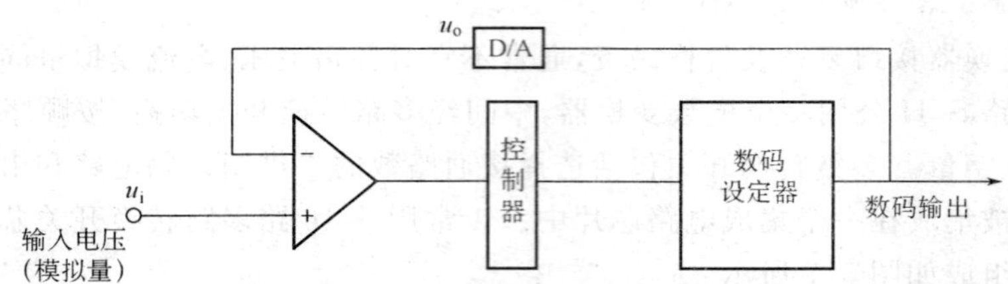

图 5.8　逐次逼近原理实现的模数转换器原理图

三、开关量输入及输出回路

（一）开关量输入回路

开关量输入回路包括断路器和隔离开关的辅助触点或跳合闸位置继电器接点输入，外部装置闭锁重合闸触点输入，轻重瓦斯继电器接点输入，还包括装置上连接片位置输入等回路。

对微机保护装置的开关量输入，即节电状态的输入可以分为以下两类：

1. 本装置上的接点，用于人机对话的键盘以及部分切换装置工作方式用的转换开关。对于这类接点，可以直接接至微机的并行接口，如图 5.9 所示。

只要在初始化时规定图中可编程的并行口的 PA0 为输入口，则微机就可以通过软件查询，随时了解外部接点 K1 的状态。当 K1 闭合时，PA0＝0；当 K1 断开时，PA0＝1；

2. 从装置外部经过端子排引入装置的接点。例如需要由运行人员不打开装置外盖而在运行中切换的各种压板，转换开关以及其他保护装置和操作继电器的接点等。

对于从装置外部引入的接点，若不加任何隔离措施，将给微机引入干扰，故应加入光电隔离元件，如图 5.10 所示。

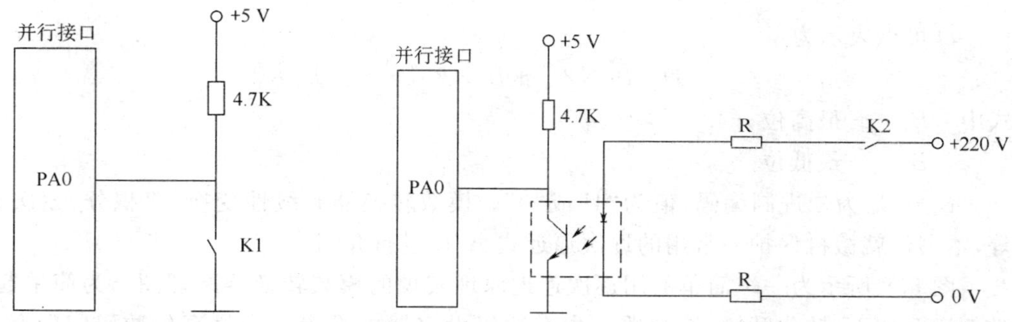

图 5.9　装置面板上的接点与微机接口连接图　　图 5.10　装置外部接点与微机接口连接图

当 K2 断开，光敏三极管截止；K2 闭合时，光敏三极管导通。该图利用了光电耦合器件的性能特点，既传递了开关的状态信息，又实现了电气隔离，削弱了干扰的影响，提高微机抗干扰

能力，保证电路安全工作。采用两个电阻是为了防止一个电阻击穿后引起器件的损坏。信号电压等级为 220 V 或 110 V，为了提高信号抗干扰能力，不能采用 24 V。

（二）开关量输出回路

开关量输出主要包括跳闸出口、重合闸出口、本地和中央信号出口等。对于开关量输出回路，一般都采用并行输出端口来控制有接点的继电器。为了提高抗干扰能力，都要经过一级光电隔离，如图 5.11 所示。

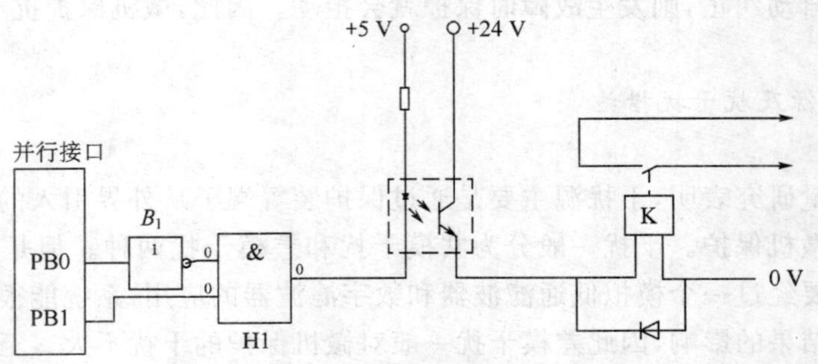

图 5.11 装置开关输出回路接线图

在出口跳闸时，只要由软件使并行接口 PB0 和 PB1 安排不同的电平输出，PB0 输出“0”，PB1 输出“1”，使与非门输出“0”，就可以驱动发光二极管，继电器 K 就可以闭合。这样的安排主要是为了提高装置的抗干扰能力，防止在拉合直流电源过程中继电器误动。而在实际的保护装置中，还应该考虑出口的闭锁，以防止保护的误动作，因此，光敏三极管的集电极必须经启动继电器接点接正电源，形成保护出口闭锁回路。继电器再去控制断路器或开关的控制电源。

采用两个平行口的方式输出的方式主要是为了防止误动，事实上，在出口设计时，现在采用最多的是，密码与出口结合的方式，进一步提高防误动的能力。

需要说明的是，现在多采用可编程逻辑器件来代替并口，实现开关量的输入输出。

四、人机接口与保护装置电源

（一）人机接口功能

一般来说，人机接口回路是指键盘、显示器及接口 CPU 插件电路。在单 CPU 结构的保护中，接口 CPU 由保护 CPU 兼任，而在多 CPU 结构的保护中，另设有人机接口 CPU 插件，完成通过键盘和显示器的人机接口任务，还要完成与各 CPU 通信管理，巡检、时钟校对、程序出格自恢复、与后台调度通信等功能。

（二）保护装置电源

保护装置电源主要采用逆变开关电源，它提供三组稳压电源。+5 V 供各保护 CPU 等芯片电源；±15 V 供运算放大器及 AD 等芯片电源；±24 V 启动、跳闸及信号、告警继电器电源。这三组电源均不共地，采用浮空方式，同外壳也不连接，并且在输入±220 V 时，各采取双 LC 滤波措施，以增加其抗干扰能力。

是否浮空或在端子上总连接，目前还存在一定的争议。

五、微机保护抗干扰问题

对于微机保护而言，其工作环境比较恶劣，电磁干扰严重。通常我们所说的干扰主要是指有用信号以外的所有可能对装置的正常工作造成不利影响的内外电磁信号。而干扰造成的后果往往表现为由于数据或地址的传送出错而导致计算出错或程序出格。例如当 CPU 通过地址总线送出一个地址，从程序存储器提取指令操作码，由于干扰使传送的地址出错，它将从一个错误的地址取得一个错误的操作码，如果这个误码是一条转移指令，或者其指令长度不同于原指令，则 CPU 的行为将完全背离原程序的轨道，这种现象称为程序出格。出格后 CPU 将执行一系列非预期的指令，最终结果是碰到一条不认识的指令而停止执行，即死机。此时，如果不及时发现并自动纠正，则发生故障时保护就会拒动。因此，微机保护抗干扰措施的研究就非常有价值了。

（一）干扰来源及抗干扰措施

1. 干扰来源

国内外的大量研究表明，干扰源主要是通过保护装置端子从外界引入的浪涌，这些干扰源分析同样适用于微机保护。干扰一般分为共模干扰和差模干扰两种。但是，由于微机保护模拟量输入回路都要经过一个模拟低通滤波器和数字滤波器的应用，系统能很好吸收差模浪涌，抑制差模对计算结果的影响，因此差模干扰一般对微机保护的干扰不大。至于共模干扰，则可以通过光电隔离、变换器加屏蔽层等手段进行抑制。但是，通常由于共模干扰浪涌频率高，前沿很陡的特点使它能顺利通过电路的各种分布电容进入弱电系统，造成微机出错。

对于上述干扰源，我们主要从硬件和软件两方面来采取相应的抗干扰措施，保证微机保护的正常工作。

2. 干扰传播途径

干扰能量可以通过多种途径从干扰源耦合到受干扰的设备或系统上。归纳起来可以分为传导和辐射两大类。传导是指干扰源和受干扰设备间通过互连的导线、互感及静电电容等而起的耦合作用。辐射则是指干扰源通过空间电磁波的作用对被干扰对象产生干扰。

3. 硬件抗干扰

硬件抗干扰是保护装置对外连线的基本隔离措施。

(1) 隔离与屏蔽

一般，机壳应用铁质材料做成，以实现电场和磁场的屏蔽，必要时采用双层屏蔽措施，例如将核心数字部件等装在内屏蔽壳内，将电源、隔离变压器出口等放在内外壳之间，在电场很强的情况下，还可以考虑在铁壳内加装铜网衬里。

为了防止外部浪涌影响微机工作，必须保证强电与弱电系统分开，保证端子排任一点同微机部分无电联系。通常外引线端子及其相应的抗干扰措施如下：

交流模拟量输入。对于模拟量输入回路中的共模干扰信号可用电压形成回路中的变压器隔离，并在线圈间加上屏蔽层防止干扰信号进入，但是对于直流电压，则不能用变压器进行隔离，而应用光电隔离。

开关量输入与输出。与开关量有关的相关继电器触点不应直接与接口芯片相连，而应该在中间加上光电隔离，防止线圈回路切换产生的干扰影响微机工作。为了进一步提高保护装置的抗干扰能力，还可以采用正常状态下开出量的出口不带电技术和强干扰状态下出口的三取二技术。

(2) 保护装置电源抗干扰

供电系统的稳定性是关系到微机保护系统正常可靠工作的重要因素之一。对于保护装置

用的电源一般要采用逆变电源，由蓄电池直流 220 V(或 110 V)逆变成高频电压后经过高频变换器隔离，再变换成弱电直流电压供微机使用，削弱由电源回路引起的干扰，在直流输出后还应有滤波电路，对于分散的独立功能的模块还应分别供电。

(3) 保护装置合理布局

除了上述几种隔离措施外，在微机保护装置结构布局也必须谨慎。应该使弱电系统的插件远离同外接端子有直接联系的插件，使微机工作的核心部件(CPU、程序存储器、模数转换及译码电路等)远离干扰源。

(4) 接地处理

由于电源与干扰源之间的联系相对紧密，同时电源连接至微机保护装置的各个部分，因此微机的电源是干扰可能进入弱电系统的主要途径。微机电源的正负极间接有大量电容，电源线传递的共模干扰作用在电源线与机壳之间，但是通过将印刷板周围公用电源零线或＋5 V电源线封闭起来可以减小微机电路中其他部分同机壳之间的分布电容，更好的办法是采用多层印刷板，地线和电源线各一层，这样可以完全隔断电路板上其他部分同机壳之间的耦合。同时，保护装置的金属机壳接地是必须的，接地电阻要小于 10 Ω。保护装置各种插板之间遵循一点接地的原则，对于高频电路应就近接地，低频电路应一点接地。印刷电路板上的地线应尽量减小其长度，并根据电流通路将地线逐渐加宽，电线布置应成网状。

4. 软件抗干扰

合理的硬件设计可以使干扰不会引起微机的工作错误。但是当干扰突破了硬件组成的第一道防线，绝不能允许其导致保护误动或拒动，可以由软件进行纠正，以防微机工作出错。针对不同的出错情况，可以分别采用以下措施：

(1) 程序出格造成 CPU 停止工作，但是不能保证它不在出格后取得一个非预期的操作码恰好是跳闸指令而误动作。因此，在设计出口跳闸回路时，应当是该回路必须执行几条指令后才能输出，不允许一条指令就出口。每个开关量输出都通过一个与非门控制，只有两个输入端都满足条件才能驱动光耦合器件。对于重要开关量输出回路，还应当将与非门两个输入端接到两个不同端口，使这两个输入条件不能因为一条指令同时改变。采取上述措施，有时仍不能避免在程序出格后错误地转移到跳闸程序入口而误动，因此可以在跳闸程序流程安排如图 5.12 所示。

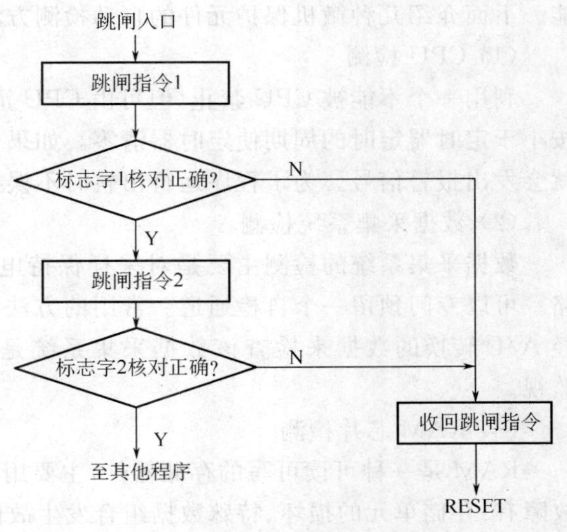

图 5.12 跳闸程序流程

在构成跳闸条件的两项指令中间加一段校对程序，它将检查 RAM 区存放的标志。保护通过各种正当途径进入跳闸程序时应在这些标志字留下相应标志，若校对未通过，CPU 将转至重新初始化，从程序出格状态恢复正常运行。

(2)程序出格自恢复，程序运行导致 CPU 进入死循环，即出格。防止这种情况通常除了上述措施外，还应该具有程序出格判断和保护装置自动恢复的功能。而这就要用到专门的硬件电路来实现。通常CPU都自带有看门狗电路可以实现这一功能，这里再给出一种硬件自恢复电路的方案，如图5.13所示，其中B点接到微机保护硬件电路某一点，如并行接口的某一输出端，当程序正常运行，通过软件设定该点电位按一定周期在“1”和“0”之间周期性变化。B点一路接反相器，另一路不接反相器，分别接到两个瞬时返回而延时 t_1 动作的元件。延时元件的输出接到或门的两个输入端。t_1 应该大于 T_S，因此正常状态两个延时元件都不动作，或门输出为“0”。当程序出格时，B点电位停止变化，两个延时元件总有一个要动作，此时或门启动单稳触发器，其输出脉冲至微机复位端，保护装置重新初始化，恢复正常工作。

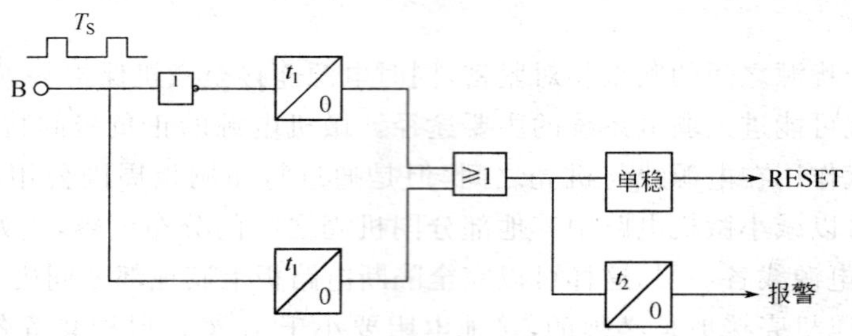

图 5.13 程序出格的自恢复电路

5. 故障自动检测

微机保护是一个对系统可靠性要求比较高的系统，因此必须保证元件损坏时不会造成保护的误动与拒动，当发现故障时，能够及时发现并报警，以便采取相应的措施进行处理，这就要求系统具有自动检测功能。而微机保护装置特有的工作方式和比较强的处理能力使自动检测能够很方便地进行。

微机保护是一种动态系统，不论电力系统是否故障，微机部分的硬件都处在同样的工作状态中，不停地进行数据采集、传送和运算，这样任何元件损坏都会及时表现出来。同时，由于微机的CPU具有很强的处理能力，可以主动发现问题，这也使微机保护具有比较完善的自检功能。下面介绍几种微机保护元件的自动检测方法。

(1) CPU检测

利用一个不能被CPU禁止，但可由CPU清零的定时电路。在CPU正常工作时，由软件按小于定时器定时的周期使定时器清零。如果CPU发生故障，定时器无法清零，达到定时后就会发出报警信号。为了程序运行出轨时不误报警，该定时器延时应大于出轨监视的定时。

(2) 数据采集系统检测

数据采集系统的检测主要是对采样保持电路、模拟多路开关、模数转换器和电路电压回路。可以专门预留一个自检通道。常用的方法是将装置的+5 V稳压电源接至该采样通道，经A/D转换的数据来检查该数据采集系统是否正常工作，同时还可以实现对稳压电源的监视。

(3) RAM芯片检测

RAM是一种可读可写的存储器件，主要用来存储计算机的临时数据。RAM芯片常见的故障有：存储单元的损坏、特殊数据组合发生故障、数据线和地址线的黏接等。以下是一种比较常用的RAM芯片的测试方法。

对装置RAM区的每一个地址，循环执行如图5.14的检测流程。首先将待检查单元的内容保存在CPU的堆栈中，然后对一个RAM地址单元写入全“0”和全“1”，测试程序将该单元

内容读出，检查其值是否发生变化，测试完毕后恢复单元原来内容，再进行下一单元测试。当然为避免程序上电时，全为0或1的巧合，可以写入05555H，0AAAA进行测试。同时，对于某些存放重要标志字的单元检测必须在最高优先权级的中断服务程序中进行，或者先屏蔽中断，否则，在检测过程中发生中断，使程序进行不希望的切换，造成检测错误。

(4) 程序存储器芯片检测

在微机保护中，通常将程序、定值等存储在不易被改变的器件程序存储器中，只要程序存储器中的程序中有一位错误，系统就不能正常工作，甚至导致严重后果。因此，必须精确检测程序、定值是否发生改变。最重用的方法就是求和尾码校验法。将已经存放的全部数码按字节或双字节进行累加，舍去累加过程中溢出的部分，保留累加结果的一个字节或双字节的和数，同预先存放在特定地址单元的已知和数进行比较，判断程序或定值的内容是否发生改变，可以方便确定那一片程序存储器发生故障。除了上述方法，还可以采用循环冗余校验法(CRC)进行检测，将各字节按一定公式累加计算得到一个数码，然后进行核对。这种方法也极其可靠。

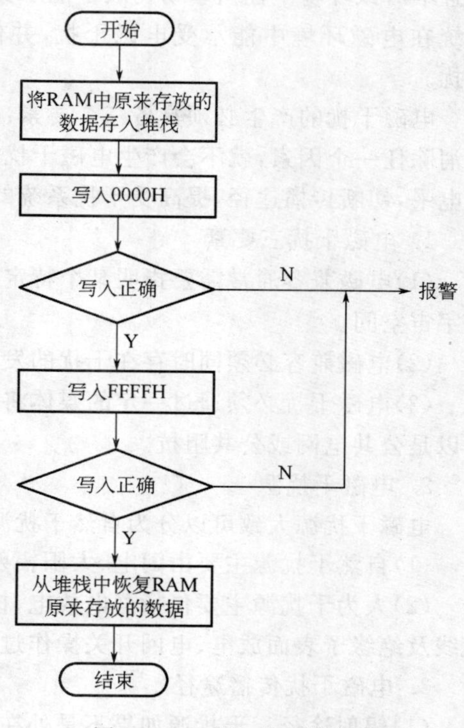

图 5.14 RAM 的自检流程

(5) 出口通道检测

为了提高出口回路的防误动能力，一般是采用双工出口通道发出跳闸信号。利用这两个通道的不对应关系，用异或逻辑电路可以实现单一通道损坏的检测，如图5.15所示。

由并行出口发出的动作指令加至图5.15中的两个出口译码器。若指令满足实现规定的形式，则两个译码器均有输出，分别作用于两个出口驱动电路，再通过与门发出跳闸命令。如果动作命令错误或两个通道中任何一个发生故障而使其中任何一个通道误发信号，则通过与非门2不会发生跳闸。同时由于通道1和2的输出状态不同，异或门1产生输出，延时发出通道故障信号。

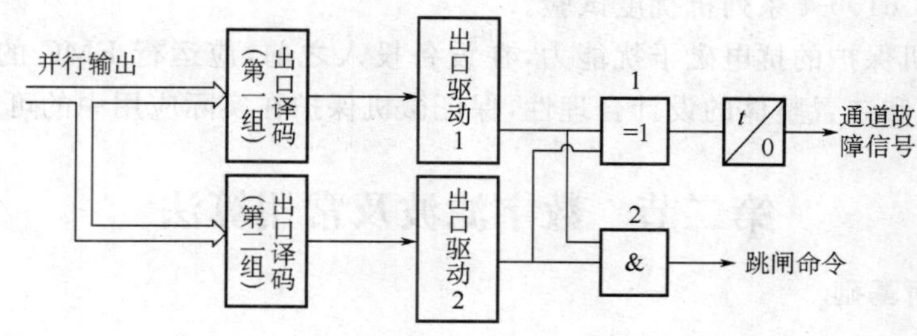

图 5.15 双工出口及故障检测原理图

（二）电磁兼容

国际电工委员会(IEC)对电磁兼容的明确定义为：设备或系统在其电磁环境中能正常工作且不对该环境中任何事物构成不能承受的电磁干扰的能力。它包括了两方面内容：设备或系统在电磁环境中能承受电磁干扰，并保证正常工作；设备或系统不应该产生严重的电磁干扰。

电磁干扰的产生必须具备三个要素：干扰源、传播途径和受干扰系统。这三个因素中，只要消除任一个因素，就不会产生电磁干扰。因此，要做到电磁兼容，只要设法减弱发射源的信号电平，切断传播途径，提高受干扰系统的抗干扰能力。

1. 电磁干扰三要素

(1)电磁兼容通常需要指明某个特定的空间，如一个机柜、同一个房间，大到同一城市，同一宇宙空间。

(2)电磁兼容必须同时存在干扰的发射体和感受体。

(3)电磁干扰必须通过一定的媒体将发射体和感受体联系起来，这个媒体可以是空间，也可以是公共电网或公共阻抗。

2. 电磁干扰源

电磁干扰源大致可以分为自然干扰源和人为干扰源。

(1)自然干扰源主要由闪电、太阳辐射和宇宙射电产生。

(2)人为干扰源主要包括静电放电、核电磁脉冲、无线电、高频加工设备、数字电路、高压输电线及绝缘子表面放电、电网开关操作过程、电压波动及家用电器等。

3. 电磁干扰传播途径

(1)辐射途径。干扰源如果不是处在一个全封闭的金属壳内，就可以通过空间向外辐射电磁波，辐射场强取决于干扰电流强度、装置的等效辐射阻抗及干扰源的发射频率。同时辐射场中的金属体还会形成二次辐射。

(2)传导途径。干扰源可以通过与其连接的导线向外发射，也可以通过公共电抗耦合或接地回路耦合，将干扰带入电路。

(3)感应耦合途径。当干扰源频率较低，辐射能力有限时，而干扰源又不与其他导体直接相连，则电磁干扰能量还可以通过与相邻导体产生感应耦合，在临近导体内感应出干扰电流或电压。感应耦合可能是导体间的电容耦合，也可以是电感耦合或两者的混合耦合。

对于微机保护而言，其工作环境较为恶劣，设备功率小，一般对外产生的干扰较小，因此对微机保护电磁兼容的研究主要是研究保护设备能不能承受使用环境中的电磁干扰。一般检验的标准是进行 IEC6100-4 系列抗扰度试验。

为了验证微机保护的抗电磁干扰能力，在设备投入之前，应运行 EMC 的试验与验证，提前确认软件、硬件和装置整体的设计合理性，保证微机保护在实际应用中的可靠性。

第二节　数字滤波及常用算法

一、信号分析基础

（一）连续时间信号与频域分析

1. 基本知识与定义

(1) 系统

凡是反映原因与结果关系的装置或运算都可以称为系统。它是物理装置和数字运算的统称。模拟滤波器和数字滤波器都是系统。一个系统可以表示为如图 5.16 所示。若用算子符号 $T[\cdot]$来描述系统，则可以写成：

$$y(t)=T[x(t)] \tag{5.5}$$

表示 $x(t)$经过 T 处理后得到 $y(t)$。

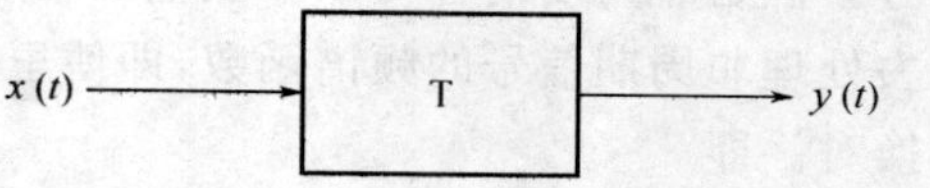

图 5.16 系统的表示方法

(2) 线性系统

满足下式的系统统称为线性系统，即

$$T(ax_1(t)+bx_2(t))=ay_1(t)+by_2(t)$$

其中：a 和 b 为任意常数；$y_1(t)$为输入是 $x_1(t)$时的输出；$y_2(t)$为输入是 $x_2(t)$时的输出。因此，只有线性系统才能应用叠加原理。

(3) 时不变系统

满足下式的系统称为时不变系统，即

$$T[x(t-t_1)]=y(t-t_1)$$

其中：t_1 为任意常数。显然，当输入信号推迟时间 t_1，输出也将推迟 t_1，而波形不发生变化。

(4) 因果系统与稳定系统

因果系统是指输出变化不会发生在输入变化之前的系统。

稳定系统是指任意有界输入都不会产生无界输出的系统。

2. 周期信号的连续时间傅里叶级数

若 $f(t)$是一个周期函数，则可以将其用傅里叶级数表示为：

$$f(t)=a_0+\sum_{n=1}^{\infty}[a_n\cos(n\omega_0 t)+b_n\sin(n\omega_0 t)] \tag{5.6}$$

其中：$a_0=\dfrac{1}{T_0}\displaystyle\int_{-\frac{T_0}{2}}^{\frac{T_0}{2}}f(t)\mathrm{d}t$

$$a_n=\frac{2}{T_0}\int_{-\frac{T_0}{2}}^{\frac{T_0}{2}}f(t)\cos(n\omega_0 t)\mathrm{d}t,\quad b_n=\frac{2}{T_0}\int_{-\frac{T_0}{2}}^{\frac{T_0}{2}}f(t)\sin(n\omega_0 t)\mathrm{d}t$$

式中，$\omega_0=\dfrac{2\pi}{T_0}$，$T_0$ 为信号基频周期。

将其同频项合并得：

$$f(t)=c_0+\sum_{n=1}^{\infty}c_n\cos(n\omega_0 t+\varphi_n) \tag{5.7}$$

其中，$a_0=c_0$，$c_n=\dfrac{a_n}{\cos\varphi_n}=-\dfrac{b_n}{\sin\varphi_n}$，$\tan\varphi_n=-\dfrac{b_n}{a_n}$。

应用欧拉公式，可得指数形式的傅里叶级数，即

$$f(t)=\sum_{-\infty}^{\infty}F(n\omega_0)\mathrm{e}^{\mathrm{j}n\omega_0 t} \tag{5.8}$$

其中 $F(n\omega_0)=\dfrac{1}{T_0}\displaystyle\int_{-\frac{T_0}{2}}^{\frac{T_0}{2}}f(t)\mathrm{e}^{-\mathrm{j}n\omega_0 t}\mathrm{d}t$。

3. 非周期信号的傅里叶变换

(1)非周期信号的傅里叶变换

在自然界中几乎没有完全理想的周期信号，以无限长的时段来看，交流信号也不是周期信号。但是非周期信号可以看成重复周期为无穷大的周期信号。则可用指数形式的傅里叶级数去处理非周期信号的频谱函数，即傅里叶变换。如果以下两个积分存在，则它们构成傅里叶变换对。即

$$F(\omega)=\int_{-\infty}^{\infty}f(t)\mathrm{e}^{-\mathrm{j}\omega t}\,\mathrm{d}t \tag{5.9}$$

$$f(t)=\frac{1}{2\pi}\int_{-\infty}^{\infty}F(\omega)\mathrm{e}^{\mathrm{j}\omega t}\,\mathrm{d}\omega \tag{5.10}$$

式中，$F(\omega)$是 $f(t)$的频谱密度函数。$|F(\omega)|$和 $\varphi(\omega)=\mathrm{Arg}[F(\omega)]$分别是 $f(t)$的幅度谱和相位谱。

(2)几种典型信号的傅里叶变换

①单位冲激函数

单位冲激函数 $\delta(t)$的定义为：

$$\delta(t)=\begin{cases}\infty(t=0)\\0(t\neq 0)\end{cases}\quad 并且\quad \int_{-\infty}^{\infty}\delta(t)\mathrm{d}t=1 \tag{5.11}$$

该函数可以理解为面积为 1 的脉冲函数当宽度趋于 0 时的极限。$\delta(t)$用箭头表示，如图 5.17 所示。

$\delta(t)$函数的傅里叶变换为：

$$F[\delta(t)]=\int_{-\infty}^{\infty}\delta(t)\mathrm{e}^{-\mathrm{j}\omega t}\,\mathrm{d}t=\int_{-0}^{+0}\delta(t)\mathrm{e}^{-\mathrm{j}\omega t}\,\mathrm{d}t=1 \tag{5.12}$$

单位冲击函数的频谱为常数 1，包含了所有的频率成分。

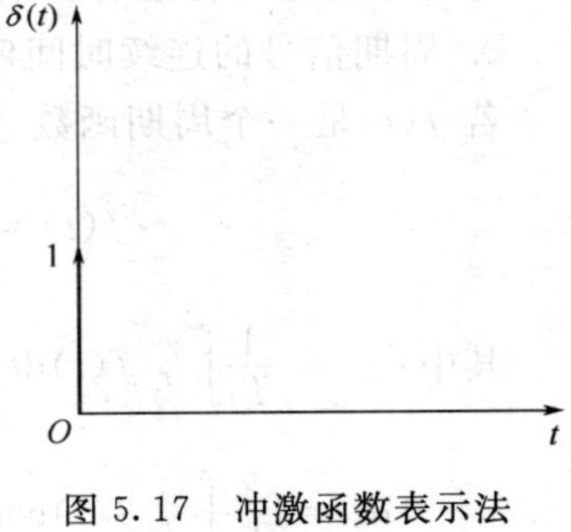

图 5.17　冲激函数表示法

②矩形脉冲信号

$$f(t)=\begin{cases}E\left(|t|\leqslant\dfrac{\tau}{2}\right)\\0\left(|t|>\dfrac{\tau}{2}\right)\end{cases} \tag{5.13}$$

其中 E 为脉冲幅度，τ 为脉冲宽度。

$$F[f(t)]=\int_{-\infty}^{\infty}f(t)\mathrm{e}^{-\mathrm{j}\omega t}\,\mathrm{d}t=\int_{-\frac{\tau}{2}}^{\frac{\tau}{2}}E\mathrm{e}^{-\mathrm{j}\omega t}\,\mathrm{d}t=\frac{2E}{\omega}\sin\left(\frac{\omega\tau}{2}\right)=E\tau\left[\frac{\sin\left(\dfrac{\omega\tau}{2}\right)}{\dfrac{\omega\tau}{2}}\right]=E\tau Sa\left(\frac{\omega\tau}{2}\right) \tag{5.14}$$

其中，$Sa(x)=\dfrac{\sin x}{x}$。设 $\tau=2$ ms，当$\dfrac{\omega\tau}{2}=k\pi$，$(k=\pm1,\pm2,\cdots)$时，$F(\omega)=0$。$f(t)$和 $F(\omega)$如图 5.18 所示。

③直流信号频谱

直流信号可以看成是矩形信号中 $\tau\to\infty$时，矩形信号频谱的曲线高度趋于无穷大，宽度趋于 0，如果其包络线中的面积不变，则其值为 δ 函数。

因此，有

$$\lim_{\tau\to\infty} E\tau Sa\left(\frac{\omega\tau}{2}\right)=2\pi E\delta(\omega) \tag{5.15}$$

特别，当 $E=1$ 时，直流信号的傅里叶变换为

$$F[1]=2\pi\delta(\omega) \tag{5.16}$$

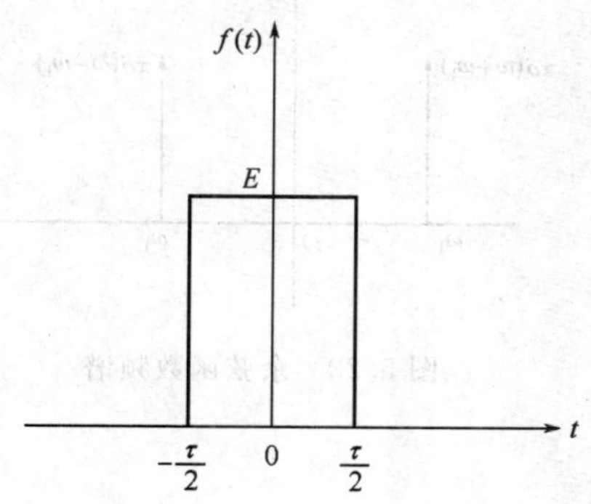

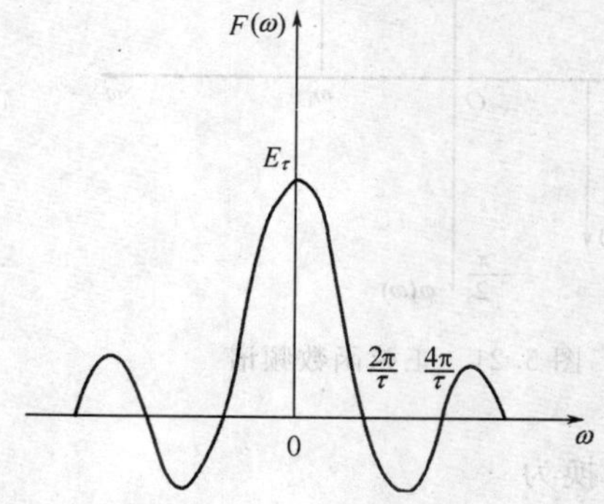

图 5.18 矩形脉冲信号的波形与频谱

上式表明直流信号的所有能量都集中在频率为 0 处，如图 5.19 所示。

④复指数信号的频谱

复指数信号 $f(t)=e^{j\omega_1 t}$ 的傅里叶变换

$$F(f(t))=\int_{-\infty}^{\infty}e^{j\omega_1 t}e^{-j\omega t}dt=\int_{-\infty}^{\infty}e^{-j(\omega-\omega_1)t}dt=2\pi\delta(\omega-\omega_1) \tag{5.17}$$

如图 5.20 所示。

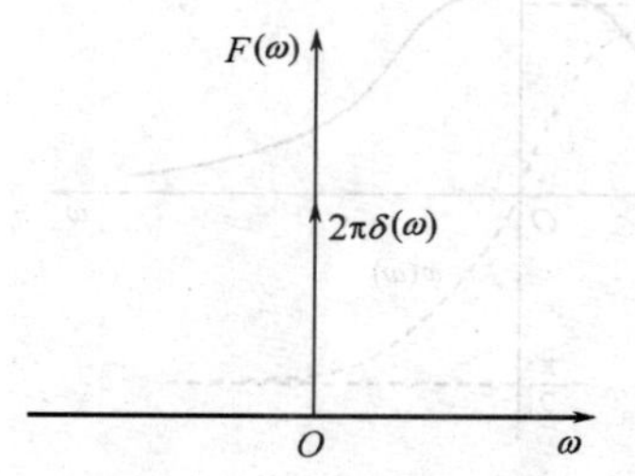

图 5.19 $E=1$ 的直流信号频谱

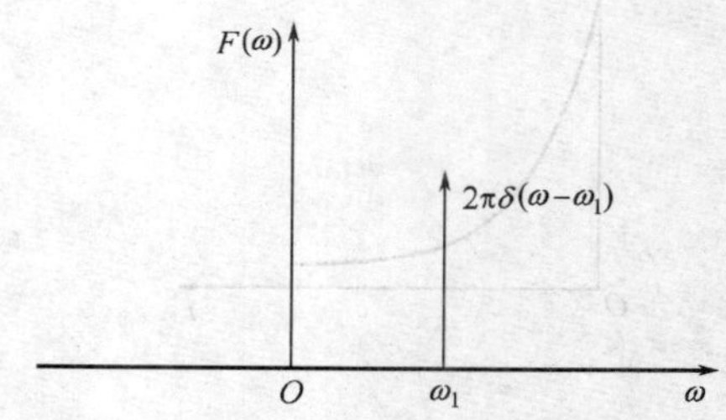

图 5.20 复指数信号频谱

⑤正余弦信号频谱

余弦信号：$f(t)=\cos\omega_1 t$ 其傅里叶变换

$$F(f(t))=\pi[\delta(\omega-\omega_1)+\delta(\omega+\omega_1)] \tag{5.18}$$

正弦信号：$f(t)=\sin\omega_1 t$ 其傅里叶变换

$$F(f(t))=\pi e^{-j\frac{\pi}{2}}[\delta(\omega-\omega_1)-\delta(\omega+\omega_1)] \tag{5.19}$$

正余弦信号频谱如图 5.21 和图 5.22 所示。

⑥指数信号的频谱

衰减指数信号是电力元件故障电流中最常见的成分之一，在继电保护算法中一般需要滤除。

$$f(t)=\begin{cases}e^{-\alpha t}\ (t\geqslant 0)\\ 0\ (t<0)\end{cases} \tag{5.20}$$

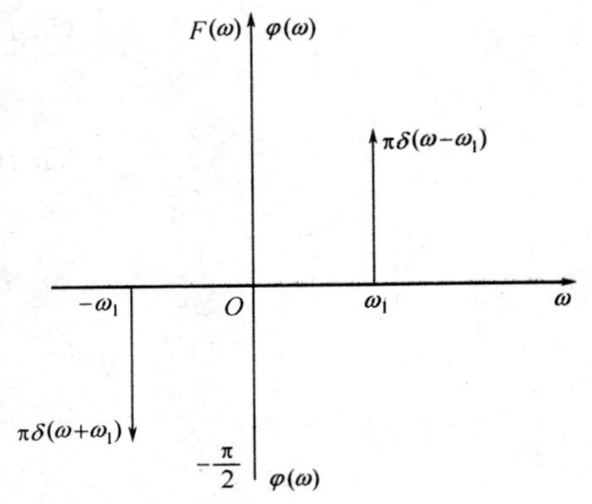

图 5.21　正弦函数频谱

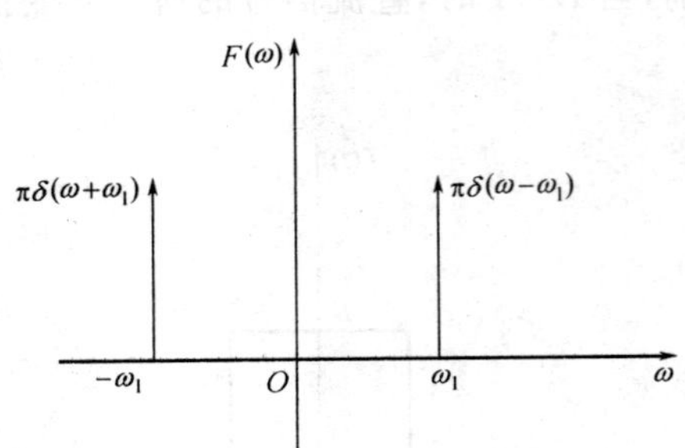

图 5.22　余弦函数频谱

傅里叶变换为

$$F(\omega)=F(f(t))=\int_0^{\infty}e^{-\alpha t}e^{-j\omega t}dt=\int_0^{\infty}e^{-(\alpha+j\omega t)}dt=\frac{1}{\alpha+j\omega} \tag{5.21}$$

$$|F(\omega)|=\frac{1}{\sqrt{\alpha^2+\omega^2}},\quad \varphi(\omega)=-\arctan\left(\frac{\omega}{\alpha}\right) \tag{5.22}$$

指数函数波形与频谱如图 5.23 所示。

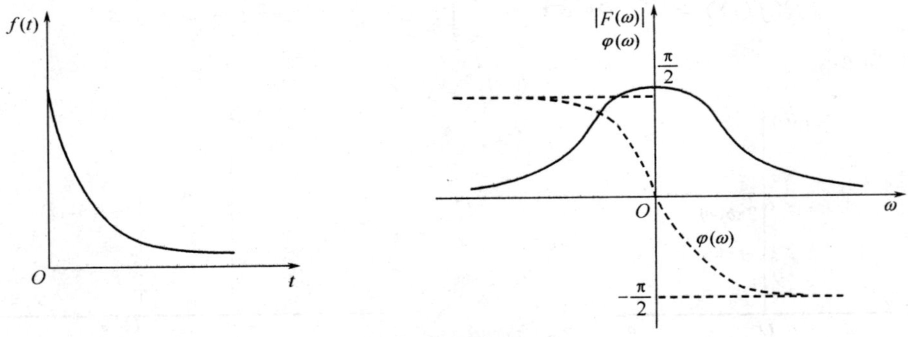

图 5.23　指数函数的波形与频谱

⑦周期信号傅里叶变换

$f(t)=\sum_{n=-\infty}^{\infty}F(n\omega_1)e^{jn\omega_1 t}$，$F_n$ 一般为复常数。由复指数傅里叶变换得

$$F(f(t))=\int_{-\infty}^{\infty}\sum_{n=-\infty}^{\infty}F(n\omega_1)e^{jn\omega_1 t}e^{-j\omega t}dt=2\pi\sum_{n=-\infty}^{\infty}F(n\omega_1)\delta(\omega-n\omega_1) \tag{5.23}$$

（二）离散时间信号分析

模拟信号 $x(t)$经过采样和模数转换后得到一系列时间离散化、数值整量化的离散数列，而在采样间隔 T_s 内认为信号是不变的。忽略模数转换误差，并认为采样是理想化的，则有

$$x(nT_s)=x(t)|_{t=nT_s}$$

$x(t)$和 $x(nT_s)$的曲线分别如图 5.24 的(a)(b)。如果 T_s 趋于无穷小，则 $x(nT_s)$的曲线将无限逼近 $x(t)$的曲线。

将傅里叶变换公式离散化

$$X(\omega)=F(x(t))=\int_{-\infty}^{\infty}x(t)\mathrm{e}^{-\mathrm{j}\omega t}\mathrm{d}t=\lim_{T_s\to 0}\sum_{n=-\infty}^{\infty}x(n)\mathrm{e}^{-\mathrm{j}\omega nT_s} \tag{5.24}$$

对离散时间信号进行傅里叶变换,其定义为

$$DFT[x(nT_s)]=X(\mathrm{e}^{\mathrm{j}\omega T_s})=\sum_{n=-\infty}^{\infty}x(n)\mathrm{e}^{-\mathrm{j}\omega nT_s} \tag{5.25}$$

如果将连续时间信号与 $x(t)$ 的周期单位冲激序列 $\delta_T(t)$ 相乘得到冲激采样信号 $x_*(t)$,如图 5.24(c),则

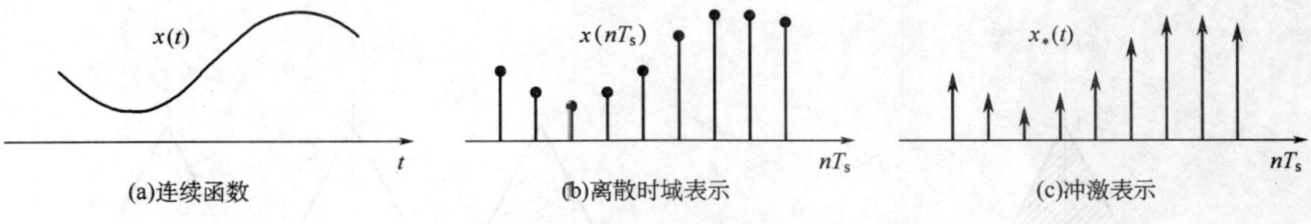

图 5.24 采样信号表示法

$$x_*(t)=x(t)\delta_T(t)=x(t)\sum_{n=-\infty}^{\infty}\delta(t-nT_s)=\sum_{n=-\infty}^{\infty}x(nT_s)\delta(t-nT_s) \tag{5.26}$$

对 $x_*(t)$ 进行傅里叶变换

$$\begin{aligned}X_*(\omega)=F(x_*(t))&=\int_{-\infty}^{\infty}\sum_{n=-\infty}^{\infty}x(nT_s)\delta(t-nT_s)\mathrm{e}^{-\mathrm{j}\omega t}\mathrm{d}t\\&=\sum_{n=-\infty}^{\infty}x(nT_s)\int_{-\infty}^{\infty}\delta(t-nT_s)\mathrm{e}^{-\mathrm{j}\omega t}\mathrm{d}t=\sum_{n=-\infty}^{\infty}x(nT_s)\mathrm{e}^{-\mathrm{j}\omega nT_s}\end{aligned} \tag{5.27}$$

对比式 5.27 可见,$X_*(\omega)$ 与 $X(\mathrm{e}^{\mathrm{j}\omega T_s})$ 相同,因此研究冲激采样信号的频谱特性就可知离散信号的频谱特性。由卷积定理式得

$$H(\omega)*X(\omega)=\int_{-\infty}^{\infty}H(u)X(\omega-u)\mathrm{d}u\Leftrightarrow 2\pi[h(t)x(t)] \tag{5.28}$$

当 $h(t)=\delta_T(t)$ 时,$x_*(t)$ 的傅里叶变换是 $X(\omega)$ 与周期单位冲激序列的傅里叶变换 $F[\delta_T(t)]$ 的卷积除以 2π。得

$$X_*(\omega)=\frac{1}{2\pi}X(\omega)*\omega_s\sum_{n=-\infty}^{\infty}\delta(\omega-n\omega_s) \tag{5.29}$$

又因为

$$\int_{-\infty}^{\infty}X(u)\sum_{n=-\infty}^{\infty}\delta(\omega-n\omega_s-u)\mathrm{d}u=\sum_{n=-\infty}^{\infty}X(\omega-n\omega_s)\text{ 并且 }\omega_s=\frac{2\pi}{T_s}\text{,所以}$$

$$X(\mathrm{e}^{\mathrm{j}\omega T_s})=\frac{1}{T_s}\sum_{n=-\infty}^{\infty}X(\omega-n\omega_s) \tag{5.30}$$

下面分析 $X(\omega)$ 与 $X(\mathrm{e}^{\mathrm{j}\omega T_s})$ 之间的关系。

每秒采样次数即为采样频率,标记为 f_s。根据式 5.24 和 5.30 可以作图。设信号 $x(t)$ 的频谱为 $X(\omega)$,如图 5.25(a) 所示,$X(\omega)$ 中角频率的最大值为 ω_h,且 $2\omega_h<\omega_s$ $(2f_h<f_s)$;则 $X_*(\omega)$ 如图 5.25(b),它相当于将 $X(\omega)$ 以 ω_s 为周期拓宽为角频率的周期函数,幅值增大了

f_s。如果将 $X(e^{j\omega T_s})$ 除以 f_s，则在 $-\frac{\omega_s}{2} \sim \frac{\omega_s}{2}$ 范围内，$T_s X(e^{j\omega T_s})$ 与 $X(\omega)$ 相等，$T_s X(e^{j\omega T_s})$ 包含了信号 $x(t)$ 的所有信息。求 $X(\omega)$ 的傅里叶逆变换即可得到 $x(t)$。所以

$F^{-1}[X(\omega)] = x(t) = \frac{1}{2\pi}\int_{-\infty}^{\infty} X(\omega) e^{j\omega t} d\omega = \frac{T_s}{2\pi}\int_{-\frac{\omega_s}{2}}^{\frac{\omega_s}{2}} X(e^{j\omega T_s}) e^{j\omega t} d\omega$ 这说明，$X(\omega)$ 是有带限的，并且满足 $X(\omega)=0$ 当 $|\omega| > \frac{\omega_s}{2}$ 时，如果 $2\omega_h > \omega_s (2f_h > f_s)$，如图 5.26 所示，$X(\omega)$ 以 ω_s 为周期拓宽为角频率的周期函数时将出现混叠，$X(e^{j\omega T_s})$ 不能保存 $X(\omega)$ 的形状，则通过傅里叶逆变换都得不到原始信号了。

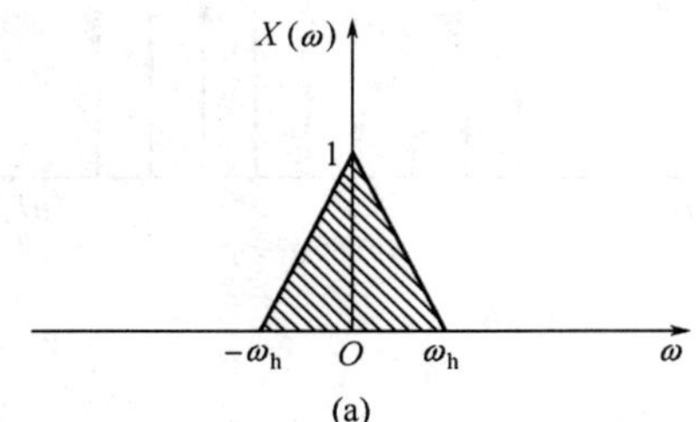

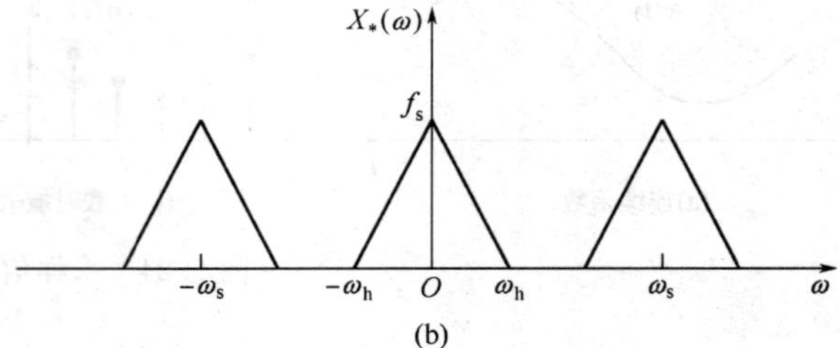

图 5.25 $X(\omega)$ 与 $X(e^{j\omega T_s})$ 的关系

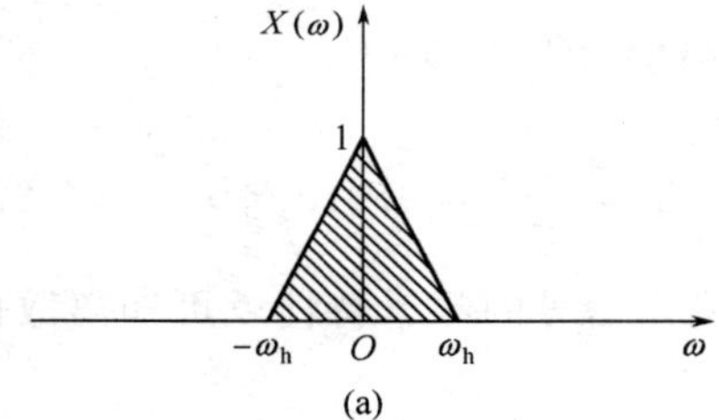

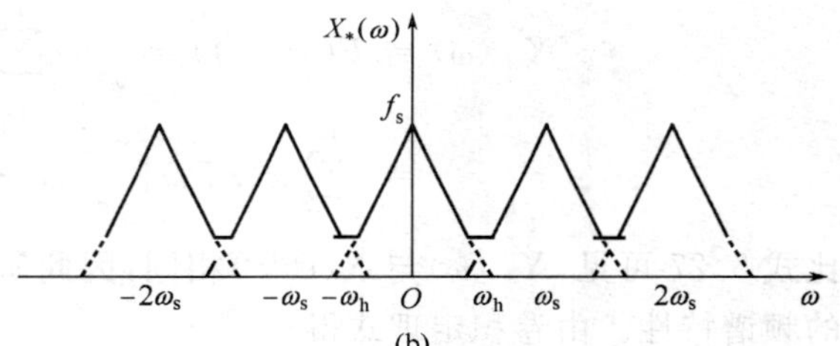

图 5.26 频率混叠示意图

二、数字滤波器理论

（一）概　述

微机保护主要根据电压和电流基波分量计算的阻抗、电压和电流的有效值以及二次、三次谐波进行故障特征分析。而在电力系统发生故障时，通常都有一个暂态过程，这一过程中的故障电流、电压信号包含十分复杂的频率成分，包含了大量不同频率的谐波分量和衰减直流分量，而这些量将可能造成微机保护计算的误差，甚至造成保护的误动或拒动。因此，必须进行故障信号的滤波处理，提取电压和电流的基波、二次和三次谐波分量等故障特征量，因此，必须分析研究各种信号的特征，研究滤波算法，消除其他干扰信号或故障噪声信号的干扰。

1. 基本滤波问题

工程技术中应用的实际信号 $x(t)$，一般都包含有效信号 $s(t)$ 和干扰信号 $n(t)$，可以表示为

$$x(t)=s(t)+n(t) \tag{5.31}$$

滤波就是根据希望的指标和要求，对原始信号的频谱进行修改和处理，得到有效信号，消除干扰信号。滤波的方法很多，但最基本的滤波方法是建立在信号频谱分析的基础上的。在多数情况下，有效信号频谱 $S(\omega)$ 与干扰信号频谱 $N(\omega)$ 是分离或近似分离的，因此可以采用一个滤波器消除或削弱干扰信号影响。若 $S(\omega)$ 与 $N(\omega)$ 分离，则可选择具有以下频率特性的滤波器

$$H(\omega)=\begin{cases}1[S(\omega)\neq 0]\\0[S(\omega)=0]\end{cases} \tag{5.32}$$

将 $H(\omega)$ 与实际信号频谱 $X(\omega)=S(\omega)+N(\omega)$ 相乘，得

$$Y(\omega)=X(\omega)H(\omega)=S(\omega) \tag{5.33}$$

这一过程就是信号的滤波过程。但是，实际信号中，有效信号频谱与干扰信号频谱通常不分离，但工程中可以假设其是分离的，这样就可以根据信号不同简化模型的特点，设计适当的滤波器频率函数 $H(\omega)$，进行信号滤波，获取有效信号。

2. 数字滤波器的表示与分类

数字滤波器是实现滤波过程的一种数字信号处理系统，具有离散时间系统的基本特征。

数字滤波器的实现方法通常有软件和硬件两种实现方法。软件实现就是设计滤波程序或算法进行滤波。硬件实现的数字滤波器由数字部件连接而成或由专用信号处理器（DSP）构成。

数字滤波器具有数字系统的一般特点，因此可以用以下几种方法表示：

（1）差分方程表示

输入信号为 $x(t)$，输出信号为 $y(t)$，数字滤波器差分方程表示一般形式为：

$$y(n)=\sum_{k=0}^{M}b_k x(n-k)-\sum_{k=1}^{N}a_k y(n-k) \tag{5.34}$$

式中，系数 a_k，b_k 为常数。

（2）传递函数表示

传递函数为

$$H(z)=\frac{Y(z)}{X(z)}=\frac{\sum_{k=0}^{M}b_k z^{-k}}{1+\sum_{k=1}^{N}a_k z^{-k}} \tag{5.35}$$

（3）单位冲激响应

单位冲激响应是数字滤波器最基本的表示方法。它是输入单位冲激时间序列时的滤波器输出序列，即

$$h(n)=T[\delta(n)] \tag{5.36}$$

已知数字滤波器的单位冲激响应后，可以求出任意输入信号时的数字滤波器输出，即

$$y(n)=x(n)*h(n)=h(n)*x(n) \tag{5.37}$$

（4）频率特性

频率特性是数字滤波器对正弦输入序列的响应，即

$$H(\mathrm{j}\omega)=|H(\mathrm{j}\omega)|\mathrm{e}^{\mathrm{j}\varphi(\omega)} \tag{5.38}$$

数字滤波器按冲激响应划分为无限长冲激响应(IIR)数字滤波器和有限长冲激响应(FIR)数字滤波器，而按结构特点可以分为带有反馈环路结构的递归型数字滤波器和没有反馈环路结构的非递归型数字滤波器。通常，IIR 滤波器只能用递归结构，而 FIR 滤波器一般是非递归型数字滤波器。这两种滤波器在本书中不做具体介绍。

(二) 数字滤波器选择

微机保护装置是一个对实时性要求很高的系统，在被保护对象故障时能够快速动作，切断故障。针对这种情况，应用 FIR 数字滤波器更加有效。因为它的设计比较灵活，易于在频率特性和冲激响应之间、滤波效果和响应时间之间做出平衡。但是，微机保护也是实时数据处理系统，数据处理系统按照采样速率源源不断向微机输入数据，这就对微机的处理速度提出很高的要求，否则就会造成数据积压无法工作。针对这一情况，选用 IIR 数字滤波器较好，因为它的运算量比较小。

有些保护要求连续不断计算和监视各种电气量，而电力系统是一个三相系统，要计算的量很多，用 FIR 滤波器可能在两个相邻采样间隔内不能完成相关计算。再有很多微机保护装置都设有启动元件，如距离保护设有震荡闭锁启动元件。这样，微机距离保护的阻抗计算可以在启动元件动作后才开始，它不需要历史自理，可以在启动元件动作后用故障后的数据进行计算，而且不要求在一个采样周期内完成一次阻抗计算，这是采样 FIR 数字滤波更有效。

随着计算机技术的高速发展，数字信号处理器 DSP 和许多软件，包括可以在可视化环境下帮助设计者完成数字滤波器设计工作的 MATLAB 软件，都为数字滤波器的设计提供了很大的帮助。DSP 具有快速运算的能力，而应用 MATLAB 软件，只要选择好滤波器类型、滤波参数、采样频率等相关参数，就可以得到系统的幅频、相频特性，滤波系数和冲激响应等的结果，使滤波器的设计更简单，更直观。

三、基于正弦函数的算法

假定用于计算的数据均为经过滤波器滤波的基波分量(正弦信号)的理想采样值。以电流为例

$$i(nT_s)=\sqrt{2}I\sin(\omega nT_s+\alpha_0) \tag{5.39}$$

式中，ω 为基波角频率；I 为电流有效值；T_s 为采样周期；α_0 为 $n=0$ 时的电流相角。

这种情况只是理想条件下的，在实际的工程应用中，故障后的电压、电流信号都含有各种暂态分量，数据采集系统也会引入一定误差，因此其必须与数字滤波器相配合，才能得到比较精确的信号。

(一) 两点乘积算法

设 i_1 和 i_2 分别为两个电气角度相隔为 $\frac{\pi}{2}$ 的两个采样时刻 n_1T_s 和 n_2T_s 的采样值，如图 5.27 所示。

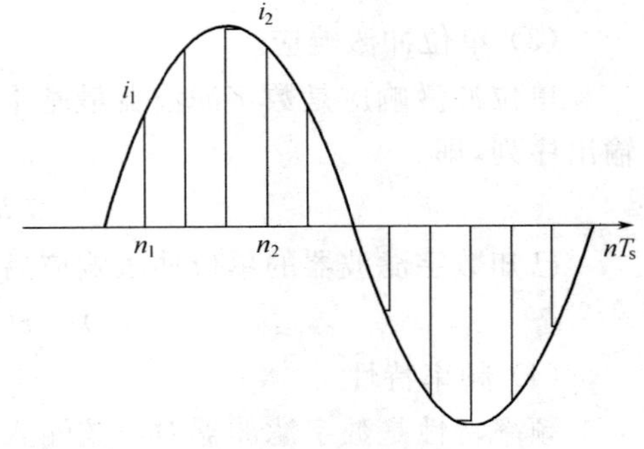

图 5.27 两点积分算法采样图

即有 $$\omega n_2T_s-\omega n_1T_s=\frac{\pi}{2}$$

根据式(5.39)有

$$i_1=i_1(n_1T_s)=\sqrt{2}I\sin(\omega n_1T_s+\alpha_0)=\sqrt{2}I\sin\alpha_1 \tag{5.40}$$

$$i_2 = i_2(n_2 T_s) = \sqrt{2} I \sin\left(\omega n_1 T_s + \alpha_0 + \frac{\pi}{2}\right) = \sqrt{2} I \sin\left(\alpha_1 + \frac{\pi}{2}\right) = \sqrt{2} I \cos\alpha_1 \tag{5.41}$$

其中 $\alpha_1 = \omega n_1 T_s + \alpha_0$ 为 n_1 采样时刻电流的相角，可以为任意值。

将上面两式相除得

$$\tan\alpha_1 = \frac{\sin\alpha_1}{\cos\alpha_1} = \frac{i_1}{i_2} \tag{5.42}$$

根据 i_1、i_2 和 α_1 之间的关系，将 $i(t)$ 用复数形式表示为

$$\dot{I} = \frac{1}{\sqrt{2}}(i_2 + \mathrm{j} i_1) \tag{5.43}$$

同时将式(5.42)与式(5.43)平方相加并整理得

$$I = \frac{1}{\sqrt{2}}\sqrt{i_1^2 + i_2^2} \tag{5.44}$$

由式(5.42)与式(5.44)表明，只要知道正弦量任意两个电气角度相隔$\frac{\pi}{2}$的采样值，就可以算出该电气量的基波相量。对于距离保护，只要取相同时刻的电压采样值 u_1 和 u_2，类似用式(5.42)与(5.44)，就可以得到 $u(t)$ 的复数表示，电压的有效值 U 及 n_1 时刻相角

$$\dot{U} = \frac{1}{\sqrt{2}}(u_2 + \mathrm{j} u_1) \tag{5.45}$$

$$U = \frac{1}{\sqrt{2}}\sqrt{u_1^2 + u_2^2} \qquad \tan\alpha_u = \frac{u_1}{u_2} \tag{5.46}$$

从而可以求出阻抗

$$\dot{Z} = \frac{\dot{U}}{\dot{I}} = R + \mathrm{j}X = \frac{u_2 + \mathrm{j}u_1}{i_2 + \mathrm{j}i_1} = \frac{u_1 i_1 + u_2 i_2}{i_1^2 + i_2^2} + \mathrm{j}\,\frac{u_1 i_2 - u_2 i_1}{i_1^2 + i_2^2} \tag{5.47}$$

所以可得

$$R = \frac{u_1 i_1 + u_2 i_2}{i_1^2 + i_2^2} \qquad X = \frac{u_1 i_2 - u_2 i_1}{i_1^2 + i_2^2} \tag{5.48}$$

阻抗角为

$$\alpha_Z = \cot-1\left(\frac{u_1}{u_2}\right) - \cot-1\left(\frac{i_1}{i_2}\right) \tag{5.49}$$

两点乘积算法用到了两个电气角度相隔$\frac{\pi}{2}$的采样值，因而算法本身所需的数据窗长度为1/4周期，对50 Hz工频来说为5 ms。这种算法本身对采样频率无特殊要求，但是这种算法应用于暂态分量的输入电气量时，必须先经过数字滤波，所以采样频率的选择由所选用的数字滤波器决定。合理选用采样频率可以使数字滤波器的运算量大大减小。

(二) 导数算法

导数算法只需要知道相邻两点的采样值就可以计算出基频信号相量。以电流为例

$$i(t_1) = \sqrt{2} I \sin(\omega t_1 + \alpha_0) = \sqrt{2} I \sin\alpha_1 \tag{5.50}$$

则 t_1 时刻电流的导数为

$$i'(t_1) = \omega\sqrt{2} I \cos(\omega t_1 + \alpha_0) = \omega\sqrt{2} I \cos\alpha_1 \tag{5.51}$$

$$\text{或}\quad \frac{i'(t_1)}{\omega} = \sqrt{2} I \cos\alpha_1 \tag{5.52}$$

由三角关系得

$$\tan\alpha_1=\frac{i(t_1)}{\frac{i'(t_1)}{\omega}}=\frac{i_1}{\frac{i'_1}{\omega}} \tag{5.53}$$

电流的复数表达式

$$\dot{I}=\frac{1}{\sqrt{2}}\left(\frac{i'_1}{\omega}+\mathrm{j}i_1\right) \tag{5.54}$$

所以

$$I=\frac{1}{\sqrt{2}}\sqrt{i_1^2+\left(\frac{i'_1}{\omega}\right)^2} \tag{5.55}$$

也可以用同样的方法计算出相同时刻的电压与相量，求阻抗

$$\dot{Z}=\frac{\dot{U}}{\dot{I}}=R+\mathrm{j}X=\frac{\frac{u'_1}{\omega}+\mathrm{j}u_1}{\frac{i'_1}{\omega}+ji_1}=\frac{u_1 i_1+\frac{u'_1}{\omega}\frac{i'_1}{\omega}}{i_1^2+\left(\frac{i'_1}{\omega}\right)^2}+\mathrm{j}\,\frac{u_1\,\frac{i'_1}{\omega}-\frac{u'_1}{\omega}i_1}{i_1^2+\left(\frac{i'_1}{\omega}\right)^2} \tag{5.56}$$

在数值计算中必须用离散数据计算导数。因此取 t_1 为两个相邻采样值 i_n 和 i_{n+1} 的中点，用差分值(图 5.28 虚线)代替导数值(图 5.28 实线)，用均值代替 t_1 时刻的电流值

$$i(t_1)=\frac{i_{n+1}+i_n}{2},\quad i'(t_1)=\frac{i_{n+1}-i_n}{T_s} \tag{5.57}$$

电压值与电流值的结构类似。

可见导数算法的数据窗只要 1 个采样间隔，且算法与乘积法相似。但是，由于这种算法用到了导数，必将带来两个问题：由于导数能够放大高频分量，因此要求数字滤波器有良好的滤除高频分量的能力；由于用差分近似求导，要求有较高的采样率。

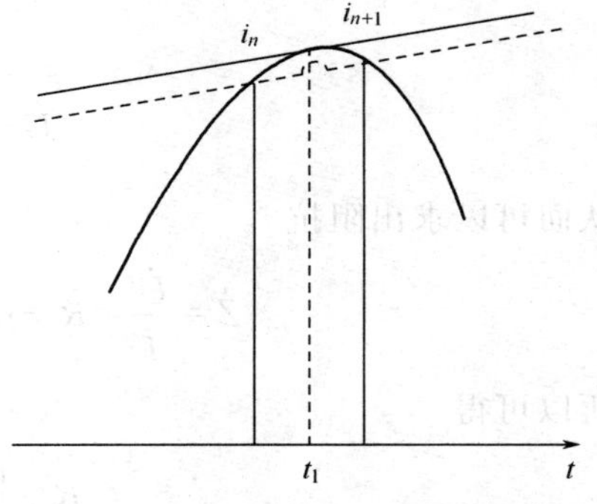

图 5.28　导数、差分及均值

（三）半周积分算法

半周积分算法的依据是一个正弦量在任意半个周期内绝对值的积分为唯一常数 S

$$S=\int_0^{\frac{T}{2}}\sqrt{2}I|\sin(\omega t+\alpha)|\mathrm{d}t=\int_0^{\frac{T}{2}}\sqrt{2}I\sin\omega t\,\mathrm{d}t=\frac{2\sqrt{2}}{\omega}I \tag{5.58}$$

积分值 S 与积分起点的初相角 α 无关，因为画有断面线的两块面积显然是相等的，如图 5.29 所示。

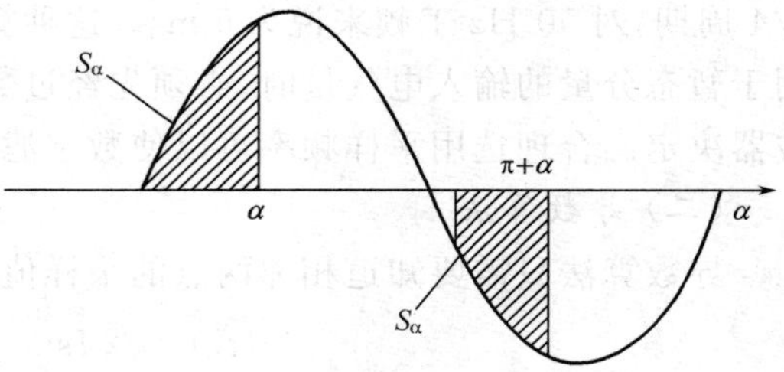

上式的积分可以用梯形法近似求出

$$S\approx\left[\frac{1}{2}|i_0|+\sum_{k=1}^{\frac{N}{2}-1}|i_k|+\frac{1}{2}|i_{\frac{N}{2}}|\right]T_s \tag{5.59}$$

图 5.29　半周积分原理图

式中，i_k 为第 k 次采样值；N 为一周期的采样点数；i_0 为 $k=0$ 时的采样值；$i_{\frac{N}{2}}$ 为 $k=i_{\frac{N}{2}}$ 时刻的采样值；T_s 为采样周期。

只要采样率足够高，用梯形法就可将近似积分的误差做到最小。

求出 S 值后，应用式(5.58)就可以求出电流有效值 $I=S\times\frac{\omega}{2\sqrt{2}}$。

半周积分算法需要的数据窗长度为 10 ms，显然比较长。由于叠加在基频成分上幅度不大的高频分量，在半个周期积分中其对称的正负部分可以相互抵消，剩余未被抵消的部分占的比重很小，因此它本身有一定的滤除高频分量的能力。但是它不能抑制直流分量。这种算法的运算量极小，可以用简单的硬件实现，对一些要求不高的电流、电压保护可以采用这种算法。如果指数信号等非周期分量衰减很慢，可以考虑配置一个简单的差分滤波器来对其进行抑制。

（四）平均值、差分值的误差分析

在实际应用的数值计算中，经常会遇到通过采样值求瞬时值、微分值和积分值的情况。工程上常用的方法是：用平均值代替瞬时值，用差分值近似代替微分值，用梯形法近似求积分。这些近似计算的误差一般要视具体情况来定，但是，当输入为正弦信号时，用平均值可以求出准确的瞬时值，用差分值可以求出准确的微分值。

当信号为纯正弦量时，平均值和差分值的误差分析如下：

设信号的表达式为

$$x(t)=x_{\mathrm{m}}\sin(\omega t+\alpha) \tag{5.60}$$

经过采样后，得到包含 $x(n)$ 和 $x(n+1)$ 的两个采样值，其中 t 时刻位于 n 和 $n+1$ 采样时刻的中间，如图 5.30 所示。

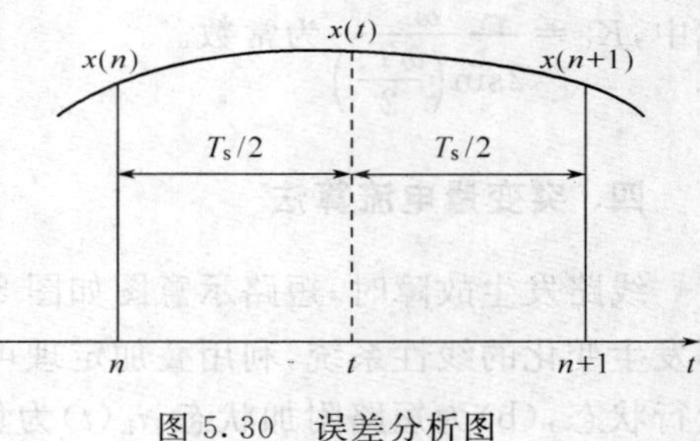

图 5.30 误差分析图

其中 $x(n)$ 和 $x(n+1)$ 的表达式如下

$$x(n)=x_{\mathrm{m}}\sin\left[\omega\left(t-\frac{T_{\mathrm{s}}}{2}\right)+\alpha\right] \tag{5.61}$$

$$x(n+1)=x_{\mathrm{m}}\sin\left[\omega\left(t+\frac{T_{\mathrm{s}}}{2}\right)+\alpha\right] \tag{5.62}$$

1. 由平均值求瞬时值

$$\frac{x(n)+x(n+1)}{2}=\frac{x_{\mathrm{m}}\sin\left[\omega\left(t-\frac{T_{\mathrm{s}}}{2}\right)+\alpha\right]+x_{\mathrm{m}}\sin\left[\omega\left(t+\frac{T_{\mathrm{s}}}{2}\right)+\alpha\right]}{2}$$

$$=[x_{\mathrm{m}}\sin(\omega t+\alpha)]\cos\left(\frac{\omega T_{\mathrm{s}}}{2}\right)=x(t)\cos\left(\frac{\omega T_{\mathrm{s}}}{2}\right) \tag{5.63}$$

结合式(5.61)可知，平均值与瞬时值 $x(t)$ 之间仅相差一个系数 $\cos\left(\frac{\omega T_{\mathrm{s}}}{2}\right)$。这是一个与时刻 t 和初相角 α 无关的系数，仅与角频率 ω 和采样间隔 T_{s} 有关。而对于正弦信号来说，ω 和 T_{s} 都是已知的，所以误差是一个已知的固定系数，可以对其进行修正。

通过式(5.63)可知，对正弦信号可以由其平均值求出准确的瞬时值。

$$x(t)=\frac{1}{\cos(\omega T_{\mathrm{s}}/2)}\cdot\frac{x(n)+x(n+1)}{2}=K_{\mathrm{p}}[x(n)+x(n+1)] \tag{5.64}$$

式中，$K_{\mathrm{p}}=\frac{1}{2\cos(\omega T_{\mathrm{s}}/2)}$。

2. 由差分值求微分值

对 $x(t)$ 求微分得

$$\frac{\mathrm{d}x(t)}{\mathrm{d}t}=\omega X_{\mathrm{m}}\cos(\omega t+\alpha) \tag{5.65}$$

所以，
$$\begin{aligned}\frac{x(n)-x(n+1)}{T_{\mathrm{s}}}&=\frac{X_{\mathrm{m}}\sin\left[\omega\left(t-\frac{T_{\mathrm{s}}}{2}\right)+\alpha\right]-X_{\mathrm{m}}\sin\left[\omega\left(t+\frac{T_{\mathrm{s}}}{2}\right)+\alpha\right]}{T_{\mathrm{s}}}\\&=\frac{2}{T_{\mathrm{s}}}[X_{\mathrm{m}}\cos(\omega t+\alpha)]\sin\left(\frac{\omega T_{\mathrm{s}}}{2}\right)=\frac{2}{T_{\mathrm{s}}}[X_{\mathrm{m}}\cos(\omega t+\alpha)]\sin\left(\frac{\omega T_{\mathrm{s}}}{2}\right)\\&=\left[\frac{2}{\omega T_{\mathrm{s}}}\sin\left(\frac{\omega T_{\mathrm{s}}}{2}\right)\right]\frac{\mathrm{d}x(t)}{\mathrm{d}t}\end{aligned} \tag{5.66}$$

显然，差分值$\frac{x(n)-x(n+1)}{T_{\mathrm{s}}}$与微分值$\frac{\mathrm{d}x(t)}{\mathrm{d}t}$之间仅相差一个常系数$\frac{2}{\omega T_{\mathrm{s}}}\sin\left(\frac{\omega T_{\mathrm{s}}}{2}\right)$，所以微分运算可以进行无误差的修正。

对于纯正弦信号，由式 5.66 可得，用差分值求准确微分值的计算公式

$$\frac{\mathrm{d}x(t)}{\mathrm{d}t}=\frac{\omega}{2\sin\left(\frac{\omega T_{\mathrm{s}}}{2}\right)}\cdot[x(n+1)-x(n)]=K_{\mathrm{C}}[x(n+1)-x(n)] \tag{5.67}$$

式中，$K_{\mathrm{C}}=\frac{\omega}{2\sin\left(\frac{\omega T_{\mathrm{s}}}{2}\right)}$为常数。

四、突变量电流算法

线路发生故障时，短路示意图如图 5.31，其中 $i_{\mathrm{m}}(t)$为故障后的测量电流。对于系统结构不发生变化的线性系统，利用叠加定理可以得到如图 5.32 所示的两个分解图，其中(a)为正常运行状态，(b)为短路附加状态，$i_{\mathrm{L}}(t)$为负荷电流，$i_{\mathrm{k}}(t)$为故障电流分量。

由叠加定理可得

$$i_{\mathrm{m}}(t)=i_{\mathrm{L}}(t)+i_{\mathrm{k}}(t) \tag{5.68}$$

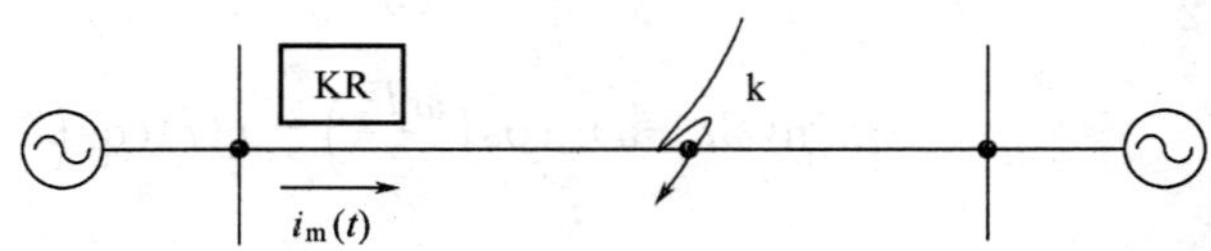

图 5.31　短路示意图

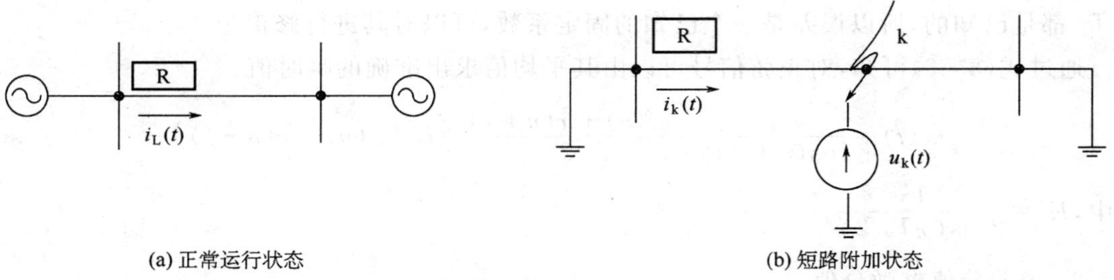

图 5.32　短路分解图

所以故障电流分量

$$i_k(t)=i_m(t)-i_L(t) \tag{5.69}$$

对于正弦信号而言，在时间间隔整周期的两个瞬时值其大小是相等的，即

$$i_L(t)=i_L(t-T) \tag{5.70}$$

其中，$i_L(t)$为 t 时刻的负荷电流；$i_L(t-T)$为比 t 时刻提前一个周期的负荷电流；T 为工频周期。

所以故障分量的计算式简化为

$$i_k(t)=i_m(t)-i_L(t-T) \tag{5.71}$$

在非故障时，测量电流应该等于负荷电流，即

$$i_L(t-T)=i_m(t-T) \tag{5.72}$$

如图 5.33，虚线波形为负荷电流的延续。于是故障电流分量的计算式可以写成

$$i_k(t)=i_m(t)-i_m(t-T)$$

将该式转化为采样值计算公式为

$$\Delta i_k=i_k-i_{k-N} \tag{5.73}$$

式中，Δi_k 为故障分量 $i_k(t)$在 k 采样时刻的计算值；i_k 为 $i_k(t)$在 k 时刻的测量电流采样值；i_{k-N}为 k 时刻之前一周期的电流采样值；N 为一个周期的采样点数。

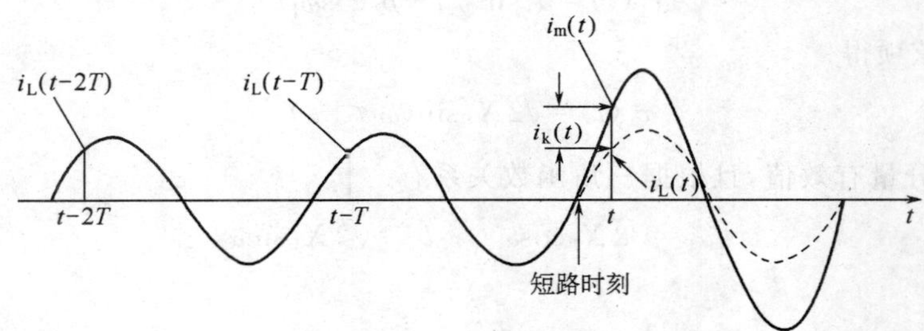

图 5.33 短路前后电路波形示意图

由上述的分析和推导可知：系统正常运行时，Δi_k 的计算值为 0；当系统刚发生故障的一周内，Δi_k 求出的是纯故障分量。在断路器断开时(如切负荷、跳闸等)，也可能出现数量值(视负荷电流的大小而定)，所以，Δi_k 是在电流有变化时的数值。根据短路和断路器断开两种情况，我们称 Δi_k 为“突变量”。

从图 5.33 可以看出，当系统正常运行时，负荷电流是稳定的或者负荷虽然时有变化，但不会在一个工频周期内突然变化很大，所以此时 Δi_k 应为 0。如果在某一时刻发生短路，则故障电流突然增大，将出现突变量电流。突变量计算公式(5.73)存在的一个问题就是当电网频率偏离 50 Hz 时，会产生一定的不平衡电流。电网频率发生变化后，i_k 与 i_{k-N}对应的电流波形对应的电角度将不同相，而有一个差值 $\Delta\theta$，特别是当 k 落在电流过零附近时，由于电流变化较快，不大的 $\Delta\theta$ 引起的不平衡电流较大。为了补偿电网频率变化引起的不平衡电流，可以采用跟踪电网频率来调整采样间隔的方法，这种方法在系统正常运行时，对测量 U、I、P、Q、f 有很好的效果，但是在系统发生振荡等情况下，会对保护的测量方法产生不利的影响。也可以采用下式取得突变量电流，减小频率变化的影响，即

$$\Delta i_k=\left|\,|i_k-i_{k-N}|-|i_{k-N}-i_{k-2N}|\,\right| \tag{5.74}$$

如果由于频率偏高,造成 i_k 与 i_{k-N} 之间有一个相角差 $\Delta\theta$,则 i_{k-N} 与 i_{k-2N} 之间的相角差也应该相同,式 5.64 右侧两项可以得到部分抵消。特别是当计算的 k 时刻处于电流过零附近,则这两项抵消更大。用式 5.64 不仅可以补偿频率偏离产生的不平衡电流,还可以减弱由于系统静稳破坏引起的不平衡电流。

五、傅里叶算法

(一) 基本原理

傅里叶算法又称傅氏算法,傅氏算法是从傅里叶级数引申出来的,算法本身已考虑滤波的作用,在工程上得到了广泛的应用。傅氏算法假定被采样的模拟信号是一个周期性时间函数,由基波、各次谐波和直流分量构成。表示为

$$x(t) = a_0 + \sum_{n=1}^{\infty}(a_n \sin n\omega_1 t + b_n \cos n\omega_1 t) \quad (n = 1,2\cdots) \tag{5.75}$$

其中 $a_n = \dfrac{2}{T}\displaystyle\int_0^T x(t)\sin(n\omega_1 t)\mathrm{d}t \qquad b_n = \dfrac{2}{T}\displaystyle\int_0^T x(t)\cos(n\omega_1 t)\mathrm{d}t$

由于进行了积分,基波分量中的正、余弦项已经滤除了直流分量和整次谐波分量的影响,所以基波分量可以表示为

$$x_1(t) = a_1 \sin\omega_1 t + b_1 \cos\omega_1 t \tag{5.76}$$

合并正、余弦项得

$$x_1(t) = \sqrt{2}X_1 \sin(\omega_1 t + \alpha) \tag{5.77}$$

其中 X_1 为基波分量有效值,且根据三角函数关系有

$$a_1 = \sqrt{2}X_1\cos\alpha \qquad b_1 = \sqrt{2}X_1\sin\alpha$$

用复数表示

$$\dot{X}_1 = \frac{1}{\sqrt{2}}(a_1 + \mathrm{j}b_1) \tag{5.78}$$

所以,可以根据 a_1 和 b_1 求出基波电流有效值及其相位为

$$X_1 = \frac{1}{\sqrt{2}}\sqrt{a_1^2 + b_1^2}, \quad \tan\alpha = \frac{b_1}{a_1} \tag{5.79}$$

在用微机进行处理时,可以将 a_1 和 b_1 的积分公式离散化得

$$a_1 = \frac{1}{N}\left[2\sum_{k=1}^{N-1}x(k)\sin\left(k\,\frac{2\pi}{N}\right)\right] \tag{5.80}$$

$$b_1 = \frac{1}{N}\left[x(0) + 2\sum_{k=1}^{N-1}x(k)\cos\left(k\,\frac{2\pi}{N}\right) + x(N)\right] \tag{5.81}$$

式中,N 为一周波的采样点数;$x(k)$ 为第 k 次采样值。

如果采样 2 周波傅氏算法提高计算精度,则 a_1 和 b_1 的积分公式应该离散化为

$$\begin{cases} a_1 = \dfrac{1}{2N}\left[2\displaystyle\sum_{k=1}^{2N-1}x(k)\sin\left(k\,\frac{2\pi}{N}\right)\right] \\ b_1 = \dfrac{1}{2N}\left[x(0) + 2\displaystyle\sum_{k=1}^{2N-1}x(k)\cos\left(k\,\frac{2\pi}{N}\right) + x(2N)\right] \end{cases} \tag{5.82}$$

同理,求 n 次谐波的公式为

$$\begin{cases} a_n = \dfrac{1}{N}\left[2\sum_{k=1}^{N-1} x(k)\sin\left(kn\dfrac{2\pi}{N}\right)\right] \\ b_n = \dfrac{1}{N}\left[x(0) + 2\sum_{k=1}^{N-1} x(k)\cos\left(kn\dfrac{2\pi}{N}\right) + x(N)\right] \end{cases} \tag{5.83}$$

(二) 傅氏算法的频率特性

傅氏算法是基于傅里叶级数的一种算法,它以被采样的信号在采样时的周期信号为假设前提,只有当符合这一条件才能精确计算基波和各次谐波,这在电力系统正常运行时是可以实现的,此时对于各电气量的测量都是比较精确的。但是,在系统发生故障的瞬间,电气量中存在各种不同频率分量,例如衰减指数分量和不同频率的暂态分量,所以故障后的电流和电压这种电气量已经不是周期函数了。实际上,傅氏算法不仅可以完全滤除所有整次谐波和纯直流分量,还对这些非周期分量的低频部分具有一定的抑制能力。以下是对傅氏算法的频率特性的分析,说明这一问题。

由式

$$y(t) = \int_{-\infty}^{\infty} x(\tau)h(t-\tau)\mathrm{d}\tau \tag{5.84}$$

令:$h(t)=\cos(100\pi t)\quad(0\leqslant t<T)$ (5.85)

$$y(T) = \int_0^T x(\tau)\cos[100\pi(T-\tau)]\mathrm{d}\tau = \int_0^T x(\tau)\cos[100\pi\tau]\mathrm{d}\tau = \frac{T}{2}b_1 \tag{5.86}$$

该过程的卷积图解如图 5.34,可见 b_1 的求解过程实际上就是信号 $x(t)$ 与一周余弦函数的卷积。再看 a_1 的求解过程,令 $h(t)=-\sin(100\pi t)(0\leqslant t<T)$

$$y(T) = -\int_0^T x(\tau)\sin[100\pi(T-\tau)]\mathrm{d}\tau = -\int_0^T x(\tau)\sin[-100\pi\tau]\mathrm{d}\tau = \frac{T}{2}a_1 \tag{5.87}$$

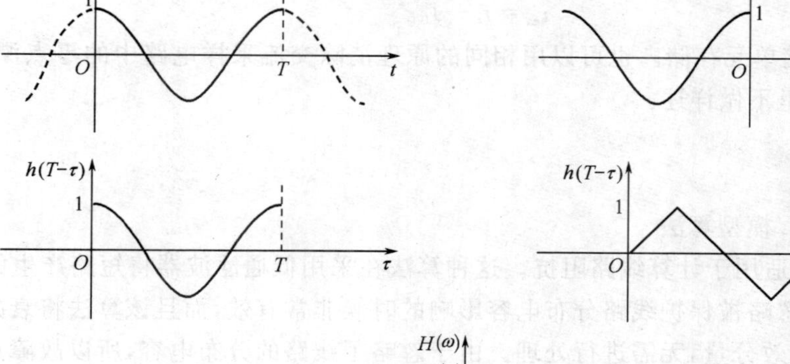

图 5.34 b_1 的求解过程

可见 a_1 的求解过程实际上就是信号 $x(t)$ 与一周正弦函数的卷积。

由傅氏算法的频率特性可知，傅氏算法已考虑了滤波的作用，虽然其不能滤出非整次谐波，但对于高次谐波有很大的抑制能力，只是衰减直流分量中低频分量占了很大一部分，其对傅氏算法影响很大。衰减直流分量衰减很快，对于线路保护影响不大，但对于高速保护，就必须将其消除。以下介绍消除衰减直流分量的算法。

（三）滤除衰减直流分量改进算法

为了能够滤除输入信号中的衰减直流分量，一般要对基本的傅氏算法进行改进。设输入信号为衰减直流分量、基频分量和整次谐波分量之和，则

$$i(t) = I_0 \mathrm{e}^{-t/\tau} + \sum_{n=1}^{M} I_n \sin(\omega_n t + \varphi_n) \tag{5.88}$$

式中 $\omega_n = n\omega_1$。则第 k 次采样值为

$$i_k = I_0 \mathrm{e}^{-kT_s/\tau} + \sum_{n=1}^{M} I_n \sin\left(\frac{2\pi}{N}nk + \varphi_n\right) = I_0 r^k + i_{\mathrm{ka}} \tag{5.89}$$

式中，$r = \mathrm{e}^{-T_s/\tau}$，$i_{ka}$ 为交流分量。交流分量一周波积分为 0，可表示为 $\sum_{k=1}^{N} i_{ka} T_s = 0$　所以有

$$\sum_{k=1}^{N} i_k = I_0 \sum_{k=1}^{N} r^k \tag{5.90}$$

同时，经过一个采样间隔后有

$$\sum_{k=2}^{N+1} i_k = I_0 \sum_{k=2}^{N+1} r^k = I_0 r \sum_{k=1}^{N} r^k \tag{5.91}$$

整理可得

$$r = \frac{\sum_{k=2}^{N+1} i_k}{\sum_{k=1}^{N} i_k} \qquad I_0 = \frac{\sum_{k=1}^{N} i_k}{\sum_{k=1}^{N} r^k} \tag{5.92}$$

去除衰减直流分量 $I_0 \mathrm{e}^{-t/\tau}$ 后，用于傅氏计算的值为

$$i_{ka} = i_k - I_0 r^k \tag{5.93}$$

可以用 N 个存储单元存储。也可以用相同的原理消除交流采样电路中的零点漂移值 ΔI 对采样值的影响，这里不做详述。

六、其他算法

1. 输电线路 R-L 模型算法

R-L 模型算法仅适用于计算线路阻抗。这种算法在采用低通滤波器将短路产生的高频分量滤除的情况下，可忽略被保护线路分布电容影响的时候非常有效，而且该算法将衰减直流分量视为故障电流的有效分量，无需进行处理。由于忽略了线路的分布电容，所以故障点到保护安装处的线路可以用电阻和电感串联的电路来表示，即等效为 R-L 模型。

2. 故障选相算法

在微机保护中，为了能后实现选相跳闸，防止非故障相的影响，一般应该设置一个故障类型和故障相别的判断程序。在突变量启动元件检测系统故障后，先判断故障类型与相别，然后针对不同相别，选用不同的电压、电流测量值进行阻抗计算。

3. 最小二乘算法

最小二乘算法是将输入的暂态电气量与一个预设的含有非周期分量及某些谐波分量的函数按最小二乘方(最小平方误差)的原理进行拟合,使被处理的函数与预设的函数尽可能逼近,其总的平方差 E^2 或最小均方差 $\frac{E_{\min}}{N}$ 为最小,从而可以求出输入信号中的基频及各次暂态分量的幅值和相角。

七、算法的动态特性与选择

1. 算法的动态特性

对于微机保护,很多都是对于突变信号进行处理而动作,如距离保护,零序电流方向保护等,需要根据故障后的数据判别故障的性质来决定对策。而有些保护没有明显故障特征,如过负荷,发电机失磁保护、失步保护等。

对于非突变信号,采用 IIR 数字滤波器有滤波质量好,计算量少的特点,例如用于正常电流电压的检测和计量,过负荷等。IIR 数字滤波器虽然滤波质量好,但是用于有突变信号特征时要考虑其对暂态信号的响应时间。由于在故障后 IIR 数字滤波器处理的数据部分是故障前的,部分是故障后的,因此其输出不能真正反映故障后的电量关系,用这些数据计算的结果是不精确的。采用故障判别程序判断故障发生的时刻,从该时刻开始加上滤波器响应时间后的 IIR 滤波器的输出可以完全反映故障后的电量关系,用这些数据计算的结果是精确的。计算结果从不精确到精确的过程称为算法的动态特性。但是 IIR 滤波器的响应时间比较长,而且一般滤波精度比较高,这会影响保护的动作速度,因此对要求快速动作的Ⅰ段是不利的。但是用于对时间要求不高的保护会有利,提高了算法的精度。有些带测量的保护,如过负荷保护、过电流保护等都是为了减少运算而采用了 IIR 数字滤波器。

是否一定要在故障开始时刻加上滤波器响应时间后的 IIR 滤波器的输出数据呢?答案是不一定的。滤波器响应时间是根据阶跃响应时间决定的,如果故障发生时电流的突变量不是很大,电压突变量也不是很大,则不一定要在故障开始加上 IIR 滤波器的输出数据作为动作依据,只要达到定值要求就可以判断,这样就可以缩短保护动作时间。

FIR 数字滤波器采用故障前的数据计算故障前的电气量,用故障后的数据计算故障后的电气量,其数字滤波精度与数据窗的长度有关。如 2 周波傅氏滤波计算精度比 1 周波的高。对于保护的Ⅱ段和Ⅲ段,可以采用数据窗较长的 FIR 滤波器。对应于保护Ⅰ段则要求采用数据窗较短的 FIR 数字滤波器。

2. 算法选择

微机保护发展至今,对于保护算法的研究有很多,但是针对工程的具体情况应用哪种算法实现保护功能,则要考虑把具体保护的需要和硬件条件的限制等因素。早期的微机保护采用的都是 8 位单片机,计算能力弱,精度不高,而现在已经发展为 32 位单片机和 DSP,运算能力强,速度快而精度高,使人们对保护算法的精度和功能的要求也越来越高。

对于前面介绍的几种算法,由于其特点各有不同,因此适用的范围不同。对于要求输入信号为纯正弦信号的算法来说,由于算法本身所需的数据窗很短,计算量小,可以用于输入信号中暂态分量不多或精度要求不高的保护中,如低压电网的电压、电流后备保护中,可在其中配置一些简单的差分滤波器削弱电流中的衰减直流分量作为电流速断保护;同时,还可以作为复杂保护启动元件的算法，如距离保护的电流启动元件就是采用半周积分算法实现。

对于傅氏算法是一种能适用于各种保护的算法，在实际中应用较多。一般在采用傅氏算法时要将衰减直流分量过滤掉，提高算法精度。

对于最小二乘算法，在设计、选择拟合模型时，要考虑精度与速度的权衡，否则会造成算法精度高，但速度慢，计算量大的缺点。

对于 R-L 模型算法，一般不应该用于线路分布电容不可忽略的较长线路，可以配置适当的数字滤波器构成高压、超高压输电线路距离保护，如配置低通数字滤波器等。一般这种算法只能用于计算输电线路的线路阻抗，多用于线路保护。而傅氏算法和最小二乘算法还可以用于元件保护、后备电流、电压保护中，也可以用于谐波分析。

第三节　保护装置示例

本节将以电气化铁路最有特色的微机馈线保护测控装置为例，说明微机保护装置的特点、配置及整定计算。

一、装置通用技术参数

1. 基本参数

(1)额定直流电压：DC 220 V 或 DC 110 V

(2)交流二次额定值

①额定电流：5 A 或 1 A

②额定电压：AC 100 V

③额定频率：50 Hz

(3)精确工作电压范围：(0.5～1.2)倍额定电压

(4)精确工作电流范围：(0.1～20)倍额定电流

(5)功率消耗

①直流回路

●正常工作时：＜20 W

●动作时：＜30 W

②交流电压回路时：＜0.8 V·A/相

③交流电流回路

●额定电流为5 A 时：＜0.5 V·A/相

●额定电流为1 A 时：＜0.2 V·A/相

(6)状态量电平：DC 220 V、DC 110 V、DC 24 V(可选)

(7)交流回路过载能力：

①交流电压：　$1.2U_n$——长期运行

②交流电流：　$2I_n$——长期运行

$20I_n$——10 s

$40I_n$——1 s

注：U_n 为额定电压，I_n 为额定电流。

2. 测量精度

(1)交流电流、交流电压测量误差不超过额定值的±0.2%；

(2)功率测量误差不超过额定值的±0.5%；

(3)温度测量误差不超过±1 ℃。

3. 绝缘性能

(1)绝缘电阻

各带电导电回路分别对地之间，无电气联系的各带电导电回路之间，用开路电压为 500 V 的绝缘测试仪器测定其绝缘电阻值不小于 100 MΩ。

(2)介质强度

各带电导电回路分别对地之间，无电气联系的各带电导电回路之间，能承受交流 50 Hz，电压 2 000 V(有效值)，历时 1 min 的介电强度试验而无绝缘击穿或闪络现象。

(3)冲击电压

各带电导电回路分别对地之间，无电气联系的各带电导电回路之间，能承受幅值为 5 kV 的标准雷电波短时冲击耐受电压试验。

4. 抗电磁干扰能力

(1)振荡波抗扰度：装置能承受 GB/T 14598.13—1998 中严酷等级为Ⅲ级的振荡波抗扰度试验的规定；

(2)静电放电抗扰度检验：符合 GB/T 14598.14—1998 中严酷等级为Ⅳ级的规定；

(3)射频电磁场辐射抗扰度检验：符合 GB/T 14598.9—2002 中严酷等级为Ⅲ级的规定；

(4)电快速瞬变脉冲群抗扰度检验：符合 GB/T 14598.10—1996 中严酷等级为Ⅳ级的规定；

(5)浪涌抗扰度检验：符合 GB/T 17626.5—1999 中严酷等级为Ⅲ级的规定；

(6)射频传导抗扰度检验：符合 GB/T 17626.6—1998 中严酷等级为Ⅲ级的规定；

(7)工频抗扰度检验：符合 IEC 60255—22—7:2003 中严酷等级为 A 级的规定；

(8)工频磁场抗扰度检验：GB/T 17626.8—1998 中严酷等级为Ⅴ级的规定；

(9)脉冲磁场抗扰度检验：符合 GB/T 17626.9—1998 中严酷等级为Ⅳ级的规定；

(10)阻尼振荡磁场抗扰度检验：符合 GB/T 17626.10—1998 中严酷等级为Ⅳ级的规定。

5. 机械性能

(1)工作条件：能承受严酷等级为Ⅰ级的振动响应，冲击响应检验；

(2)运输条件：能承受严酷等级为Ⅰ级的振动耐久，冲击耐久及碰撞检验。

6. 环境条件

(1)环境温度

①工作温度：－10～＋55 ℃，24 小时内平均温度不超过 35 ℃；

②储运温度：－25～＋70 ℃，在极值下不施加激励量，装置不出现不可逆变化，温度恢复后，装置能正常工作；

(2)相对湿度：最大相对湿度在环境温度为 25 ℃且表面无凝露时应≤95%，当最高温度为＋40 ℃时，相对湿度不超过 50%；

(3)大气压力：80～106 kPa(相对海拔高度 4 000 m 及以下)；

(4)地震强度：8 级。

二、功能配置

馈线保护测控装置适用于电气化铁道直接供电、BT 供电和 AT 供电的牵引网馈线的保护测量和控制。

1.保护功能

(1)自适应距离保护；

(2)电流速断保护；

(3)过电流保护；

(4)自适应电流增量保护；

(5)反时限过负荷保护；

(6)接触网发热保护；

(7)一次自动重合闸；

(8)PT 断线检测；

(9)分区所、开闭所检有压元件。

2.实时电量

(1)母线电压；

(2)保护绕组馈线电流；

(3)测量绕组馈线电流；

(4)负荷角；

(5)故障判别电压；

(6)故障判别电流。

3.控制功能

(1)馈线断路器；

(2)电动隔离开关；

(3)故障识别负荷开关；

(4)重合闸投入/退出；

(5)定值区切换；

(6)装置复归。

4.遥信功能

(1)“当地/遥控”方式开关位置信号；

(2)断路器位置信号；

(3)手车位置信号；

(4)隔离开关位置信号；

(5)接地刀闸位置信号；

(6)故障识别负荷开关位置信号；

(7)重合闸投入/退出信号；

(8)故障识别熔断器接点信号；

(9)控制回路断线信号；

(10)机构故障信号；

(11)装置不良告警；

(12)保护动作信号。

5.通信功能

(1)通信接口，具有多种网络结构可供选择，支持采用光纤冗余自愈双环网结构，可以满足不同类型的变电站对通信网络的需求；

(2)一个标准的RS232串口或USB接口，用于通过便携机进行日常维护；

(3)一个标准的GPS校时接口。

6.其他自动化功能

①负荷录波量

●母线电压

●馈线电流(测量绕组)

②故障录波量

●母线电压

●馈线电流(保护绕组)

③自检报告

●硬件自检(RAM、A/D、出口驱动等)

●软件自检(整定值校验、程序校验)

●通信自检

④事件报告

●保护由于扰动启动但未出口的信息

●装置"上电"复位信息

●整定值修改

⑤故障报告

三、主要技术性能指标

1.自适应距离保护

(1)阻抗整定范围：0.1～200 Ω；

(2)在额定电流、线路阻抗角及电压范围0.5～120 V条件下，动作误差不超过±5%，其中0.1～0.5 Ω时，动作误差不超过±10%；

(3)延时整定范围：0.03～5 s；

(4)在额定电流，线路阻抗角及0.7倍整定值下，误差不超过±2.5%。

2.电流速断保护

(1)电流整定范围：(0.2～10)倍额定电流，动作误差不超过±2.5%；

(2)延时整定范围：0.03～1 s，在1.2倍整定值下，误差不超过±2.5%。

3.过电流保护

(1)电流整定范围：(0.2～10)倍额定电流，动作误差不超过±2.5%；

(2)延时整定范围：0.1～5 s，误差不超过±2.5%。

4.自适应电流增量保护

(1)电流整定范围：(0.1～2)倍额定电流，动作误差不超过±7.5%；

(2)延时整定范围：0.1～10 s，误差不超过±2.5%。

5. 反时限过负荷保护

(1)动作电流整定范围：(0.1～10)倍额定电流；

(2)时间常数整定范围：0.5～300 s。

6. 接触网发热保护

(1)温升告警整定范围：30～90 deg，级差 1 deg；

(2)接触网单位长度电阻整定范围：0.1～0.4 Ω，级差 0.01 Ω；

(3)热辐射率整定范围：0.005～0.02 W/deg，级差 0.001 W/deg；

(4)热容量整定范围：2.0～6.0 WS/deg，级差 0.1 WS/deg；

(5)日照吸收热量整定范围：0.05～0.3 W，级差 0.001 W；

(6)分流比整定范围：0.4～1.0，级差 0.01。

7. 一次重合闸

(1)重合闸充电时间：10～25 s；

(2)重合闸延时整定范围：0.5～5 s；

(3)后加速保持时间：0.8 s；

(4)重合闸脉冲宽度：100 ms。

8. 闭锁

(1)低电压启动整定范围：0.3～0.95U_n；

(2)二次谐波闭锁整定范围：10%～40%(二次谐波与基波的百分比)；

(3)二次谐波闭锁动作值误差不超过±0.02。

9. 高次谐波抑制

(1)高次谐波抑制整定范围：10%～50%(2、3、5 次谐波与基波的百分比)；

(2)谐波抑制加权系数 1～3；

(3)高次谐波抑制动作值误差不超过±0.02；

(4)高次谐波含量($I_2+I_3+I_5$ 含量总和占基波的百分比)大于高次谐波抑制整定值时抑制保护动作，谐波加权倍数 K_h 越大，抑制效果越显著。

10. 故障测距误差(直供或 BT)(对金属性接地故障)

平均误差：≤300 m；

最大误差：≤500 m。

11. 固有动作时间

装置固有动作时间不大于 15 ms。

四、保护元件性能测试

1. 电流速断保护

退出其他所有的保护元件，只投入电流速断保护元件，在电流速断定值范围(0.2～10I_n，0.03～1 s)整定，给装置施加 1.025 倍的整定值电流，装置应可靠动作，施加 0.975 倍整定值电流，装置应可靠不动作。在 1.2 倍的整定值下测动作时间，误差不应超过±2.5%。

2. 距离保护

距离保护分为四段，以Ⅰ段为例介绍调试方法。

通过修改系统参数定值 φ_1、φ_2 和 φ_L 可以调节阻抗四边形的动作特性，退出所有的其他保护元件，只投入距离Ⅰ段，给装置施加 2 A、100 V 交流激励量，其中电压超前电流相角 φ_L，缓慢降低电压直至保护动作，此时电压与电流的比值与距离Ⅰ段线路阻抗角整定值的误差不应超过±5%。同样方法可进行各种角度下的调试。在 0.7 倍的整定值下测动作时间，误差不应超过±2.5%。

3. 过电流保护

其调试方法与 1 同。

4. 电流增量保护

退出其他所有保护，只投入电流增量保护，并在(0.1～2)I_n、0.1～10 s 范围内整定，给装置施加 1.075 倍的整定值突变电流量，装置应可靠动作，给装置施加 0.925 倍的整定值电流，装置应可靠不动作，动作值误差不应超过±7.5%，在 1.2 倍的动作值下测试动作时间，动作时间误差不应超过±2.5%。

5. 一次自动重合闸

(1)重合闸充电时间：指断路器在重合闸动作一次后，需要等待充电时间(断路器处于合位时开始计时)后才能重合闸。为使手动合闸在故障线路时保护不重合闸，所以手动合闸后也需要等待充电时间后才能重合闸。建议整定时间为 20 s。

(2)大电流闭锁：当馈线发生大电流短路时，装置具有大电流闭锁重合闸功能。当故障电流大于 2 倍电流速断整定值时，闭锁重合闸功能。

6. 谐波闭锁和高次谐波抑制

二次谐波闭锁：当二次谐波电流占基波电流的含量大于二次谐波闭锁整定值时，闭锁阻抗、过电流及电流增量保护。建议整定值 20%，当施加 18%二次谐波时应可靠不闭锁，施加 22%二次谐波时应可靠闭锁。

高次谐波抑制：综合谐波电流含量($I_2+I_3+I_5$ 含量总和占基波电流的百分比)大于综合谐波电流抑制定值时抑制保护动作，谐波加权倍数 K_h 越大，抑制效果越显著。

当电流或电流增量值超过对应的两倍定值时，高次谐波抑制功能失效。

7. 低电压元件

当电压高于低电压闭锁整定值(整定范围 0.3～0.95U_n)，闭锁过电流保护。

8. 反时限过负荷保护

反时限过负荷保护提供了 3 种符合 IEC255—3 反时限特性，在整定范围内设置 I_{GF}、T_{GF}，当施加电流大于 I_{GF}时，动作时间由公式(3.20)、(3.21)、(3.22)确定。

9. 故障测距/启动故障坐标

故障报告显示故障测距形式如下：故障点：XX.XX km。

10. 断路器失灵保护

当装置发出合闸命令(重合闸或遥控合闸)后，若断路器在整定时间内(开关动作时间)未动作，给出失灵保护信号。

当装置发出跳闸命令(保护跳闸或遥控跳闸)后，若断路器在 500 ms(保护跳闸)或整定开关动作时间(遥控跳闸)内未动作，则给出断路器失灵信号。

五、原理框图

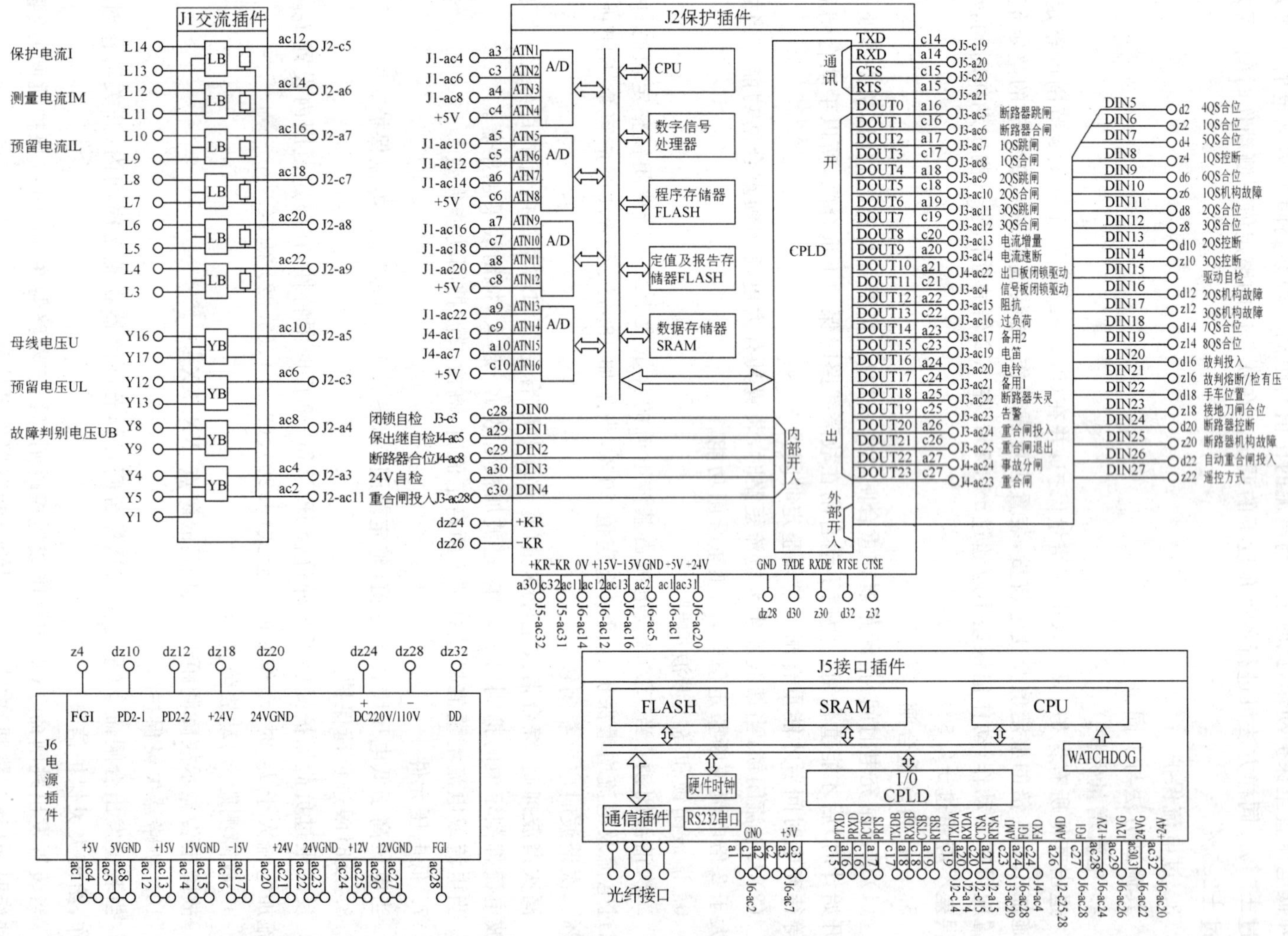

图 5.35　馈线保护测控装置原理框图(1)

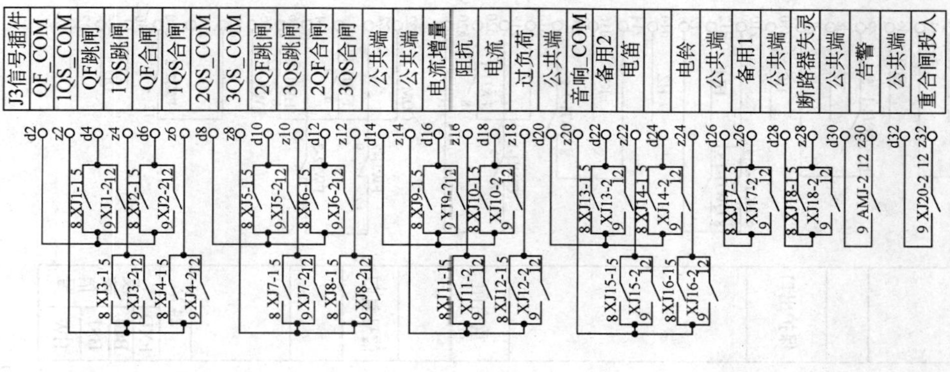

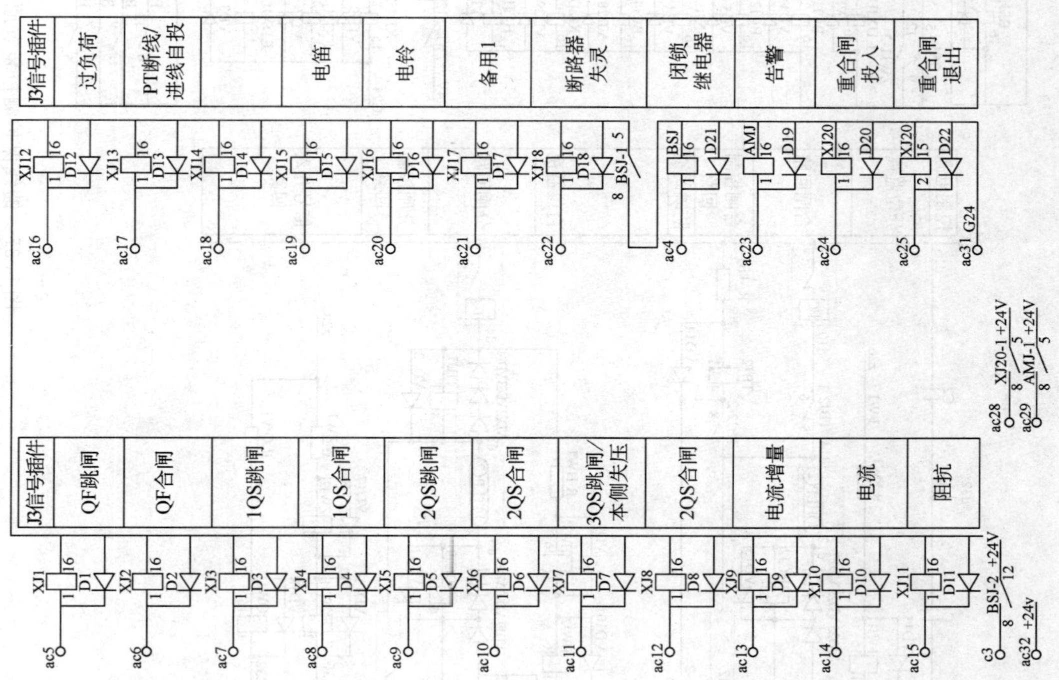

图 5.36 馈线保护测控装置原理框图(2)

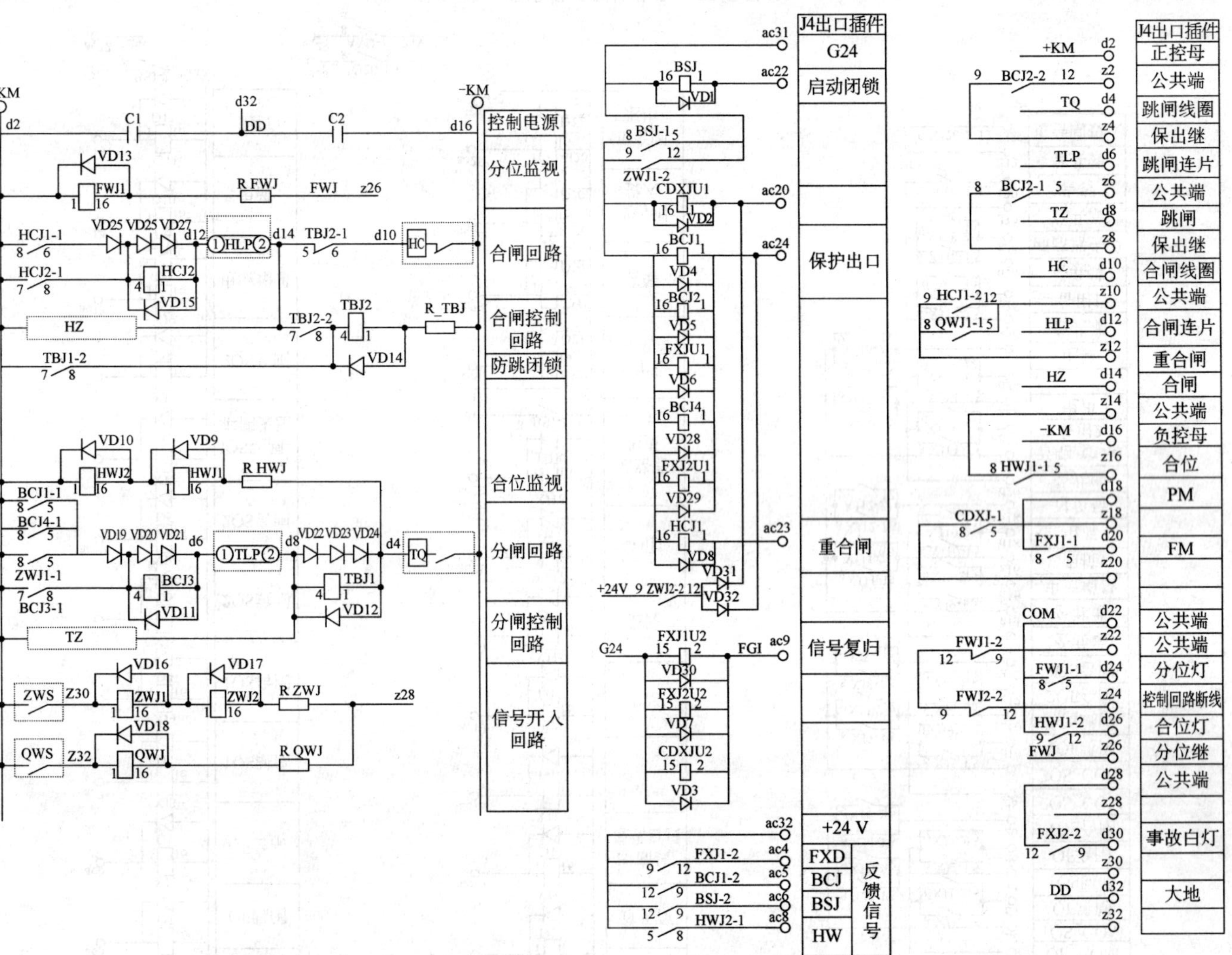

图 5.37 馈线保护测控装置原理框图(3)

复习思考题

1. 画出典型的微机保护装置系统框图。它由哪几部分组成？

2. 逐次比较 A/D 转换器的两个重要指标是什么？

3. 画出开入信号、开出信号框图，关什么开出信号需要中间继电器？光隔的作用的什么？

4. 保护出口的抗干扰措施是什么？如何防止出口误动？当微机系统故障时，出口是什么状态？

5. 微机保护系统是线性系统吗？有什么特点？

6. 滤波分成哪两种？微机保护系统应采用哪种滤波？为什么？

7. 微机保护常用的算法有哪些？分别有什么特点？

第六章 变电所自动化系统

第一节 自动化系统构成及功能

变电所自动化系统是将变电所的二次设备(包括测量仪表、信号系统、继电保护、自动装置和远动装置等)经过功能的组合和优化设计，利用先进的计算机技术、现代电子技术、通信技术和信号处理技术，实现对全所设备的自动监视、自动测量、自动控制和保护以及与调度通信等综合性的自动化功能。

需要说明的是，国际电工技术委员会(International Electrotechnical Commission，IEC)已不再采用“综合自动化”这个名词，而称为“变电所自动化系统”，综合自动化是引用习惯说法。综合自动化系统与一般自动化区别的关键在于，自动化系统是否作为一个整体执行变电所需要完成的保护、测量、控制、监视等功能。

一、变电所自动化系统的功能

在变电所自动化系统的研究和发展过程中，对变电所自动化系统应包括哪些功能和要求曾经有不同的看法，通过实际应用的不断总结和技术发展趋势，目前这些看法已逐步接近。当然，随着技术进步，对变电所自动化系统的功能要求还会不断增加。

国际大电网会议 WG34.03 工作组在研究变电所的数据流时，分析了变电所自动化需要完成的功能大概有 63 种，归纳起来可以分为以下 7 个功能组：①控制、监视功能；②自动控制功能；③测量表计功能；④继电保护功能；⑤与继电保护有关的功能；⑥接口功能；⑦系统功能。

牵引变电所自动化系统是多专业性的综合技术，它以集成电路技术、计算机技术和通信技术为基础，实现了对牵引变电所传统的继电保护、控制方式、测量手段、通信和管理模式的全面技术的创新，实现了牵引供电运行管理的一次变革。结合牵引供电系统的具体情况，将变电所自动化系统按照功能分为 3 个子系统，下面分别进行介绍。

1. 监控子系统

监控子系统取代常规的测量系统，取代指针式仪表；改变常规的操作机构和模拟盘，取代常规的报警、中央信号、光字牌以及 RTU 装置等。主要功能将在第四节进行介绍。

2. 继电保护子系统

继电保护子系统应满足快速性、选择性、灵敏性和可靠性的要求，其工作不受监控子系统和其他子系统的影响。继电保护子系统应满足如下要求：

(1)故障记录功能。

(2)统一时钟对时功能，以便准确记录发生故障和保护动作的时间。

(3)存储多种保护整定值。

(4)当地显示与多处观察和授权修改保护整定值。

(5)故障自诊断、自闭锁和自恢复功能。每个保护单元应有完善的故障自诊断功能,发现内部有故障,能自动报警,并能指明故障部位,以利于查找故障和缩短维修时间,对于关键部位故障,例如 A/D 转换器故障或存储器故障,则应自动闭锁保护出口。如果软件受干扰,造成“跑飞”的软故障,应有自启动功能,以提高保护装置的可靠性。

继电保护子系统应包括牵引变电所主要设备的全套保护,主要包括:变压器主保护、变压器后备保护、馈线保护、电容器保护、动力变保护等。

3. 通信子系统

通信子系统包括系统内部现场级的通信和系统与上级调度的通信两部分。现场级的通信主要解决系统内部各个子系统与监控子系统之间、各个子系统间的数据通信和信息交换问题,它的通信范围是变电所内部。通信子系统必须兼有 RTU 的全部功能,应该能够将所采集的模拟量、开关状态以及事件顺序记录等信息远传至上级调度通信中心;同时应该能接收上级调度通信中心下达的各种操作、控制命令。

二、变电所自动化系统的结构形式

变电所自动化技术随着集成电路技术、计算机技术、通信技术的发展,其体系结构也不断变化,性能、功能及可靠性等也在不断提高。在变电所自动化系统发展的初期出现过集中式的结构,而目前主要采用分层分布式结构。

1. 分层分布式结构的概念

随着单片机技术和通信技术的发展,单片机的性能价格比越来越高,外围电路设计越来越简单,整个微机系统的尺寸不断缩小,功能却越来越强大,使研制者有条件将微机保护单元和数据采集单元按一次回路进行设计。所谓分布式结构,是在结构上采用主从 CPU 协同工作方式,各功能模块(通常是各个从 CPU)之间采用网络技术或串行方式实现数据通信。如牵引供电系统中的馈线保护主要包括电流速断保护、过电流保护、电流增量保护、反时限过负荷保护、三段距离保护、一次自动重合闸等功能,所有的这些保护功能可由一个 CPU 单独完成。这样,一条馈线的保护可以配置一套微机保护装置完成,多条馈线则配置多套微机保护装置,微机保护装置再通过通信接口和监控子系统进行信息交换,一套保护装置故障不会影响其他装置的正常运行。

变电所自动化系统的分层分布式设计就是将变电所自动化系统需要完成的功能由多个微机系统来完成,对监控子系统来说是选择商用计算机或工控机来作为监控的平台,微机保护子系统则由不同功能的微机保护装置组成,全所的继电保护功能被分配到多个微机保护装置。

2. 变电所分层分布式结构

在分层分布式结构中,变电所自动化系统按照设备的功能被分为三层:变电所层、间隔层(或称单元层)、过程层(或称设备层)。变电所自动化系统的分层结构如图 6.1。

过程层主要指变电所内的变压器、断路器、隔离开关及其辅助触点,电流、电压互感器等一次设备。间隔层一般按断路器间隔划分,包括测量、控制部件和继电保护装置。变电所层包括监控主机、远动管理机等。变电所层和间隔层设通信网络,供各设备之间交换信息。

间隔层是由各种不同的单元装置组成,这些独立的单元装置通过通信网络与变电所层联系。间隔层按一次设备划分，一般按断路器的间隔划分，具有保护、测量、控制部分，由单元的保护装置来完成这些功能。分层分布即结构分层、功能分布，本章的后面将结合网络结构对变电所层和间隔层的设备和功能进行详细的分析。

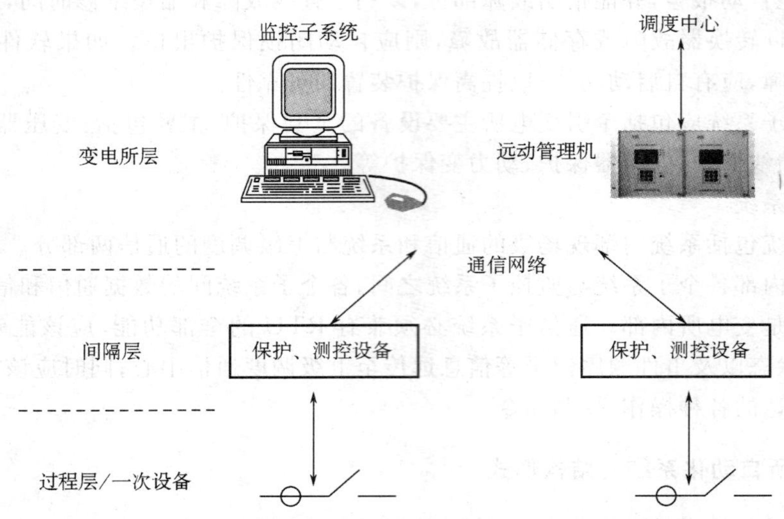

图 6.1 变电所自动化系统分层结构

3.分层分布式结构的几种方式

不同时期、不同电压等级的变电所自动化系统，分层分布式的结构有以下三种形式：

(1)系统集中组屏

集中组屏的结构是把整套自动化系统按其不同的功能组装成多个屏(或称柜)，例如：变压器保护屏(完成变压器的保护、测量、控制功能)、馈线保护屏(完成一条或多条馈线的保护、测量、控制功能)、并补保护屏(完成电容器的保护、测量、控制功能)，图 6.2 是典型的牵引供电变电所的集中组屏的系统结构图。

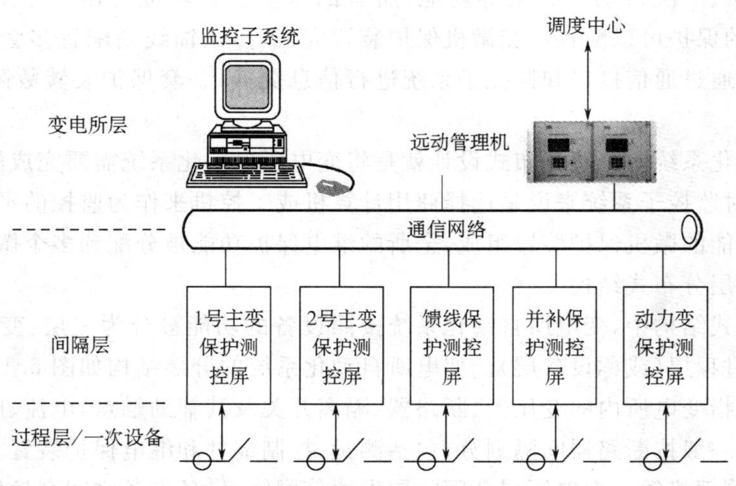

图 6.2 集中组屏的牵引供电变电所结构图

当地监控单元和远动通信装置采用控制台的方式；亦可采用组屏的方式，所有后台和远动通信相关设备组装在一面屏体上。目前铁路牵引供电变电所中基本采用集中组屏的模式，有人值班变电所的当地监控一般采用控制台的方式。为了减少控制室的占地面积，当地监控大多采用组屏的方式。

集中组屏结构中，所有的变电所层、间隔层二次设备都放在控制室内，二次设备的工作条件较好，管理和维护方便，其主要的缺点是安装时电缆都要拉到控制室，导致电缆较多，增加了电缆的投资。

(2)分散安装与集中组屏相结合

分散与集中相结合的结构形式是目前国内外最为流行、受到广大用户欢迎的一种自动化系统。它是采用"面向对象"即面向电气一次回路或电气间隔(如一条馈线、一台变压器、一组电容器等)的方法进行设计的，间隔层中保护测控装置就地分散安装在开关柜上或其他一次设备附近。这样各间隔单元的设备相互独立，变电所层设备仅通过光纤网络对间隔单元进行管理和交换信息。这是将功能分布和物理分散二者有机结合，对变电所二次系统进行优化设计的结果。通常能在间隔层内完成的功能(如保护功能)一般不依赖通信网络。这样组态模式集中了分布式的全部优点，此外还最大限度地压缩了二次设备及其繁杂的二次电缆，减少控制室占地面积，节省土地投资。这种结构形式本身配置灵活，从安装配置上除了能分散安装在间隔开关柜上以外，还可以实现在控制室内集中组屏或分层组屏，图 6.3 是牵引变电所分散安装与集中组屏的应用模式。

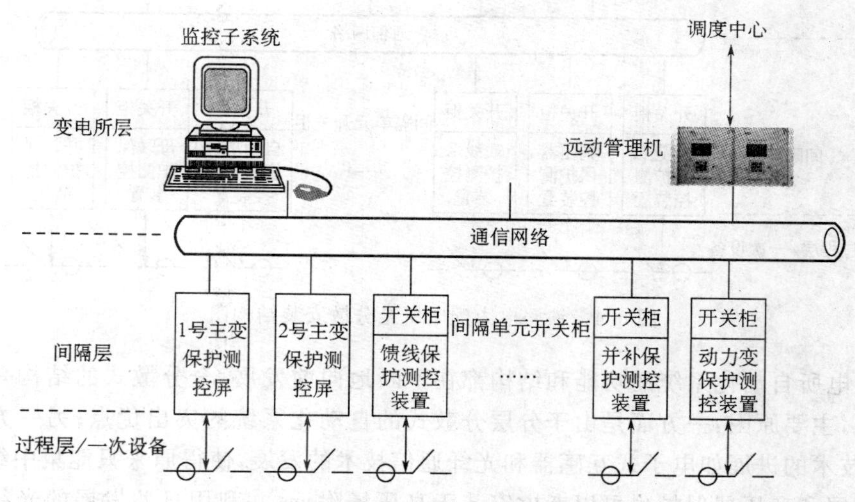

图 6.3　牵引变电所分散安装和集中组屏的结构图

图中在牵引变电所中馈线、并补的保护、测控单元分散安装在高压室一次设备的开关柜上，变压器由于在室外，分散安装的条件不具备，可与当地监控单元、交直流设备等在控制室集中组屏，也可在变压器旁就地安装。

分散安装和集中组屏不仅适合应用在各种电压等级的变电所中，而且若在高压变电站中应用将更趋于合理，经济效益更好。这种结构形式有如下特点：

①线路的保护采用分散式结构，就地安装，节约控制电缆，通过网络和变电所层交换信息。

②高压线路保护和变压器保护采用集中组屏结构。保护屏安装在控制室或保护室中，同

样通过网络和变电所层交换信息，使这些重要的保护装置处于比较好的工作环境，对可靠性比较有利。

③简化了变电所二次部分的配置，大大缩小了控制室的面积，也有利于无人值班。

④简化了变电所二次设备之间的互连线，节省了大量连接电缆。

⑤分层分散式结构可靠性高，组态灵活，检修方便。分层分散式结构，由于分散安装，减小了电流互感器的负担。各模块与变电所层通过网络连接，抗干扰能力强，可靠性高。

(3)全分散模式

全分散式的自动化系统是指以变压器、断路器、母线等一次主设备为安装单位，将保护、测量、控制、闭锁等功能单元就地分散安装在一次主设备的开关柜上，安装在主控制室内的变电所层设备通过网络与这些分散的单元进行信息交换。

在铁路的电力变配电所中已经实现了全分散的安装模式，新建设的客运专线的变配电所大都按照全分散的模式进行设计，所有的保护测控装置都安装于一次设备的开关柜上，这些装置通过网络和控制室的变电所层交换信息，图 6.4 是铁路电力配电所的全分散安装的结构图。

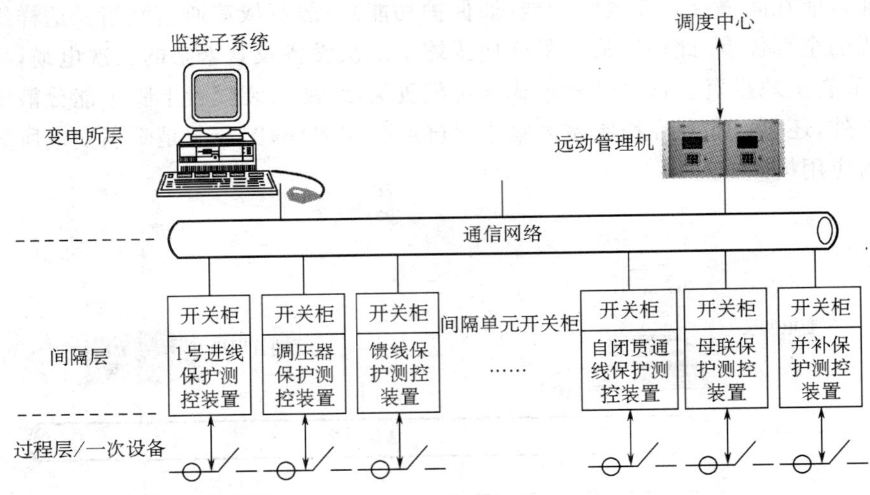

图 6.4　铁路电力配电所全分散安装结构图

目前变电所自动化系统的功能和结构都在不断地向前发展，全分散式的结构一定是今后发展的方向，主要原因：一方面是由于分层分散式的自动化系统的突出优点；另一方面是随着新设备、新技术的进展如电子式互感器和光纤通信技术的发展，使得原来只能集中组屏的高压线路保护装置和变压器保护也可以考虑安装于高压场附近，并利用日益发展的光纤技术和局域网技术，将这些分散在各开关柜的保护和集成功能模块联系起来，构成一个全分散化的自动化系统，为变电所实现高水平、高可靠性和低造价的无人值班创造更有利的技术条件。

第二节　通信网络及通信协议

在变电所自动化系统中，数据通信是一个重要环节，其主要任务体现在两个方面，一方面是完成自动化系统内部各子系统或各种功能模块间的信息交换。这是因为变电所自动化系统实质是由分层分布式的多台微机组成的控制系统。在各个子系统中，往往又由多种智能功能

模块组成。因此,必须通过内部数据通信,实现各子系统内部和各子系统之间的信息交换和信息共享。另一方面是完成变电所与调度中心的通信任务。本节的主要内容是介绍变电所自动化系统完成这两方面的通信任务所使用的通信技术和通信协议。

需要强调的是,网络通信技术是变电所自动化技术发展的核心,网络通信技术的突破带来了变电所自动化技术的突破。

一、通信概述

首先我们来分析一下变电所的一个开关发生变位后信息传输的过程。开关变位的信息需要传送到变电所的当地监控系统中,还需要通过远动装置传送到调度中心。在传统变电所中,所内的监控盘需要去采集这个变位信息,完成远动任务的RTU也需要去采集这个信息,这就造成了信息的重复采集。在变电所自动化系统中这个变位信号由智能装置来完成采集,之后通过它的通信接口传送到当地监控系统和远动通信单元。如何完成这个信息传送任务呢?我们需要了解的是采用什么样的通信媒介,是RS232、现场总线还是采用以太网。变电所内有许多的智能装置,它们通过什么样的网络结构形式连接在一起?如果有些智能装置采用RS232,有的采用现场总线,还有的采用以太网,怎么样使它们能够互相交换信息?传输的信息采用什么样的表达方式,即通信规约如何制定?这些问题在本节将会一一介绍。

(一)变电所自动化系统通信子系统功能

要了解变电所自动化系统如何完成通信,先要了解一下自动化系统中有哪些通信内容和需求。

1.变电所内的信息交换

(1)现场一次设备与间隔层间的信息传输

间隔层设备主要完成保护、测控、控制功能,需要从现场一次设备的电压和电流互感器采集正常情况和事故情况下的电压值和电流值,采集设备的状态信息和故障诊断信息,这些信息主要是:断路器、隔离开关位置,变压器的分接头位置,变压器、互感器、避雷器的诊断信息以及断路器操作信息等。目前情况下间隔层设备和一次设备的信息交换是通过电缆来完成的,随着技术的发展,一次设备开始智能化,也可以通过通信来和间隔层设备交换信息。

(2)间隔层内部的信息交换

在一个间隔层内部相关的功能模块间,即继电保护、测量、控制模块之间的数据交换,比如对变压器可能会配置主保护、后备保护、测控单元共三个智能设备,它们之间可能需要信息交换。这类信息有如测量数据,断路器、隔离开关的位置、状态等。

(3)间隔层之间的信息交换

有些功能需要在不同的间隔层之间交换数据,比如不同间隔的断路器、隔离开关的闭锁,变压器的自投等。

(4)间隔层与变电所层的信息交换

间隔层和变电所层之间的通信是最主要的通信,信息交换的内容很多,主要有以下三类:

①测量及状态信息。正常及事故情况下的测量值和计算值,断路器、隔离开关、变压器分接开关位置,各单元层设备运行状态,保护动作信息等。

②操作信息。断路器和隔离开关的分、合闸命令,主变压器分接头位置的调节,自动装置

的投入与退出等。

③参数信息。微机保护和自动装置的整定值等。

(5)变电所层内部信息交换

变电所层可能有多台计算机设备来完成变电所层的功能，不同设备之间的通信，要根据设备的任务和功能的特点，传输所需的测量信息、状态信息和操作命令等。

2. 变电所和调度中心的信息交换

变电所自动化系统都具有远动功能，远动通信单元会把变电所内的相关信息传送到调度中心，同时能接收调度的数据和控制命令。变电所向调度中心传送的信息通常称为“上行信息”；而由调度中心向变电所发送的信息，常称为“下行信息”。这些信息可按“四遥”功能划分，主要包括：

(1)遥测信息，变电所上送模拟量的相关信息。

(2)遥信信息，变电所上送开关位置信号、有关状态信号、保护动作信号等。

(3)遥控命令，调度中心下发命令控制断路器、隔离开关位置，保护装置的保护元件的投入/退出，装置复归等。

(4)遥调命令，调度中心下发命令改变变电所设备的工作状态和参数调整。

上述“四遥”功能是传统远动需要完成的功能，在变电所自动化下还需要完成整定值功能、详细故障信息功能、远传故障录波功能等。随着技术的发展，变电所和调度中心的信息交换内容也在不断地增加。

(二)变电所自动化系统通信的特点和要求

1. 变电所通信网络的要求

由于数据通信在自动化系统内的重要性，经济、可靠的数据通信成为系统的技术核心，而由于变电所的特殊环境和自动化系统的要求，使变电所自动化系统内的数据通信网络具有以下特点和要求。

(1) 快速的实时响应能力。变电所自动化系统的数据通信网络要及时地传输现场的实时运行信息和操作控制信息。在电力工业标准中对系统的数据传送都有严格的实时性指标，网络必须很好地保证数据通信的实时性。

(2)很高的可靠性。变电所是连续运行的，数据通信网络也必须连续运行，通信网络的故障和非正常工作会影响整个变电所自动化系统的运行，设计不合理的系统，严重时甚至会造成设备和人身事故，造成很大的损失，因此变电所自动化系统的通信子系统必须保证很高的可靠性。

(3)优良的电磁兼容性能。变电所是一个具有强电磁干扰的环境，存在电源、雷击、跳闸等强电磁干扰和地电位差干扰，通信环境恶劣，数据通信网络必须注意采取相应的措施消除这些干扰的影响。

(4)分层式结构。这是由整个系统的分层分布式结构所决定的，也只有实现通信系统的分层，才能实现整个变电所自动化系统的分层分布式结构，系统的各层次又各自具有特殊的应用条件和性能要求，因此每一层都要有合适的网络系统。

2. 信息传输响应速度的要求

不同类型和特性的信息要求传送的时间不同，根据我国电力行业标准DL/T 5149—2001“220～500 kV变电所计算机监控系统设计技术规程”的规定，模拟量越死区传送≤2 s；遥信

变位和状态告警信号传送≤2 s;全系统实时数据扫描周期≤2 s;变电所画面整幅调用响应时间:实时画面≤1 s;其他画面≤2 s。

二、数据通信基本概念

1.通信的基本结构和模型

(1)通信的基本结构

通信的基本模型如图 6.5 所示,图中数据终端设备 DTE(Data Terminal Equipment)指所有具有作为二进制数字数据源点或终点能力的单元,即它产生或接收处理数据。任何能够通过网络发送和接收模拟或数字数据的功能单元都是数据电路终接设备 DCE(Data Communications Equipment)。DTE 设备如计算机、嵌入式系统等,DCE 设备如调制解调器。

图 6.5 网络通信的基本模型

在任何一个网络中,一个 DTE 设备产生数字数据并将它传送到 DCE 设备,DCE 设备将这些数据转化为可以在传输媒体上传送的格式并将转化后的信号发送给网络上另一个 DCE 设备。第二个 DCE 设备从线路上接收信号,将信号转化为与它相连的 DTE 设备可用的格式,然后转发信息。

(2)信号传输方式

数据在通过通信介质传输前必须转换为信号,信号分模拟信号和数字信号。模拟信号是随时间变化而平稳变化的连续波形,数字信号是离散的,它可以包含有限数目的几个预定值,我们在通信中常用的就是 0 和 1。

信号按照原样传输称为基波传输,将原信号调制成高频载波信号称载波传输。数据在计算机中以 0 和 1 的数字信号表示,数字信号传输通常需要进行变换,如果按照基波传输需要对信号进行编码,数字信号也可能被转换为模拟信号通过调制成高频载波信号进行传输。数字信号的编码和调制的原因和技术可以参考有关的书籍。

(3)线路传输方式

信息在互相连接的设备之间传输,信号流动的方向即线路传输方式分为三种:单工、半双工和全双工。

单工模式指通信是单向进行的,一条链路上的两个站点只有一个可以发送,另一个只能接收。

半双工模式指链路上的两个站点都可以进行发送和接收,但不能同时发送和接收,即同一时间只能一个站点发送,一个站点接收。

全双工模式指两个站点可以同时进行接收和发送。

(4)通信速率

比特率和波特率是数据通信中常用的两个术语。比特率是每秒传输的比特数,也称数据传输率,单位为 bit/s。波特率是用来表示每秒传输的信号单元数,其中信号单元由一些比特组成。比特率和波特率的关系如图 6.6 所示。在基波传输方式或者单位时间内调制或解调 1 个信号，则两种速率在数值上是相同的。我们在通信中关心的是比特率。

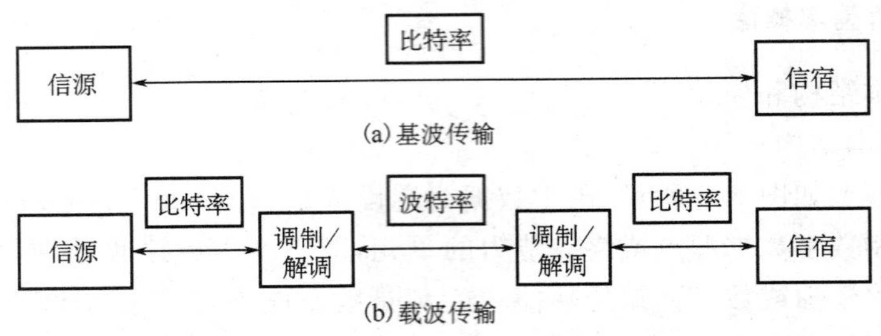

图 6.6　比特率和波特率的关系示意图

显然波特率始终小于或等于比特率，它们的关系是：

比特率＝波特率×每个信号单元的比特数

(5)OSI 通信模型

OSI(Open System Interconnection，开放系统互连)是国际标准化组织为计算机系统之间的通信而制定的一个模型，它通过对通信过程和通信协议进行层次结构的分解，使不同系统间的通信成为可能。OSI 模型因为过于繁琐，一些层的存在是否必要也有争论，因而现在的产品中还没有一个全部实现了该模型中的全部层次结构。但是，OSI 模型提供了一个通信系统设计的层次化的框架，对于深入理解通信系统的体系结构有非常重要的意义。事实上，现在的通信系统基本上都是以 OSI 模型为基础而建立的。OSI 模型及层次结构如图 6.7 所示。

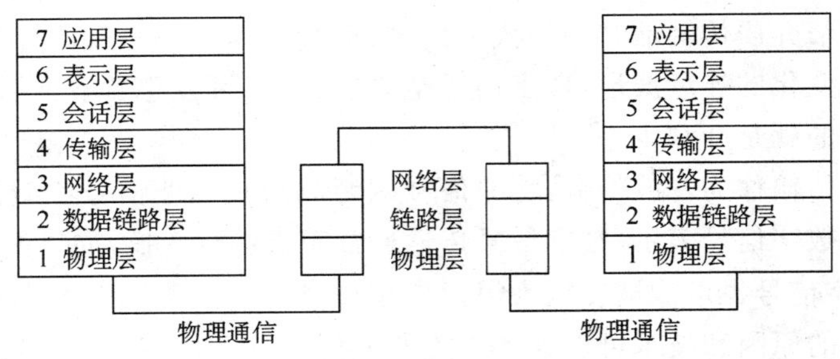

图 6.7　OSI 模型和层次结构

在 OSI 模型的层次结构中，每一层调用下层提供的服务完成特定的功能，同时为上层提供服务。低层协议对高层而言是透明的，即低层对高层提供服务与低层如何完成无关，因而一层内部的变化不会影响另一层，各层相对独立。

下面是对 OSI 模型各层功能的简单描述。

①物理层。传送电信号的物理实体。它定义通信设备和传输介质之间的机械、电气特性，传输速率，物理拓扑结构等。

②数据链路层。通过一定的格式及流量、差错控制，保证报文以帧为单位在链路上的可靠传输。链路层数据帧中包含了发送方和接收方的物理地址。

③网络层。负责将数据包从源地址传送到目的地址，数据帧中包含了发送方和接收方的逻辑地址。

④传输层。实现主机-主机的连接，负责整个报文从源端到目的端（端到端）的传递过程。

⑤会话层。用以建立进程-进程间的对话。

⑥表示层。提供一套格式化服务，如代码转换、报文压缩、加密和解密等，是关于两个系统之间交换信息的语义和语法。

⑦应用层。提供用户接口和服务支持，如电子邮件、数据库存取、远程访问等。

2. 串行数据通信

计算机的数据由字节或字组成，一个字节是八位，在通信过程中按同时传输数据位的多少可分为并行通信和串行通信。并行通信在变电所自动化系统中很少用到，这里只对串行通信进行介绍。

串行数据通信是数据位一位一位顺序传送，如图 6.8 所示。

显而易见，串行通信数据的各数据位可以分时使用同一传输线，故串行通信最大的优点是可以节约传输线，特别是当位数很多和远距离传送时，这个优点更为突出，这不仅可以降低传输线的投资，而且简化了接线。

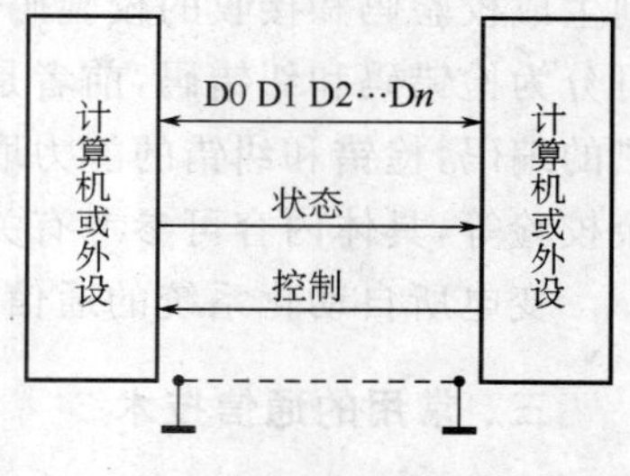

图 6.8　串行数据通信

串行通信分为同步串行数据传输和异步串行数据传输。

(1)异步数据传输

在异步通信方式中，发送的每一个字符均带有起始位、停止位和可选择的奇偶校验位。用一个起始位表示字符传送的开始与用停止位表示字符的结束共同构成一帧，传输格式如图 6.9 所示。

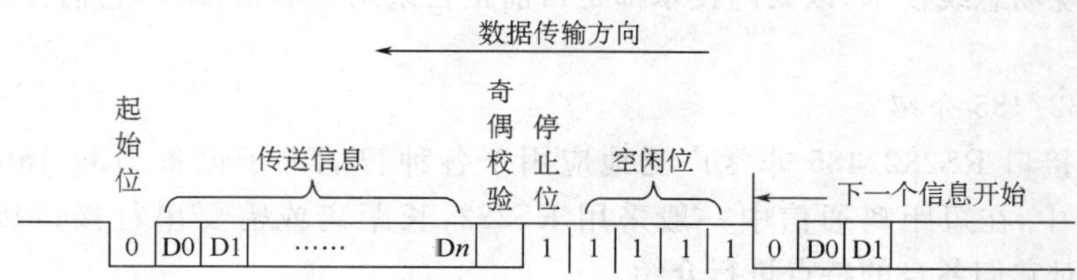

图 6.9　异步串行数据传输格式

图中传送的信息位数可选 4、5、6、7、8 位，停止位可选择 1、1.5、2 位，空闲位可以没有。

(2)同步数据传输

在异步传送中，每个字符都要用起始位和停止位作为传送的开始和结束标志，这降低了数据传送的效率。所以在数据块的传送时，为了提高速度和效率，就采用同步传输。同步传输的特点是在数据块传送的开始使用同步字符来作为传送指示，其帧格式如图 6.10 所示。

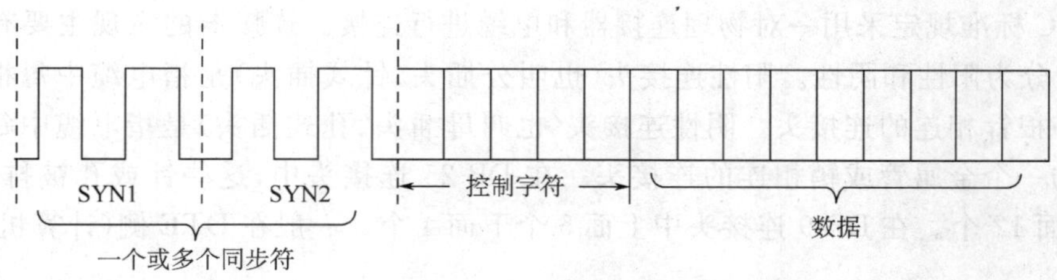

图 6.10　同步传输帧格式

同步传输中,每帧以一个或多个"同步字符"开始。同步字符通常称 SYN,是一种特殊的码元组合,它通知接收装置这是一次传送的开始,控制字符的作用是控制帧传输的参数,如本次传送的帧长度就在控制字符中。

3. 通信编码和差错控制

信息在传送的过程中由于受到干扰可能会发生差错,如某位 1 变成了 0 或 0 变成了 1。在通信过程中一方面要改善和提高传输系统的质量,提高抗干扰能力,另一方面要解决传输过程中产生误码的问题,必须采用差错检测和纠正技术,检测和纠正信息传输中的传输错误。差错控制就是采用可靠、有效的编码以发现或纠正数字信号在传输过程中由于干扰而造成的错码。差错控制又叫抗干扰编码。

差错控制的基本原理是在表示信息的数字信号中按照一定的规则增加一些冗余的校验码一起传送,这些校验码和信息码之间具有一定的关系。在接收端收到信息码后按照同样的规则生成校验码和接收的校验码进行比较,以发现传输过程是否有差错发生。差错控制编码又可分为检错码和纠错码,前者是指能发现差错的编码,后者是指不仅能发现差错而且能纠正差错的编码,检错和纠错的能力取决于编码校验规则。通信中常用的校验码有奇偶校验、循环冗余校验等,具体内容可参考有关书籍。

变电所自动化系统的通信系统必须采用差错控制,保证传输信息的正确。

三、常用的通信技术

变电所自动化系统的通信随着计算机技术和通信技术的发展,采用的通信接口也在不断发展,RS232、现场总线技术、以太网技术都是目前正在采用的通信接口,它们分别应用于不同的场合。

(一)RS232/485 介绍

串行通信接口 RS232/485 非常广泛地应用于各种智能电子设备 IED(Intelligent Electronic Device)中,在短距离通信中一般采用 RS232,长距离或需要串行接口级联时可采用 RS485。下面对它们各自的特点进行介绍。

1. RS232

RS232 其实应该叫 RS232C,是在串行通信中广泛应用的接口标准。它是由美国电子工业协会(Electronic Industries Association,EIA)制定的,又称为 EIA-232。RS 是英文"推荐标准"一词的缩写,232 是标识号,C 表示此标准修改的次数。该标准与国际电信联盟(International Telecommunication Union,ITU)标准化部制定的串行接口标准 V.24 基本相同。RS232C 定义了 DTE 设备与 DCE 设备之间接口的机械、电气及功能特性。

①机械特性

RS232C 标准规定采用一对物理连接器和电缆进行连接。连接器的实现主要有 DB-25 和 DB-9 两种,分为阳性和阴性。阳性连接头(也叫公插头、针式插头)是指电缆中每根导线都与插头中的一根针相连的连接头。阴性连接头(也叫母插头、孔式插头)是指电缆中每根导线都与插头中的一个金属管或鞘相连的连接头。在 DB-25 连接头中,这些针或孔被排成两排,上面 13 个下面 12 个。在 DB-9 连接头中上面 5 个下面 4 个。一般在 DTE 侧(计算机侧)采用阳性连接头。

实际应用中也采用通过端子、RJ45 等的连接形式,只要满足电气特性即可。

②电气特性

标准的电气规范规定了在DTE设备和DCE设备之间任何一个方向上传输数据所采用的电压值和信号类型。数据信号以逻辑1和0(称为传号和空号)形式传输,其中0对应正电压而1对应负电压。数据要被识别出来,对应的电压值必须在3～15 V或－15～－3 V之间。其他的控制、时序等信号高于＋3 V为逻辑1,低于－3 V为逻辑0。RS232C逻辑电平的定义如表6.1所示。

RS232C标准定义的逻辑电平(EIA电平),不能直接用于计算机内部电路(TTL电平),因此在应用时需要在两种电平间进行转换,现在有许多集成电路能够完成这个功能。RS232C标准允许的信号传输速率在0～20 000 bit/s范围内,连接电缆的长度不超过50英尺(约15 m)。

③功能特性

现在计算机通常都只提供DB-9的连接。DB-9的引脚定义如表6.2所示。

表6.1　RS232C逻辑电平定义

电压值	数据信号	控制信号
＋3 V～＋15 V	空号(逻辑0)	接通(逻辑1)
－3 V～－15 V	传号(逻辑1)	断开(逻辑0)

表6.2　DB-9中RS232C的引脚功能

引脚	信号	功能	引脚	信号	功能
1	DCD	载波检测	6	DSR	DCE设备就绪
2	TXD	发送数据	7	RTS	发送请求
3	RXD	接收数据	8	CTS	清除发送
4	DTR	DTE设备就绪	9	RI	振铃指示
5	GND	信号地			

④RS232C异步串口应用方式

计算机之间只要满足RS232C逻辑电平的要求,可直接通过串行接口连接,控制信号可以根据需要使用,典型的应用连接如图6.11所示。

图中虚线表示该连接可以不用。

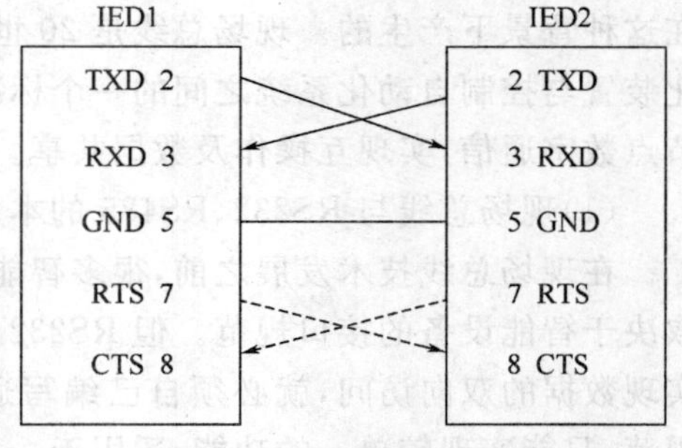

图6.11　典型串口连接应用

2. RS485

目前广泛使用的串行通信接口标准是RS232C,但它对数据传输速率和电缆长度(信号有效传输距离)都有限制。原因是RS232C采用的是单端驱动、单端接收电路,特点是:传送一种信号只用一根信号线,对多根信号线,它们的地线是公共的。这种办法传送实际很简单,它的缺点是不能区分由驱动电路产生的有用信号和外部引入的干扰信号。因此RS232C采用的信号电平电压为±15 V或±12 V,这样逻辑"1"和"0"之间电压摆幅可能是20 V或更高来避开干扰信号。

为了提高通信速率和传输距离,RS485采用平衡驱动和差分接收方法,去掉信号地线。这种驱动相当于两个单端驱动器,它们输入同一个信号,而输出两个反向的互补信号,接收器接收两根信号线上的互补差分输入电压。如果传输中有噪声,则噪声会以同样的方式影响两个互补信号,结果是在差分过程中噪声被消除。差分平衡电路如图6.12所示,接收器的输入电源为这两根导线电压的差值V_a-V_b。采用这种方式后,RS485在较长距离内明显地提供了数据传输速率,它能够在1 200 m距离内把速率提高到100 kbit/s,或在较短距离内提高到

10 Mbit/s。

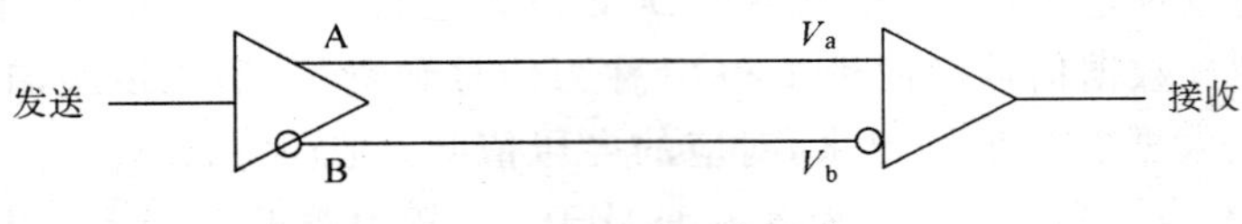

图 6.12 差分平衡电路

RS485 实际上是 RS422 的变型,不同之处在于:RS422 为全双工,RS485 为半双工;RS422 采用两对平衡差分信号线,RS485 只需要其中的一对。RS485 对于多站互连是十分方便的,它能够将具有 RS485 接口的智能设备联成网络。RS485 联网后,任一时刻只能有一个通信子站发送数据,必须制定相应的通信协议来保证这一点。

(二)现场总线技术

在变电所自动化系统发展的早期,受计算机技术和通信技术的限制,微机保护、微机监控和其他微机型的自控装置间的通信大多数通过 RS422/RS485 完成,实现监控系统与微机保护和自动装置间的数据交换,这与变电所原来的二次系统相比已有很大的优越性,可节省大量连接电缆,接线简单、可靠。

然而,采用 RS422/RS485 通信接口虽然可实现多个节点(设备)间的互连,但连接的节点数一般不超过 32 个,在变电所规模稍大时,便满足不了自动化系统的要求;其次,采用 RS422/RS485 通信接口,在多节点下其通信方式只能采用查询方式,即由主机查询,保护单元或自控装置应答,通信效率低,难以满足较高的实时性要求;再者,使用 RS422/RS485 通信接口,整个通信网上只能有一个主节点对通信进行管理和控制,其余皆为从节点,这样主节点便成为系统的瓶颈,一旦主节点出现故障,整个系统的通信便无法进行。

以上这些问题,不仅在变电所自动化系统中存在,在其他工控领域也存在,现场总线就是在这种背景下产生的。现场总线是 20 世纪 80 年代中期在国际上发展起来的,用于现场智能化装置与控制自动化系统之间的一个标准化的数字式通信链路,可进行全数字化、双向串行多节点数字通信,实现互操作及数据共享。

(1)现场总线与 RS232、RS485 的本质区别

在现场总线技术发展之前,很多智能设备通信大多采用 RS232、RS485 等通信方式,主要取决于智能设备的接口规范。但 RS232、RS485 只能代表通信的物理介质层和链路层,如果要实现数据的双向访问,就必须自己编写通信应用程序,但这种程序多数都不能符合 ISO/OSI 规范,只能实现较单一的功能,适用于一种设备类型,程序不具备通用性。现场总线技术是以 ISO/OSI 模型为基础的,具有完整的软件支持系统,能够解决总线控制、冲突检测、链路维护等问题。现场总线设备自动成网,无主从设备之分或允许多主存在,在同一个层次上不同厂家的产品可以互换,设备之间具有互操作性。

(2)现场总线与计算机网络的区别

计算机网络的设计目标是信息资源与资源共享。而现场总线所传递的信息是以引起物质或能量的变化为目的,特别强调可靠性、安全性和实时性。两者在技术上有着明显的区别。

①按功能比较,现场总线连接自动化最底层的现场控制器和现场智能仪表设备,网线上传输的是小批量数据信息,如检测信息、状态信息、控制信息等,传输速率低,但实时性高。即现场总线是一种实时控制网络。局域网用于连接局部区域的各台计算机,网线上传输的是大批

量的数字信息，如文本、声音、图像等，传的速率高，但实时性要求不高。从这个意义而言，局域网是一种高速信息网络。

②现场总线强调在恶劣环境下数据传输的完整性，在可燃易爆场合还应具有本质安全性能。而计算机网络一般安装在环境较好的办公场所，不必专门考虑环境因素。

1. LON总线介绍

LON(Local Operating Networks)总线是美国Echelon公司推出并由它与摩托罗拉、东芝公司共同倡导，于1990年正式公布而形成的。为了支持LON总线，Echelon公司开发了LonWorks技术，它为LON总线设计、产品化提供了一套完整的开发平台。

LON总线完整实现了国际标准化组织(International Organization for Standardization，IOS)的开放系统互连参考模型(OSI)的全部七层通信协议，其通信速率从300 bit/s至1.25 Mbit/s不等，支持双绞线、同轴电缆、光纤、射频、红外线、电力线等多种通信介质，被誉为通用控制网络。

LON现场总线的神经元芯片拥有三个处理单元，一个用于链路层控制，一个用于网络层控制，另一个用于用户的应用程序。LON总线网络协议LonTalk提供了一个固化在神经元芯片的网络操作系统处理全部的通信任务，提供给用户的是一个简单的网络应用接口，LON网节点间使用网络变量(产生隐式消息)或显式消息进行相互间通信，一帧数据最大字节数为228个。这样可以使用户专注于应用设计，网络通信的具体实现不再困扰应用设计的实现。

2. CAN总线介绍

CAN是控制器局域网Controller Area Network的简称，最早由德国的BOSCH公司提出，用于汽车内部的监测和控制系统。其总线规范已被国际标准化组织制定为国际标准，由于CAN总线的特点，其应用范围目前已不再局限于汽车工业。

CAN总线协议也是建立在国际标准化组织ISO的开放系统互连OSI参考模型的基础上，不过其模型结构只有3层，只取OSI的物理层、数据链路层和应用层。CAN信号传输介质为双绞线、同轴电缆、光纤，通信速率最高为1 Mbit/s。

CAN总线为多主工作方式，网络上任一节点均可在任意时刻主动向网络上其他节点发送信息，支持点对点、一点对多点和全局广播方式接收/发送数据。它采用总线仲裁技术，当出现几个节点同时在网络上传输信息时，优先级高的节点可继续传输数据，而优先级低的节点则主动停止发送，从而避免了总线冲突。

CAN总线的信号传输采用短帧结构，每帧有效字节数为8个，因而传输时间短，受干扰的概率低，当节点严重错误时，具有自动关闭的功能以切断该节点和总线的联系，使总线上其他节点的通信不受影响，具有较强的抗干扰能力。存在的问题是对大信息量的自动化监控信息，必须进行多包传输才能完成。

3. 现场总线在变电所自动化系统中的问题

现场总线相比RS232/RS485在自动化系统中应用有很多优点，但存在的问题是，现场总线的种类太多，据统计，目前流行的现场总线已达40多种，作为国际标准的也有10几种。不同的现场总线都有其产生的背景和应用领域，在变电所自动化系统中，各个厂家采用的现场总线也各不相同，这就造成了在同一变电所中，不同厂家的智能装置必须通过网关进行转换才能通信，使装置的互换和互操作成为问题。另外作为监控系统的主机一般采用通用计算机，只具备串口、以太网接口，并没有现场总线接口。装置并不能直接和监控计算机进行通信，必须使用网关或插卡进行接口转换。

随着通信技术的发展，以太网通信在装置上的实现已经从技术和成本上达到了可用的程度，变电所自动化系统正在走向以太网通信的时代。

（三）工业以太网

以太网作为目前技术最成熟、维护最简单、成本最低廉、运行最稳定、速度最快捷的网络技术，广泛地应用于各种规模的局域网络。随着 Ethernet 技术和应用的发展，使其从办公自动化走向工业自动化。

1. 以太网的定义

以太网是我们经常提到的局域网 LAN(Local Area Network)的一种，有四种体系结构在局域网中占主导地位：以太网、令牌总线、令牌环、光纤分布式数据接口(FDDI)。以太网、令牌总线、令牌环都是 IEEE(Institute of Electrical and Electronics Engineers，电气和电子工程师学会)的标准，是 802 标准的组成部分，FDDI 是 ANSI(American National Standards Institute，美国国家标准协会)标准。

IEEE802 标准和 OSI 模型之间的关系如图 6.13 所示，IEEE 将数据链路划分为两个子层：逻辑链路控制层 LLC(Logic Link Control)和介质访问控制 MAC(Media Access Control)。

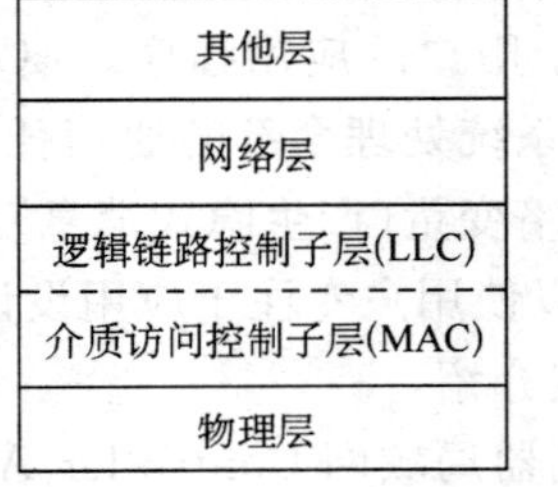

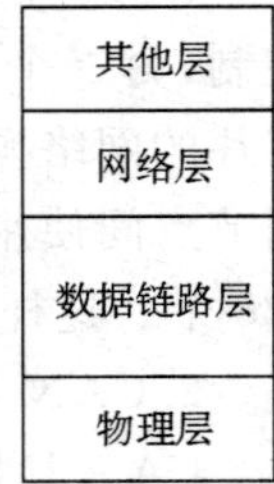

图 6.13　LAN 和 OSI 模型比较

LLC 是 IEEE802 数据链路层的上层，和通信介质无关，对所有的局域网协议来说都是相同的。MAC 则依赖于物理介质，由于有了 MAC 层，就使 IEEE802 标准具有可扩充性，以备将来接纳新的介质和介质访问控制方法。图 6.14 给出了 IEEE802 标准各部分的关系。

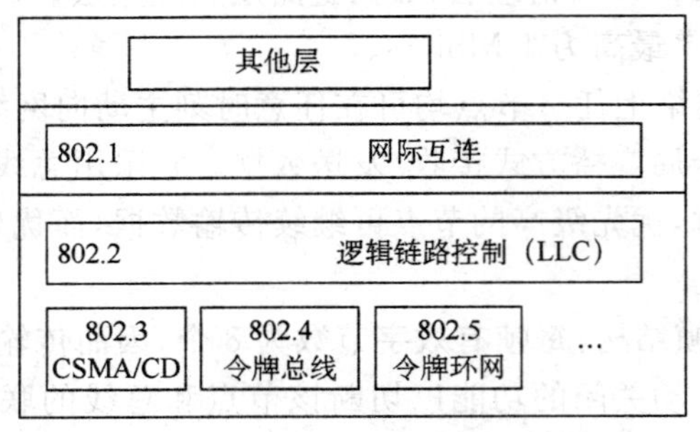

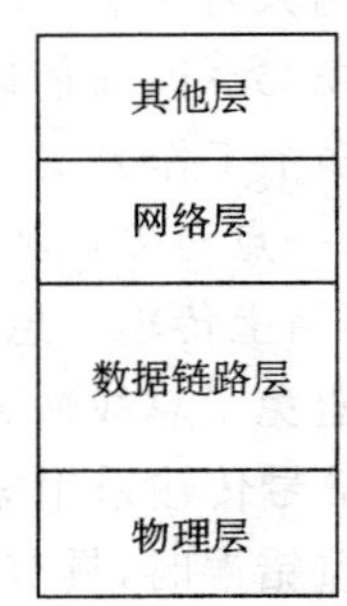

图 6.14　IEEE802 标准体系

根据上面的介绍，以太网是由 IEEE802.3 所支持的局域网，访问介质的方式为带冲突检测的载波侦听多路访问(Carrier Sense Multiple Access/Collision Detection，CSMA/CD)。以太网的寻址是按照 48 位的 MAC 层地址，在数据链路层传输的数据帧只能识别网卡的 MAC 地址，网卡上的这个物理地址是唯一的。

总线型的网络是由多个节点共享一个总线来传送数据，因此介质访问控制协议的任务就是防止两个或两个以上节点同时占用总线。RS485 防止两个节点同时访问总线的方法就是在应用层制定协议，采用查询的方式保证同一时刻只有一个节点处于发送数据状态。而以太网采用 CSMA/CD 介质访问方法，它的工作原理请参见有关书籍。

任何一个节点发送数据都要用CSMS/CD方法去争取总线使用权,从它准备发送到发送成功的延时是不确定的,这对工业控制网络要求的通信确定性与实时性有差距。

2. TCP/IP 协议和以太网

TCP/IP(Transfer Control Protocol/Internet Protocol)是传输控制协议/网际协议的简称,最早是美国国防部的高级研究规划局 ARPA(Advanced Research Projects Agency)制定的,现在广泛地应用于计算机之间的网络连接和通信,是事实上的通信标准。

TCP/IP 是在 OSI 模型之前开发出来的,因此 TCP/IP 协议中的分层并不完全和 OSI 模型中的相匹配。TCP/IP 协议的体系结构分为四层:应用层、传输层、网络层和链路层,如图 6.15 所示,给出了 TCP/IP 和 OSI 模型之间的关系。

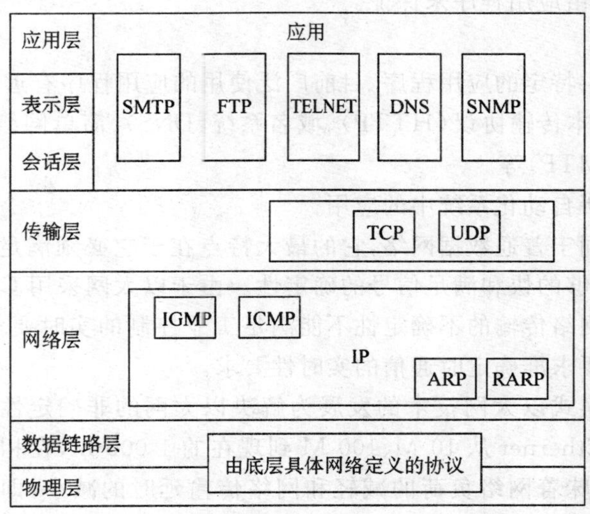

图 6.15 TCP/IP 和 OSI 模型

①链路层

链路层在 TCP/IP 协议栈的最低层,也称为数据链路层或网络接口层。特别强调的是 TCP/IP 协议并没有具体定义链路层,只要是在其上能进行 IP 数据报传输的物理网络如以太网、令牌环网、FDDI、RS-232 串口等都可以作为 TCP/IP 的链路层。也可以说 TCP/IP 协议支持不同的链路层协议。

②网络层

该层的主要协议是 IP 协议,它是 TCP/IP 协议中最重要的一层。IP 协议定义如何标识网络设备,数据传输中使用的传输机制、报文格式等。网络层支持的其他四个协议是 ARP、RARP、ICMP 和 IGMP。

地址解析协议 ARP(Address Resclution Protocol)将 IP 地址与物理地址相联系。比如在以太网中物理地址为 MAC 的 48 位地址,每个网卡都有不同的 MAC 地址。IP 网络层通信时使用的是 IP 地址(逻辑地址),它通过具体的网络链路层传输时还需要知道链路层的地址(物理地址),需要通过 ARP 协议根据逻辑地址找出和物理地址的对应关系。

逆地址解析协议 RARP(Reverse Address Resolution Protocol)根据物理地址获得网络的 IP 地址。主要应用于动态地址分配中,由网络上的服务器来分配或指定 IP 地址。

因特网控制报文协议 ICMP(Internet Control Messages Protocol)是主机和路由器使用的一种机制,用来向发送者通知数据报所发生的问题,用于差错报告和报文控制。

因特网组报文协议 IGMP(Internet Group Message Protocol)被设计用来帮助组播路由器标识 LAN 中的主机,这些主机是组播的成员。它与 IP 协议一起使用。

③传输层

两台主机之间的通信其实是两台主机上应用层程序之间的通信,传输层提供的就是应用程序之间的通信,也叫端到端的通信。TCP/IP 传输层包含两个不同的传输协议:TCP 和 UDP。TCP 提供端到端的可靠的数据通信,由确认和重发的机制来保证。UDP 为应用层提供一种简单的服务,它只是把数据从一台主机发送到另一台主机,不能保证数据是否到达目的地,通信的可靠性必须由应用程序来保证。

④应用层

应用层向用户提供特定的应用程序,目前广泛使用的应用程序有远程登陆(Telnet)、文件传输协议(FTP)、超文本传输协议(HTTP)、域名系统(DNS)、简单网络管理协议(SNMP)和简单邮件传输协议(SMTP)等。

3. 以太网在变电所自动化系统中的应用

工业控制网络不同于普通数据网络,它的最大特点在于它必须满足控制功能对实时性的要求,即信号传输要足够的快和满足信号的确定性。由于以太网采用 CSMA/CD 碰撞检测方式,网络负荷较大时,网络传输的不确定性不能满足工业控制的实时要求,因此传统以太网技术难以满足控制系统要求准确定时通信的实时性要求。

快速以太网和交换式以太网技术的发展为解决以太网的非确定性问题提供了可能。首先,通信速率的提高,Ethernet 从 10 M、100 M 到现在的 1 000 M,在相同数据吞吐量的情况下,通信速率的提高意味着网络负荷的减轻和网络传输延时的减小,即网络碰撞几率大大降低。其次,以太网现在普遍采用星型拓扑结构,现代交换机均采用存储、转发技术,使各个端口之间输入和输出的数据帧能够得到缓冲,不再发生碰撞。全双工通信使同一端口可以同时收、发数据。这些技术使网络上的碰撞和冲突基本不复存在,以太网通信确定性和实时性大大提高。

以太网在工业控制领域使用的另一个问题是如何面对恶劣的工业现场环境,在商用领域设计的产品不能应用在有较高可靠性要求的恶劣工业环境中。随着网络技术的发展,很多网络公司专门推出了在工业应用环境中使用的网络产品,它们从安装方式、供电、抗电磁干扰等方面都作了重大的改进,在极端条件下使网络也能稳定工作。

所谓工业以太网,一般来讲是指技术上与商用以太网(即 IEEE802.3 标准)兼容,但在产品设计时,在材质的选用、产品的强度、适用性及实时性、互操作性、可靠性、抗干扰性和本质安全等方面能满足工业现场的需要。

以太网解决了通信的确定性与实时性,满足了工业控制领域要求的稳定性与可靠性,正在逐步地走向工业控制领域。变电所自动化系统使用以太网,能够解决使用现场总线存在的种种问题,为变电所自动化提供开放式、全分布、可互操作性的通信平台。

四、网络结构

变电所自动化系统的网络结构和自动化系统采用的通信技术有关,和变电所的规模有关,

和智能装置采用集中组屏或分散安装有关，还和厂家给每个智能装置的功能分配有关。变电所自动化系统的智能装置有哪些呢？除了需要完成的变压器、电容器、馈线、动力变等的保护、测量、控制任务外，还有备用电源自投、自动重合闸功能等，对牵引供电系统来说还有故障测距功能，对完成这些功能的智能装置我们在后面都称为保护测控装置。另外变电所中还有一些其他的智能设备如交直流屏，智能电度表、一次设备在线监测装置等，它们的信息也可以通过通信接口接入变电所自动化系统中，这些设备一般都是第三方厂家的产品，我们将其称为智能设备，或称其为第三方设备。

(一)变电所自动化的通信装置

变电所自动化系统的各个设备信息都需要得到有效的监控，信息需要上送到当地变电所层的当地监控单元，同时送到调度中心。当地监控单元采用通用计算机，一般只有有限的串行接口和以太网接口，在变电所自动化系统中不可能和设备采用点对点的连接方式。如果保护测控装置采用现场总线，则通用计算机必须配置相应的适配卡才能和装置进行通信。不同厂家的自动化产品的通信规约也不相同，连接到当地监控单元需要进行规约转换。这些因素导致了变电所自动化系统中有专门的通信装置来完成特定的通信功能，将整个变电所自动化设备连接在一起。

1. 规约转换器/网关

变电所自动化系统的变电所层一般都采用通用计算机，通过以太网和外部设备进行通信，间隔层二次设备如果使用 RS232/RS485 或现场总线则需要接口将其转换为以太网接口。当地监控单元使用的通信协议可能和二次设备使用的通信协议不一样，不同厂家的产品使用的通信协议也可能不一致，这也需要接口对通信协议进行转换。完成上述功能的通信装置不同的厂家对其产品的命名可能不同，很多厂家称为规约转换器，也称网关，它的功能如图 6.16 所示。

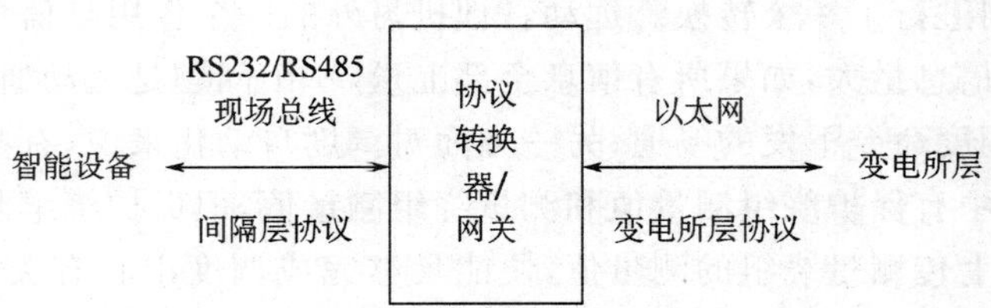

图 6.16　协议转换器功能示意图

规约转换器的硬件接口对变电所层是以太网接口，考虑可靠性和备用则需提供双网络接口；对间隔层二次设备的接口则从对规约转换器的功能定义出发，需要提供的接口有 RS232/RS485、现场总线接口，有些还需要以太网接口，不同的产品提供和二次设备的接口不同。在一个厂家的自动化系统中，一般将用作和自身设备通信进行接口转换的称为网关，将与其他厂家设备进行通信，并进行接口和通信协议转换的称为规约转换器。

一个协议转换器或网关的一个接口可以和一个或多个智能设备进行通信，比如 RS485 接口下可以连接多个使用相同协议的设备，由于 RS485 使用查询的通信方式，连接的设备越多则每个设备上送信息的速度越慢。因此一个网关连接设备的多少和对信息传送要求的时限有关，必要时需要使用多个网关。

2. 通信管理机

通信管理机，在有的自动化系统中又称为主控单元，作为变电所自动化系统的一个重要组成部分，它通过多种类型的标准通信接口和通信规约来沟通不同类型的继电保护装置、数据采集装置、智能测控装置与后台监控系统之间的信息联系，有些厂家设计的通信管理机还能够完成远动通信功能。它一方面通过与继电保护装置、数据采集装置、智能测控装置进行通信，搜集变电站运行中的各类实时信息送往后台监控系统和调度中心，供它们对变电所进行运行监视，另一方面接收和转发来自后台监控系统和调度中心的各类操作命令，对变电所的断路器、刀闸、变压器分接头等进行遥控、遥调操作。

通信管理机与网关的主变区别在于网关在变电所自动化系统中连接的装置数较少，系统中有多个网关，而通信管理机连接变电所内的所有保护测控装置和其他智能通信装置；网关可以直接和后台监控系统通信，也可能作为通信管理机的一个通信对象。为了保证系统的通信可靠，一般通信管理机都采用双机备用的配置方式。

3. 远动管理机

远动管理机，又称为远动主站或远动工作站，它的任务是收集变电所的信息传送给调度中心，接收调度中心的各类操作命令转发给智能装置执行，完成遥控、遥调任务。正如上面的介绍，在有的系统中远动通信的任务是由通信管理机完成的。在自动化之前，变电所完成远动任务的是 RTU，它和远动管理机的区别是：传统的 RTU 采集变电所的信息和控制是通过和一次设备的电缆连接完成的，对继电保护信息也是通过对继电保护装置的节点采集完成的，它和二次设备通过通信进行信息交换是有限的；在变电所自动化系统中，远动管理机对变电所信息的收集和调度命令的下发全部通过通信完成，它和二次设备的通信是通过网关、通信管理机完成的，在以太网的情况下也可以直接和二次设备进行通信。

从调度自动化的角度来说，远动管理机也是一个网关，它连接变电所智能设备和调度中心，在远动通信网络和变电所自动化系统网络间进行接口转换，在远动通信协议和变电所自动化系统通信协议之间进行了一个转换。远动管理机另外的一个作用是信息过滤。变电所自动化系统的信息丰富、信息量大，如果所有信息全部上送，一个问题是远动通道带宽有限，会影响信息上送的速度和调度命令下发的畅通；另一方面对调度自动化来说，有些信息是没有必要上送的，比如测量信息中有保护绕组测量值和测量绕组测量值，但保护绕组测量信息就没有必要上送调度中心，只需上传测量绕组的测量值，便能足够完成调度中心有关测量值的采集功能。在变电所自动化系统中，功能已经分层分布于各个智能装置和当地监控单元，站在调度自动化的角度来说，这是更大的一个分层分布的系统，变电所自动化需要上送哪些信息需要站在全局的高度来考虑这个问题，不能简单地说，变电所自动化系统具有的功能都需要在调度中心复现。

(二)变电所自动化系统网络结构

变电所自动化系统是由一次设备、二次智能设备和通信设备构成的网络，智能设备的多少和变电所的规模、厂家具体设计有关，上面介绍的通信设备也不是在每个系统中都有。变电所自动化系统的功能和网络结构形式随计算机技术和通信技术的发展也在不断的变化过程中。

变电所自动化系统的变电所层网络目前都采用以太网，网络结构中的不同之处主要是在间隔层。

1. 现场总线的网络结构形式

早期变电所自动化系统智能装置的通信接口一般为 RS232/RS485 或现场总线，为了和当

地监控系统的计算机通信，都需要使用通信管理机来完成通信接口的转换。这里给出 3 个具有不同特点的现场总线的网络结构形式。

(1)通过网关进行通信接口的转换

图 6.17 是电力系统中采用的变电所自动化系统网络的一个示例。

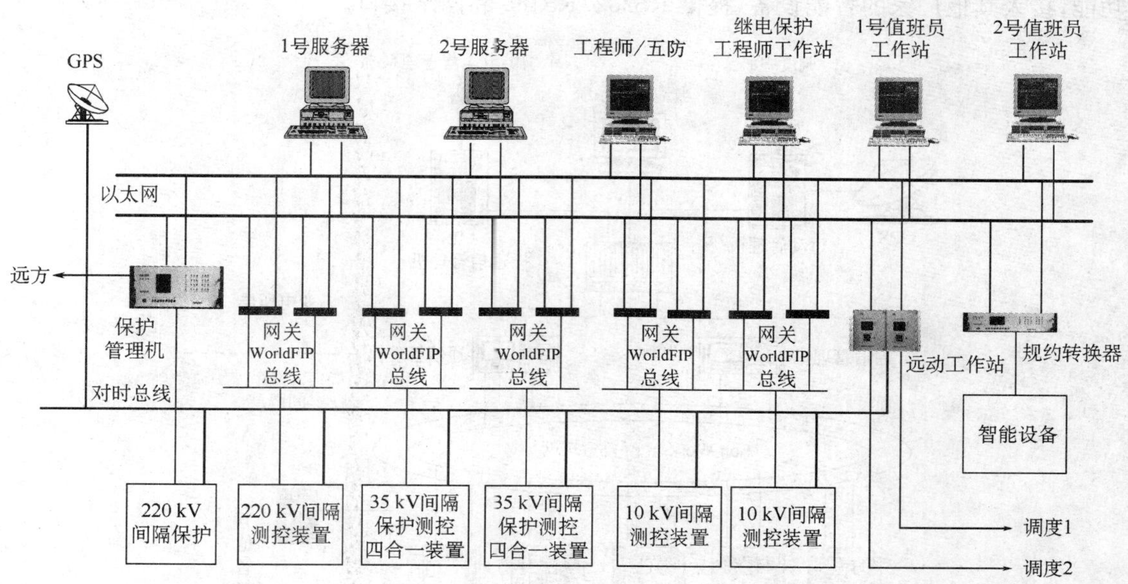

图 6.17　采用现场总线的自动化系统结构框图

变电所层采用双网结构，间隔层设备采用双 WorldFIP 现场总线通过网关和变电所层设备连接。规约转换器用于接入其他厂家的设备和具有 RS232/485 接口的设备。保护管理机的作用类似于通信管理机，完成继电保护装置和变电所层设备的信息交换，同时可将继电保护信息传送到故障管理信息系统。远动工作站通过变电所层网络收集变电所信息，完成远动通信任务。变电所层计算机通过以太网直接和网关通信，不再需要通信管理机。

结构中体现了功能分布、结构分层的特点。间隔层保护、测量、控制的功能分布于保护测控装置中，变电所层当地监控功能和远动功能分别由不同的装置和系统完成。网关完成间隔层和变电所层通信介质和通信规约的转换，多网关的结构提高了间隔层和变电所层通信的速度。

(2)光纤自愈环网现场总线系统网络

图 6.18 是在牵引供电系统中使用的采用现场总线形式的变电所自动化系统示例，间隔层采用 LonWorks 总线组成光纤自愈环形网络。

牵引供电系统变电所当地监控系统的所有功能由一台计算机完成，这是因为一方面变电所的规模较小，所有的监控功能都能够由一台计算机完成。另一方面牵引供电系统变电所作为电力系统的终端用户，对变电所当地监控系统的功能要求没有电力系统变电所的要求高。

系统中保护测控装置采用 LonWorks 现场总线，总线收发器采用光纤接口，收发器组成光纤自愈环网，通信管理机完成 LonWorks 现场总线到变电所层以太网的接口转换，同时完成对间隔层装置信息的收集和上送。间隔层光纤自愈环网某一节点的损坏不会影响其他节点的通信，同时相邻节点会给出报警信息。通信管理机采用双机热备的方式，如果工作的装置出现故障，它们之间将完成自动切换，同时变电所层的设备也会完成自动切换。在变电所规模较大情况下可以采用多个自愈环网的方式提高间隔层的通信速度。通用通信装置完成协议转换器的功能，接入其他厂家的智能设备，提供 RS232/RS485 和网络接口。

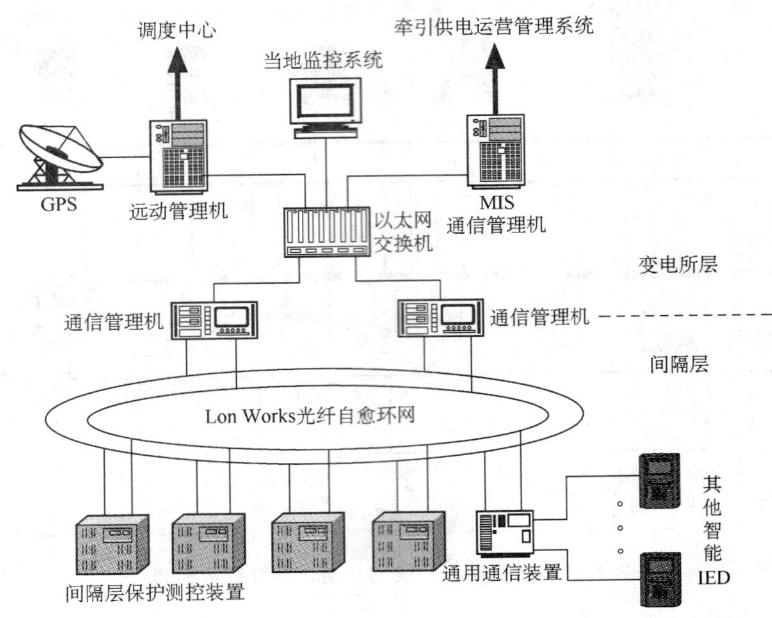

图 6.18　LonWorks 现场总线自动化系统结构示例

远动管理机也可以采用双机热备的工作方式，完成远动通信任务，支持一机双调的功能。MIS 通信管理机是将变电所信息上送牵引供电运营管理系统，使铁路供电运营管理部门监控和了解变电所自动化系统的运行情况而不必依靠调度系统的信息，它的功能类似电力系统的保护管理机。对牵引供电系统而言，调度中心监控变电所的实时运行状态，重在使用；运营管理系统重在对变电所的一次、二次设备状态信息的收集和异常的处理与维护。因此，两者上送的信息是有区别的。

(3)总线型系统网络

图 6.19 是另一种采用现场总线方式的变电所自动化系统结构示例，间隔层网络采用总线型的双 CAN 总线结构。

间隔层采用总线型的现场总线，双总线的方式增加了系统的可靠性，通信管理机连接间隔层网络和变电所层网络，完成与当地监控系统和调度中心的通信。网络通信服务器完成和其他厂家设备的通信。

2. 以太网的网络结构形式

随着计算机技术的发展，对变电所自动化系统的通信速度和当地监控系统画面响应时间的要求越来越高，以太网的应用成本也在不断的降低，在间隔层也采用以太网进行通信成为一种要求。采用以太网可以省去通信接口转换设备，减少通信的中间设备，提高通信的可靠性。智能设备采用以太网通信也有多种网络结构形式。

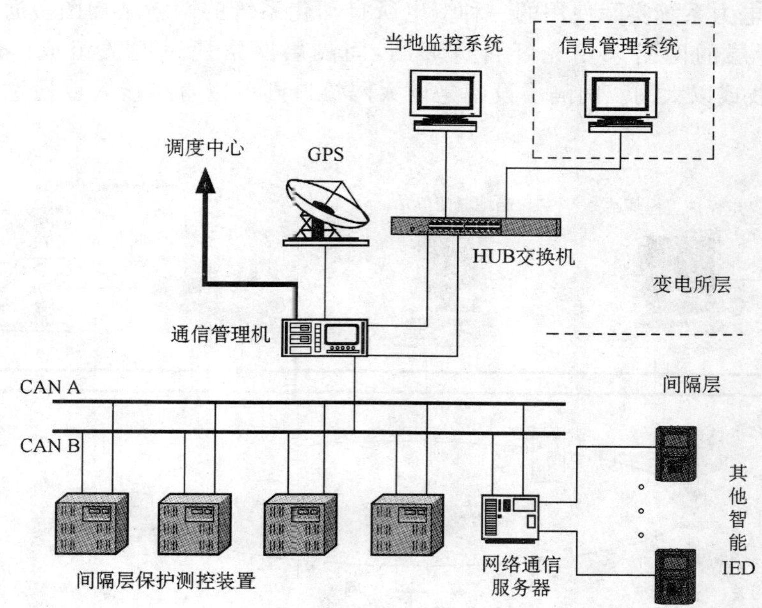

图 6.19　CAN 总线自动化系统结构示例

(1)星形结构

图 6.20 是采用星行结构的变电所自动化系统实例，间隔层设备都采用以太网接口。

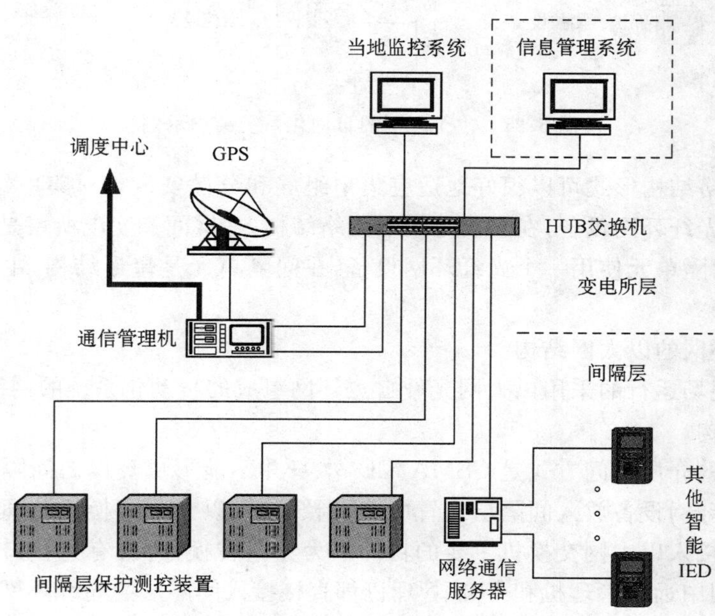

图 6.20　星形以太网自动化系统结构示例

通信管理机在这里实际上是完成远动管理机的功能。采用星形结构的问题是在分散安装的时候，通信电缆都需要从开关柜连接到控制室，增加了施工和维护工作量。

(2)星形环网结构

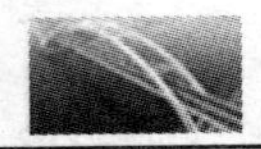

图 6.21 是电力系统实际使用的一种变电所自动化系统的网络结构图。通信网络采用两层结构,变电所层的网络采用光纤自愈环网,间隔层网络通过网关组成,可以是 RS232/RS485、现场总线或以太网。间隔层设备是以太网接口则可以直接接入或通过交换机接入变电所层环网。

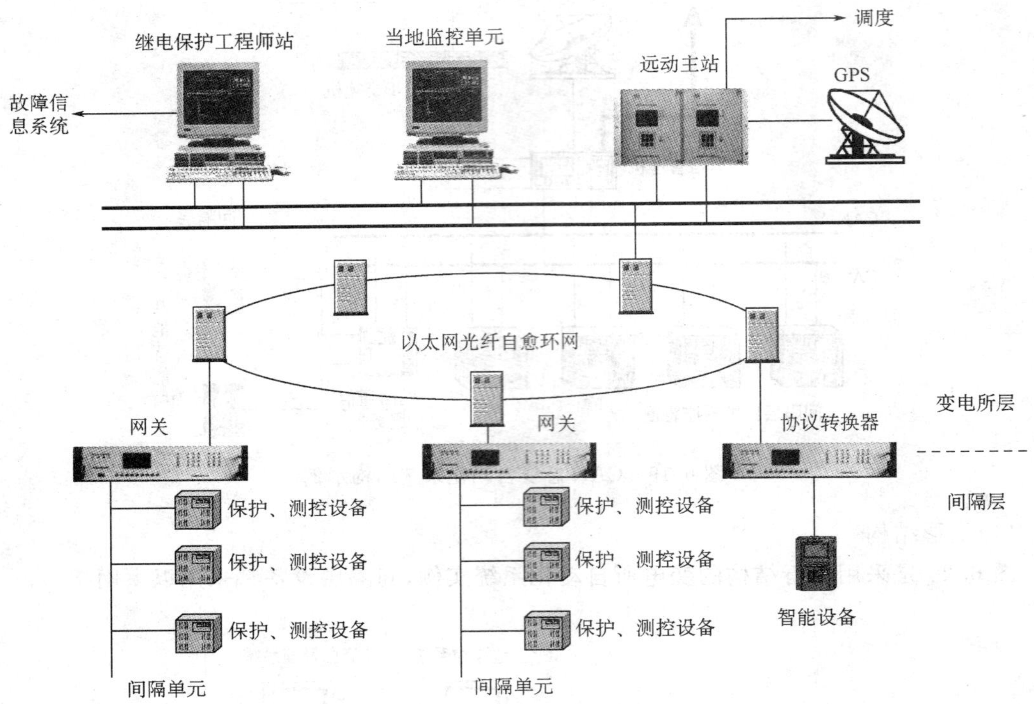

图 6.21　主干环网的自动化系统结构示例

采用这种网络结构形式可以很好地适应集中组屏和分散安装。对集中组屏,每面屏中有一个变电所层的光纤环网设备,在屏内是星形网络结构,在屏间和变电所层是环网结构。对分散安装,在每个间隔单元使用一个光纤环网设备,在间隔单元是星形结构,主干网络采用环形结构。

(3)间隔层环网的以太网结构

图 6.22 是现场运行的采用以太网光纤自愈环网组成的自动化系统的网络结构图,间隔层网络采用环形结构。

以太网采用的介质访问方式是 CSMA/CD,本身并不能形成环网。间隔层网络采用环形结构既将以太网环网设备放入间隔层装置中,和光纤接入以太网交换机共同组成以太网光纤自愈环网。光纤接入以太网交换机主要的目的是为光电转换,为没有光接口的设备提供以太网接入,实际应用中远动管理机和 MIS 管理机都直接接入间隔层的光纤环网中和间隔层设备通信。

五、通信规约

变电所自动化系统的通信有间隔层设备和变电所层设备的通信,变电所与调度中心的通信,这两者的通信规约是不一样的。间隔层设备之间、变电所层内部的通信不在变电所自动化

系统通信规约讨论的范围内。

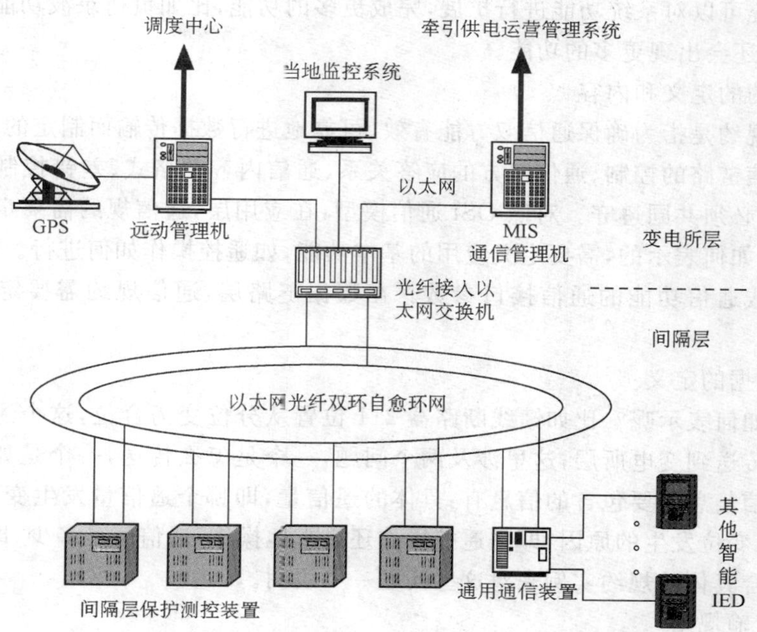

图 6.22　间隔层环网的自动化系统网络结构示例

(一)变电所自动化系统通信规约概述

1.变电所层和间隔层设备通信的内容

在传统变电所自动化系统中,变电所层和间隔层设备的信息交换局限于原来中央信号屏或 RTU 的信息采集和控制,即所谓的"四遥"功能:遥测、遥信、遥控、遥调。目前的变电所自动化系统信息除了传统的"四遥"功能的信息,还有更多信息,正是这些信息使当地监控系统的功能强大,充分体现出微机保护和自动化系统的优越性。

(1)故障信息

传统的继电器保护动作时给出信号节点供中央信号屏、RTU 采集,只能知道保护动作的类型和动作时间等信息,而微机保护还能够提供保护动作时的故障电量和保护动作前后的故障电量波形。故障报告中还可以记录保护元件的启动、动作信息,给出了从保护启动到出口的全过程。这对分析故障原因提供了有力的技术支持,尤其对没有专门故障录波装置的系统。

(2)整定值功能

微机保护装置的定值能够通过当地监控系统进行查看和修改。

(3)事件、自检信息

微机保护装置可以记录装置运行过程中的事件和状态变化,如遥控操作事件、定值修改、装置启动、装置自检信息等,这些信息可以作为对遥信信息的补充,更加全面地记录装置运行状态,为装置故障判断和维护提供更加全面的信息。

(4)历史数据查询功能

微机保护装置内部记录了故障报告、故障录波信息和事件、自检报告,可以在当地监控系统对装置进行历史数据的查询(如果当地监控系统没有存储记录)。

(5)其他功能

自动化系统可以对系统功能进行扩展,完成更多的功能,比如负荷录波功能。随着装置功能的不断提高,还会出现更多的功能。

2.通信规约的定义和内容

所谓通信规约是指为确保通信双方能有效、可靠地进行数据传输而制定的一种约定,这种约定包括对通信链路的控制、通信双方的应答关系、通信内容的格式、差错控制方式及传送速率等,通信双方必须共同遵守。对照OSI通信模型,在应用层,通信规约需要定义通信的数据格式,即信息是如何表示的,需要定义应用的基本功能,如遥控操作如何进行。在物理层,通信规约定义了完成通信功能的通信接口参数。在数据链路层,通信规约需要定义数据传输的规则。

(1)应用数据的定义

应用数据如何表示呢?比如馈线断路器211位置从分位变为合位,这个遥信信息如何从保护测控装置传送到变电所层,这里涉及两个问题,一个是怎么传送,一个是如何表示这个信息。传送的遥信信息需要包含的信息有:具体的遥信量,即哪个遥信量发生变化;遥信变位产生的时间;遥信变位发生的原因,即是遥控操作还是本地操作;遥信值是多少,即处于分位或合位。后面将结合具体的规约实例来对这些问题一一说明。

(2)数据传输规则

保护测控装置检测到遥信变位是否能根据数据定义立刻上送呢?答案是否定的,比如通信接口采用RS485,如果两个装置同时发送数据,则发送将会产生冲突,导致接收数据出错。通信时必须保证在任一时刻只能有一个设备在发送数据。在变电所自动化系统的通信中,通信数据的传送规则主要有两种方式。一种是查询(问答)方式,通信一方作为主站,向从站发送查询报文,从站接收后按照查询要求回答报文。一种方式是采用自发的工作方式,通信双方都可以主动发送数据,只在数据有变化的时候才发送。

(二)具体通信规约介绍

为了实现变电所自动化系统内设备的互换性和互操作性,必须实现传输规约的标准化和传输网络的标准化。

1.间隔层设备通信规约

国际电工委员会第57技术委员会对变电站自动化系统的通信标准专门成立了工作组,IEC 60870—5—103《继电保护设备信息接口配套标准》是其工作的一部分,它规定了继电保护设备(或间隔单元)的信息接口规范。该标准被等同采用为我国的国标,标准号为DL/T 667—1999。

(1)规约结构

规约采用三层参考模型,采用了OSI模型的物理层、链路层和应用层。

①物理层。图6.23是IEC 60870—5—103给出的继电保护设备和控制系统的接口和连接。规约中给出的是串行通信系统,其实通信系统可以采用现场总线或以太网,这也正是通信分层的好处。

②链路层。链路层采用控制域和非平衡传输规则,即控制系统(实际通信中为通信管理机或网关)组成主站,继电保护设备(或间隔单元)为从站(子站)。通信的发起是由控制系统开始(启动站),继电保护设备(或间隔单元)为从动站,通信方式为查询方式。

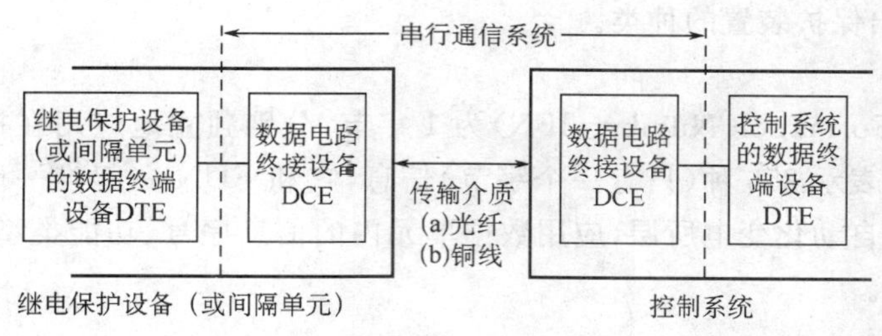

图 6.23　继电保护设备和控制系统的接口和连接

③应用层。应用层定义了应用服务数据单元和应用功能。

(2)应用服务数据单元定义

应用服务数据单元(Application Service Data Unit,ASDU)的定义如图 6.24。

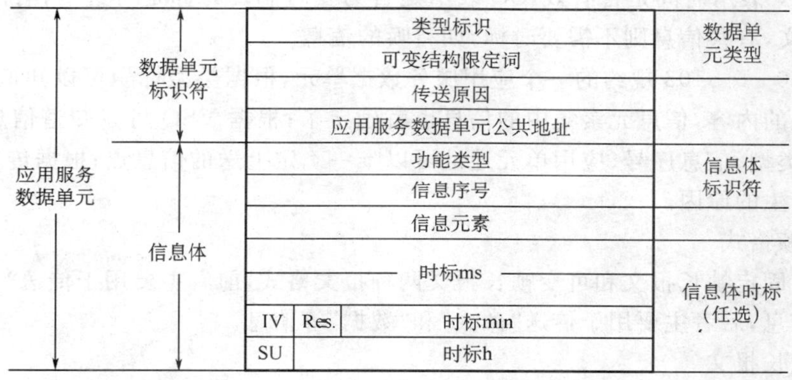

图 6.24　一个应用服务数据单元的结构

①类型标识

类型标识(Type Identification,TI)为 1 个字节,标识报文的类型,通过类型标识能够知道本帧报文上送的数据类型。规约处于传送各种不同类型信息的需要,规定了很多种格式的 ASDU,每一种格式的信息体都不一样,并且都唯一对应一个类型标识号,比如类型标识为 1 表示带时标的双点信息(遥信量)报文。

②可变结构限定词

可变结构限定词(Variable Structure Qualifier,VSQ)为 1 字节,表示应用服务数据单元中的信息元素的数目,在一个应用服务数据单元中可以包含多个信息元素。

③传送原因

传送原因(Cause Of Transmission,COT)为 1 字节,指出报文的性质,通过传送原因能够知道信息产生的方式,比如开关位置的遥信变位是遥控产生,还是本地操作产生。

④应用服务数据单元公共地址

应用服务数据单元公共地址为 1 字节,常常和链路层地址一致,也就是装置地址,用它来区分保护测控装置。

⑤功能类型

功能类型(Function Type,FUN)为 1 字节,用于表示继电保护设备(或间隔单元)的功能类型，即用它标识出保护装置的种类。

⑥信息序号

信息序号(In Formation Number，IFN)为 1 字节，分别独立地应用在控制方向和监视方向。信息序号能够表示 256 种(只有一个字节)信息，它和 FUN 一起唯一地标识了信息序号的语义。在变电所自动化变电所层，应用数据单元内的信息序号、功能类型、单元公共地址确定了唯一的信息点。

⑦信息元素集

信息元素是以一定格式表示的信息的状态或数值(如遥信状态、遥测值等)，对信息进行具体描述。

⑧时标

规约中定义四个八位位组的二进制时间(毫秒、分、时)，毫秒用两个字节表示，分和时用一个字节表示，IV 表示时间是否有效，SU 表示是否为夏时制。时标是可选的，有的信息需要时标，如遥信报文，有些信息则不需要时标，如召唤的信息。

IEC 60870—5—103 规约的一个应用服务数据单元，根据类型标识可以知道报文的类型，即报文所传送的内容，信息元素集中的信息也就确定了；根据 VSQ 可以知道信息元素集的个数，根据功能类型、信息序号、应用单元地址可以唯一确定上送的信息点；根据传送原因可以知道该信息点产生的原因。

(3)传输帧格式

规约中有固定帧长报文和可变帧长报文两种报文格式，前者主要用于传送“召唤、命令、确认、应答”等信息，后者主要用于传送“命令”和“数据”等信息。

①固定帧长报文

固定帧长的报文格式如表 6.3 所示。

②可变帧长报文

可变帧长报文格式如表 6.4 所示。

表 6.3 固定帧长报文格式

10H	启动字符
CODE	控制域
ADDR	地址域
CS	校验和
16H	结束字符

注：校验和＝控制域＋地址域(不考虑溢出位，即 256 模和)

表 6.4 可变帧长报文格式

68H	启动字符	ADDR	地址域
Length	长　度	ASDU	链路用户数据
Length	长度(重复)	CS	校验和
68H	启动字符	16H	结束字符
CODE	控制域		

注：a)校验和＝控制域＋地址域＋ ASDU 代码和(不考虑溢出位，即 256 模和)
b)Length＝ASDU 字节数＋2

③控制域

控制域用于通信过程中的链路控制。

④地址域

指通信的链路地址，一般为装置地址。

(4)用户数据收集过程

103 规约采用查询方式的工作过程，主站发起通信，从站响应。继电保护设备上的数据分为1级数据和2级数据，1级数据的优先级高于2级数据，1级数据又包含多种数据，数据仍然存在优先级。2级数据一般定义为测量值，其余数据定义为1级数据。1级数据的优先级在规约中有规定，用户也可以根据系统的需要对数据的优先级进行调整。

通信的一般过程是：控制系统上电后，依次发送“复位通信单元”命令、“总召唤启动”命令、“时钟同步”命令，然后转入循环召唤。在循环召唤过程中，主站发送召唤2级数据的报文，从站回答2级数据，如果从站有1级数据需要发送，则在回答2级数据报文的控制域置上有1级数据的标志，主站根据标志在下一次召唤中发送召唤1级数据命令。如果在循环召唤过程中控制系统有其他命令下发，如遥控命令，则其他命令将代替召唤数据的报文，使控制系统能够得到及时的响应。

在实际的变电所自动化系统中，主站就是通信管理机或网关，由它来完成用户数据的收集过程，并将收集的数据上送到变电所层。

2. 与调度中心通信规约

变电所自动化系统中，在变电所层看到的是间隔层设备，所有的信息是由间隔层设备而来，通信规约中数据的定义是从装置出发。调度中心关心的是整个变电所的信息，而不会关心信息具体是由哪个设备采集的，因此规约中对数据的定义是不一样的。

我国的远动规约有部颁的循环传送远动规约 DL451—91，也就是常说的 CDT 规约。另一个最新的标准是 DL/T 634.5101—2002《传输规约基本远动任务配套标准》，即常说的101规约，它等同采用了 IEC 60870—5—101:2002 标准。

(1)循环传送远动规约

循环传送远动规约 CDT 是以变电所的远动管理机为主动端自发地不断循环向调度中心上报现场数据的远动数据传输规约。在通信过程中，远动管理机周而复始地按照一定规则向调度中心传送各种遥测、遥信、事件记录等信息，调度中心也可以向远动管理机发送遥控、遥调等命令。

循环传送远动规约的数据以信息字的方式定义，信息字由功能码、信息数据和校验码组成，不同类型的信息由功能码进行区分。

(2)IEC 60870—5—101:2002 远动规约

和 IEC 60870—5—103 规约一样，IEC 60870—5—101 是查询式(问答式、应答式)的远动规约，适用于网络拓扑是点对点、多点对多点、多点共线，多点环形或多点星形的远动通信系统。101规约的帧格式和103规约是一样的，不同的是控制域和应用服务数据单元的定义，应用服务数据单元的定义如图6.25所示。

应用服务数据单元	数据单元标识符	类型标识	数据单元类型
		可变结构限定词	
		传送原因	
		应用服务数据单元公共地址	
	信息体	信息对象地址	信息对象标识符
		信息元素	
		3个字节或7个字节时标	信息对象时标
		信息对象n	

图6.25　101规约应用服务数据单元

类型标识、可变结构限定词、传送原因的含义和103规约相同，应用服务数据单元公共地址指变电所的地址。信息对象地址指具体信息的编号，变电所所有信息对象统一编号，遥信对象地址范围为0001H～1000H，继电保护信息对象地址为1001H～4000H，遥测信息对象地址为4001H～5000H，遥控对象信息地址为6001H～6200H，从信息对象地址范围可以知道规约的信息容量。信息元素是信息对象的具体信息，信息对象时标根据类型标识决定有、无，三字节时标只描述毫秒和分，7字节时标则描述了年、月、日、时、分、毫秒。

101规约的链路传输规则分为平衡传输方式和非平衡传输方式。非平衡传输方式是每次通信过程都是由调度中心发起，只有前一轮通信结束，才能进行下一轮通信。平衡传输方式是通信的发起方可以是变电所的远动管理机，远动管理机可以主动向调度中心发送数据，调度中心对收到的数据进行确认，如果远动管理机没有收到确认则停止发送，等待调度中心按照非平衡方式发起通信。

(3)IEC 60870—5—104:2002远动规约

随着通信技术的发展，远动通道越来越多的采用数字通道，远动通信采用网络的方式进行，查询式的远动规约效率低下的问题就暴露出来。TCP/IP协议本身具有数据校验、出错重传等机制，这样使应用程序可以在应用层不再考虑这些问题。IEC 60870—5—104:2002“采用标准传输协议集的IEC 60870—5—101网络访问”就是在网络环境下的101规约，简称为104规约，我国等同采用的标准号为DL/T 634.5104—2002。规约的可变长报文帧格式如图6.26所示。

应用规约数据单元(Application Protocol Data Unit，APDU)是在应用层的数据帧格式，数据传送的控制通过4字节的控制域来完成。规约的通信是在建立网络连接后，由调度中心启动通信过程，变电所的远动管理机有数据则向调度中心发送，调度中心可以收到多帧才进行确认，如果双方没有数据传送，则在规定的时间内发送测试报文，保持链路的正常连接。

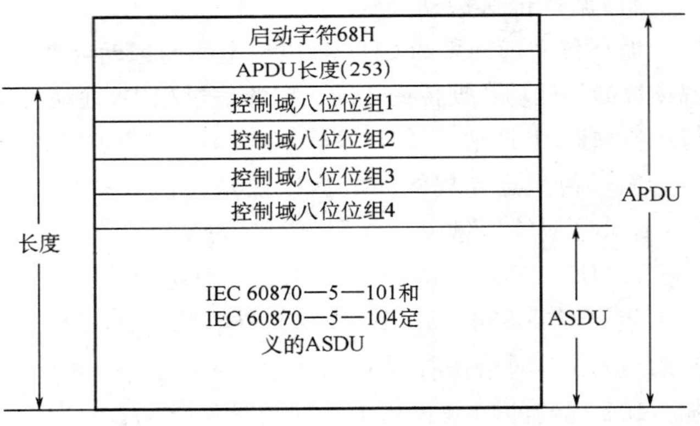

图6.26　104规约可变长报文格式

3.实际通信中存在的问题

IEC制定的规约主要从传统RTU的功能出发定义了“四遥”信息，对微机保护装置应用后所能记录的信息和功能没有进行定义，比如整定值功能、详细故障信息、对装置的历史数据召唤等。协议对类型标识、信息序号(信息体地址)等应用服务数据单元的所有元素都有严格的定义，对传送几率比较高的信息都进行了定义，但是并没有将继电保护中的所有信息量都进行定义，如果信息没有定义或超出了它定义的范围，则需要厂家对协议进行扩展来完成。这就造成了标准的通信规约并没有达到设备的互换和互操作。

(1) 变电所内部通信存在的问题

IEC 60870—5—103规约在物理层、链路层、应用层、用户进程做了大量的具体的规定和定义，详细说明了继电保护设备的信息接口，测量和控制功能在规约中定义了传送几率比较高的兼容范围的被测量和其他一些量，如果不能满足要求则需要采用通用分类的服务。前面提

到通过功能类型 FUN、信息序号 INF 可以确定继电保护设备上送的信息，FUN 和 INF 被严格地定义，即在兼容范围内才能达到继电保护设备和控制系统之间的互换目的。变电所自动化系统继电保护设备的功能并不会严格按照规约中规定的功能进行设计，即功能类型 FUN 的定义并没有包含所有设备的功能类型，或者说一个设备具有多种功能类型，通信的实现只有依靠使用专用范围或通用分类服务才能完成。另一方面在"四遥"功能之外也只有依靠通用分类服务或自定义来完成。因此在实际的变电所自动化系统中设备的互换和互操作很难完成，只有通过协议转换器才能完成。

(2) 远动通信中存在的问题

IEC 60870—5—101 和 IEC 60870—5—104 规约在功能上从"四遥"出发，要完成其他信息交互，则必须对通信协议进行扩展。在现在的技术条件下，调度中心除了完成"四遥"功能，还需要哪些功能目前没有一个明确的定义。和继电保护相关的功能在电力系统中被纳入到继电保护故障信息系统中，而在牵引供电系统中已经将其接入牵引供电信息系统中来实现。

对"四遥"功能的扩展，各个厂家上送的信息不同，扩展通信规约的方式也不同。规范"四遥"功能以外的其他功能，是变电所自动化系统和调度中心通信需要解决的问题。

第三节 间 隔 层

根据电气设备在电力系统中的作用，分为一次设备和二次设备。一次设备是指直接生产、输送和分配电能的设备，如发电机、变压器、输电线路、断路器、隔离开关、母线、避雷器、电压互感器和电流互感器等。由这些设备连接在一起而构成的电路，称为一次接线或主接线。二次设备是指对一次设备的工作状况进行监视、测量、控制、保护调节所必需的电气设备，需要完成的功能如继电保护、测量控制、低频减载、备用电源自动投入等。一次设备按照功能划分为不同的间隔单元，并与其中的二次设备组成了变电所自动化系统中的间隔层。

变电所的主接线图根据应用而千变万化，需要保护、控制和测量的对象也各不相同，要设计一种装置来满足所有的应用情况是不可能达到的理想目标。厂家设计的自动化产品包括了各种类型的装置，每种装置能够完成设定的保护、测量、控制任务，对不同的主接线图，就是通过不同类型装置的组合来完成全所的保护、测量、控制功能。一般来说，微机保护装置主要完成保护任务，不具有测控功能，或有限的测控功能，需设计专门的测控装置来完成测量、控制任务。对一台装置我们可以通过它能够接入的模拟量个数、开入数量(可以采集的遥信数)、开出节点数(信号和遥控输出)来判断装置的功能。

下面对牵引供电系统中各个间隔单元的功能进行分析，介绍了间隔单元的典型配置。

一、变压器间隔单元功能及设备

变压器是牵引供电系统中的重要组成元件，它的安全运行是保证铁路运输供电需求的必要条件，对它的保护和监控就显得特别重要。变压器间隔主要需要的功能是：

①保护功能。变压器需要的保护功能在第三、四章已经进行的分析，这里不再重复。

②测量功能。测量功能主要包括：变压器高、低压侧的电压、电流、轨回流、地回流、有功功率、无功功率、频率、相位、功率因数、主变压器油温等，同时监视变压器间隔中断路器和隔离开关的位置信号、故障信号等。

③控制功能。实现对变压器间隔内所有断路器和隔离开关的控制，主要包括：高压侧断路器、低压侧断路器、进线隔离开关、中性点隔离开关、跨条隔离开关等。

④故障录波和负荷录波功能。在牵引供电系统中没有配置专用的故障录波设备，因此保护装置具有故障录波功能就显得很有必要。在系统运行过程中也可以通过负荷录波功能查看当前运行状态。

⑤备用电源自投功能。当主变压器故障或进线失压时，实现备用变压器或备用进线的自动切换，保证铁路运输的正常供电。

1. 保护功能

由于变压器的重要性，对变压器的保护分为主保护和后备保护，分别由两套微机保护装置来完成。主保护装置主要完成差动保护，由变压器间隔内电流互感器的差动绕组专门作为差动保护使用，其他的保护由后备保护装置来完成。主变后备保护完成功能需要高压侧、低压侧的电流和电压，需要的 A/D 模拟通道较多，尤其对电力的变压器高、低压侧都是三相的系统，单个装置受限于模拟通道的个数和 CPU 的运算能力，后备保护装置被分为两台，分别完成高压侧的后备保护和低压侧的后备保护。对牵引供电变压器，低压侧为单相或两相，模拟量的个数少于电力变压器，因此一般只采用一台后备保护装置。

非电量保护是从变压器本体来的非电量节点（如重瓦斯、轻瓦斯、压力释放等）接入保护装置，启动装置的跳闸回路断开断路器。非电量保护不依赖保护装置的运行，只是借用了保护装置的跳闸回路，保护装置检测到非电量信号将其故障和信号记录并上送相关信息到变电所层。完成非电量保护有两种做法，一种是将非电量引入主保护或后备保护装置中，利用保护装置跳闸并记录故障信息。另一种方式是设计专门的非电量保护装置，由它完成非电量保护功能和信息上送。

2. 测控及备自投功能

变压器需要测量的模拟量有高、低压侧的电压和电流、轨回流、地回流、变压器的油温和绕组温度，还需要根据模拟量计算有功功率、无功功率、功率因数、有功电度、无功电度等。测量需要的通道个数多，计算工作量大，牵引变电所完成变压器测量任务一般采用专门的测控装置来完成测量任务，有一台变压器对应一台测控装置的模式，也有一台测控装置完成所内两台变压器测量任务的模式。如果变压器后备保护采用高、低压侧分开的模式，则高、低压侧的测量任务分别由各自的后备保护完成。

变压器的控制有高、低压侧的断路器和相关的隔离开关，对应的遥信量有开关位置信号和开关状态信号，如断路器和相关的隔离开关的合分位置、控制回路断线、机构故障等。跟变压器间隔相关需要控制的开关个数和采集的遥信量较多，可以采用一台或两台装置完成全所变压器间隔的控制和信号采集功能。

备用电源自投功能是在变压器故障或进线失压后，进行变压器或进线自投，迅速恢复供电的自动控制功能。从控制逻辑上来说，备自投功能就是通过对断路器和隔离开关的分、合控制，改变电源流经的方向达到供电的目的。通过操作人员的遥控操作同样可以达到备用电源的自投功能，因此备自投功能的完成从某种意义上来说就是按照设定逻辑进行顺序控制操作，自动完成遥控功能。备自投功能的完成有两种方式，一种是采用专门的备自投装置，一种是采用分散控制，由各个具有控制功能的装置配合完成，两种方式各有特点。

采用专门的备自投装置，自投逻辑在同一装置内完成，由它完成所有相关断路器和隔离开

关的操作，完成自投逻辑相对简单。备自投的操作功能和遥控操作重复，因此变压器间隔的遥控功能可以放在备自投装置上。对牵引变电所来说，完成自投功能需要控制的断路器和隔离开关数量多，要求备自投装置的开入和开出数量也多。采用分散控制完成自投功能要求装置之间的配合，装置间的配合可以通过通信或信号线连接的方式。

对断路器的操作，尤其是分闸操作有多种方式：正常的遥控操作、主保护装置保护跳闸、后备保护装置保护跳闸、自投操作，有多个装置需要操作断路器。因此断路器的操作回路有两种处理方式：每个装置都有独立的操作回路，装置间的操作回路并联使用；采用专门的操作箱，断路器的操作回路放在操作箱中，装置的控制开出和操作箱连接。

3. 典型的变压器间隔配置

上面讲述了变压器间隔的保护、测量、控制、备自投的功能及实现的方式，这些功能是由多个装置共同完成的，因此对变压器一般采用集中组屏的方式。变压器间隔功能的实现在目前的牵引变电所中有两种典型的方式，保护配置都是采用主保护和后备保护的方式，测控和自投功能的完成有两种不同的模式。

(1)测控装置完成自投功能

图 6.27 是采用测控装置完成自投功能的牵引变电所变压器间隔配置。

图中变压器的保护功能由主保护、后备保护装置完成，主变测控装置完成变压器的测量和控制任务，两台测控装置配合完成自投功能。主保护和后备保护装置都带有独立的操作回路。

(2)专门的自投装置完成系统功能

图 6.28 是由自投装置完成自投功能的牵引变电所变压器间隔配置。

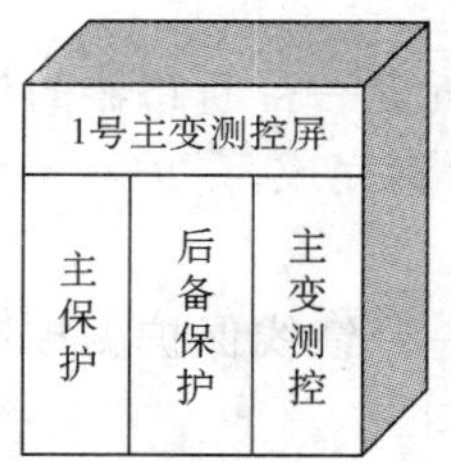

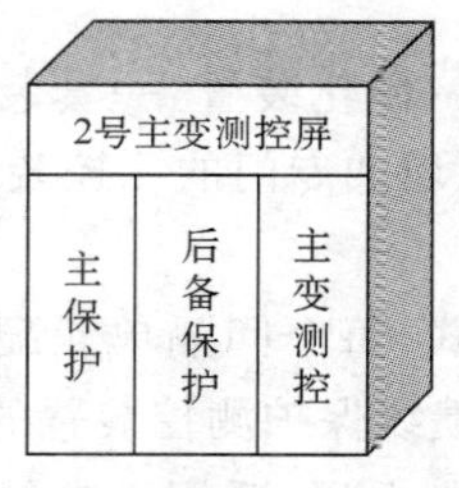

图 6.27　测控装置完成自投功能配置图

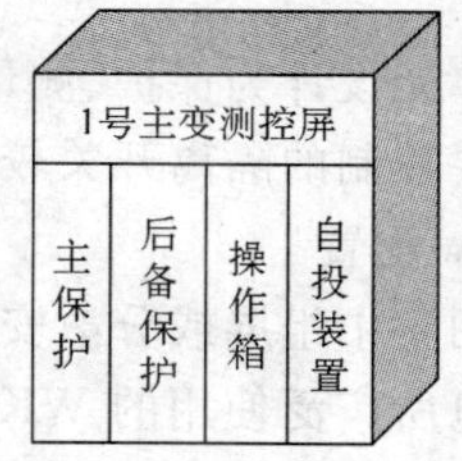

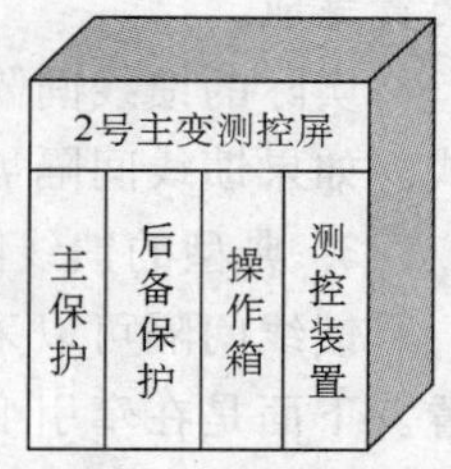

图 6.28　自投装置完成自投功能配置图

图中变压器的保护功能也是由主保护、后备保护装置完成，自投装置完成变压器间隔相关断路器和隔离开关的遥控操作，独立完成自投功能，断路器的操作回路采用操作箱的方式。一台测控装置完成两台变压器的测量功能。

二、馈线间隔单元功能及设备

牵引变电所馈线间隔单元完成向接触网供电，而接触网是整个牵引供电系统中的薄弱环节，出现故障的几率较高，对它的保护就显得特别重要。馈线间隔主要的功能有：

①保护功能。保护功能见前面的分析。

②测量功能。测量功能主要包括：馈线电压、电流、负荷角等，同时监视馈线断路器和隔离开关的位置信号、故障信号等。

③控制功能。实现对馈线间隔单元内所有断路器和隔离开关的控制，主要包括：馈线断路器、馈线隔离开关、旁路隔离开关等。

④故障录波和负荷录波功能。

⑤故障测距功能。当接触网出现故障，故障测距结果可以帮助维修人员快速到达现场，完成抢修任务，恢复供电。

1. 保护功能

牵引供电系统的馈线保护，由于电压等级低，并且使用备用断路器作为后备，保护功能都由一台装置完成，每台断路器都配一台保护装置。在直供和BT供电方式下瞬时、永久故障的判别需要借助故障判别的硬件设备，从控制和判别的角度来说，首先需要分合故判负荷开关，然后根据残压判别故障的性质。因此故障判别可以采用两种方式：一种是由馈线保护装置操作故判负荷开关来进行故障性质的判别，它需要馈线保护装置有故判负荷开关的控制节点和残压采集的模拟通道，秦沈客运专线就是采用的这种方式；另一种方式是由专门的故判装置完成故障性质的判别，然后将结果告知馈线保护装置，馈线保护装置在重合闸时需要判断从故判装置来的故障性质判别结果。故判装置和馈线保护装置可以通过通信或节点连接的方式传送故障判别结果，故判装置可以通过网关或协议转换器接入变电所自动化系统。

2. 测控功能

馈线间隔的测量功能相对保护功能来说，只增加了测量馈线的电流量，并且模拟量的个数较少，因此可以用保护装置完成测量的功能。在一个馈线间隔单元内，需要控制的隔离开关数，不同的主接线设计个数差别很大，另一方面，为了就地安装，馈线保护装置设计体积较小，限制了装置开入、开出的数量。因此对馈线间隔单元的控制功能设计为馈线保护装置只控制断路器，不控制或只控制有限个隔离开关，其余的隔离开关控制和遥信信号采集由专门的测控装置完成。

实际的馈线间隔单元设计为保护、测量、控制一体化装置，一套装置负责一台断路器的模式。如果馈线间隔需要控制的隔离开关较多，可以增加专门的测控装置负责完成。

3. 典型的馈线间隔配置

馈线间隔可以采用集中组屏或分散安装的模式，每个间隔单元配置一台馈线保护测控装置。下面是在牵引变电所广泛使用的WKH-892馈线保护测控装置的接口：

①模拟量有2路电压、6路电流，可以接入故判电压，适用于电气化铁道直接供电、BT供电和AT供电的牵引网，完成保护、测量、故障性质判别的功能。

②控制操作可以完成一台断路器和3个隔离开关的操作。

③遥信开入信号有22个。

三、并补间隔单元功能及设备

并补间隔单元需要完成的功能主要有：

①保护功能。保护功能见前面的论述。

②测量功能。测量功能主要包括：电流、电压，同时监视并补断路器和间隔内隔离开关的位置信号、状态信号等。

③控制功能。实现对并补单元内所有断路器和隔离开关的控制。

④故障录波和负荷录波功能。

从控制和测量的功能来看，并补间隔单元相比馈线间隔单元和变压器间隔单元相对简单，可由一套装置完成保护、测量、控制功能，装置的设计面向并补单元，如果需要其他的测量和控

制功能，则由专门的测控装置完成。

四、其他间隔单元功能及设备

保护测控单元主要完成保护功能，能够完成的测量、控制、遥信功能有限，各个厂家都有专门的测控装置，来完成保护装置剩余的测量、控制、遥信采集任务。由于不涉及保护，因此测控装置具有较多的模拟通道、控制节点、开入节点，这些测控装置有面向特定间隔单元设计，主要用于特定的间隔单元的，也有按照通用要求设计的。

除了变压器、馈线、并补间隔单元外，还有其他的保护间隔单元，如动力变间隔单元，这些间隔单元的设计考虑因素和前面的介绍一致，这里就不再一一介绍。除了保护间隔单元，系统中还有一些其他的一次设备和二次设备，这些二次设备一般都不是变电所自动化系统厂家的产品，将它们接入自动化系统都采用协议转换器/网关的模式，如智能电度表、交直流屏。

第四节　站　控　层

站控层，即变电所自动化系统中的变电所层，包括监控子系统和远动通信功能。远动通信在前面已有论述，这里只对监控子系统进行介绍。

一、监控子系统的功能

变电所自功化系统改变了常规继电保护装置不能与外界通信的缺陷，取代常规的测量系统，如变送器、录波器、指针式仪表等；改变了常规的操作机构，如操作盘、模拟盘、手动同期及手控无功补偿等装置；取代常规的告警、报警装置，如中央信号系统、光字牌等；取代常规的电磁式和机械式防误闭锁设备；取代常规远动装置等；同时充分发挥微机监控的优点，扩展传统监控的功能。微机监控系统主要包括以下几部分内容：

1. 数据采集

采集变电所运行的实时数据和设备运行状态，包括各种状态量、模拟量、脉冲量、数字量和保护信号，这些数据是监控子系统完成其功能的基础。

(1) 模拟量的采集

变电所采集的典型模拟量有：各段母线电压，线路电流、电压和功率值，馈线电流、电压和功率值，主变压器电流、有功功率和无功功率，电容器的电流、无功功率及频率、相位、功率因数；此外，还有主变压器的油温、直流电源电压、所用变压器电压和功率等。

(2) 开关量的采集

变电所的开关量有断路器的状态、隔离开关状态、有载调压变压器分接头的位置、同期检查状态、继电保护动作信号和运行告警信号等。

(3)电能量的采集

电能量采集可通过电能表脉冲输出、和电能表通信、通过采集的模拟量计算这三种方式得到。

(4)数字量的采集

数字量的采集主要是指采集变电所内微机保护和智能装置的信息。主要有：微机保护和智能装置的故障动作信息、自诊断信息、跳闸报告和故障波形等。

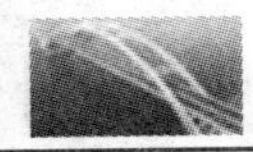

变电所自动化系统中数据的采集都是由间隔层的保护测控装置和所内的智能设备完成，通过通信网络传送到变电所层。

2.运行监视和控制

(1)安全监视

监控系统在运行过程中，对采集到的电压、电流、频率、主变压器油温等量不断地进行越限监视，如有越限立即发出告警信号，同时记录越限时间和越限值。另外，还要监视保护测控装置和其他智能装置运行是否正常，设备之间的通信是否正常。

(2)事件记录功能(历史记录)

将遥测越限、正常遥信变位、事故变位、SOE、保护动作信息、遥控记录、操作记录等信息存入历史数据，进行集中统一管理。监控系统根据存储的历史数据可以进行各种功能分析，扩展传统监控系统的功能，充分体现出变电所自动化系统的优越性，如事故追忆。

事件顺序记录(Sequence Of Event，SOE)包括断路器合跳闸记录、保护动作顺序记录。微机保护或监控系统采集环节必须有足够的内存，以确保当后台监控系统或远方监控主站通信中断时不丢失事件信息，并应记录事件发生的时间(应精确至毫秒级)。

事故追忆是指对变电所内的一些主要模拟量、如线路、主变压器各侧的电流，有功功率、主要母线电压等，在事故前后一段时间内作连续测量记录。通过这一记录可了解系统或某一回路在事故前后所处的工作状态，对于分析和处理事故起辅助作用。

(3)故障记录、故障录波和故障测距功能

继电保护装置发生动作后故障录波数据是故障分析最有效的手段，故障测距对尽快找出故障点，缩短修复时间，尽快恢复供电，减少损失，这一点对牵引网来说尤其重要。变电所的故障录波和故障测距可采用两种方法实现：一是由微机保护装置兼作故障记录和测距，再将记录和测距的结果送监控机存储及打印输出或直接送调度主站，这种方法可节约投资，减少硬件设备，但故障记录的量有限；另一种方法是采用专用的微机故障录波器，并且录波器应具有通信功能，可以与监控系统通信。牵引供电系统的微机保护装置一般都具有故障录波功能，测距功能由馈线保护装置完成或使用专用的故障测距装置。

牵引供电系统和电力系统的低压线路中很少设置专用故障录波器，为了分析故障的方便，可以设置故障记录功能来帮助故障分析。故障记录是记录继电保护动作前后与故障有关的电流、电压、阻抗等故障电量，记录故障的详细动作信息。故障记录由微机保护装置完成。

(4)操作控制

操作人员都可通过显示器对断路器和隔离开关进行分、合闸操作，对变压器分接头位置进行调节控制，对电容器组和电抗器组进行投、切控制；同时，能接收调度中心遥控操作命令，进行远方操作，并且所有的操作控制均能就地和远方控制、就地和远方切换相互闭锁，自动和手动相互闭锁，为防止计算机系统故障时无法操作被控设备，在设计上还应保留人工直接跳、合闸手段。

在显示器上的操作闭锁功能，只有输入正确的操作口令和监护口令才有权进行操作，收到返校信号后才可执行下一项；必须分对象校核、操作性质校核和命令执行三步，以保证操作的正确性。

操作管理权限按分层(级)原理管理。监控系统设有专用密码的操作口令，使调度员、遥调、遥控操作员、系统维护员和一般人员能够按权限分层(级)操作和控制。

(5)运行监视与人机联系功能

所谓运行监视，主要是指对变电所的运行工况和设备状态进行自动监视，即对变电所各种状态量变位情况的监视和各种模拟量的数值监视。通过状态量变位监视，可监视变电所各种断路器、隔离开关、接地开关、变压器分接头的位置和动作情况，继电保护和自动装置的动作情况以及它们的动作顺序。

人机联系的桥梁是显示器、鼠标和键盘。变电所采用微机监控系统后，无论是有人值班还是无人值班站，最大的特点之一是操作人员或调度员只要面对显示器的屏幕，通过鼠标或键盘，就可了解全所的运行情况和运行参数，可对全所的断路器和隔离开关等进行分、合操作，彻底改变了传统的依靠指针式仪表和依靠模拟屏或操作屏等手段的操作方式，不仅取代了常规的仪器、仪表，而且可以实现许多常规仪表无法完成的功能，彻底改变了传统的监控方式。

当变电所有非正常状态发生和设备异常时，系统能及时在当地或远方发出事故音响或语音报警，并在显示器上自动推出报警画面，为运行人员提供分析处理事故的信息，同时可将事故信息进行打印记录和存储。

对于无人值班变电所也必须设置必要的人机联系功能，以便当巡视或检修人员到现场时，能通过液晶显示或笔记本电脑观察到所内各设备的运行状况和运行参数。对断路器的控制应具有当地人工紧急操作的设施。

(6)报表管理和打印

根据历史数据和实时数据，提供报表管理功能。可以灵活地定义报表的格式和报表相关的数据，完成报表的编辑、显示和打印。对于有人值班的变电所，监控系统可以配备打印机，完成打印记录功能。

对无人值班变电所，可不设当地打印功能，各变电所的运行报表集中在控制中心打印输出。

(7)谐波分析与监视

谐波污染已成为电力系统的公害之一，而电气化铁路是重要的谐波污染源。因此，在变电所自动化系统中，还应重视对谐波含量的分析与监视，对谐波污染严重的变电所采取适当的抑制措施。

不论从保证电力系统和供电系统的安全经济运行或是从保证设备和人身的安全来看，对谐波污染造成的危害影响加以经常监测和限制都是极为迫切需要的。电力部门颁布了《电力系统治波暂行规定》和 GB/T 14549—1993《公用电网谐波》两个标准，对公用供电系统谐波基本允许值和谐波源注入供电点的谐波电流值作出了规定。一方面，电力部门加强了对谐波源和供电点电压或电流的谐波含量或畸变值的经常性监测，对新接入的谐波源负荷进行必要验算和管理，以保证电能的质量及用电设备的安全运行和正常工作；另一方面，电力用户为了保证自身设备的安全和正常运行，也应当把自己的用电设备产生的谐波畸变保持在规定的限度以内。

随着社会的发展，对电能质量的要求越来越高，电气化铁路作为谐波污染源，有必要加强谐波监视和分析，以便采取有力的措施减少或消除谐波污染。

3.数据处理和记录

监控系统除了完成上述功能外，数据处理和记录也是很重要的环节。历史数据的形成和存储是数据处理的主要内容。此外，为满足继电保护专业和变电所管理的需要，必须进行一些数据统计。其内容包括：①主变压器和输电线路有功功率和无功功率每天的最大值和最小值以及相应的时间；②母线电压每天定时记录的最高值和最低值以及相应时间；③计算受配电电能平衡率；④统计断路器动作次数；⑤断路器切除故障电流和跳闸次数的累计数；⑥控制操作和修改定值记录。

随着变电所自动化系统技术的发展，需要统计的数据和记录也会不断的变化，对数据的处理也会不断扩展监控系统的功能。

4. 其他功能

监控子系统采集了变电所内的所有数据和设备运行状态，在此基础上可以完成一些单个装置难以完成的功能，即监控系统可以增加功能模块，协调多个装置共同完成某一特定的功能，避免装置之间的通信增加系统的复杂性。比如电压无功控制功能和小电流接地选线功能。

二、监控子系统的结构

变电所自动化系统的监控子系统可以是单机系统，也可以是多机系统，它的构成与变电所的类型和规模有关，在变电所自动化系统的网络结构分析中，对监控系统的组成有所提及。上一小节提出的监控子系统的功能，从业务逻辑上可分为数据服务器、操作员站、继保工程师站、五防工作站。当变电所系统规模较小时，监控子系统可以由一台计算机组成，当变电所系统规模较大或为超高压变电所时，可以由多台计算机组成。牵引供电系统的变电所规模都比较小，实际应用的系统中都是由一台计算机完成全部的监控功能。

1. 数据服务器

数据服务器由实时数据库和历史数据库组成。实时数据库负责和间隔层的通信，并将数据在变电所层所有机器内保持同步。历史数据库采用商业数据库，负责各种历史数据的保存，提供查询服务。数据服务器负责整个系统的协调和管理，保持实时数据库的最新最完整备份；负责组织各种历史数据，并将其保存在历史数据库服务器。

2. 操作员站

操作员站是变电所运行人员的人机界面，完成对变电所的实时监控和操作功能，包括显示各种图形、数据、告警信息、管理信息，提供遥控、遥调、数据查询、事故追忆等操作显示界面。

3. 继保工程师站

继保工程师站又称保护工程师站，主要提供保护工程师对变电所内的保护装置及故障信息进行管理维护的工具。保护工程师指运行管理、维护人员及保护设计、调试人员。保护装置的管理维护主要有整定值、装置版本信息、装置记录的事件和自检信息等，故障信息主要有故障记录和故障录波文件。

4. 五防工作站

变电所五防功能是指：防止误分、合断路器；防止带负荷分、合隔离开关；防止带电挂（合）接地线（接地开关）；防止带接地线（接地开关）合断路器（隔离开关）；防止误入带电间隔。

变电所五防系统由三层构成，分别是站控层防误、间隔层测控单元防误以及单元电气闭锁。在牵引供电系统中，闭锁关系相对简单，主要在间隔层测控单元防误和单元电气闭锁，没有在站控层采用专门的五防工作站。如果需要，可以考虑在操作员工作站中加入必要的闭锁

逻辑。

5. 时钟同步的概念和方法

时钟同步的目的是保持变电所层的计算机、间隔层的保护测控装置、网关、远动管理机、通信管理机等各设备之间时钟的统一，实现对所内设备运行状况的全面监控，便于对故障原因的准确判断。时钟同步包括变电所内部的时间同步和变电所之间的时钟同步。变电所之间的时钟同步可以通过调度中心作为时钟同步源进行，也可由各个变电所分别配置 GPS 装置完成。通过 GPS 装置进行时钟同步主要有以下几种方式：

(1) 硬件脉冲对时方式(硬对时)。常用的脉冲信号有：1 PPS ——每秒钟发送 1 个对时脉冲；1 PPM——每分钟发送 1 个对时脉冲；1PPH ——每小时发送 1 个对时脉冲。

(2)串行口对时方式(时间报文)。串行输出端口以广播方式发送固定格式的报文信息。

(3)网络对时方式。网络对时服务器通过网络定时发送对时报文。

(4) IRIG-B 时钟码对时方式。IRIG-B 为 IRIG 委员会的 B 标准，是专为时钟的传输制定的时钟码。国外进口装置常使用该信号输入方式对时。每秒输出一帧按秒、分、小时、日期的顺序排列的时间信息。IRIG-B 信号有直流偏置(TTL)电平、1 kHz 正弦调制信号、RS422 电平方式、RS232 电平方式 4 种形式。

(5)互联网时间同步技术：使用互联网同步计算机和终端设备的时间是十分方便的，目前国内外都免费提供这种服务。该技术通常采用标准的 NTP 或 SNTP 协议，可以获得 1～50 ms的时间校准精度。NTP 可以估算往返路由的延时差，以减小时延差所引起的误差。但其准确度和 NTP 服务器与用户间的距离有关，一般在国内或区域内可以获得 1～50 ms 的时间校准精度。目前 GPS 装置能够作为 NTP 的服务器提供对时服务。

将时间报文和脉冲信号相结合是一种比较完善的对时方式。在间隔层装置采用以太网通信的情况下，使用 NTP/SNTP 对时方式，可以有效地解决对时精度的问题，消除由于装置分散安装带来的脉冲对时网布置困难的问题。

三、监控子系统举例

上面介绍了监控子系统的功能和组成，本节结合一个具体的监控系统实例来使读者对变电所自动化系统有一个全面的认识。

在实例中，变电所自动化系统的监控子系统由当地监控功能和继电保护工程师站两部分组成，各部分相对独立，当地监控功能和继保工程师站运行在一台计算机上，系统网络结构可以参考前面的变电所网络结构介绍。当地监控功能主要完成变电所的运行监视和控制操作，实现多种报警功能，完成各种历史数据的记录，并可根据用户的需求定制报表。继保工程师站完成对保护测控装置的技术管理和故障分析、记录。下面对当地监控功能和继保工程师站的功能进行简要的介绍。

1. 当地监控功能

系统的当地监控功能非常强大，这里只对主接线图、遥控、实时告警、报表、历史数据查询进行简要介绍。

(1) 主接线图

系统运行的界面可以根据提供的组态工具进行自由定制，图 6.29 是常用的主接线图画面。

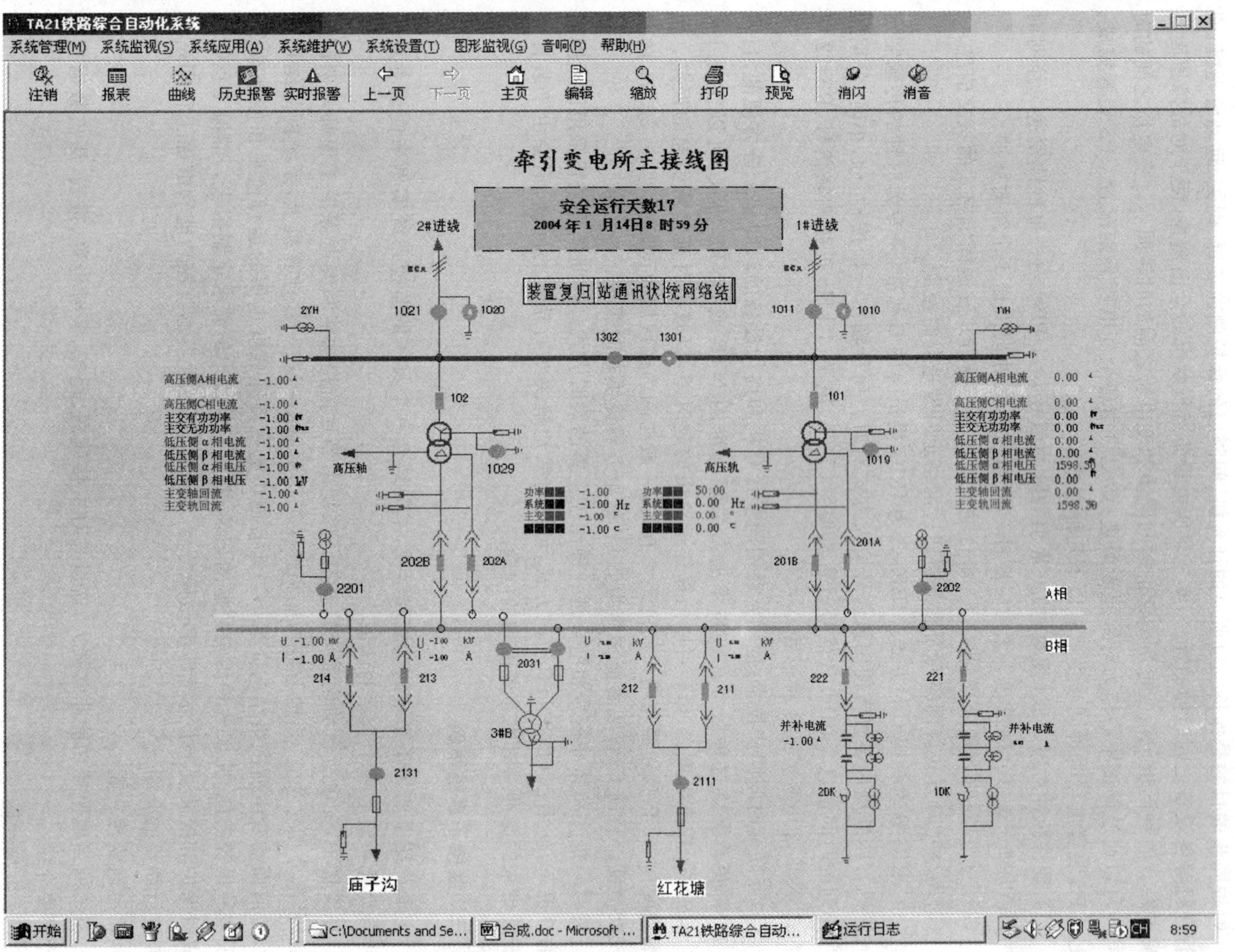

图 6.29 系统主接线图运行界面

从主接线图上可以了解一次设备的布置情况和当前的实时状态，所有开关位置和测量值都是实时从间隔层设备得来。如果出现开关变位的情况，除了实时告警窗口提示外，主接线图上的开关还会闪动，帮助值班员确定一次设备的具体位置，值班员确认变位信息后开关才停止闪动。

主接线图上可以根据需要设置导航工具条，如图上的装置复归、站通信状态、系统网络结构。点击工具条则进入相应页面，每个页面都可以由用户定制。

(2)遥控操作

所有需要遥控的变量都可以放置在三接线图上，用户可以在主接线图上选择进行遥控操作，也可以从装置信息图中进行遥控操作。遥控操作需要操作员有相应的权限，并在操作时进行身份验证，操作记录将会记入历史数据库。遥控操作可以定义为“选择—执行”的两步操作模式，如对开关的操作；也可以定义为“执行”的一步操作模式，如装置复归。

遥控操作的操作员身份验证框，如图 6.30 所示。

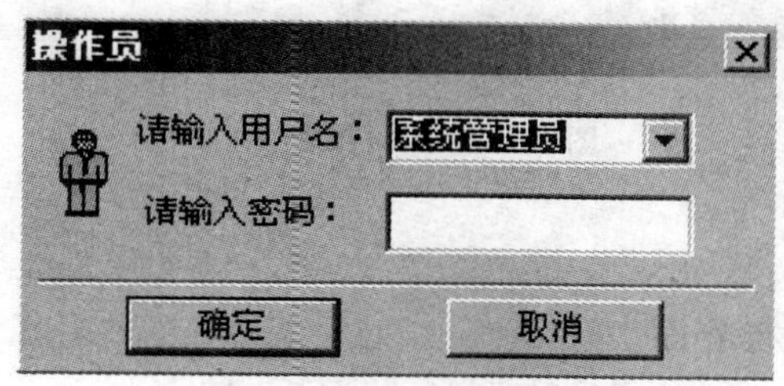

图 6.30 遥控身份验证

经过身份验证后，将弹出遥控信息框，如图 6.31 所示。

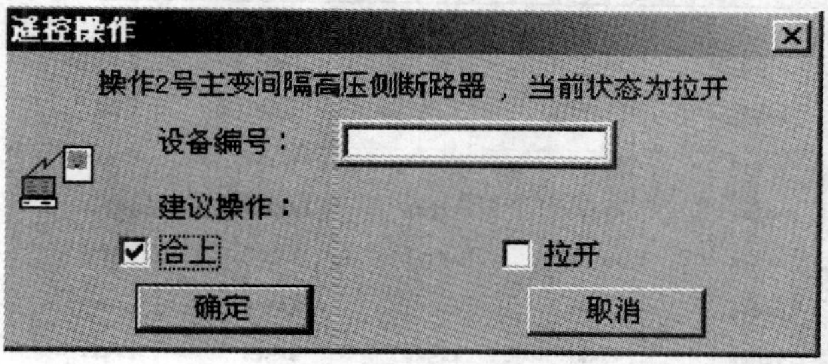

遥控操作
操作2号主变间隔高压侧断路器，当前状态为拉开
设备编号：
建议操作：
☑ 合上 ☐ 拉开
确定 取消

图 6.31 遥控操作

检查遥控信息窗内显示的内容是否正确，然后输入设备编号，默认编号为 1。通过这一系列的验证来保证遥控操作是按照操作员的意图进行，避免出现误操作。所有的遥控操作都会在实时报警窗口显示。

(3) 实时报警功能

“实时报警发布中心”消息框，它记录了监控系统的全部报警信息和各种系统事件，如操作员登录、注销，通讯监视，保护事件、遥信变位信息、装置告警信息、遥测量越限、遥控操作信息等，如图 6.32 所示。

当发生上述事件后，实时报警窗口都会主动弹出，每个报警信息可以关联声音报警信息，在报警窗口弹出的同时发出音响报警。在察看报警信息时可以将报警信息分类显示。

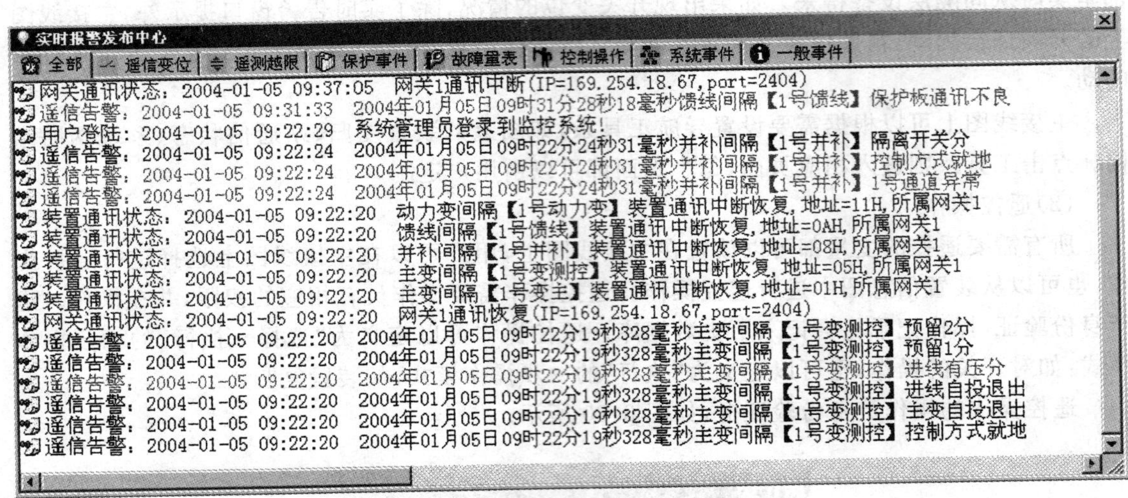

图 6.32　实时报警窗口

（4）报表功能

图 6.33 是系统报表运行界面。

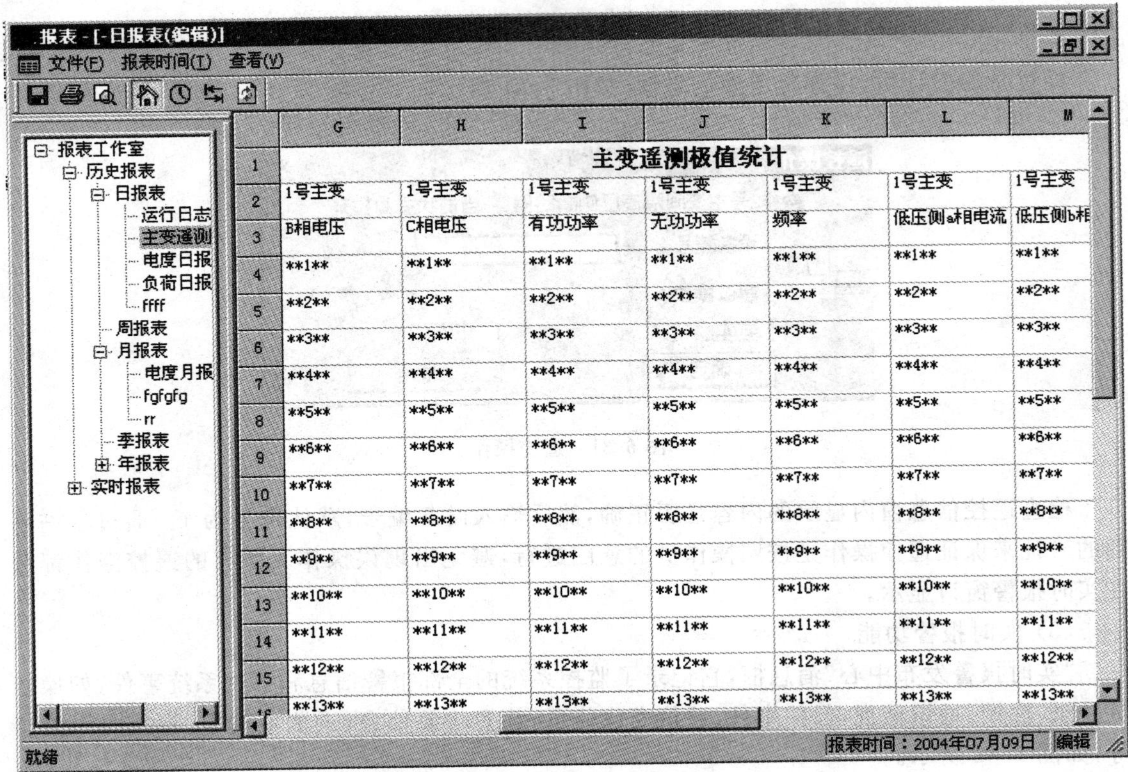

图 6.33　报表运行界面

系统提供功能强大、灵活自如的报表生成工具，用户可以自定义报表。系统提供常用的报表模板，系统中定义的数据都可以作为报表的原始数据。

(5)历史数据查询

历史报警浏览提供了查询某个历史时间段内，本系统所有分类历史报警信息的功能。历史报警浏览有按照设备间隔和报警类型两个分类标准，图 6.34 显示的是按"按报警类型分类"的历史报警窗口。

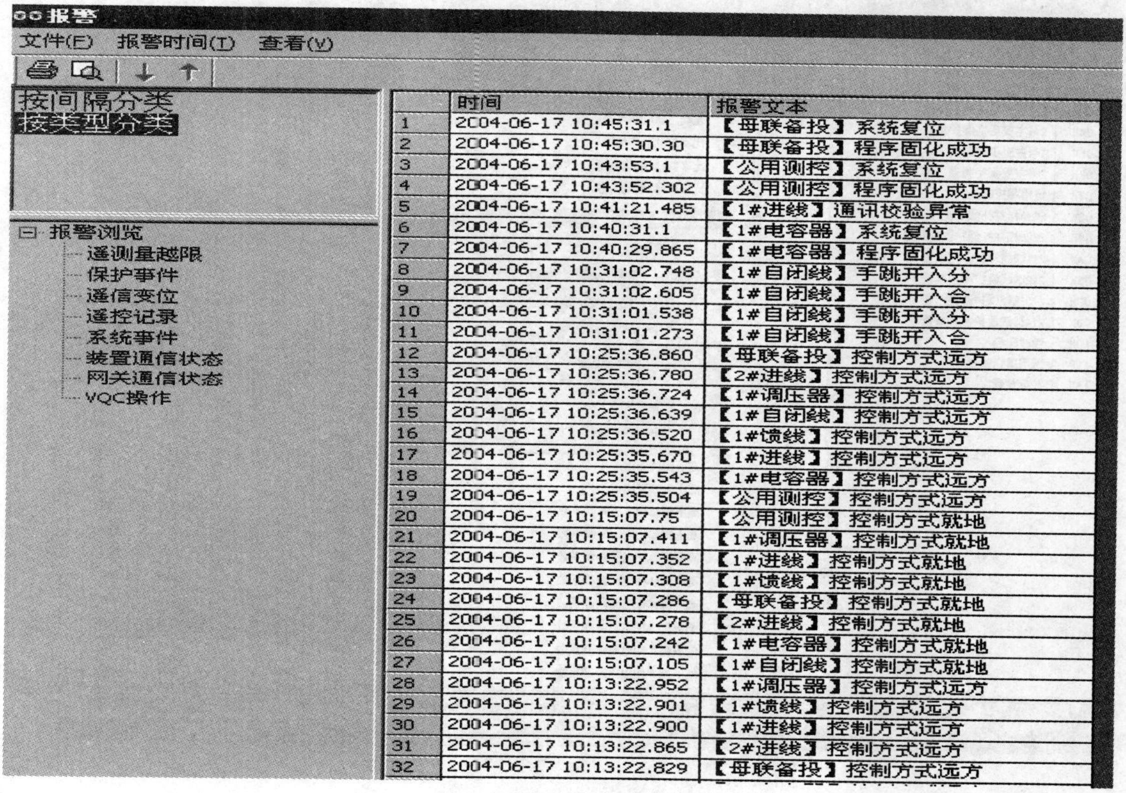

报警

文件(F)　报警时间(T)　查看(V)

按间隔分类
按类型分类

报警浏览
遥测量越限
保护事件
遥信变位
遥控记录
系统事件
装置通信状态
网关通信状态
VQC操作

	时间	报警文本
1	2004-06-17 10:45:31.1	【母联备投】系统复位
2	2004-06-17 10:45:30.30	【母联备投】程序固化成功
3	2004-06-17 10:43:53.1	【公用测控】系统复位
4	2004-06-17 10:43:52.302	【公用测控】程序固化成功
5	2004-06-17 10:41:21.485	【1#进线】通讯校验异常
6	2004-06-17 10:40:31.1	【1#电容器】系统复位
7	2004-06-17 10:40:29.865	【1#电容器】程序固化成功
8	2004-06-17 10:31:02.748	【1#自闭线】手跳开入分
9	2004-06-17 10:31:02.605	【1#自闭线】手跳开入合
10	2004-06-17 10:31:01.538	【1#自闭线】手跳开入分
11	2004-06-17 10:31:01.273	【1#自闭线】手跳开入合
12	2004-06-17 10:25:36.860	【母联备投】控制方式远方
13	2004-06-17 10:25:36.780	【2#进线】控制方式远方
14	2004-06-17 10:25:36.724	【1#调压器】控制方式远方
15	2004-06-17 10:25:36.639	【1#自闭线】控制方式远方
16	2004-06-17 10:25:36.520	【1#馈线】控制方式远方
17	2004-06-17 10:25:35.670	【1#进线】控制方式远方
18	2004-06-17 10:25:35.543	【1#电容器】控制方式远方
19	2004-06-17 10:25:35.504	【公用测控】控制方式远方
20	2004-06-17 10:15:07.75	【公用测控】控制方式就地
21	2004-06-17 10:15:07.411	【1#调压器】控制方式就地
22	2004-06-17 10:15:07.352	【1#进线】控制方式就地
23	2004-06-17 10:15:07.308	【1#馈线】控制方式就地
24	2004-06-17 10:15:07.286	【母联备投】控制方式就地
25	2004-06-17 10:15:07.278	【2#进线】控制方式就地
26	2004-06-17 10:15:07.242	【1#电容器】控制方式就地
27	2004-06-17 10:15:07.105	【1#自闭线】控制方式就地
28	2004-06-17 10:13:22.952	【1#调压器】控制方式远方
29	2004-06-17 10:13:22.901	【1#馈线】控制方式远方
30	2004-06-17 10:13:22.900	【1#进线】控制方式远方
31	2004-06-17 10:13:22.865	【2#进线】控制方式远方
32	2004-06-17 10:13:22.829	【母联备投】控制方式远方

图 6.34　历史报警窗口-按照类型分类

2. 继保工程师站

继保工程师站在系统中担负着继电保护处理、故障录波分析等功能，在电网的稳定运行及事故反演等方面发挥着极其重要的作用。功能上，继保工程师站相对独立于当地监控功能，也可以单独使用。

继保工程师站直接同间隔层设备通讯，与变电所内的各种继电保护装置、安全自动装置及故障录波器一起可组成变电所的继电保护及故障录波信息处理系统，可作为继电保护及故障录波信息处理系统的子站。继保处理主要包括定值管理(定值查询、定值修改和定值区切换)、保护压板投退、保护动作报告显示和查询等工作。下面对常用的几个模块进行介绍。

(1)定值管理

"定值管理"的工作包括定值查询、定值修改、定值区切换等。系统支持装置多 CPU、多定值区的定义，同时可以设置定值范围，保证定值输入的正确性，定值的修改也需要操作员有相应的权限。

在“定值管理”页面，定值参数显示内容包括：定值序号、定值名称、定值单位、定值范围。定值管理页面的显示内容如图 6.35 所示。

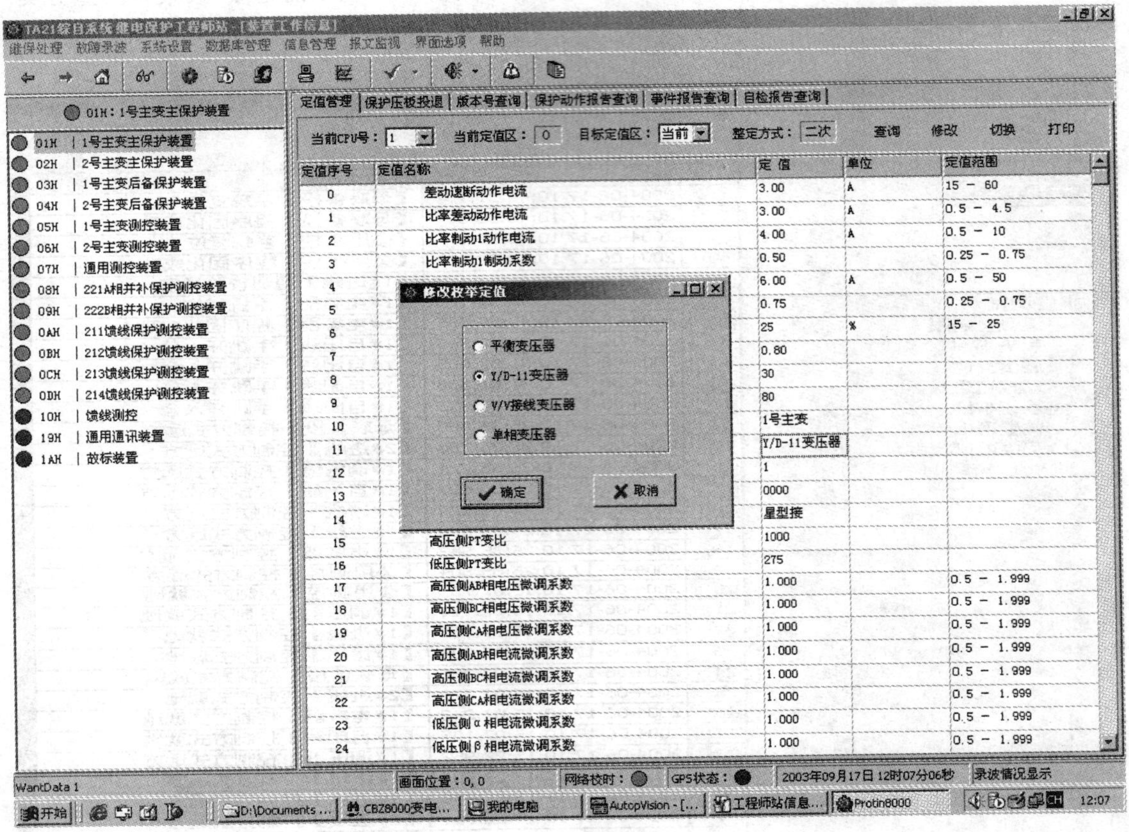

图 6.35　定值管理页面

从定值管理页面我们看到继保工程师站提供保护压板投退、装置版本查询、保护动作报告查询、装置历史数据查询等功能，页面的左边显示了每个保护测控装置的通信状态。

(2)故障报告

继电保护装置动作后，除了上送遥信和 SOE 事件外，还将上送详细故障信息，即前面分析的故障记录，也称故障报告。继保工程师站收到故障报告后将会主动弹出故障报告窗口，如图 6.36 所示。

(3)装置数据查询和故障录波

微机保护测控装置能够记录一定数量的故障报告、故障录波数据和事件记录，如果由于某种原因未能上送监控系统，则可以通过查询功能来直接从装置察看历史数据。

保护装置会保存最近若干次的故障报告，继保人员可以通过“保护动作报告查询”这项功能来查看这些保存在装置内的故障报告。在“保护动作报告查询”页面，选择故障报告的动作

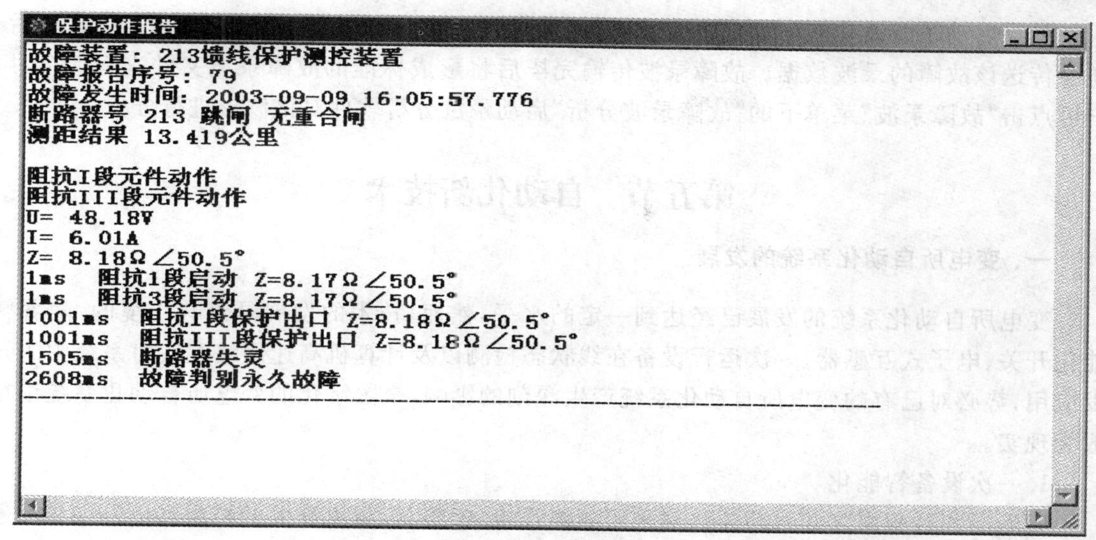

图 6.36　故障报告窗口

序号(动作报告序号为 0～255，0 表示最新一次的报告，1 表示次新的一次故障报告，依此类推)即可，图 6.37 显示了调 1 号主变主保护装置最新的故障报告及结果。

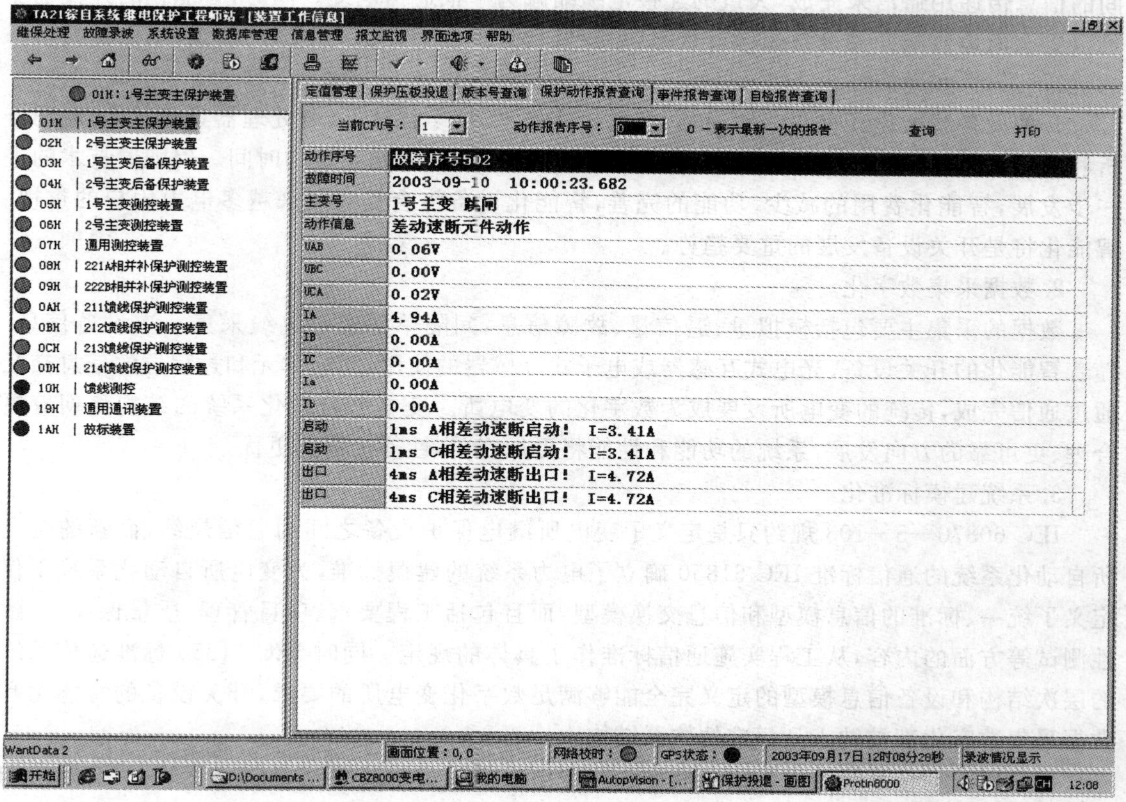

TA21综自系统继电保护工程师站 - [装置工作信息]

继保处理　故障录波　系统设置　数据库管理　信息管理　报文监视　界面选项　帮助

01H：1号主变主保护装置

- 01H ｜1号主变主保护装置
- 02H ｜2号主变主保护装置
- 03H ｜1号主变后备保护装置
- 04H ｜2号主变后备保护装置
- 05H ｜1号主变测控装置
- 06H ｜2号主变测控装置
- 07H ｜通用测控装置
- 08H ｜221A相并补保护测控装置
- 09H ｜222B相并补保护测控装置
- 0AH ｜211馈线保护测控装置
- 0BH ｜212馈线保护测控装置
- 0CH ｜213馈线保护测控装置
- 0DH ｜214馈线保护测控装置
- 10H ｜馈线测控
- 19H ｜通用通讯装置
- 1AH ｜故标装置

定值管理 ｜保护压板投退｜版本号查询｜保护动作报告查询｜事件报告查询｜自检报告查询

当前CPU号：1　动作报告序号：0　0 －表示最新一次的报告　查询　打印

动作序号	故障序号502
故障时间	2003-09-10　10:00:23.682
主变号	1号主变　跳闸
动作信息	差动速断元件动作
UAB	0.06V
UBC	0.00V
UCA	0.02V
IA	4.94A
IB	0.00A
IC	0.00A
Ia	0.00A
Ib	0.00A
启动	1ms A相差动速断启动！ I=3.41A
启动	1ms C相差动速断启动！ I=3.41A
出口	4ms A相差动速断出口！ I=4.72A
出口	4ms C相差动速断出口！ I=4.72A

WantData 2　画面位置：0，0　网络校时：　GPS状态：　2003年09月17日 12时08分28秒　录波情况显示

开始　D:\Documents ...　CBZ8000变电...　我的电脑　AutopVision - [...　保护投退 - 画图　Protin8000　12:08

图 6.37　保护动作报告查询页面

如果启动了录波功能(点击“故障录波”菜单下的“启动录波功能”),装置送出故障报告后,还会传送该故障的录波数据。故障录波传输完毕后将形成标准的故障录波文件进行保存,用户可点击“故障录波”菜单下的“故障录波分析”启动录波分析软件对该波形进行分析。

第五节　自动化新技术

一、变电所自动化系统的发展

变电所自动化系统的发展已经达到一定的水平,然而,技术的发展是没有止境的,随着智能化开关、电子式互感器、一次运行设备在线状态检测以及计算机高速网络在实时系统中的开发应用,势必对已有的变电所自动化系统产生深刻的影响,全数字化的变电所自动化系统正在成为现实。

1. 一次设备智能化

间隔层和过程层之间目前还普遍采用电缆连接,断路器、隔离开关的控制和信号采集都通过电缆接入相应的保护测控装置。同一个信号,如果两台装置都需要,则每台装置各自分别采集。对设备的监测也只能通过节点信号进行,智能化的开关电器是将计算机技术、信息技术与传统开关电器组合,而具有智能功能的开关电器,是国际上新近才兴起的一种产品,有明显技术优势,发展速度也比较快。智能化的开关电器可以通过通信接口和间隔层设备通信,它们之间的信息传递用通信来完成,大量的连接电缆缩减为一根通信电缆。同时,智能化的开关电器可以更全面地监测开关设备的运行状态,为检修和处理故障提供更可靠的依据,从而提高设备的运行可靠性和经济性。

开关设备智能化还存在一些问题,涉及传感技术、抗干扰技术、微处理器集成技术、电网分析和故障诊断等多个领域,要达到功能完善、价格合理还需要相当长的时间。但随着技术的进一步发展,智能化费用的减少,功能的完善,智能化设备将会受到越来越多电力用户的重视。智能化将是开关设备发展的重要趋势。

2. 数据采集数字化

数据的采集主要包括模拟量、遥信量、故障信息,间隔单元通过电缆采集一次设备信息。随着智能化的开关设备、光电式互感器或电子式互感器的使用,间隔单元和过程层的信息交互通过通信完成,传统的变电所发展成为数字化的变电所。变电所自动化系统的结构将朝着更合理、更可靠的方向发展,系统的功能和性能将更加完善,性能价格比更优。

3. 系统建模标准化

IEC 60870—5—103 规约只是定义了变电所继电保护设备之间的通信规约,而新的变电所自动化系统的通信标准 IEC 61850 确立了电力系统的建模标准,为变电所自动化系统不仅定义了统一、标准的信息模型和信息交换模型,而且包括工程要求、项目管理、质量保证、一致性测试等方面的内容,从工程实施通信标准作了具体的规定。同时 IEC 61850 标准通信系统的层次结构和设备信息模型的定义完全能够满足数字化变电所的要求,开关设备的智能化和数据采集数字化都被纳入到标准的体系结构中。

变电所自动化系统的设备信息模型和调度中心的设备信息模型目前还不统一,变电所和调度中心的通信还需要进行协议转换,电力系统无缝通信体系正在制定的过程中。变电所、调度中心通信协议的统一,可以从过程层到间隔层、从间隔层到变电所层、从变电所到调度中心

都是采用一致的数据模型，不同厂家的设备在不同的层次上满足开放系统原理，包括在应用层之间也可任意交换数据，真正地实现设备的互换性和互操作性。统一电力系统内各自动化系统的信息模型和信息交换模型，消除由于缺乏统一建模和系统异构而导致的各种“信息孤岛”，实现整个系统的标准化。

4.设备检修状态化

二次设备本身具有完善的自检手段，对一次设备而言，随着铁路提速和客运专线供电管理标准的提高，对供电设备安全、可靠性也提出了更高要求。目前我国电气化铁道牵引供电设备的维修仍然采用定期停电检修的试验方式。这种检修方式可以解决一部分问题，但由于检修时是在低压下模拟高压状态，测试结果不能全面反映设备在实际运行状态下的真实情况，并且停电也会对正常供电造成一定的影响。此外，检修周期之间，设备可能会出现带隐患运行，维护测试也带有一定的盲目性。因此对主要电气设备实现在线监测，实时监控设备运行状态，可以避免周期性监测造成的状态漏诊断，根据设备的实际运行决定检修的时间和项目，提高设备利用率，改变传统定期停电检修对正常供电造成的不利影响。

对设备的在线监测是专门针对特定一次设备的在线监测设备，如果是智能化的一次设备，它本身就有在线监测信息。取得设备在线监测信息后，关键的问题是对数据的分析处理，也就是变电所自动化系统需要增加新的功能。在数字化变电所中，可以有效地获取电网运行状态数据、一次设备在线信息以及各种微机保护装置的故障和动作信息，实现对操作及信号回路状态的有效监视。数字化变电所中几乎不再存在未被监视的功能单元，设备状态特征量的采集没有盲区。设备检修策略可以从常规变电站设备的“定期检修”变成“状态检修”，从而大大提高系统的可用性。

5.数据监视多媒体化

变电所自动化系统使测量显示数字化，操作监视屏幕化。计算机控制、信息处理及通信技术的发展，将使计算机监控从静态、动态实时数据向声、像辅助监控等多方位发展以适应自动化系统发展的需要。视频监控以其直观、方便、信息内容丰富而被广泛应用于许多场合，在变电所自动化系统中，视频监控作为“四遥”功能的补充，能够全面反映变电所的设备运行状态，被称为第五遥：“遥视”。

视频监控系统一方面可以通过视频联动功能，当预先设定的条件满足时，摄像机对准需要监控的一次设备，同时监控画面也转到相应的页面，使值班员能够实时监控一次设备的运行状态，配合“四遥”数据全面了解变电所运行情况。同时，根据视频信息，应用计算机图像识别技术，将有可能迅速地辨别图像或多个相关图像进行综合判断，及时发出预警处理指令，进一步提高自动化的功能和水平。

二、IEC 61850通信体系标准

随着现代电网结构的日趋复杂，电网容量不断扩大，实时信息传送量成倍增多，对调度自动化和场站自动化系统提出了更高的要求，目前变电所自动化系统现状是一个变电所内可能同时采用多个厂家的产品，而各个厂家的产品又可能分别采用了不同的通信接口和通信规约。由于电力系统功能的实现需要使用不同通信协议的众多制造厂商的设备以及采用不同接口的子系统共同参与配合完成，多种通信接口和通信协议的采用使得不同厂家的设备间通信必须通过大量的接口和协议转换来完成，从而浪费了大量的人力物力，并且必然影响系统的实时性

能。因而采用统一的通信协议，实现变电所自动化系统无缝通信以及变电所与电力系统其他子系统接口的协调和一致成为业界极为关注的问题。变电所通信和系统协议 IEC 61850 标准正是在这种情况下提出的。其目标是形成一个标准的开放式变电所自动化通信体系，使得来自不同制造商的 IED 之间实现良好的互操作性，并适应通信技术的快速发展，从而满足用户对提高系统可靠性、减少重复投资和降低维护成本的要求。

1. IEC 61850 标准构成分析

IEC 61850 是由国际电工委员会第 57 技术委员会(IECTC57)制定的，该标准参考和吸收了已有的许多相关标准，同时标准中还引用了其他标准，它规定变电所自动化系统通信的各个方面。因此，IEC 61850 可以称为一个标准体系，它包括 6 个方面的内容：

(1)标准的总体描述

①IEC 61850-1 基本原则，包括适用范围和目的，定义了变电站内 IED 之间的通信和相关系统要求，并论述了制定一个适用标准的途径和如何对待通信技术革新等问题。

②IEC 61850-2 术语，给出了 IEC 61850 文档中涉及的关于变电站自动化系统特定术语及其定义。

③IEC 61850-3 总体要求，详细说明系统通信网络的总体要求，重点是质量要求(可靠性、可用性、可维护性、安全性、数据完整性以及总的网络要求)，还涉及环境条件(温度、湿度、大气压力、机械震动、电磁干扰等)和供电要求的指导方针，并根据其他标准和规范对相关的特定要求提出了建议。

④IEC 61850-4 系统和项目管理，描述了对系统和项目管理过程的要求以及对工程和试验所用的支持工具的要求。主要包括：工程过程及其支持工具，整个系统及其 IED 的生命周期，系统生命期内的质量保证共三个方面。

⑤IEC 61850-5 功能通信要求和装置模型，规范了变电站自动化系统所完成功能的通信要求和装置模型。为了区分技术服务和变电站之间以及变电站内 IED 之间的通信要求而对功能进行描述，为支持功能自由分配要求，将功能适当地分解为相互通信的几个部分，给出其交换数据和性能要求，对典型变电站配置，上述规定可通过数据流的安排加以补充。

(2)配置语言

IEC 61850-6 变电站中 IED 通信配置描述语言，规定了描述通信有关的 IED 配置和参数、通信系统配置、开关间隔(功能)结构以及它们之间关系的文件格式，目的是在不同制造商的 IED 管理工具和系统管理工具间，以某种兼容的方式交换 IED 性能描述和变电站自动化系统描述。

(3)数据模型

①IEC 61850-7-3 公共数据类，定义了和变电站应用有关的公共属性和公共数据类，这些公共数据类用于本标准的 IEC 61850-7-4 部分。

②IEC 61850-7-4 兼容逻辑节点类和数据类，规定了 IED 之间通信用的兼容逻辑节点名称和可能包含的所有数据名称。所定义的名称用于建立分层对象引用，供 IED 内部以及 IED 之间通信使用。

(4)抽象通信服务

①IEC 61850-7-1 原理和模型，提供了有关基本建模和描述方法的信息，解释了 IEC 61850-7-2、IEC 61850-7-3、IEC 61850-7-4 和 IEC 61850 之间的详细要求，以及 IEC 61850-8-X

和 IEC 61850-9-X 中具体的通信协议。

②IEC 61850-7-2 抽象通信服务接口(Abstract Communication Service Interface,ACSI),主要从三个方面进行描述,可以通过通信网络访问的全部信息的分层类模型,对这些类进行操作的服务,每个服务相关的参数。

(5)通信服务映射

①IEC 61850-8-1 特殊通信服务映射(Specific Communication Service Mapping,SCSM)—映射到制造报文规范(Manufacturing Message Specification,MMS),说明了在局域网上交换实时数据的方法,将 ACSI 映射到 MMS 的服务和协议,只用于变电站层到间隔层的映射。

②IEC 61850-9 特殊通信服务映射,规定了间隔层和过程层间的映射。

(6)测试

IEC 61850-10 一致性测试,规定了变电站自动化系统和设备通信方面的一致性测试方法,还给出了设置测试环境的准则和规定了互操作的等级。

2. IEC 61850 的特点

(1)分层

IEC 61850 不仅明确地将变电所分为变电所层、间隔层、过程层之外,对 IED 装置的信息定义也进行了分层。每个物理装置由服务器和应用组成,服务器(Server)包含逻辑装置(Logical Device,LD),逻辑装置包含逻辑节点(Logical Node,LN),逻辑节点包含数据对象(Data Object,DO),数据对象由数据属性(Data Attributes,DA)组成。从应用方面来看,服务器包含通信网络和 I/O。从通信的角度来看,服务器通过子网和变电所层网络、间隔层网络相连,每个 IED 既可扮演服务器角色也可扮演客户的角色。图 6.38 是变电所自动化系统的分层和接口模型,图中没有体现出数据定义的分层。

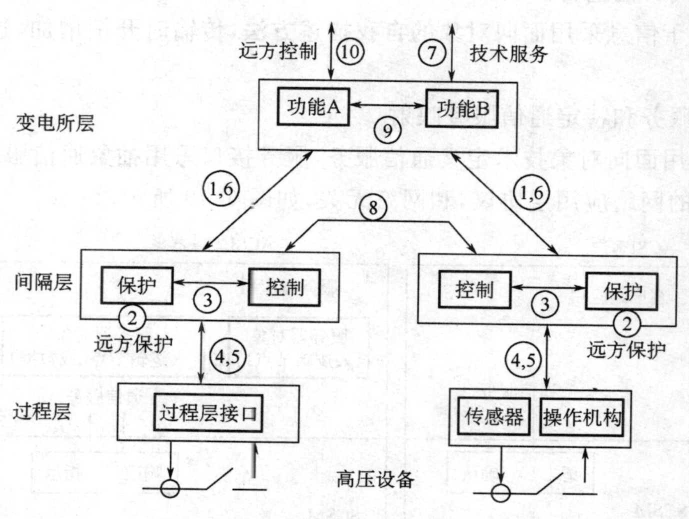

图 6.38 变电所自动化系统接口模型

图中定义了各层之间和各层内部的接口,现有的变动所自动化系统过程层的功能都是在间隔层设备中实现的,没有独立的逻辑接口 4、5。随着一次设备智能化和光电传感器的应用带来的采样数字化,电力技术的发展趋势是将越来越多的间隔层功能下放到过程层中去,可

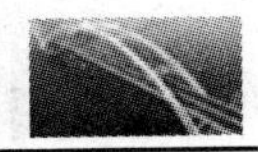

见,IEC 61850 是个面向未来的开放的标准。各个接口的定义这种分层结构需要有相应的通信模型来实现数据交换。

(2)面向对象建模

IEC 61850 采用面向对象的建模技术,定义了基于客户机/服务器结构的层次数据模型,如图 6.39 所示。

每个 IED 包含一个或多个服务器,每个服务器本身又包含一个或多个逻辑设备。逻辑设备包含逻辑节点,逻辑节点包含数据对象,数据对象则是由数据属性构成的公用数据类的命名实例。IEC 61850 面向对象建模体现在,它为变电所设备、通信体系及服务建立了基于对象的数据模型,它将整个变电所的物理对象(包括一次设备和二次设备)以及通信网络抽象为相应的逻辑设备,它的各种子功能对应为各种逻辑节点,逻辑节点为包含多个数据属性和方法的数据对象,而数据对象则是公共数据类的对象实例。IEC 60870-5-103 规约明确规定,应推广采用兼容范围和通用分类服务。兼容范围定义的装置功能类型和信息序号和各个厂家实际生产的保护测控装置有很大的差异,设备间的互连和互操作非常困难,而通用分类服务又没有规定数据对象代码和数据的通用描述方法,各厂家描述数据的方法各不相同。IEC 61850 把装置不同功能抽象为逻辑节点,装置具有的功能就是各个逻辑节点的集合,很好地解决了装置的类型和装置功能的组合。IEC 61850 定义了 30 多种公共数据类,近 400 种数据对象及由此形成的 80 多种逻辑节点,描述了绝大多数变电所设备信息,并允许对逻辑节点、数据对象及其属性进行扩展。

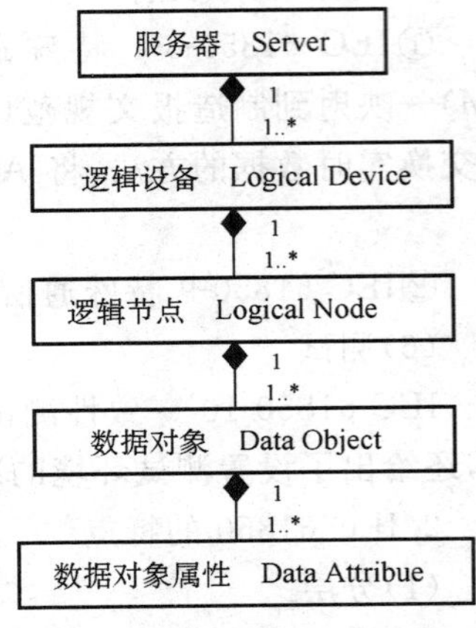

图 6.39 对象模型的层次结构

IEC 61850 对于信息采用面向对象的自我描述方法,传输时开销增加,这也对通信网络提出了要求。

(3)抽象通信服务和特定通信服务映射

IEC 61850 采用面向对象技术定义通信服务,服务接口采用抽象通信服务接口 ACSI 的方法,它独立于具体的网络应用层协议,和网络无关,如图 6.40 所示。

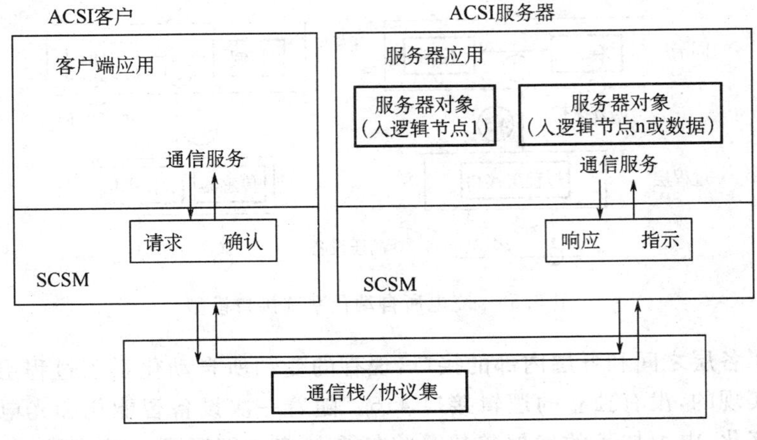

图 6.40 应用过程与应用过程之间的相互作用

图中客户服务通过抽象通信服务接口，由 SCSM 映射到采用的通信栈或协议子集。在服务器侧，通信栈或协议子集通过 SCSM 和 ACSI 接口。由于电力系统生产的复杂性，信息传输的响应时间的要求不同，在变电所的过程内可能采用不同类型的网络，IEC 61850 采用抽象通信服务接口就很容易适应这种变化，只要改变相应的特定通信服务映射(SCSM)。通信技术的发展很快，具体应用变化却比较缓慢，IEC 61850 通过采用 SCSM 来协调二者之间的矛盾。应用和通信分离保证了标准可以根据新的需要定义新的通信协议栈，而信息模型及应用过程和通信接口不用变化，保证了标准的稳定性。

在现有的通信技术条件下，抽象通用服务接口 ACSI 被映射到 MMS，在 IEC 61850-8-1 中定义，如图 6.41 所示。

(4)面向实时的服务

在变电所自动化系统中，不同的接口对通信的时间要求不同，IEC 61850 为此定义了不同的报文类型：

- 类型 1(快速报文)
- 类型 1 A(跳闸报文)
- 类型 2(中等速度报文)
- 类型 3(低速报文)
- 类型 4(原始数据报文)
- 类型 5(文件传输功能)
- 类型 6(时间同步报文)

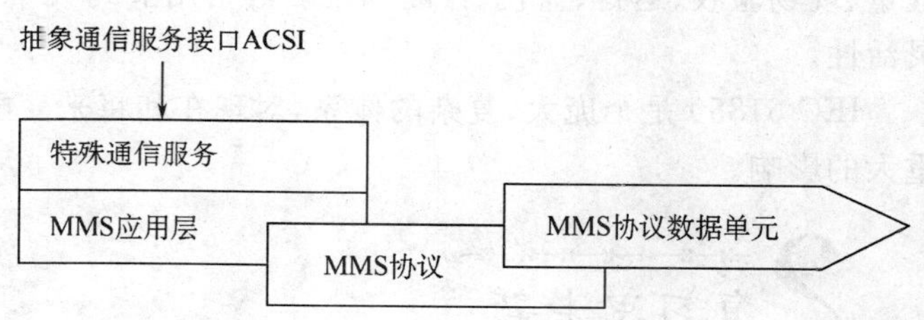

图 6.41 ACSI 到 MMS 的映射

不同的报文类型对应于应用过程中的不同数据，传输的时延要求也不一样，传输过程中映射到具体的通信服务也不一样。图 6.42 是通信映射的框架。

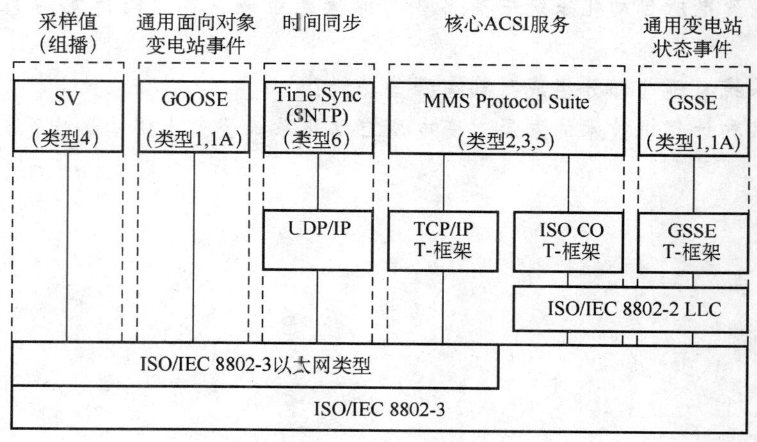

图 6.42 IEC 61850 通信映射框架示意

IEC 61850 通过不同的通信服务映射来满足应用数据传输对时间的要求，满足通信的实时性要求。

(5)电力系统统一建模

前面提到变电所自动化系统的数据模型和调度自动化系统中的数据模型不一致，将它们连接起来需要由远动管理机进行协议的转换。只有变电所内、变电所到调度中心都采用相同的协议，这样的通信体系才是无缝的。目前 IEC 正在制定的无缝通信体系就是以 IEC 61850 为基础。

采用无缝通信系统协议(IEC 61850)可以避免协议转换，真正实现不同厂家产品的互换和互操作。IEC 61850 和以前使用的协议不同之处在于对象模型，它建模了大多数公共实际设备和设备组件。这些模型定义了公共数据格式、标识符、行为和控制。IEC 61850 在终端设备中采用了先进的 IT 技术，应用过程和实际通信分离，能够适应通信技术的发展。自我描述的数据建模方法能显著降低数据管理费用、简化数据维护、减少由于配置错误而引起的系统停机时间。采用无缝通信系统协议能大幅度改善信息技术和自动化技术的设备数据集成，减少工程量、现场验收、运行、监视、诊断和维护等费用节约大量时间，增加了自动化系统使用期间的灵活性。

IEC 61850 是个庞大、复杂的体系，对现在和将来变电所自动化技术的发展方向都将产生重大的影响。

复习思考题

1. 变电所自动化系统主要有哪些功能？
2. 变电所自动化系统的结构形式有哪些？每种形式各有什么优、缺点？
3. 在自动化系统中常用的通信技术有哪些？它们各自的特点是什么？
4. 变电所自动化系统中有哪些通信设备？它们的作用是什么？
5. 变电所自动化系统中有哪些通信协议？这些通信协议存在的问题是什么？
6. 牵引供电变电所自动化系统中有哪些间隔单元组成？各间隔单元的 IED 如何与变电所层设备连接？
7. 监控子系统有哪些部分组成？都有哪些功能？
8. 通信技术和计算机技术的发展对变电所自动化系统会产生哪些影响？

参考文献

[1] 张保会，尹项根．电力系统继电保护．北京：中国电力出版社，2005.
[2] 贺家李，宋从矩．电力系统继电保护原理(增订版)．北京：中国电力出版社，2004.
[3] 贺威俊，张淑琴．晶体管与计算机继电保护原理．成都：西南交通大学出版社，1990.
[4] 杨奇逊，黄少锋．微型机继电保护基础．2版．北京：中国电力出版社，2005.
[5] 尹项银，曾克娥．电力系统继电保护原理与应用．武汉：华中科技大学出版社，2001.
[6] 陈德树．计算机继电保护原理与技术．北京：水利电力出版社，1992.
[7] 林军．电力系统微机继电保护．北京：中国水利水电出版社，2006.
[8] 杨新民，杨隽琳．电力系统微机保护培训教材．北京：中国电力出版社，2000.
[9] 罗钰玲．电力系统微机继电保护．北京：人民邮电出版社，2005.
[10] 贺威俊，等．电力牵引供变电技术．成都：西南交通大学出版社，1998.
[11] 杨扩武．牵引变电所．北京：中国铁道出版社，2008.
[12] 李群湛，贺建闽．牵引供电系统分析．成都：西南交通大学出版社，2007.
[13] 潘启敬，等．牵引供电系统继电保护．2版．北京：中国铁道出版社，1996.
[14] 谭秀炳．铁路电力与牵引供电系统继电保护．成都：西南交通大学出版社．
[15] 谭秀炳．交流电气化铁道牵引供电系统．成都：西南交通大学出版社，2007.
[16] 王永康．继电保护及自动装置．北京：中国铁道出版社，1998.
[17] 李天友，等．配电技术．北京：中国电力出版社，2008.
[18] 许建安，等．电力系统继电保护整定计算．北京：中国水利电力出版社，2007.
[19] 高友权，等．配电系统继电保护．北京：中国电力出版社，2005.
[20] 翟兆艮．变配电技术．北京：中国铁道出版社，2005.
[21] 翟纯玉，等．铁路电力自动化技术．北京：中国铁道出版社，2006.
[22] 丁文书．变电站综合自动化技术．北京：中国电力出版社，2005.
[23] 黑龙江省电力调度中心．变电所自动化实用技术及应用指南．北京：中国电力出版社，2004.
[24] 张惠刚．变电站综合自动化原理与系统．北京：中国电力出版社，2004.
[25] 丁书文，等．变电站综合自动化原理及应用．北京：中国电力出版社，2003.
[26] 腾福生．电力系统调度自动化和能量管理系统．成都：四川大学出版社，2004.
[27] 黄益庄．变电站综合自动化技术．北京：中国电力出版社，2000.
[28] 钱清泉．电气化铁道微机监控技术．北京：中国铁道出版社，2000.
[29] 郑君里，等．信号与系统(上、下册)．北京：高等教育出版社，1981.
[30] 刘金虎．铁路专用通信．北京：中国铁道出版社，2005.
[31] 张载鸿．微型机(PC系列)接口控制教程．北京：清华大学出版社，1992.
[32] 刘晓辉．以太网组网技术大全．北京：清华大学出版社，2001.
[33] 李正军．现场总线与工业以太网及其应用系统设计．北京：人民邮电出版社，2006.
[34] (美)Behrouz A. Forouzan 著，吴时霖，等译．数据通信与网络．北京：机械工业出版社，2002.
[35] 张永健．电网监控与调度自动化．北京：中国电力出版社，2007.
[36] 张浩，等．现场总线与工业以太网络应用技术手册．上海：上海科学技术出版社，2001.
[37] (美)Uyless Black 著，康绢，等译．北京：学苑出版社，1995.
[38] 高仕斌．高速铁路牵引供电系统新型保护原理研究．西南交通大学博士学位论文，2004.
[39] 陈小川．复线电力牵引网微机故障测距原理及实现．西南交通大学学报．1994(2)：125～130.

[40] 徐丙垠,等.现代行波测距技术及其应用.电力系统自动化.2001(12):62～65.
[41] 吴必信.综述单端故障测距算法(二).电力自动化设备.1996(2):15～19.
[42] 杨照辉.高速铁路电力系统中性点接地方式探讨.北京:电气化铁道,2007.1,10～13.
[43] 魏佳良.铁路电力系统中性点接地方式的研究.兰州:甘肃科技 2009.3,52～54.
[44] 庄良文,等. 基于 RTDS 的小接地系统单相接地故障选线方法比较分析. 继电器,2003, 31(11).
[45] 谭文恕.电力系统无缝通信系统体系.电力自动化设备,2001,21(11):1～4.
[46] 辛耀中.电力系统数据通信协议体系.电力系统自动化,1999,23(1):40～44.
[47] 谭文恕.变电站通信网络和系统协议 IEC61850 介绍.电网技术,2001,25(9):8～11.
[48] 中华人民共和国铁道部.铁路电力设计规范(TB 10008—2005).北京:中国铁道出版社,2005.
[49] 铁路专业设计院.铁路工程设计技术手册(电力).北京:中国铁道出版社,1999.
[50] 能源部西北电力设计院.电力工程设计手册(三).北京:中国电力出版社,1992.
[51] 王维俭.电气主设备继电保护原理与应用.北京:中国电力出版社,1996.